新引擎启动：

“十二五”战略性新兴产业发展回顾

国家发展和改革委员会

主　　编　林念修
副 主 编　綦成元　杜　平　任志武
执行副主编　徐长明　黄路明　徐　彬

中国计划出版社

图书在版编目（CIP）数据

新引擎启动 ："十二五"战略性新兴产业发展回顾 / 林念修主编. -- 北京 : 中国计划出版社, 2017.1
ISBN 978-7-5182-0557-8

Ⅰ. ①新… Ⅱ. ①林… Ⅲ. ①新兴产业－产业发展－研究报告－中国－2011-2015 Ⅳ. ①F279.244.4

中国版本图书馆CIP数据核字(2016)第306779号

新引擎启动 ：
"十二五"战略性新兴产业发展回顾
国家发展和改革委员会
主　　编　林念修
副 主 编　綦成元　杜　平　任志武
执行副主编　徐长明　黄路明　徐　彬

中国计划出版社出版发行
网址：www.jhpress.com
地址：北京市西城区木樨地北里甲 11 号国宏大厦 C 座 3 层
邮政编码：100038　电话：(010) 63906433（发行部）
北京汇瑞嘉合文化发展有限公司印刷

787mm × 1092mm　1/16　28.75 印张　417 千字
2017 年 1 月第 1 版　2017 年 1 月第 1 次印刷

ISBN 978-7-5182-0557-8
定价：188.00 元

主　　编：林念修

副 主 编：綦成元　杜　平　任志武

执行副主编：徐长明　黄路明　徐　彬

编　　委：（按英文字母顺序排序）

韩秀成　黄汉权　黄毓敏　姜　江　刘录祥　刘铁志　卢秉恒
卢　卫　马延和　秦海岩　任东明　宋晓刚　孙小亮　滕建礼
王　飚　王勃华　王锦连　王　鹏　王晓庆　王学恭　王亦宁
翁　端　谢　平　辛勇飞　徐小田　徐玉明　薛　澜　余晓晖
张　威　赵　凯　周　黎

编写人员：（按英文字母顺序排序）

安　晖　曹译丹　陈　丹　陈梦婕　陈　荣　崔卫杰　杜广平
高艳丽　郭树东　郭占强　韩　祺　何定波　华玉涛　贾光智
江　华　金艳梅　李萍萍　李　倩　李伟利　李艺铭　李　寅
李　莹　林伯涛　刘二森　刘明亮　刘　爽　刘小林　刘永超
秦永清　曲云腾　任振川　申红杰　史　冉　宋　超　孙立远
孙胜凯　屠佳樱　王金锐　王珏旻　王镠莹　王　猛　王　茜
王钦宏　王世江　王思博　王　昕　王亚琼　王永明　王永信
王战超　王　政　魏浩杰　武　伟　肖增斌　谢小勇　杨　喆
杨　薇　殷　丹　张　丹　张立艺　张　琦　张庆分　张育雄
张振翼　赵军平　赵旷怡　郑玉辉　郑忠行　钟　晨　钟　倩
周晓纪　周　源　朱　军　朱　蕊

序　　言

加快培育发展战略性新兴产业对于优化产业结构、振兴实体经济具有重要战略意义。习近平总书记明确，发展战略性新兴产业是推进供给侧结构性改革的重要内容，并指出只要选准发展方向，脚踏实地、求真务实、持续推进，发展战略性新兴产业大有可为。

未来5—10年是全球新一轮科技革命和产业变革从蓄势待发到群体迸发的关键时期，新兴产业将逐渐成为推动全球经济增长的主要动力。发展战略性新兴产业已成为世界主要国家抢占新一轮经济和科技发展制高点的重大战略举措。在“十三五”时期，必须按照加快供给侧结构性改革部署要求，贯彻落实《“十三五”国家战略性新兴产业发展规划》，推动战略性新兴产业做大做强。到2020年，实现战略性新兴产业增加值占GDP比重达到15%，形成新一代信息技术、高端制造、生物、绿色低碳、数字创意等5个10万亿元级规模的新支柱，并在更广领域形成大批跨界融合的新增长点。

“十二五”时期，国家出台一系列政策措施，推动我国战略性新兴产业快速发展，取得了令人瞩目的成就，为“十三五”进一步发展壮大奠定了基础。我们编辑出版《新引擎启动：“十二五”战略性新兴产业发展回顾》，旨在向全社会介绍我国战略性新兴产业发展状况，树立信心，凝聚力量，启迪未来。

我们相信，在党中央、国务院的坚强领导下，全社会共同努力，不断创新开拓，我国战略性新兴产业在“十三五”时期一定能够实现新跨越，成为经济社会持续发展的强大动力。

国家发展和改革委员会副主任　林念修

目 录

综合篇 1

3 区域篇 395

1

新引擎启动：

“十二五”战略性新兴产业发展回顾

综合篇

案例 1

“十二五”期间战略性新兴产业发展回顾

自国务院发布《关于加快培育和发展战略性新兴产业的决定》以来，经过 5 年的快速发展，战略性新兴产业逐渐成为中国经济增长新引擎，在稳定经济增长、促进经济转型升级、引领创新发展等方面发挥了重要作用。“十二五”期末，战略性新兴产业增加值占 GDP 比重达到 8%。

一、战略性新兴产业强劲增长，规模持续扩大

（一）产业总体规模保持快速发展态势

“十二五”期间，战略性新兴产业实现快速增长，为稳增长提供重要支撑。2015 年，(27 个）重点行业规模上企业收入达 16.9 万亿元，占工业总体收入的比重达 15.3%，较 2010 年提升 3.4 个百分点，2010—2015 年，重点行业规模上企业收入年均增长 18%（见图 1)。

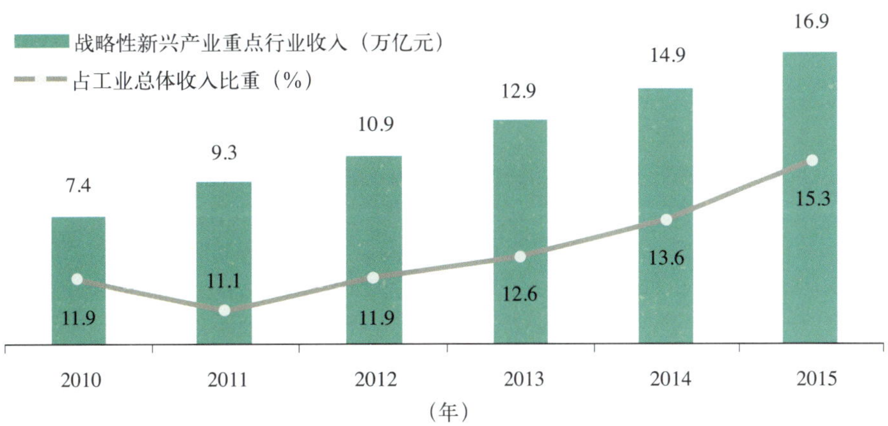

图 1　战略性新兴产业重点行业收入及其占工业总体比重

上市公司情况来看（特指A股，下同），战略性新兴产业企业已经成为重要组成部分，并发展成为支撑上市公司总体业绩发展的重要力量。2010年以来，战略性新兴产业上市公司保持了良好发展态势，增速持续高于上市公司总体，带动了上市公司总体业绩增长。2015年，战略性新兴产业上市公司营收总额达2.6万亿元，占上市公司总体的21.1%，2010—2015年年均增速达到了19.5%（见图2）。

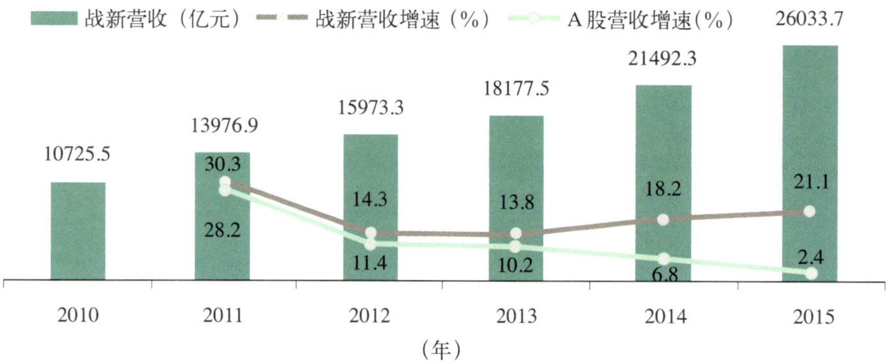

图2 战略性新兴产业上市公司营收增速变化

（二）产业景气指数持续高位运行

国家信息中心开展的战略性新兴产业企业（1000余家）景气调查结果显示，2014年初以来，战略性新兴产业行业景气指数以及企业家信心指数均达到130以上，持续运行在较为景气区间（见图3）。

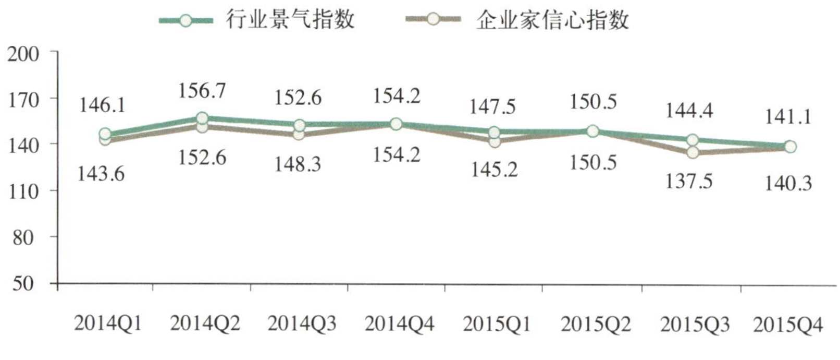

图3 2014年以来战略性新兴产业企业家信心指数和行业景气指数变化

（三）综合效益高，可持续发展能力强

战略性新兴产业不仅是先进、高端产业的集合，同时具有良好的经济效益。发展战略性新兴产业有效促进了经济社会可持续发展。“十二五”期间，战略性新兴产业上市公司盈利能力始终强于大部分传统产业。2015 年，战略性新兴产业上市公司利润总额达 2065.9 亿元，利润率达 9.1%，明显高于上市公司总体 5.8%的利润率水平（扣除金融业）（见图 4）。

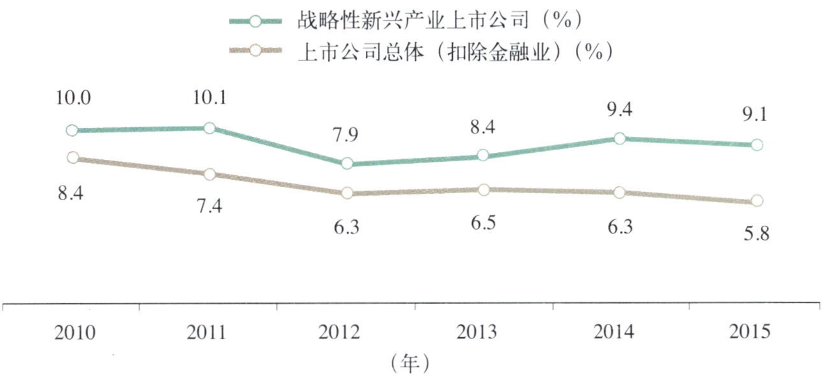

图 4　战略性新兴产业上市公司利润率变化

二、助力产业高端化发展，推动制造业转型升级

（一）高端装备制造业实力显著增强

2015 年，航空、航天器及其器械制造业主营收入达 1227.9 亿元，收入规模是 2010 的 1.7 倍，2010—2015 年年均增长 14.5%；铁路运输设备制造业主营收入达 4460.7 亿元，是 2010 的 1.9 倍，年均增长 13.1%；高铁运营里程达 1.9 万公里，较 2010 年提升了 1.4 万公里，占铁路运营总里程的比重从 2010 年的 5.6%提升至 15.7%。北斗导航产业总产值已达 570 亿元，占中国卫星导航与位置服务产业产值的 30%。海洋工程装备制造业主营收入达 707.4 亿元，2010—2015 年均增长 28.6%。同时，高端新兴电子信息制造业实现快速增长，电子信息制造业销售收入达 11.1 万亿元，是 2010 年的 1.6 倍，年均增长 9.6%。

在人工智能浪潮带动下，机器人、智能装备以及3D打印三大技术共同支撑智能制造业发展。2015年，中国工业机器人销量达6.6万台，是2010年的4.4倍，年均增长34.5%。中国机床行业总产值达221.0亿美元，工业自动控制系统装置制造业主营收入达3409.6亿元，是2010年的2.1倍，年均增长16.3%。2014年，中国3D打印产业规模已达到40亿—50亿元。

（二）新材料关键领域取得重大突破

"十二五"期间，中国新材料产业市场规模实现20%以上的高速增长，产业规模不断扩大，对其他战略性新兴产业领域的发展起到了引导、支撑的作用，对促进产业结构优化升级和提升装备制造业竞争力起到重要推动作用。据有关机构统计，2011年中国新材料产业规模约8000亿元，2012年突破10000亿元，"十二五"末期规模可达到2万亿元。目前，稀土功能材料、先进储能材料、光伏材料、有机硅、超硬材料、特种不锈钢、玻璃纤维及其复合材料等产能居世界前列。大飞机专用铝锂合金、核电用钢、丁基橡胶、高性能碳纤维、大尺寸石墨烯薄膜等一批重点品种取得重要突破，填补了国内空白。同时，新材料产业体系不断完善，初步形成了包括研发、设计、生产和应用，品种门类较为齐全、产业技术较为完备的产业体系。

（三）国际竞争力不断增强

高铁、北斗导航以及核电技术装备等战略性新兴产业产品成为中国制造"走出去"新标杆。一是中国高铁成为"中国制造"新名片。目前中国运营里程达到1.9万公里，成为助推中国城镇化和经济向前迈进的重要力量。二是中国自主建设、独立运行的北斗卫星导航系统在国际上获得高度认可，媲美美国全球定位系统GPS。"十二五"期间，在国家大力支持下，国内北斗应用产品已全面实现商用。三是核电技术与装备"走出去"取得积极进展。"十二五"期间，中国与罗马尼亚、阿根廷分别签订了政府间核能合作协议，中广核首次在老牌核电强国英国建设核电站，这是中国核电走出去的里程碑式事件，标志着"华龙一号"技术得到欧洲发达国家的认可。四是海洋工程订单量2014年成为世界第一，尤其是随着船舶工业结构调整基本完成，行业发展呈现积极向好趋势，在世界市场整体低迷的环境中，新承接船舶订单占国际市场份额超过

40%。五是在全球信息经济潮流竞争中不落下风，通信装备领域涌现一批像华为、中兴、小米这样具有较强国际竞争力的企业。

三、成为践行绿色发展的重要载体

（一）稳步改善环境质量

环保产业规模持续扩大。2015 年，全国环保行业营业收入约达 4.5 亿元，较 2011 年提升 1.4 亿元。全国环保专用装备制造业主营收入达 2822.9 亿元，2010—2015 年间平均增速达到了 24.0%。全国环保专用装备制造业利润总额达 190.6 亿元，为 2010 年的 2.7 倍。

污染物治理取得进一步成效。污染物治理投资方面，2014 年，污染治理投资总额达 9575.5 亿元，较 2010 年增加 2921.3 亿元。2014 年，工业污染治理项目当年完成投资额达 997.7 亿元，完成投资额是 2010 年的 2.5 倍，其中废水、废气、固体废物三者治理项目分别完成投资额 115.2 亿元、789.4 亿元以及 15.1 亿元。污染物治理成果方面，2014 年，二氧化硫排放总量为 1974.4 万吨，较 2010 年下降 210.7 万吨。2014 年，工业固体废物综合利用量达 20.43 亿吨，较 2010 年提升 4.26 亿吨。2014 年年末，全国城市共有污水处理厂 1808 座，较 2010 年增加 364 座，城市污水处理率达 90.2%，较 2010 年提升 7.9 个百分点。

（二）节能降耗成效显著

“十二五”前 4 年，全国单位 GDP 能耗累计下降了 13.4%，“十二五”规划的目标是下降 16%，前四年已经完成了五年目标进度的 82.5%，中国节能服务业总产值从 2010 年 836 亿元增长到 2015 年的 3127 亿元，年均增幅为 30.2%。合同能源管理项目投资额从 2010 年 287.5 亿元增长到 2014 年的 1039.6 亿元，年均增幅为 29.3%。“十二五”累计合同能源管理投资 3710.72 亿元，形成年节能能力 1.24 亿吨标准煤，减排二氧化碳 3.1 亿吨。截至 2015 年底，产值超过 10 亿元的节能服务公司有 25 家，超过 5 亿元的有 142 家，超过 1 亿元的有 286 家。“十二五”期间，中国已成为世界第一大 LED 产品生产国和出口国。2015 年，中国 LED 产值达 3967 亿元，较 2010 年年均增长 25.8%。

（三）有效促进能源资源可持续发展

"十二五"期间，新能源在能源结构中的比重进一步提升，经济性大幅提高。2015年底，中国新能源（太阳能光伏、风能、核电、生物质能）装机容量达208.6GW，占发电装机总量13.8%，比2010提升8.9个百分点，年均增长34.7%。

风能领域，中国已成为全球风电装机容量增速最快的国家。2015年末，风电累计并网装机容量达到1.29亿千瓦，占全部发电装机容量的8.6%。2015年，风电发电量1863亿千瓦时，占全部发电量的3.3%。

太阳能光伏领域，截至2015年底，中国光伏发电累计装机容量4318万千瓦，成为全球光伏发电装机容量最大的国家。其中，光伏电站3712万千瓦，分布式606万千瓦，年发电量392亿千瓦时。2015年新增装机容量1513万千瓦，占全球新增装机的1/4以上，占中国光伏电池组件年产量的1/3，为中国光伏制造业提供了有效的市场支撑。全国大多数地区光伏发电运行情况良好，2015年全国年平均利用小时数超过1100小时。

核电领域，经过多年发展，中国已成为世界上少数几个拥有完整核工业体系的国家，核电建设与运行管理达到国际先进水平。"十二五"期间，中国在建核电机组数量超过过去几十年累计建成数量，占到全球在建核电机组装机总量的40%以上。2015年，全国在运核电机组达到2550万千瓦，在建及已核准机组3203万千瓦，在建规模居世界第一。全国核电装机容量达2608万千瓦，设备平均利用时长7350小时。核电累计发电量为1689.9亿千瓦时，约占全国累计发电量的3.0%，比2010年提升了1.2个百分点。

生物质发电领域，截至2015年底，中国生物质发电并网装机总容量为1031万千瓦，其中，农林生物质直燃发电并网装机容量约530万千瓦，垃圾焚烧发电并网装机容量约为468万千瓦，两者占比在97%以上，还有少量沼气发电、污泥发电和生物质气化发电项目。我中国的生物发电总装机容量已位居世界第二位，仅次于美国。

（四）新能源汽车爆发式增长

"十二五"时期，中国新能源汽车产业发展和推广应用取得了重要成果，新能源汽车产业发展步入了爆发式增长快车道。新能源汽车推广总量已初具规模，并呈逐年加快趋势。2010年至2015年，全国新能源汽车销量分别为480辆、5579辆、12791辆、17642辆、74763辆以及331092辆，年均增速近270%。2015年，中国新能源汽车销量首次超过美国，成为全球最大的新能源消费国。截至2015年底，新能源汽车保有量达58.32万辆，其中，纯电动汽车保有量33.2万辆，占新能源汽车总量的56.9%。配套的充电桩建设、充电站的建设也取得了长足的进步，截至2014年底，建成了723座充电站，28000个充电桩，同“十二五”初期相比已初具规模。

四、发展成果大幅改善民生福祉

（一）新一代信息技术持续改善生产生活方式

“十二五”期间，中国新一代信息技术产业规模实现快速发展，新一代信息技术领域技术和应用范围不断丰富，与传统产业融合程度也在快速提升，持续改善了人们的生产生活方式。2015年，电子信息产业销售收入达15.4万亿元，较2010年翻了一番。信息消费带动软件和信息技术服务业高速发展，软件和信息技术服务业企业达4.09万家，较2010年增加2.02万家。软件和信息技术服务业销售收入达4.3万亿元，是2010年的3.1倍，年均增长25.9%。2015年，网民及手机网民规模分别为6.88亿人和6.2亿人，较2010年增加2.31亿人和3.17亿人。电子商务市场交易规模达16.2万亿元，为2010年的3.4倍，年均增长27.9%。云计算规模达2175.7亿元，为2010年的13倍，年均增长67.2%。

尖端通信、计算技术全球领先。“十二五”期间，由中国主导的4G网络标准TD-LTE技术不断成熟，具备了大规模推广的条件，目前已大规模商用。2015年9月底，中国移动累计完成100万个4G基站的建设，已建成全球规模最大的4G网络。在4G用户方面，截至2015年底，中国移动4G用户高达3.12亿户，实现了飞跃式增长。此外，中国移动正在部署LTE-A网络，计划将TD-LTE网络下载速率峰值提高到220Mbps，中国移动还在试点三载波，未来TD-LTE网络最高下载速率将达330Mbps。2015年，全球基站数超过120万，TD-LTE全球用户规模超过4亿，当前已有36个国家开通了63个TD-LTE商用网络，另有60个国家共计91个TD-LTE商用网正在计划部署中。2013年，中国国防科技大学研制的天河二号超级计算机，以每秒33.86千万亿次的浮点运算速度夺得头筹，成为当时全球最快的超级计算机。

（二）生物产业实现稳步发展

"十二五"期间，生物产业实现稳步发展。2015年生物产业总产值达3.6万亿元，是2010年1.5万亿规模的2.4倍，年增长率超过20%。

生物医药领域。2015年，医药制造业主营收入达25537.1亿元，是2010年的2.2倍，"十二五"期间，收入规模平均增速为17.5%。生物医药中，化学药占比下降明显，化学药原料药及制剂由"十二五"初期的51.4%降至45.2%，生物药、中药占比则有所提升，2014年占比分别达到11.8%和31.3%，比2010年增加了1.4和4.1个百分点。

生物医学工程领域，2015年，医疗仪器设备及器械制造业主营收入达2405.8亿元，"十二五"期间，收入规模平均增速达到了17.6%。2015全年全国医疗器械销售规模约3080亿元，2010—2015年平均年增长率高达19.6%。其中，医院市场销售为2155亿元，约占70%；零售市场销售为925亿元，约占30%，零售市场销售以传统零售业销售为主，新兴电商渠道销售约占三成。目前，中国医疗器械市场已成为继美国和日本之后世界第三大医疗市场。

生物农业领域，一是生物种业进入转型升级新阶段。随着种子商品化程度的不断提高，2015年，中国主要农作物市值突破900亿元，较2013年增长109亿元，有望超越美国成为全球最大的种子销售市场。转基因抗虫水稻和植酸酶玉米获批生产应用安全证书，转基因抗虫棉品种累计推广面积超过4亿亩，产品具有国际竞争力。二是生物饲料呈现快速发展的态势。2015年，国内生物饲料产业总产值突破860亿元，较2013年增长360亿元。三是生物农药产业发展提速。2015年，国内从事生物化学农药及微生物农药制造企业数量达1448家，约为2010年的2.5倍，生物化学农药及微生物农药制造销售累计收入达1746.2亿元，远高于2010年305.3亿元的水平，5年间销售收入平均增速高达

41.7%。四是生物肥料产业快速成长。2015 年，国内微生物肥料企业总数达 1000 多家，总产量超过 1000 万吨，产值约 200 亿元，累计应用面积超 2 亿亩，微生物肥料已成为新型肥料中年产量最大、应用面积最广的品种。五是生物兽用疫苗产业主体地位加强。2013 年，中国兽用生物制品企业有 73 家，实现销售收入 90 亿元，到 2015 年，销售收入可超过 130 亿元。

生物制造规模保持快速增长，氨基酸、维生素、有机酸等大宗发酵产品规模稳居全球第一，产值超过 1000 亿元。生物基材料快速发展，乙二醇、丁醇、乙烯等实现生物法制造，生物塑料、生化纤维等新材料生物法生产初具规模，形成了世界第一的一万吨二氧化碳共聚物 (PCC) 和世界第二的五千吨聚乳酸（PLA）产能。

五、引领创新驱动发展战略实施

（一）创新投入及能力持续提升

“十二五”期间，战略性新兴产业上市公司数量不断增加，来自资本市场的资金支持推动创新投入及能力持续提升。2015 年年末，战略性新兴产业上市公司达 1031 家，较 2010 年增加 357 家（见图 5）。

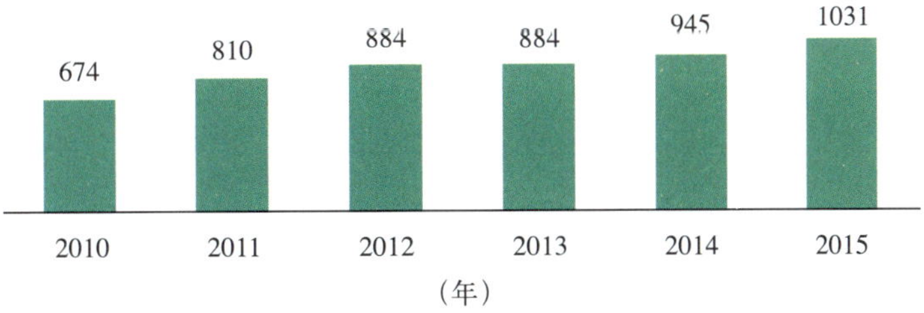

图 5　战略性新兴产业上市公司数量变化

截至 2015 年末，战略性新兴产业上市公司达 1031 家，占上市公司总体的 36.6%，同期，战略性新兴产业上市公司总市值达到 16.8 万亿元，占上市公司总体的 29.6%，较 2010 年年底提升 11.6 个百分点。“十二五”期间，战略性新兴产业 IPO 企业数量达到 357 家，占同期 IPO 企业总数的 45.4%。

实施创新驱动发展战略就是要使创新成为整个经济社会发展的主要驱动力量。战略性新兴产业作为技术高度密集，创新异常活跃的产业领域，是实现创新驱动经济发展的"排头兵"。2010 年以来，战略性新兴产业上市公司研发强度逐年提升，且始终高于上市公司总体，2015 年战略性新兴产业上市公司研发强度达到了 6.21%，高于上市公司总体 2.71 个百分点（见图 6）。

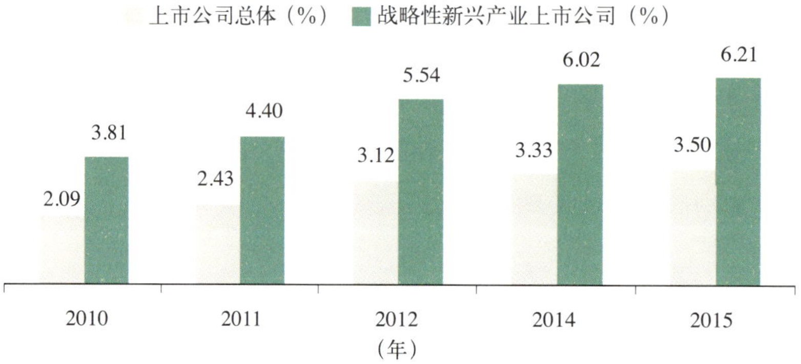

图 6　2010—2015 年战略性新兴产业上市公司研发强度变化

（二）技术成果不断涌现

"十二五"期间，中国自主研制的喷气式支线客机 ARJ21-700 完成了全部研发试飞工作，2014 年 12 月 30 日，国产新支线飞机 ARJ21 完成适航取证，迈出投入商业运营前的最后一步。2014 年 9 月 19 日，C919 国产大型客机首架机在中国商飞公司新落成的总装制造中心正式开始机体对接，标志着 C919 大型客机研制项目全面进入结构总装攻坚阶段。2015 年 11 月 2 日，C919 大型客机首架机正式下线。中国自主研发的世界上最快的工业级 3D 打印机于 2014 年面世。以聚苯胺和聚噻吩为代表的导电高分子材料已经在国内实现了产业化。T800 级碳纤维实现量产。国家一类新药海姆泊芬和注射用海姆泊芬研发成功。生物制品Ⅰ类新药"重组人凋亡素 2 配体"获新药证书，将为中国广大非小细胞肺癌患者带来安全、有效的全新治疗途径。中国研发的全球首个戊型肝炎疫苗"益可宁"获准上市。全球首个小分子治疗类风湿性关节炎药物"艾得辛"实现上市。PET 探测技术、高场超导技术、超声换能器技术、中能加速管技术等生物医学工程方面均取得重大突破。新能源汽车技术水平明显提升，自主开发的纯电动汽车，在整车动力系统匹配与集成设计、整车控制等方面与国际先进水平接近。

（三）模式创新成果丰硕

技术融合、模式创新催生了大量新增长点。一是信息技术和生物技术融合推动了可穿戴医疗设备与系统、康复工程及器械等产业的快速发展。以服务形式为体现的干细胞医疗、基因测序服务、分子诊断和生物芯片检测服务等领域已呈现出强大增长态势。医疗器械电子商务爆发式增长，截至2014年底，全国累计共有517家企业拥有食品药品监管部门发放的《互联网药品交易服务资格证书》，2010年仅50家不到，数量较2010年增长了9倍。二是信息技术和金融业融合发展，成为中国经济金融发展中一股潜力巨大的金融创新力量，为中国金融业的发展打开了一扇新的大门。截至2015年底，互联网金融总交易规模超过了12万亿，接近GDP总量的20%，成为经济和社会体系中重要的构成部分；截至2015年12月底，网贷行业运营平台达到2595家，相比2014年增长了1020家，再创历史新高，全年网贷成交量达到了9823.04亿元。三是商业模式创新助力新能源汽车应用市场打开，例如公交领域的“融资租赁、车电分离、充维结合”模式、出租车领域的“单车包干、定额营收、全天运营”模式、私人领域的“定向购买”等独具特色的创新商业模式，有力地推动了新能源汽车的快速商业化。

国家信息中心
黄路明　张振翼　张立艺

案例 2

"十二五"期间战略性新兴产业上市公司发展回顾

"十二五"期间，资本市场对于推动中国战略新兴产业快速增长起到了至关重要的作用。战略性新兴产业企业也在系列政策支持下逐渐成为上市公司的重要组成部分，股市（本文特指 A 股市场，下同）中战略性新兴产业企业占比已经超过三成，同时大批战略性新兴产业上市公司在创业板中成长壮大。战略性新兴产业上市公司发展呈现出了区域集聚、民营主体、创新驱动、龙头涌现等鲜明发展特征。本文涉及的上市公司相关数据均出自国家发改委会同国家信息中心设计开发的"战略性新兴产业 A 股上市公司统计数据库"。该数据库将明确涉及战略性新兴业务的 A 股上市公司全部纳入其中，数据库的建成为全面统计、监测中国战略性新兴产业发展状况提供重要数据支撑。

一、战略性新兴产业企业成为上市公司重要发展主体

（一）战略性新兴产业企业成为上市公司重要组成部分

"十二五"期间，战略性新兴产业逐年发展壮大。2010 年，A 股上市公司中共有 674 家属于战略性新兴产业，占上市公司（A 股，下同）总体的 33.3%。截至 2015 年年末，A 股上市公司中共有 1031 家战略性新兴产业企业，占上市公司总体的 36.6%。"十二五"期间，A 股新上市战略性新兴产业公司共 357 家，占同期 A 股新上市公司总数的比重达到了 45.5%，战略性新兴产业已成为上市公司的重要组成部分（见图 1）。

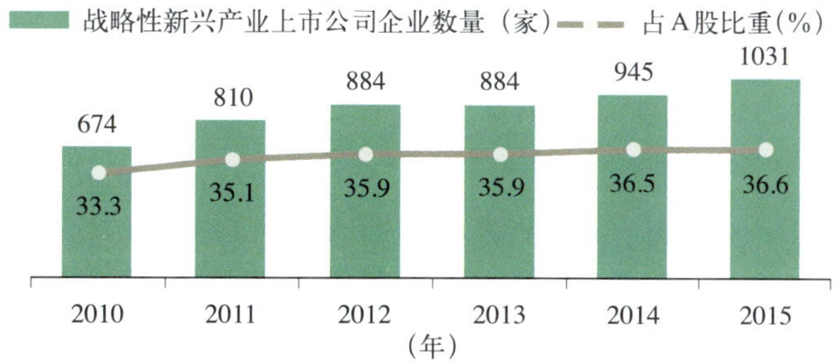

图 1 “十二五”期间战略性新兴产业上市公司数量变化

数据来源：国家信息中心。

（二）大批战略性新兴产业公司在创业板成长壮大

“十二五”期间，战略性新兴产业在三大板块中的公司数量不断增加，主板中战略性新兴产业上市公司由 2010 年的 347 家上升至 2015 年的 401 家，中小板战略性新兴产业上市公司由 223 家增加至 287 家，创业板由 104 家增长激增至 343 家。5 年间，战略性新兴产业上市公司在创业板的占比由 67.1%增至 69.4%，在三大板块中占比持续大幅领先，可以看到，创业板为战略性新兴产业企业提供了重要的融资平台，而大批战略性新兴产业公司在创业板中成长壮大（见图 2）。

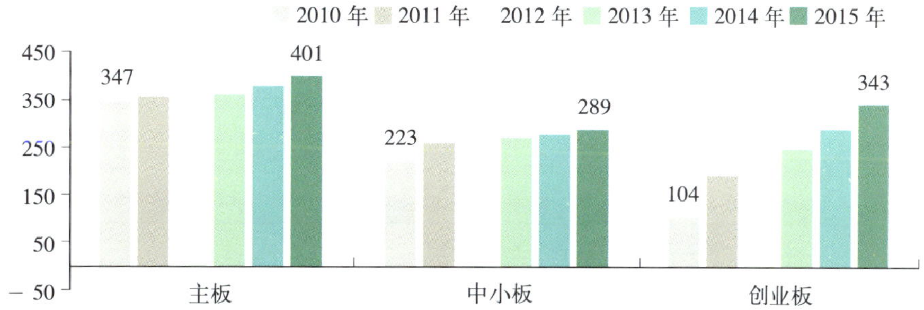

图 2 “十二五”期间三大板块中战略性新兴产业公司数量

数据来源：国家信息中心。

（三）东部地区成为战略性新兴产业集中发展的区域

东部地区作为中国经济最为发达的地区，已经成为战略性新兴产业集中布局的区域，并不断引领产业发展。截至 2015 年末，东部地区战略性新兴产业上市公司数达 724 家，较 2010 年增加 279 家，占同期战略性新兴产业上市公司的比重为 70.2%，较 2010 年提升 4.2 个百分点（见图 3）。

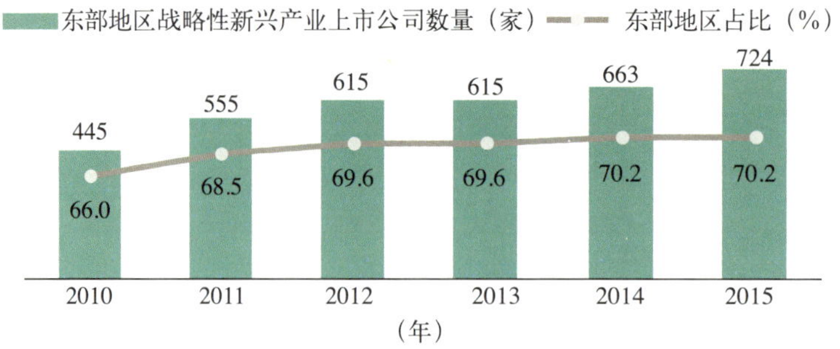

■ 图 3 "十二五"期间东部地区战略性新兴产业上市公司数量及占比(%)

数据来源：国家信息中心。

"十二五"期间，战略性新兴产业上市公司在东部地区集中分布的前四位省市依次为广东、北京、浙江和江苏，广东省战略性新兴产业上市公司由 2010 年的 94 家壮大至 2015 年的 198 家，北京由 75 家成长至 137 家，浙江由 69 家增加到 83 家，江苏由 56 家增加至 81 家。2015 年，广东、北京、浙江和江苏四省市战略性新兴产业上市公司企业数量合计占战略性新兴产业上市公司总数的 48.4%，高于 2010 年 43.6%的水平，已成为引领战略性新兴产业发展的龙头区域（见图 4）。

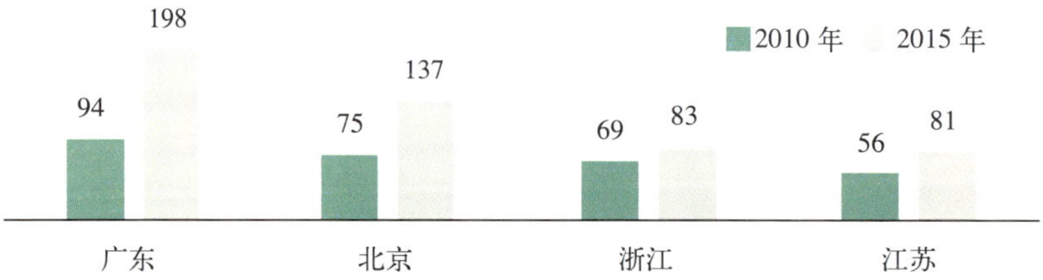

■ 图 4 东部地区四省市战略性新兴产业上市公司数量对比

数据来源：国家信息中心。

（四）民营企业成为中国战略性新兴产业的主力军

"十二五"期间，战略性新兴产业上市公司中，民营企业继续迸发活力，呈现数量多、规模大、业绩好的特征。截至 2015 年末，在 1031 家战略性新兴产业上市公司中，民营企业共有 680 家，较 2010 年增加 305 家。2015 年，民营企业占上市公司总体比重也由 2010 年的 55.6%

提升至66%（见图5）。

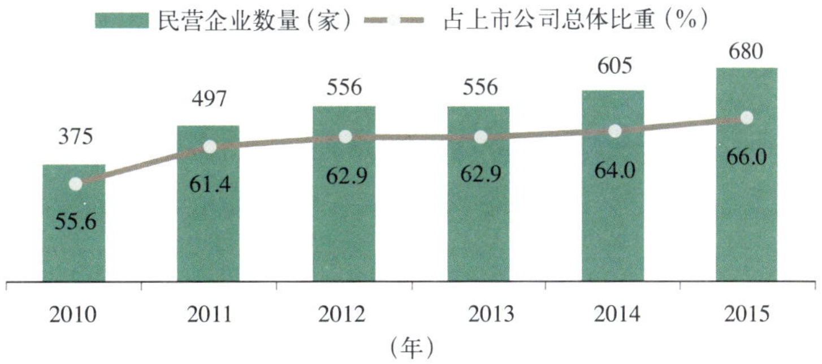

图5 “十二五”期间战略性新兴产业上市公司中民营企业数量及占比（%）

数据来源：国家信息中心。

“十二五”以来，民营企业的营收和利润逐年增长，已成长为战略性新兴产业发展的主要力量。2015年，民营企业营收达8107.1亿元，远高于2010年1993.6亿元的水平，占战略性新兴产业上市公司总体营收的31.1%，较2010年提高12.5个百分点。截至2015年末，民营企业利润高达993.3亿元，远远高于2010年298.2亿元的水平，战略性新兴产业上市公司的利润有超过四成由民营企业贡献，贡献率超过国有企业7.4个百分点（见图6）。

图6 “十二五”期间战略性新兴产业民营上市企业营收及利润

数据来源：国家信息中心。

二、战略性新兴产业引领上市公司总体发展

（一）战略性新兴产业增长持续快于上市公司总体

“十二五”期间，在中国经济增速换挡、结构调整阵痛、新旧动能转换相互交织的复杂背景下，战略性新兴产业逆流而上，以出色的业绩

继续领跑A股公司。5年间，战略性新兴产业上市公司营收逐年上升，由2010年10725.5亿元增长至2015年26033.7亿元，持续保持两位数的增长态势。营收占上市公司营收总额的比重亦逐年增加，5年来由6.3%增长至8.9%，同时，营收增速领先上市公司总体增速的优势逐年扩大，由2010年的高出2.1个百分点扩大到2015年的18.7个百分点(见图7)。

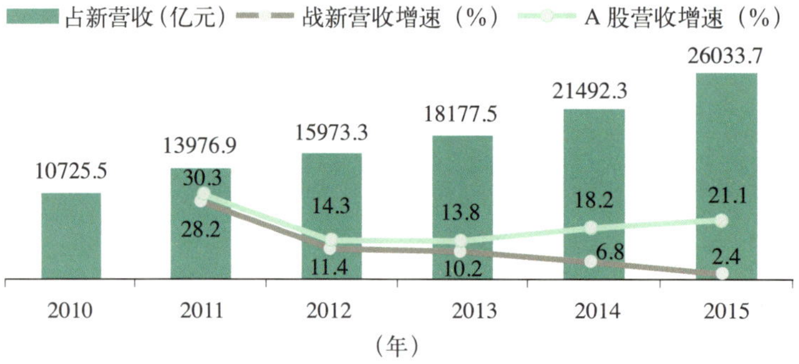

图7 "十二五"期间战略性新兴产业上市公司营收及增速（%）

数据来源：国家信息中心。

"十二五"期间，战略性新兴产业上市公司的利润总额由946.1亿元增长至2365.9亿元，近3年利润增速分别为21.2%、41.9%和22.4%，分别高于上市公司总体18.2、34.2和6.3个百分点，战略性新兴产业利润增速持续领跑上市公司总体。五年间，利润总额占上市公司总利润的比重也呈现上升趋势，利润贡献程度由2010年的4.3%上升至2015年的6.8%。

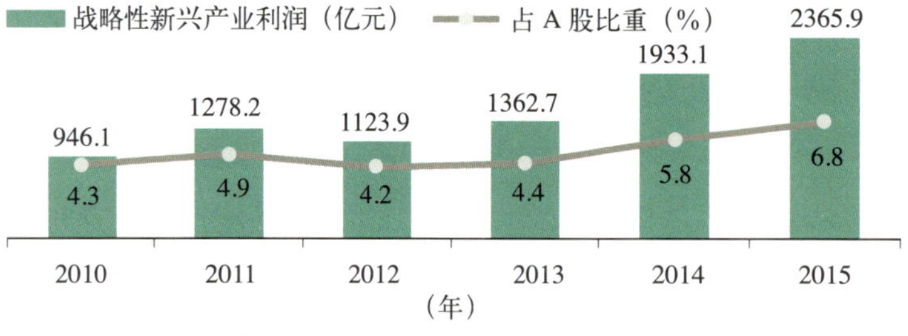

图8 "十二五"期间战略性新兴产业上市公司利润及占A股比重(%)

数据来源：国家信息中心。

（二）重点领域表现优异，助力转型升级

代表经济新动力的战略性新兴产业快速发展直接带动了经济转型

升级。“十二五”期间，战略性新兴产业的七大重点领域表现优异，呈现出规模大、体量多、增速快的特征。从数量规模来看，新一代信息技术上市公司数量位居七大领域之首，5年间，公司数量由272家增长至415家，约占战略性新兴产业上市公司总体的40%；生物产业紧随其后，公司数量由181家上升至254家，约占上市公司总体的25%；节能环保产业位列第三，公司数量由58家扩大到114家，约占总体的10%；高端装备制造、新材料和新能源三个重点领域的公司数量均低于100家，依次排在第四至第六位，分别约占总体的9%、7%和6%。

从营收增速表现看，节能环保和生物领域的营收增速位居前两位，以先进环保、高效节能和资源循环利用为代表的节能环保产业保持良好的增长态势，营收由315.2亿元增长至1402.2亿元，年复合增长率达34.8%；随着居民健康消费持续快速增长以及精准医疗和基因科学等前沿医疗领域的兴起，生物产业营收年复合增长率达26.5%，产业规模仅次于新一代信息技术产业，营收由1567.5亿元扩大至5085.9亿元。新一代信息技术、新能源、高端装备制造和新材料产业营收增速分列第三至第六位，其中，新一代信息技术产业营收年复合增长率达24.3%，营收由4101.7亿元扩张到12148.9亿元，产业规模位列七大产业之首；以核电、风能以及光伏为代表的新能源产业营收年复合增长率为22.4%，营收规模由644亿元上升到1768亿元；以轨道交通、航空卫星为主的高端装备制造业营收年复合增长率为17.5%，营收规模由1803.5亿元增长至4046.9亿元，产业规模位居七大产业中第三位；新材料产业营收增速位列末段，年复合增长率为11.4%，营收由916.4亿元增加至1572.2亿元（见图9）。

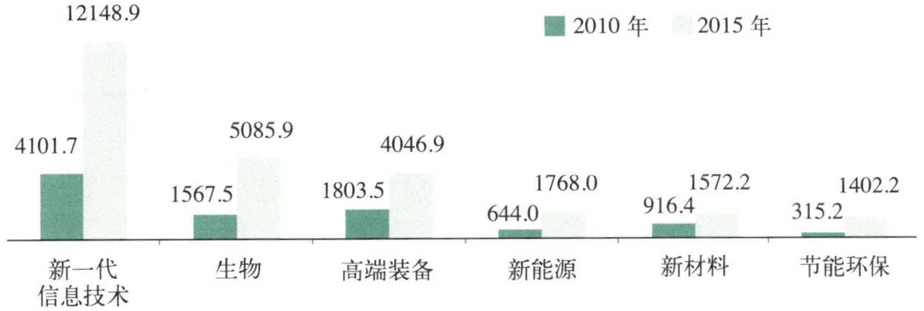

图9 “十二五”战略性新兴产业重点领域上市公司营收变化（亿元）

数据来源：国家信息中心。

（三）龙头企业引领带动作用持续增强

"十二五"期间，战略性新兴产业的发展模式逐渐向政府规划引导、龙头企业带动、市场配置资源的发展模式转变。5年来，战略性新兴产业上市公司领军企业（当年营业收入超过50亿元）的公司数量由86家增加到140家，占同期战略性新兴产业上市公司企业数量的比重由8%提升至13.6%。领军企业营收由9611.9亿元增加至24740.9亿元，占同期上市公司总体的比重由58.6%增加至67.2%；领军企业利润由518.1亿元增加至1625.3亿元，2015年占上市公司总利润的53.3%，远高于2010年37.2%的水平（见图10）。

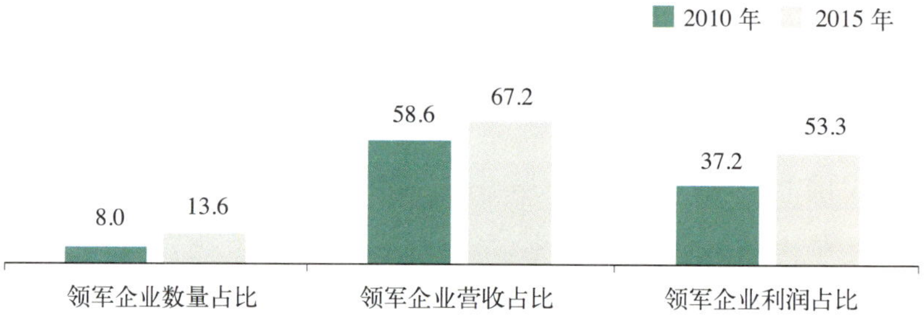

图10 "十二五"战略性新兴产业上市公司领军企业数量、营收以及利润占比（%）

数据来源：国家信息中心。

"十二五"以来，重点领域纷纷涌现出一批规模较大的领军企业，企业营收实现快速增长。其中，新一代信息技术领域涌现出振华科技、福日电子、歌尔声学、海康威视、立讯精密、乐视网和中天科技等一批新领军企业，生物领域出现了同仁堂、东阿阿胶和白云山，碧水源、格林美等领军企业的出现壮大了节能环保领域队伍，新能源领域涌现出诸如隆基股份、海润光伏等新领军企业，中航电子、航天电子、中直股份等高端装备制造领域的新领军企业异军突起，新材料领域出现了以中钢国际、康得新、新疆众和为代表的新领军企业。可以看到，领军企业数量的不断提升，带动了战略性新兴产业上市公司整体发展壮大。

三、战略性新兴产业可持续发展能力不断提升

（一）战略性新兴产业公司规模不断提升

“十二五”期间，战略性新兴产业上市公司的企业规模保持持续快速增长，资产总额从2010年的不到3万亿提升到2015年的近7万亿元，年均增速达到19.6%，高于上市公司总体5.2个百分点。与此同时，2015年战略性新兴产业上市公司平均资产规模达到了68亿元，为2010年平均资产规模的2.2倍（见图11）。

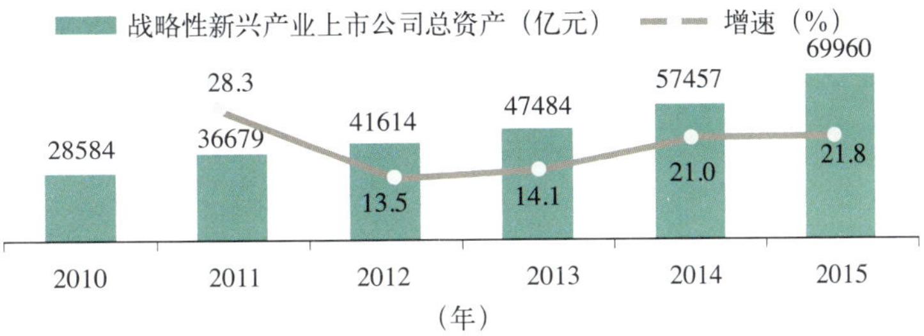

图12　2010—2015年战略性新兴产业上市公司资产总额及增速

数据来源：国家信息中心。

（二）战略性新兴产业公司盈利水平高于传统产业

“十二五”期间，战略性新兴产业上市公司盈利能力始终强于大部分传统产业，呈现了良好发展局面。2015年，上市公司战略性新兴产业总利润率为9.1%，明显高于上市公司（非金融业）5.8%的利润率水平。生物以及节能环保产业是目前战略性新兴产业上市公司中利润率最高的领域，2015年两者利润率分别为13.8%和13.4%，均达到了13%以上，新材料上市公司利润率相对最低，2015年利润率仅为1.8%（见图12）。

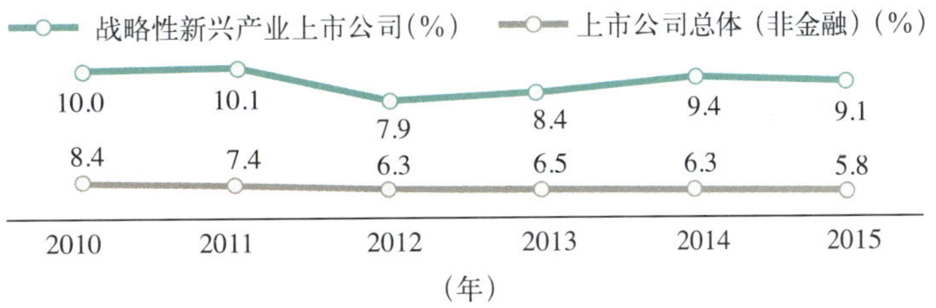

图12　2010—2015年战略性新兴产业上市公司利润率

数据来源：国家信息中心。

（三）投资维持快速增长，产业发展活力旺盛

"十二五"期间，在大量利好政策的推动下，战略性新兴产业上市公司保持了良好的投资扩张趋势，产业呈现良好的发展前景和活力。2015 年末，战略性新兴产业上市公司固定资产净值达 13819 亿元，是 2010 年的 2.4 倍，2010—2015 年年均增速达到了 19.6%，增速明显高于同期上市公司总体 11.6%的增长水平（见图 13）。

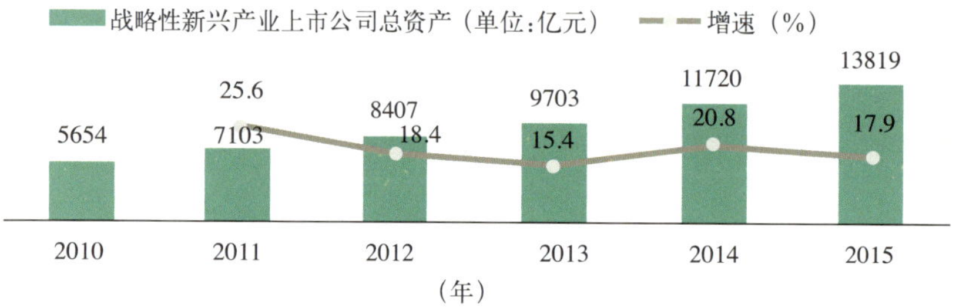

图 13　2010—2015 年战略性新兴产业上市公司固定资产净值及增速

数据来源：国家信息中心。

（四）降杠杆卓有成效，产业发展质量持续提升

受经济下滑及去产能等客观因素影响，降低企业债务风险已成为经济发展重要课题，战略性新兴产业企业根据经济、政策形势及自身发展需要降低了杠杆水平。"十二五"期间，战略性新兴产业上市公司资产负债率呈平稳下降趋势，2015 年资产负债率为 52.3%，较"十二五"初期下降 1 个百分点，企业负债水平和风险程度得到较好的控制，战略性新兴产业降杠杆成效显著。此外，战略性新兴产业上市公司降杠杆取得的积极成效直接体现在了财务费用变化上，"十二五"期间，战略性新兴产业上市公司的财务费用增速实现持续下降，2015 年其增速为 11.7%，较 2011 年下降 21.8 个百分点。

四、战略性新兴产业发展活力不断增强

（一）战略性新兴产业创新驱动发展特征明显

"十二五"期间，随着全国创新驱动战略实施，战略性新兴产业企业创新创业活力进一步迸发。2015 年，战略性新兴产业上市公司平均

研发投入达到了1.53亿元，较2010年提高了1.9倍，平均研发强度（占公司营收的比重）达到了6.21%，较2010年提升了4.12个百分点，明显高于上市公司平均3.50%的研发强度。具体来看，2015共有468家战略性新兴产业上市公司研发投入强度超过了5%，占战略性新兴产业上市公司总数的45.2%（见图14）。

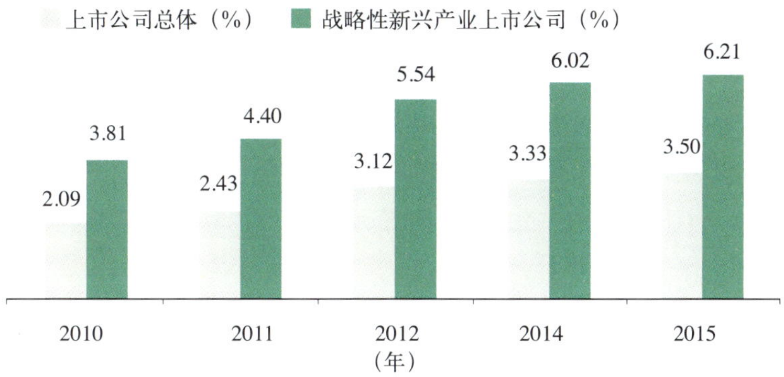

■ 图14　2010—2015年战略性新兴产业上市公司研发强度

数据来源：国家信息中心。

（二）战略性新兴产业估值整体实现大幅提升

战略性新兴产业企业具有更好的发展前景，代表未来新技术、新产业发展方向，受到资金的更多关注，估值出现了大幅增长。2010—2015年，战略性新兴产业上市公司平均股价上涨91.9%（总市值加权平均），涨幅明显高于上市公司总体50.1%的水平。2015年末，战略性新兴产业上市公司总市值达到了16.8万亿元，占上市公司总市值的比重达到了29.6%，较2010年末提升11.6个百分点。与此同时，2015年年末战略性新兴产业上市公司市盈率达69.9，是上市公司总体市盈率的3倍（见图15）。

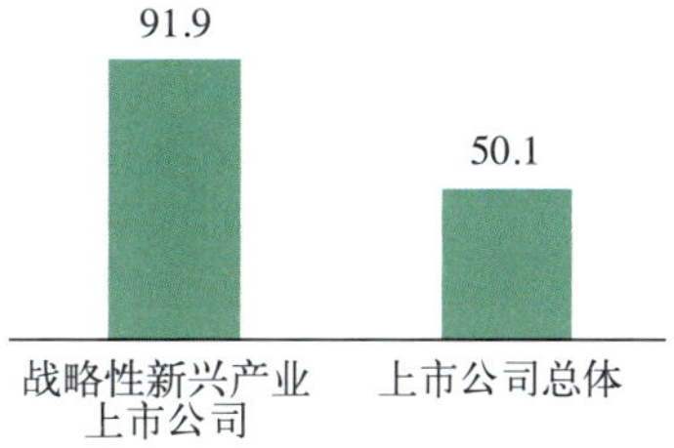

■ 图15　2010—2015年战略性新兴产业上市公司股价涨幅（%）

数据来源：国家信息中心。

从重点领域来看，"十二五"期间，新一代信息技术和高端装备制造业的股价领涨战略性新兴产业上市公司整体。伴随着"互联网 +"的热潮，2010—2015 年，新一代信息技术产业以 273.2%的股价涨幅位居七大领域榜首，其中高端软件和新兴信息服务、下一代信息网络、电子核心基础三大领域股价涨幅均位居前列；高端装备制造业在智能制造、卫星以及轨道交通装备等领域股价大幅上涨带动下，股价以 183.0%的涨幅位列七大领域中第二位。此外，生物医学工程以及生物制造等领域股价涨幅同样较高，带动生物产业股价涨幅达到了 164.1%。受国际环境波动、国内政策和市场尚未成熟等因素影响，新材料以及新能源产业股价涨幅靠后，2010—2015 年两者股价分别上涨 104.4.%和 94.0%（见图 16、图 17）。

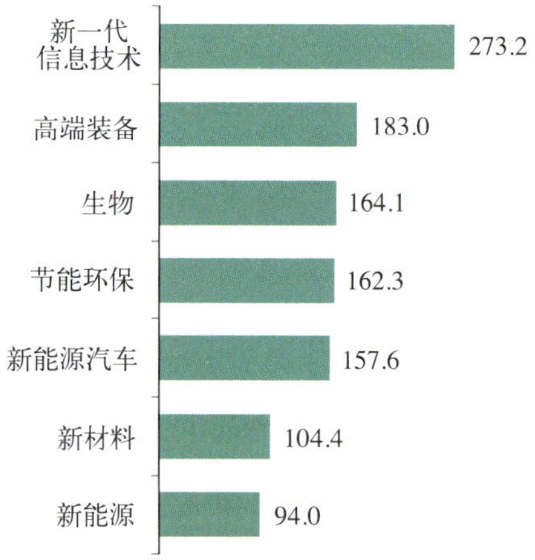

图 16　2010—2015 年七大战略性新兴产业上市公司股价平均涨幅（%）

数据来源：国家信息中心。

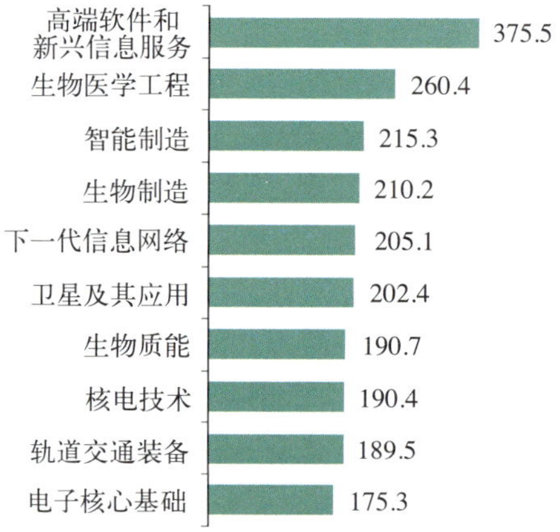

图 17　2010—2015 年战略性新兴产业细分产业方向股价涨幅（%）前 10 位排名

数据来源：国家信息中心。

（三）并购重组蓬勃发展，助推产业发展壮大

"十二五"期间，战略性新兴产业上市公司并购重组呈现蓬勃发展态势，2011—2015 年共完成重大并购重组 268 起，占同期上市公司并购重组完成总数的 41.6%。通过重组实现横向整合依然是战略性新兴产业上市公司实施重组的主要目的，占比达 56.9%。可以看到，由于战略性新兴产业发展尚未成熟，竞争激烈程度高，战略性新兴产业上市公司

通过融资等方面的优势并购竞争企业，促使本企业做大做强的意图更为明显。2011—2015 年，并购重组交易额超过 100 亿元的事件共有 5 起，分别是：中国南车吸收合并中国北车 100%股权（交易总价值 762.3 亿元），百视通换股合并东方明珠（交易总价值 490.5 亿元），七喜控股重大资产置换并发行股份及支付现金收购分众传媒 100%股权（交易总价值 457.0 亿元），中创信测发行股份购买北京信威 95.61%股权（交易总价值 224.9 亿元），中国重工发行股份收购大船重工、渤船重工、北船重工以及山船重工（交易总价值 174.3 亿元）。分领域来看，新一代信息技术领域的重组活动最为活跃，2010—2015 年共有 126 家企业完成重组；其次是生物和节能环保领域，同期分别有 60 家和 32 家企业完成重组（见图 18）。

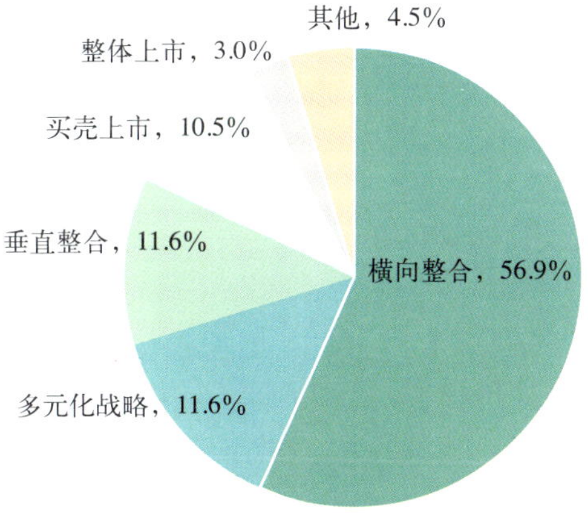

图 18　2011—2015 年战略性新兴产业上市公司重组目的分布

数据来源：国家信息中心。

五、战略性新兴产业企业对社会发展贡献愈发突出

“十二五”期间，战略性新兴产业成为稳增长、调结构重要力量的同时，战略性新兴产业企业在税收、就业等方面对国民经济与社会发展发挥突出的作用。2011—2015 年，战略性新兴产业上市公司支付的所得

税费共计1987.7亿元，年均增速达8.9%，高出上市公司总体0.7个百分点；战略性新兴产业上市公司解决了大量中高端人才就业问题，2015年年末员工数达420万人，较2010年年末增加178万人。2011—2015年，战略性新兴产业上市公司累计分红2657亿元，占上市公司总体的7.4%。此外，2015年战略性新兴产业上市公司共支付工资薪酬达到了4249.2亿元，支付工资薪酬总额连年提升（见图19、图20）。

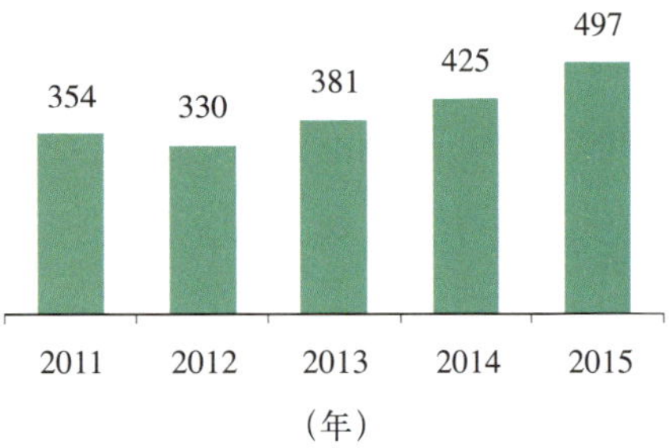

图19　战略性新兴产业上市公司缴纳所得税变化（亿元）

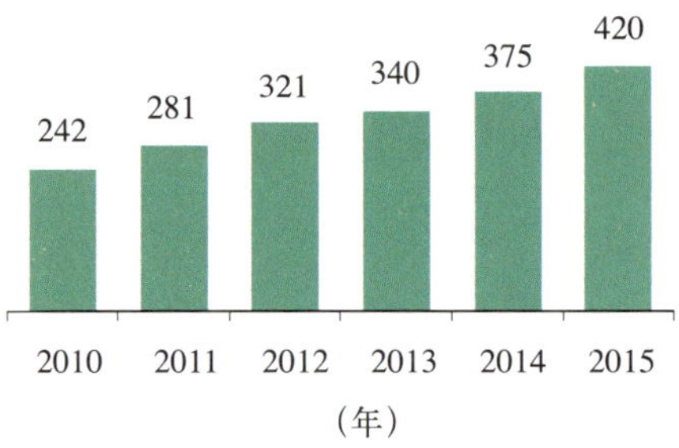

图20　战略性新兴产业上市公司年末员工数变化（万人）

国家信息中心

黄路明　张振翼　钟晨

案例 3

“十二五”期间战略性新兴产业创新创业情况回顾

创新创业是战略性新兴产业持续发展壮大的不竭动力，符合战略性新兴产业发展的客观规律，更顺应了加快做优做强战略性新兴产业的时代紧迫要求。“十二五”时期是中国战略性新兴产业发展的起步期和发展期，更是大众创业万众创新蓬勃兴起、新一波创业浪潮蔚然成风的重大机遇期。“双创”催生大量新技术、新模式、新产业，新动能培育、新兴产业发展与中国转变发展方式、全面建成小康社会形成历史性交汇，迫切需要战略性新兴产业发展中更加注重创新创业实效，也迫切要求创新创业反过来推动战略性新兴产业提质增效、加快壮大。战略性新兴产业发展与“双创”间的互促互惠，是贯穿战略性新兴产业各项工作部署的重大命题。

经过一段时期的发展，国家战略性新兴产业若干重点领域关键技术研发取得突破性进展，支撑产业发展的人才、资金储备进一步夯实。创新创业推动战略性新兴产业规模快速壮大，新技术、新业态、新模式、新产业蓬勃发展，不断创造新供给，释放新需求，在带动就业增长、增加居民收入、激发创业热情、推动产业转型升级和经济增长等方面发挥着越来越重要的作用。也要看到，战略性新兴产业发展长期存在的整体创新能力弱、国际竞争力不强等问题仍未得到根本性解决，在全球新技术新模式蓬勃涌现、新兴产业发展日新月异的大背景下，面临与主要发达国家差距进一步拉大的严峻挑战。此外，大众创业、万众创新深入推进的同时，新兴产业领域的创业企业融资难、现有体制机制约束凸显等若干苗头性、潜在性、倾向性问题逐渐暴露出来，值得高度关注。

一、若干重点领域关键技术取得重大突破

新一代信息技术领域，TD-LTE-Advanced 被国际电信联盟确定为第四代移动通信国际标准，进一步巩固了中国在移动通信标准制定领域的国际领先地位。自主开发的核心信息安全芯片实现技术突破，有力支撑国产千万亿次高性能计算机和移动智能终端产品的批量生产。基因组测序平台依托华大基因研究院、北京基因研究所、国家人类基因组南方研究中心、上海生物芯片工程中心等基地稳步运行，基因测序能力进入世界前列。育种领域，小麦杂川麦 59、水稻辽优 9906、棉花中棉所 86、玉米龙单 62 等大批优势杂交新品种培育成功，增产幅度在 15%以上。轨道交通装备国产化率超过 80%，构建了 CTCS 列控系统技术体系；高速铁路技术和产品达到世界领先水平，城际铁路技术日趋完善，城轨交通等新技术持续推出应用。C919 大型客机总装下线，获得 517 架订单。北斗导航应用完成关键技术突破，在交通运输、海洋渔业、水温监测、通信授时、电力调度和减灾救灾等领域推广应用。深海资源探测开发装备领域实现深海载人潜水器（HOV）技术的重大突破，自主研制的"蛟龙"号最大下潜深度达 7062 米。高端数控机床领域的高档数控系统等装备研发和产业化取得重要突破，大批供应空天、核电、造船等行业的高端装备打破国外封锁禁运，若干产品开始进入国际市场。

二、支撑产业创新能力提升的知识、人才、资金储备比较雄厚

在统数据显示，属于战略性新兴产业领域的医药制造业、航空航天器及设备制造业、电子及通信设备制造业、计算机及办公设备制造业、医疗仪器设备及仪器仪表制造业等行业研发人员、经费支出、新产品收入、有效发明专利数等指标均显著提升。2014 年，上述行业大中型企业研发人员折合全时当量达到 57.2 万人年，较 2010 年增加 43.4%；研发经费内部支出达到 1922 亿元，较 2010 年将近翻一番；新产品开发经费支出为 2350 亿元，较 2010 年增长 133.4%；新产品销售收入为 3.28

万亿元，是2010年的一倍；有效发明专利数达到14.79万件，是2010年的近三倍（见图1）。“十二五”期间，围绕战略性新兴产业重点领域组建的国家工程技术研究中心超过200家，设在企业的国家重点实验室超过70个；在“千人计划”“万人计划”“创新人才推进计划”中增设新材料、先进制造、信息、能源、资源和环境等战略性新兴产业研究方向，这一举措成功吸引了大批优秀海内外人才助力产业发展。此外，国家先后设立战略性新兴产业发展专项资金、国家新兴产业创业投资引导基金，与地方政府各类战略性新兴产业发展引导资金相辅相成，在引导社会、民间资本参与产业创新创业方面发挥了巨大作用。

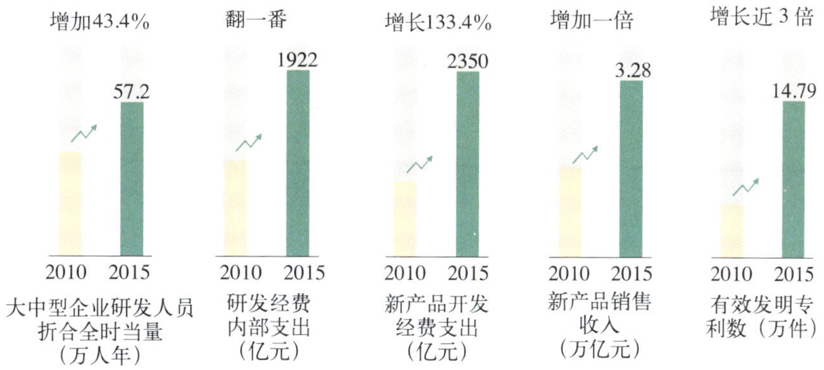

图1 战略性新兴产业在统重点行业主要创新指标对比（2010年、2015年）

三、创新创业有力推动新兴产业快速壮大、新增长点持续涌现

技术是支撑战略性新兴产业发展壮大的基石，而新兴产业发展的过程就是新创办企业不断涌现、发展壮大的过程。2015年，全国新登记企业达到440万户以上，同比增长21.6%以上。其中，代表新科技革命趋势与中国产业结构优化方向、知识技术密集的战略性新兴产业新创办企业呈现迅猛发展的态势。例如，信息传输、软件和信息技术服务业新登记企业24万户，比2014年增长63.9%；与数字创意、健康等领域大量交叉融合的文化、体育和娱乐业新登记企业10.4万户，增长58.5%，卫生和社会工作服务业新登记企业0.9万户，增长1倍；互联网技术应

用带动金融、教育领域新创办企业数量激增，金融业当年新登记企业 7.3 万户，增长 60.7%，教育领域 1.4 万户，增长 1 倍（见图 2）。创业带动产业规模快速壮大。2015 年，新一代信息技术产业收入规模达到 6 万亿元以上，是"十一五"末期的近 4 倍；健康产业产值规模达到 7 万亿元左右，"十二五"期间年均增速超过 15%。

2015 年末，全国 27 个战略性新兴产业重点监测行业收入规模总计 18 万亿元左右，增加值占 GDP 比重由 2010 年的约 4%提高到 8%左右。此外，大众创业万众创新也大大促进了文化创意产业、旅游业、家政服务业等行业以及分享经济、互联网经济发展，衍生大量新的增长点，为国民经济社会发展注入了新动能。

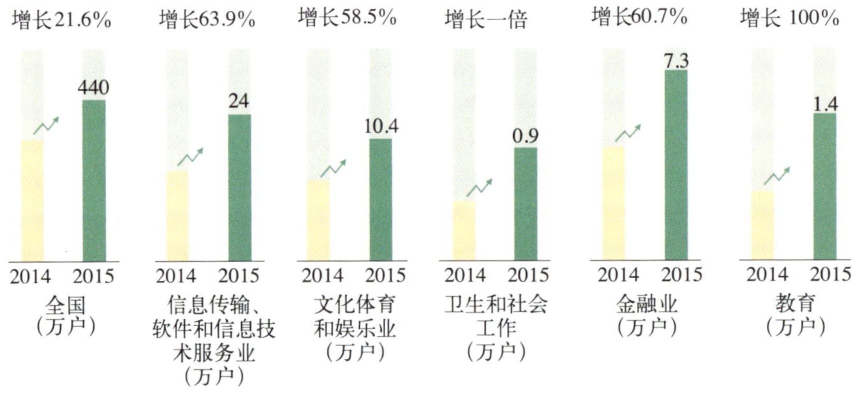

■ 图 2 部分战略性新兴产业新登记企业数量增长情况（2014 年、2015 年）

四、新技术研发转化加快，新业态、新模式风起云涌

伴随技术创新速度加快、创业企业数量井喷式增长，移动互联网、云计算、物联网、大数据、3D 打印等新技术应用领域和范围不断拓展，成果转化速度加快。到 2015 年底，全国移动互联网用户数达到 9.64 亿，移动宽带（3G/4G）用户已占 60%，移动互联网市场规模达到 3500 亿元以上。云计算应用从政府、金融领域向制造、交通、医疗健康、教育等行业延伸，2015 年底中国云计算上下游产业规模超过 3500 亿元。物联网产业发展模式逐渐清晰，2015 年底产值规模约 8000 亿元，"十二五"期间年均增速 30%左右。大数据产业初具规模，2015 年全国市场规模

突破百亿元水平，增速超过30%。3D打印领域涌现出了一批千万级销售额的优势企业，形成一批集聚区。基于上述技术的服务应用和创新日益活跃，互联网+金融、教育以及创意设计、远程诊断、系统流程服务、设备生命周期管理服务等新业态发展迅速。大众创业持续推进新技术深化应用，战略性新兴产业领域的新模式层出不穷。例如，互联网非公开股权融资模式井喷式增长，惠及中小微企业及个人创新创业活动。交通出行领域涌现的大量新消费模式，极大方便了人们的出行效率。数字家庭、智慧社区等新的服务模式快速发展，市场上形成大量家居自动化、能源管理与信息娱乐等服务类型。这些新业态、新模式极大程度带动了产业转型、经济增长和社会发展。

五、大众创业带动战略性新兴产业就业效应持续扩大

一方面，创业促进战略性新兴产业就业规模稳步扩大。创业企业以中小微企业为主，有研究表明，同样资金投入的中小微企业吸纳社会就业的人数是大中型企业的4—5倍。“十二五”以来尤其是2015年10月全面实施“三证合一”“一照一码”登记制度以来，新创业的中小微企业数量大幅增长，这些企业大量集中于互联网技术应用、文体、金融、教育、卫生等战略性新兴产业领域。按照新设企业平均每户吸纳就业人员3—4人、新设个体工商户吸纳从业人员1—2人、新登记市场主体中30%左右是属于战略性新兴产业领域计算，2015年全年战略性新兴产业新设市场主体吸纳就业人数超过500万人。另一方面，创业促进就业结构变化的同时，也推动了就业质量持续提升、就业环境不断优化。据有关部门2015年抽样调查，创新创业活力旺盛的战略性新兴产业领域，用人需求也呈现快速增长态势。例如，互联网+金融、信息传输计算机服务和软件业等行业用人需求增速远高于建筑、农林渔牧、批发和零售以及制造业等传统产业。有关调查结果显示，越来越多的创业者选择为“实现自我和改善生活”而创业，越来越多的创客反映出当前的社保医疗体系更加完善，国家对创业的扶持效果日益明显，创新创业往往为创客们提供了更加公平的就业机会、更加广阔的生存空间和发展机会。

六、大量社会资金涌向战略性新兴产业领域的创业企业

"十二五"时期，在政府大力引导和推动下，天使投资、创业投资爆发式增长，中国已成为仅次于美国的世界第二大创业投资集聚地，社会资金大量涌向战略性新兴产业领域的创业企业。一是政府引导基金在推动社会资金投向创业企业特别是种子期和初创期企业中发挥越来越重要的作用。2015 年 1 月，国务院常务会议通过设立国家新兴产业创业投资引导基金，发挥政府资金杠杆作用，吸引企业、金融机构等社会民间资本共同参与形成 400 亿元规模。北京、上海、深圳、武汉等地先后设立战略性新兴产业专项引导基金，推动本地区战略性新兴产业发展。二是天使投资市场活跃度持续加温，投资领域集中于互联网和信息技术行业。2015 年，中国天使投资市场共新募集完成 124 支基金，是 2010 年的 15.5 倍，总募集资金约 204 亿元，是 2010 年的 15.7 倍（见图 3）。投资领域行业分布比较集中，统计数据显示，2015 年互联网、电信及增值业务、信息技术行业获天使投资机构投资案例分别有 1030、327、181 起，占全部案例数的比重分别为 49.64%、15.76%、8.72%，获投金额分别为 51 亿元、13.12 亿元、9.2 亿元，在披露投资总额中占比分别达到 50.06%、12.88%、9.03%（见表 1）。三是"互联网 +"领域倍受创业投资关注。据专业机构统计，2015 年中国创业投资机构共发生 3445 起投资案例，较 2010 年增加 321.67%，披露投资金额达 1293 亿

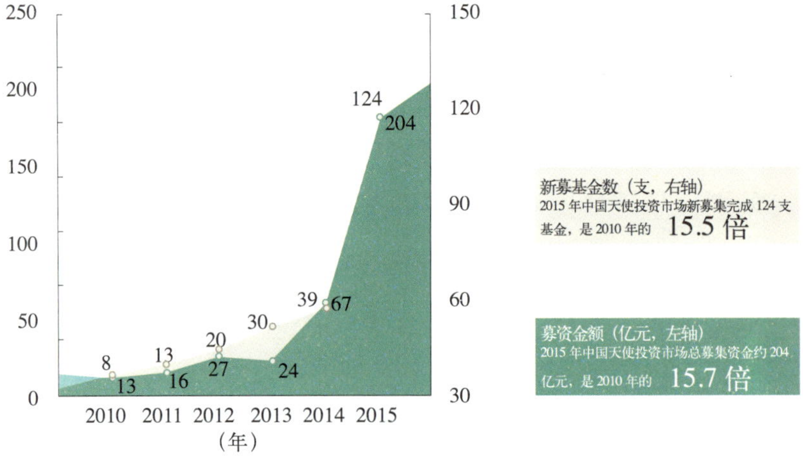

图 3　2010—2015 年中国天使投资市场新募集资金情况对比

元，较“十一五”末期扩大262.18%（见图4）。投资主要分布于22个行业，其中，互联网、电信及增值业务、信息技术行业发生的投资案例数位居前三位，达到1973起，占全部案例数57.3%，披露投资金额合计约684亿元，占投资金额总数52.9%（见表2）。

表1　2015年中国天使投资行业分布情况

行业（一级）	案例数	比例（%）	案例数（披露金额）	投资金额（亿元）	比例（%）
互联网	1030	49.64	983	51.00	50.06
电信及增值服务	327	15.76	294	13.12	12.88
信息技术	181	8.72	168	9.20	9.03
金融	110	5.30	102	7.51	7.37
娱乐传媒	61	2.94	60	1.70	1.67
生物技术 / 医疗健康	47	2.27	45	3.63	3.56
机械制造	32	1.54	31	2.34	2.30
连锁及零售	25	1.20	25	1.33	1.31
电子及光电设备	21	1.01	19	0.99	0.97
物流	18	0.87	17	1.85	1.82
教育与培训	15	0.72	12	1.35	1.33
房地产	11	0.53	11	1.55	1.52
汽车	11	0.53	11	1.43	1.40
清洁技术	10	0.48	10	0.37	0.36
食品 & 饮料	7	0.34	7	0.22	0.22
化工原料及加工	7	0.34	7	0.34	0.33
纺织及服装	3	0.14	3	0.11	0.11
农 / 林 / 牧 / 渔	2	0.10	2	0.05	0.05
半导体	1	0.05	1	0.04	0.04
能源及矿产	1	0.05	1	0.09	0.09
其他	20	0.96	18	0.63	0.62
未披露	135	6.51	112	3.02	2.96
合计	2075	100	1039	101.88	100

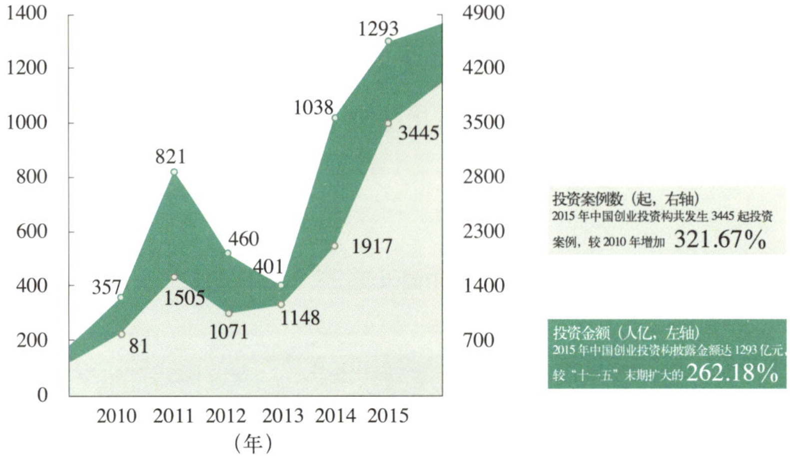

图 4　中国创业投资情况对比（2010—2015 年）

表 2　2015 年中国创业投资行业分布情况

行业	案例数	比例（%）	案例数（披露金额）	投资金额（亿元）	比例（%）	平均投资额（亿元）
互联网	1051	30.5	929	396.94	30.1	0.43
电信及增值服务	481	14.0	411	190.13	14.7	0.46
信息技术	441	12.8	403	97.16	7.5	0.24
生物技术 / 医疗健康	310	9.0	294	143.80	11.1	0.49
金融	243	7.1	216	120.60	9.3	0.56
机械制造	166	4.8	159	52.72	4.1	0.33
电子及光电设备	124	3.6	117	41.44	3.2	0.35
娱乐传媒	117	3.4	107	41.96	3.2	0.39
清洁技术	114	3.3	108	26.62	2.1	0.25
化工原料及加工	69	2.0	67	20.17	1.6	0.30
连锁及零售	39	1.1	34	33.86	2.6	1.00
建筑 / 工程	33	1.0	32	18.16	1.4	0.57
农 / 林 / 牧 / 渔	32	0.9	30	6.44	0.5	0.21
物流	28	0.8	25	13.41	1.0	0.54
汽车	22	0.6	22	34.42	2.7	1.56
食品 & 饮料	20	0.6	17	7.06	0.5	0.42
能源及矿产	18	0.5	17	5.23	0.4	0.31
教育与培训	18	0.5	15	4.83	0.4	0.32
房地产	16	0.5	15	5.20	0.4	0.35
半导体	11	0.3	10	2.26	0.2	0.23
纺织及服装	8	0.2	7	6.45	0.5	0.92
广播电视及数字电视	3	0.1	3	0.40	0.0	0.13
其他	55	1.6	52	11.22	0.9	0.22
未披露	26	0.8	23	12.85	1.0	0.56
合计	3445	100	3113	1293.34	100	0.42

国家发改委产业经济与技术经济研究所

黄汉权　姜江

案例 4

“十二五”期间战略性新兴产业发展国外政策研究

21 世纪以来，世界科技发展呈现新的态势，技术融合催生了一些新的学科和融合技术领域，随着各领域科学技术的迅速发展和交叉融合，新兴产业在世界范围内逐渐涌现并快速发展起来。科技创新为产业升级换代、新兴产业发展提供了强大的动力，新兴产业的快速发展和繁荣正成为全球经济的新引擎。发达国家凭借深厚的历史积累，引领新兴产业发展前沿；因此，研究世界主要发达国家在促进新兴产业发展方面做出的重要举措对中国制定相应政策具有重要的借鉴意义。

发达国家大力推进向低碳经济转型的战略行动，从产业政策、能源政策、技术政策、贸易政策等方面做出一系列重大调整。技术创新、绿色低碳、国际化发展、集群发展以及由此带来的商业模式创新成为国外新兴产业发展的重要特征。本文从分析发达国家战略性新兴产业发展现状及相应促进政策出发，对世界主要发达国家如欧盟、美国等出台的战略部署进行典型案例分析，并对发达国家采用的不同政策措施进行梳理和比较分析，以此得出对中国战略性新兴产业发展的几点启示。

一、发达国家战略性新兴产业促进政策概述

美、欧、英、日、韩等发达国家和地区根据自身产业和科技的比较优势，纷纷制定了新兴产业发展战略，并出台了相应的促进政策，把争夺科技制高点作为国家战略重点，大力发展新兴产业。

“十二五”期间发达国家新兴产业政策及相应的重点发展领域（见表 1）。

表 1　发达国家新兴产业的发展重点

国家	重点领域	相关战略、计划
美国	先进制造、精密医疗、大脑计划、先进汽车、智慧城市、清洁能源和节能技术、教育技术、太空探索、计算机新领域、大数据、生物技术、纳米技术等	美国的创新战略：确保美国的经济增长和繁荣（2011版）、纳米技术签名倡议、2020及未来纳米电子学计划、可持续纳米制造：创造未来的产业计划、国家生物经济蓝图、电动汽车国家创新计划、先进制造业国家战略计划、大数据研究与开发计划、美国国家创新战略（2015版）
欧盟	低碳产业、信息技术（重点是物联网）、生物技术等	绿色基础设施：增强欧洲自然资本战略、欧洲2020战略、为可持续增长创新：欧洲生物经济战略、地平线2020计划、智能城市和社区欧洲创新伙伴行动
日本	新能源、节能环保、信息技术、新型汽车等	能源基本计划、原子能政策大纲、创建最尖端IT国家宣言、海洋基本计划
韩国	可再生能源、信息、纳米技术等	核能振兴综合计划、第二次核聚变能源开发振兴基本计划（2012—2016年）、自由贸易协定时代一国家研发战略、国家融合技术发展基本计划、第三次科学技术基本计划

美国的战略性新兴产业是以复兴制造业为核心的"再工业化"战略。奥巴马政府将政策重点放在新能源和新一代信息技术产业上，同时也十分强调先进制造、生物与医药、新一代信息与网络技术、电动汽车技术、纳米技术等技术的开发和产业发展。

欧盟将低碳产业列为新兴产业重点，重在将"绿色技术"、信息技术，尤其是物联网技术、生物技术和其他高技术提高至全球领先水平，大力发展"绿色经济"。欧盟发展的低碳技术包括典型低碳能源技术、碳捕捉运输封存技术、智能电网、新能源汽车、储能技术、生物燃料与建筑节能技术等。

英国重视低碳经济，还通过建立增材制造研究中心等政策措施，发展高附加值制造、信息、生物、海洋等新兴产业。日本重点发展新能源、节能环保、信息技术、新型汽车、海洋技术等领域。韩国将低碳与绿色发展作为重要主题，重点培育可再生能源、信息、纳米技术等产业。

二、发达国家战略性新兴产业促进政策的战略部署

世界各国都认识到了新兴产业引领技术未来和增强国家竞争力的重

要意义，因此各国纷纷出台国家战略，超前部署发展重点。迄今为止，二十多个发达国家和新兴国家已制定了新兴产业发展战略，启动了 100 余项专门计划。本章以美国 2011 年和 2015 年发布的《国家创新战略》以及欧盟 2013 年发布的《"地平线" 2020 计划》为例，重点分析这两个经济体的战略部署。

（一）美国《国家创新战略》

为走出经济衰退，推动可持续增长和高质量就业，2011 年 2 月美国国家经济委员会、总统经济顾问委员会、科技政策办公室发布了《美国的创新战略：确保美国的经济增长和繁荣》[以下简称"《国家创新战略》(2011)"]。2015 年 10 月底，白宫再次发布《美国创新新战略》[以下称"《美国创新战略》(2015)"]，该版创新战略是奥巴马任内第三次发布关于支持创新的国家级战略性文件，显示出美国政府对创新前所未有的高度关注。

《国家创新战略》(2011) 是美国政府需要承担的任务规划，是奥巴马政府和美国各界对重振美国竞争力，特别是政府如何支持创新活动、激发创新活力的最新思考和举措。美国创新战略的核心理念是构筑"创新金字塔"（见图 1）。

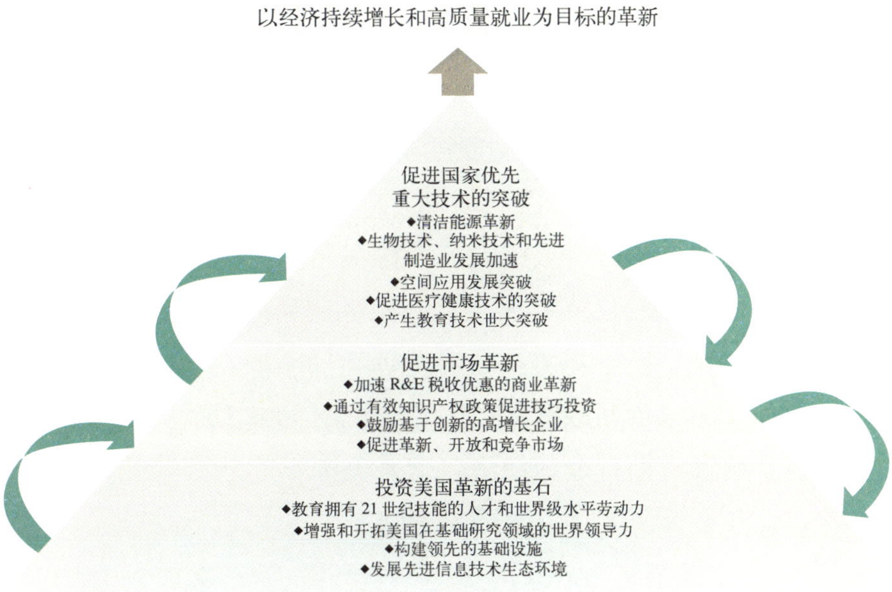

图 1 《美国的创新战略：确保美国的经济增长和繁荣》总体框架

《美国创新战略》（2015）共有六个部分，包括三大创新要素和三大战略举措。三大创新要素指的是投资创新生态环境基础要素、推动私营部门创新、打造创新型国家，三大战略举措指的是创造高质量就业岗位和持续经济增长、推动国家优先领域突破、建设创新型政府。奥巴马政府希望通过三大战略来进一步激活三大创新要素，以此创造一个良好的创新生态系统，《美国创新战略》（2015）主要发展 9 大战略领域，分别为先进制造、精密医疗、大脑计划、先进汽车、智慧城市、清洁能源和节能技术、教育技术、太空探索以及计算机新领域。此外，美国政府还将继续投资有利于未来战略计划的通用技术，这些通用技术将会持续地影响人类经济社会发展，如纳米技术、机器人技术和自动化系统，先进材料、生物学和工程学等。

相较于 2011 年，2015 版美国创新战略在以下几个方面增强了支持力度。首先，在政府定位上，美国在《国家创新战略》（2015）中将其在创新中的作用提到了前所未有的高度，并进一步聚焦如何建设服务型政府。其次，《美国创新战略》（2015）强调了营造创新生态环境的重要性。相对于 2009 年和 2011 年的美国创新战略，2015 年的美国创新战略内容更加丰富具体，着重强调并增加了更多针对美国创新生态系统的支持政策，这些政策对所有美国民众都会带来切身的利益。第三，在 R&D 投资上，2011 年的国家创新战略中，政府强调了 R&D 的重要性，并提供了相应的政府支持，但另一方面，基于 R&D 本身公共物品的属性，必须保证 R&D 总投资量要达到当前的 2—4 倍，才能引导正面的社会 R&D 投资。因此，《国家创新战略》（2015）在对 R&D 的政府基金以及对基础研究的支持力度要比以前大得多。

奥巴马两届任期内，连续三次发布国家创新战略报告，这在美国历史上尚属首次，显示出本届美国政府对创新战略的重视达到了前所未有的高度。正如《国家创新战略》（2015）开篇提到的那样，"今天全力发展创新的国家明天将拥有全球经济，这是美国不能放弃的优势"。

（二）欧盟《"地平线"2020 计划》

欧盟的研发框架计划从 FP1（1984—1987 年）发展到 FP7(2007—2013 年)，其整体规划、策略措施、监控手段、支持领域、资助力度、人才培养等各个方面都在运作中不断调整、完善和加强。通过系列研发框架计划的实施，促进了欧盟科研、工业、商业、社会等各方面的发展。在 FP7 执行期间，为恢复欧盟成员国的经济活力，欧盟委员会制定了“欧洲 2020 战略”，作为落实该旗舰计划的创新政策工具，“地平线 2020”于 2014 年正式启动实施。

“地平线 2020”是欧盟实施创新政策的资金工具；计划周期 7 年（2014—2020 年），预算总额约为 770.28 亿欧元。“地平线 2020”要求欧盟所有的研发与创新计划聚焦于三个共同的战略优先领域，其中每个优先领域都分别部署多项行动计划，另外单列了 4 项不便分类的资助计划，具体内容见表 2。

表 2 “地平线 2020”三大战略优先领域与四项单列资助计划

三大战略优先领域	总预算金额（亿欧元）	经费比例（%）	行动计划	单项预算金额（亿欧元）	单项经费比例（%）
基础科学	244.41	31.73	欧洲研究理事会 (ERC): 最优秀科研人员领衔的前沿研究	130.95	17
			未来和新兴技术 (FBT): 开创新的创新领域	26.96	3.5
			玛丽·斯克沃多夫斯卡—居里行动 (MSCA): 科研培训和职业生涯发展计划	61.62	8
			欧洲基础研究设施，包括 e- 基础设施：建造世界一流的基础设施	24.88	3.23
工业技术	170.16	22.09	在工业技术中保持领先地位 (LEIT): 信息通信技术、纳米技术、材料生物技术、制造技术、空间技术	135.57	17.6
			撬动风险投资：激励研发和创新领域的私人投资和风险投资	28.42	3.69
			中小企业创新计划：促进各类中小企业各种形式的创新	6.16	0.8
社会挑战	296.79	38.53	卫生、人口变化和福利	74.74	9.7
			粮食安全、可持续农业、林业和渔业、海洋与内陆水研究、生物经济	38.51	5
			安全、清洁、高效的能源	59.31	7.7
			智能、绿色和综合的交通	63.39	8.23

续表 2

三大战略优先领域	总预算金额（亿欧元）	经费比例（%）	行动计划	单项预算金额（亿欧元）	单项经费比例（%）
社会挑战	296.79	38.53	应对气候变化行动环境资源效率和原材料	30.81	4
			欧洲在不断变化的世界中创造包容性、创新性和反省性的社会	13.09	1.7
			社会安全—保障欧洲及其公民的自由与安全	16.95	2.2
四项单列资助计划		资助内容		总预算金额（亿欧元）	经费比例
参与扩大化，人才广泛化		引入卓越具体措施，来衡量人才的广泛程度和参与的扩大程度		8.16	1.06
科学与社会		建立科学和社会之间的有效合作，招募新的人才，培养科研人才的社会意识和责任感		4.62	0.6
欧洲创新科技研究所 (EIT)		支持知识和创新群体，促进产学研结合		27.11	3.52
联合研究中心非核能研究 (JRC)				19.03	2.47
		"地平线 2020"框架计划		770.28	100

"地平线 2020"被欧洲领导人和欧洲议会视为推动经济增长和创造就业机会的手段，是欧盟对未来的投资。其目标是确保欧洲产生世界顶级的科学，消除科学创新的障碍，在创新技术转化为生产力的过程中，融合公众平台和私营企业协同工作。"地平线 2020"的提出标志着欧盟在研究创新计划上进入了新纪元。

三、国外战略性新兴产业政策比较分析

由于国家发展阶段、政策体系等差异，各国在促进产业创新、培育和发展新兴产业的政策体系等方面存在显著不同，然而在解决新兴产业发展的共性问题上已经形成了一定的共性认识。发达国家主要从财政、金融、共性技术平台、法律法规以及人才政策等方面来为产业创新主体提供支持和营造良好环境，其中财政政策包括政府采购、政府税收以及政府补贴政策等。本章主要从能为新兴产业发展与创新主体提供支持和营造良好环境的政策体系、中小企业发展政策、金融支持模式等方面

来比较主要发达国家之间培育和发展新兴产业的政策异同。

（一）政策体系

欧美产业政策体系围绕市场展开，实施产业技术政策时，政府与企业分工明确。政府的主要任务是营造良好的市场环境，并在基础研究、竞争前应用技术研究、共性技术开发等方面发挥作用，在特定时期支持一些战略性领域的重大技术突破。此外，欧美等发达国家重视需求导向的产业政策，政府在市场需求侧的政策引导力度较大，致力于形成供给侧与需求侧协同作用的政策体系。

美国对新兴产业的发展投入很大，但并不是单纯进行资金注入，而是借助了税收补贴等手段，利用其经济杠杆效应带动社会资本向这些新兴产业投入。美国尤其注重对市场需求的引导，综合运用价格杠杆、税收优惠、费用减免、标准体系建设、完善基础设施等手段，开拓市场空间。同时通过政府采购、消费者使用新技术的减税或退税等政策工具来激励创新。

（二）中小企业发展对策

美国和日本在促进中小企业创新发展方面已经拥有了较为完善的法律法规，建立了较为完善的信用担保体系和全国统一的中小企业管理机构，并形成了两种不同类型的中小企业发展对策（见表 3）。

表 3　美国 & 日本中小企业发展对策比较

政策工具	美国	日本
理念	优化小企业的外部环境、维护和增强小企业的竞争地位	提高生产效率、提升日本的总体竞争力
机构设置	参、众两院设有小企业委员会，小企业管理局 (SBA) 及 100 多个地方局	通产省下设中小企业厅 (SMEA)，通商产业局下设中小企业部门，都道府县、直辖市政府机构设立中小企业部门
技术创新支持	①立法促进； ②税收优惠； ③小企业投资计划（SBIC）； ④鼓励风险投资优惠政策； ⑤建立技术推广伙伴关系； ⑥技术人才培训计划	①立法促进； ②税收优惠； ③技术开发补助； ④技术顾问制度； ⑤中小企业技术人员研修制度； ⑥鼓励投资风险企业的优惠政策

续表 3

政策工具	美国	日本
金融财政支持	①小企业投资计划（SBIC），小企业技术创新计划（SBIR），技术转移援助计划（STTR）； ② SBA 信用担保贷款、直接贷款、间接贷款； ③ NASDAQ 多层次资本市场； ④风险资本：民间资本为主	①直接提供财政补贴； ②中央金库贷款，国民金融公库贷款，中小企业金融公库，信用担保贷款；特殊银行； ③ JASNAQ 市场，东京高增长新兴股票市场等； ④风险投资：政府组建金融机构提供

（三）金融支持模式

目前主要发达国家对新兴产业部门的金融支持模式大致可以划分为两种，分别为市场主导型与银行主导型。在产业创新与新兴产业发展中，以美国、英国等为代表的第一梯队"领先型"国家，属于市场主导型，重点表现为以资本市场为基础，金融资本的定价和配置是由市场决定的。美英形成市场主导型的金融支持模式，主要基于其健全的市场机制和完善的配套法规，运行效率相对较高，虽然银行与企业破产的比率相对较高，但有利于把损失限制在最低程度，将风险逐步分散于市场，整体来看有利于维护金融稳定。

日本、德国等国家的金融支持模式多为银行主导型，其中以日本最为典型。在银行主导型的金融支持模式下，产业发展高度依赖银行金融机构的贷款，银行与产业间具有很强的相互依存性。银行主导型模式使承担战略性新兴产业发展载体的企业更加注重自身的长远发展，这对于形成资本和技术密集型的大型企业和企业集团非常有利；然而从金融稳定角度看，银行主导型模式存在极大隐患，由于银行与关系企业之间相互持股，企业和银行的财务状况难以有效披露，财务风险难以有效控制，容易引发金融危机。

（四）启示

通过国外战略性新兴产业战略部署及具体支持政策之间的比较分析，可以得到如下几点启示。

首先，逐步完善战略性新兴产业的创新生态环境。战略性新兴产业培育与发展政策的制定应立足于全产业链建设，需考虑相关配套产业、新兴产业与传统产业融合、新兴产业之间的技术交叉及产业融合。有效聚焦战略性新兴产业的基础研发，共性平台技术构建，建立产学研用合作机制与技术转移机制，并探索设立产业创新联盟。打造开放式创业生态系统，促进科技、金融和产业的深度融合，推进大众创业、万众创新战略的实施。

第二，构建利于战略性新兴产业发展的体制机制。为战略性新兴产业发展创造良好的法律制度环境，保持对重点发展领域中关键技术知识产权的高度关注，并创建有利于创新的知识产权保护体系。

第三，有效把握技术、市场和产业的发展规律。建立战略性新兴产业发展的评价体系与方法，并运用科学方法预测战略性新兴产业发展趋势，充分发挥各领域专家与智库的作用，联合产业部门、高等院校和研究机构，科学选择战略性新兴产业的关键技术，合理判断战略性新兴产业前沿技术的发展趋势。

第四，建立完善的财税金融及人才支持体系。加大财政政策扶持力度，如政府采购政策，财政补贴及税收减免等政策，尤其注重需求侧的政策支持；创新中央财政资金使用方式，加快多层次资本市场体系建设，建立多层次担保体系，推进战新金融服务模式创新。

中国工程科技发展战略研究院
薛澜　周源

案例 5

"十二五"期间战略性新兴产业国际化发展情况回顾

"十二五"期间，顺应世界科技和产业发展趋势，战略性新兴产业积极推动"引进来"与"走出去"战略实施，加快利用国内外两个市场和两种资源，在进出口贸易、外资利用、跨境并购、海外建厂、对外工程承包、服务外包、国际联合研发等方面的国际化水平显著提升。其中，多数技术领域的进出口贸易增幅明显，重点产品出口实现新突破，外资企业逐渐加码中国市场，跨境并购步伐加快，海外投资建厂升温，对外承包工程业务增长步伐明显加快，高端服务外包业务范围不断拓展，国内外联合研发成效显著，技术成果国际化水平明显提升，重点领域技术输出取得突破，为在经济新常态下深化战略性新兴产业国际合作、提升产业自主发展能力与国际竞争力，争夺世界经济科技竞争制高点打下了坚实基础。

一、多数技术领域进出口增幅明显

"十二五"期间，战略性新兴产业实施积极的出口促进战略，多数领域进出口贸易呈现快速增长态势，部分细分领域出口增幅明显，对整体外贸增长发挥了重要的引领拉动作用。统计数据显示，"十二五"期间，高新技术产品进出口贸易总额由 2010 年的 7784 亿美元增长到了 2015 年的 10934 亿美元，年均增长 7.0%，高于全国进出口贸易增速 1.1 个百分点，高于全球高新技术产品贸易增速 5.3 个百分点（见图 1）。其中，九大高新技术领域中，有 7 大技术领域产品出口增速超过了 10%，分别是航空航天技术、光电技术、其他技术、生命科学技术、生物技术、电子技术和计算机集成制造技术，年均增速分别达到了 16.0%、15.7%、

13.6%、12.4%、11.2%、10.5%和10.1%；光电技术、生命科学技术、航空航天技术、生物技术等领域产品进口增速明显，年均增速分别为21.0%、18.0%、15.9%和10.5%。

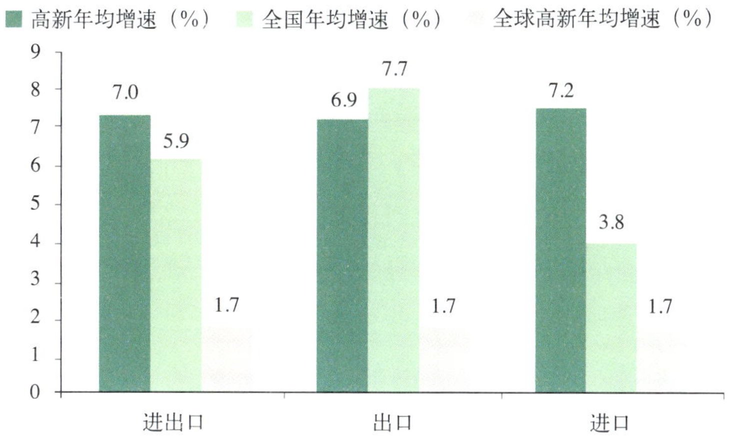

图1 “十二五”期间高新技术产品贸易增速对比图

数据来源：根据COMTRADE。

二、重点产品出口实现多个“首次”

在中国战略性新兴产业进出口规模不断扩大的同时，出口产品质量也在不断提升。“十二五”期间，重点产品出口实现了多个“首次”。以轨道交通为例，“十二五”期间，首次获得欧美发达国家轨道交通装备整车订单，中国北车于2011年获得法国罐车的轨道交通装备整车订单。首次获得印度地铁维保订单，2014年9月10日，中国南车株机公司获签3亿元印度新孟买1号线地铁车辆及维保订单，这是中国南车继孟买1号线、新德里古尔冈线后第三条印度地铁车辆订单，也是中国南车首次获得印度地铁维保订单，成功将“制造+服务”的地铁“4S”店模式复制到南亚大陆。首次出口不锈钢米轨（1000毫米宽轨道）干线铁路客车，2014年10月20日，中国北车与中国铁建联合组成的联合体，与泰国国家铁路公司签署了115辆米轨铁路客车项目合同。中国地铁车辆首次实现全球六大洲全覆盖，2014年10月22日，美国马萨诸塞州交通局（MBTA）正式批准，将向中国北车采购284辆地铁车辆，装备波士顿红线和橙线地铁，这是中国轨道交通装备企业在美国面向全球招标中首次胜出登陆美国，首次实现亚洲、欧洲、非洲、北美洲、南美洲、大洋洲六大洲的全球覆盖。首次出口世界最高速动车组，2014 年 11 月 30 日，中国为马来西亚生产的世界运营速度最高的米轨动车组在南车株洲电力机车有限公司下线，也是中国第一次出口最高速度的米轨动车组。中国高铁首次真正意义上"走出去"，2015 年 6 月，中国高铁与俄罗斯签下走出国门第一单。综合来看，"十二五"期间，中国轨道交通装备出口实现了由配件出口到整车出口、由中低端产品到高端产品、由欠发达市场到发达市场的三大转变，极大提升了中国轨道交通装备的国际品牌形象，推动了中国高端装备企业走向全球。此外，其他重点领域的产品出口也实现了多个"首次"。例如，比亚迪成为首次进入日本市场的中国汽车品牌,比亚迪电动巴士 K9 于 2015 年上半年成功登陆日本京都，首次进驻日本市场。再比如，中国纯电动汽车首次规模投放海外发达市场，2014 年 9 月，江淮汽车在合肥港举行出口美国首批 100 辆和悦 iEV 纯电动汽车发运仪式，开创了中国纯电动汽车规模投放海外发达市场的先河，江淮汽车全球化布局迈出了重要一步（见图 2）。

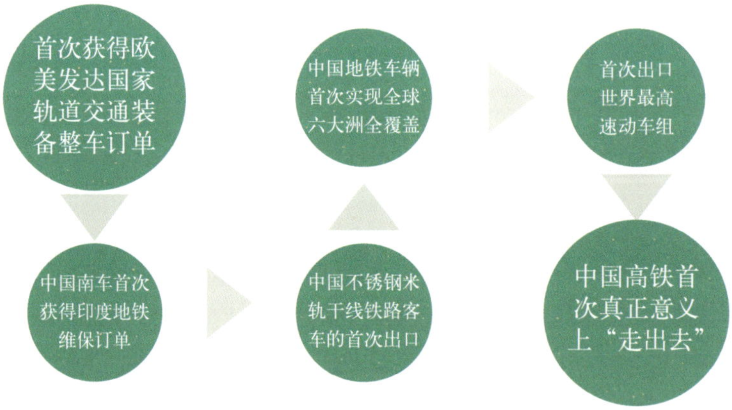

■ 图 2　中国轨道交通装备"走出去"

三、外资企业不断加码中国市场

"十二五"期间，战略性新兴产业吸引外资水平稳步提升，外资企业不断加码中国市场，新材料、生物医药、高端装备等领域外商投资日益形成规模，并逐步成为新的外商投资亮点，推动外商投资产业结构进一步优化，促进中国利用外资迈入“量质齐升”的新阶段。例如，2014年5月，拥有26年历史、总部位于比利时的玛瑞斯公司在上海成立研发公司，成为最早进入中国的外国3D打印公司之一。6个月后，又成立其中国首家分公司。玛瑞斯进入中国市场后，主要服务于医学及工业领域。目前，该公司已经与上海第九人民医院、上海儿童医院等合作成立研究中心，有数十家合作伙伴。再如，全球机器人四大巨头之一的库卡公司于2012年在上海开设德国以外的首家海外工厂，生产出工业机器人、控制台，主要用于汽车焊接以及组建等工序。该工厂年生产能力达5000台，占库卡全球生产总量的1/3（见图3）。

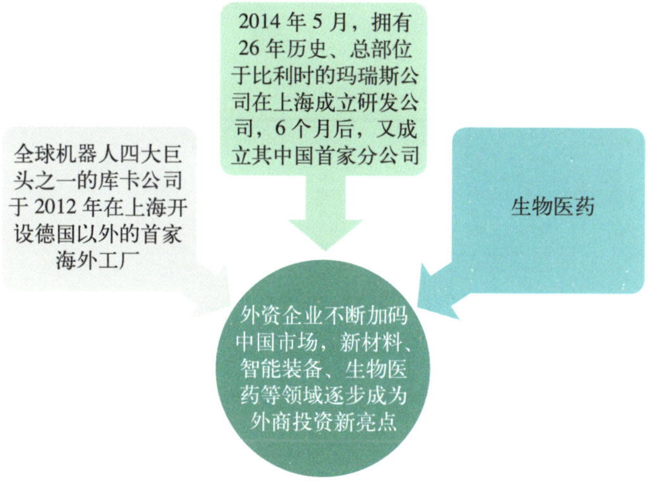

图3　外资企业不断加码中国市场

四、跨境并购步伐加快

“十二五”期间，战略性新兴产业通过并购活动积极参与国际竞争，跨境并购步伐不断加快，高端装备制造等行业逐渐替代传统行业成为海外并购的新热点，并购标的企业所在国从传统的资源型国家向发达国家转变，并购目标从过去扩大规模式的并购向获取技术、市场、品牌渠道等转变。“十二五”期间，中航工业抓住金融危机带来的机遇，积极融入世界航空产业链，并购奥地利FACC公司、通用飞机制造商美国西锐公司、美国耐世特汽车零部件公司等一批海外企业，有效拓展了产业链，促进了中航工业全产业链、全价值链发展，极大提升了中国航空工业在世界航空产业链中的地位。截至 2015 年，中航工业共完成海外并购案例 14 项，并购对象均来自发达国家。中航工业境外收入保持稳定增长，由 2011 年的 431 亿元增加到 2015 年的 753 亿元，年平均增幅为 10%。其中境外企业占比逐年增加，增幅较大（见图 4）。

图 4　中航工业海外并购

五、海外投资建厂升温

"十二五"期间，中国战略性新兴产业加快全球化布局，通过海外建厂进入国际市场，以新能源、新能源汽车和高端制造等为代表的企业依靠技术研发和生产管理等比较优势，加快推动跨境生产，为有效应对经贸放缓压力和结构转型升级压力发挥了积极作用。在铁路装备制造领域，中国铁路装备首个海外制造基地建成投产，位于马来西亚的东盟制造中心于 2015 年 7 月 9 日正式建成投产。马来西亚由此成为东盟第一个拥有轨道交通装备产品制造能力的国家。东盟制造中心具备每年制造 100 辆动车组的能力，并兼具电力机车和轻轨车辆等全系列轨道交通装备制造能力。中车株机公司在马来西亚也实现了由产品输出向产品加技术加服务加投资输出的转变，马来西亚已成为其在海外发展的桥头堡。在新能源领域，晶科能源在马来西亚布局海外第一家电池片生产基地，晶澳太阳能在马来西亚、印度等地建设海外发展组件生产基地，天合光能拟在印度建设电池及组件制造基地。在新能源汽车领域，中国自主研发的汽车以 CKD（全散件形式作为进口整车车型）的方式进行海外生产，比亚迪在北美大巴及电池工厂于 2013 年在加州兰卡斯特市落地（见图 5）。

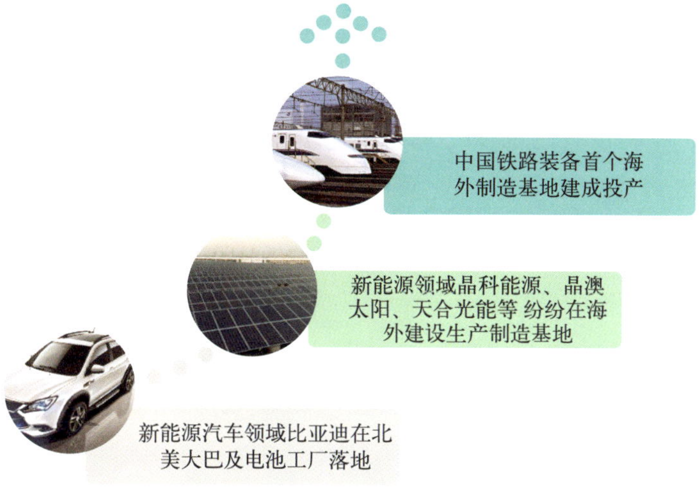

图 5　海外投资建厂升温

六、对外工程承包业务增长步伐明显加快

“十二五”期间，中国战略性新兴产业的对外工程承接能力不断增强，集群式、抱团式“走出去”现象增多，海外市场业务规模不断取得新突破，新签合同额大幅增加，涌现出大批工程承包合作项目。“十二五”期间，交通运输建设业务受益于政府互联互通政策推动及铁路工程自身实力，市场海外开发不断取得突破，业务发展步伐明显加快，合同额由 2009 年的 298.2 亿美元增长至 2015 年的 546.8 亿美元，合同额占比由 2009 年的 23.6%增长至 2015 年的 26%。2015 年公路桥梁建设业务新签合同额增长 25.1%，签约巴基斯坦卡拉奇至拉合尔高速公路、澳大利亚悉尼西北高速连接线、孟加拉达卡高架高速公路项目、哥伦比亚马道斯 PPP 公路项目等多条大型公路项目。“十二五”期内，中老铁路、印尼雅万高铁等项目已正式启动实施，匈塞铁路塞尔维亚段已正式启动，中企参与的联合体中标俄罗斯莫喀高铁项目勘察设计部分。此外，包括俄罗斯、巴西、沙特、波兰、委内瑞拉、印度、缅甸、柬埔寨等在内的多个国家均希望加强与中国在高速铁路以及普通铁路领域的交流和合作。在电力

工程领域，得益于新能源发电业务的快速发展，电力工程业务快速增长，合同额由2009年231.9亿美元增长至2015年的456.7亿美元，占比由18.4%增长至2015年的21.7%。2015年，中国企业在境外签约风力发电项目13个，合计金额7.7亿美元，签约太阳能发电站项目20个，合计金额13.7亿美元，主要分布在泰国、巴基斯坦等市场，在核电领域参与投资建设了罗马尼亚和英国核电项目，并积极参与南非核电项目（见图6）。

图6　对外承包工程重点领域明显加快

七、高端服务外包业务不断拓展

"十二五"期间，随着中国知识密集型服务业发展及高端人力资本的加快聚集，与战略性新兴产业相关的服务外包业务快速增长，新一代信息技术、生物医药等领域服务外包成为新的热点，部分细分领域业务增长速度加快，新技术推动服务外包业务趋向多样化发展，带动整体服务外包业务的附加值水平不断提升。在信息技术外包方面，在新一代信息技术的推动下，与大数据、云计算相关、与移动端应用相关的软件研发及开发服务逐渐增多，云计算、大数据、社交网络、移动互联网持续成为信息技术服务外包领域新的增长点。在业务流程外包方面，大数据外包成为创新的热点，随着语言识别、社交网络技术、云计算、位置服务与导航和大数据等新技术的应用，呼叫中心向价值链两端延伸。在知识流程外包方面，知识产权研究、分析学和数据挖掘、医药和生物技术业务增速加快。2014年，知识产权研究、医药生物技术研发和测试、工业设计的合同金额同比增长分别为 741.4%、79.3%、74.7%，知识产权研究、分析学和数据挖掘、医药和生物技术研发和测试的执行金额分别同比增长 296.1%、179.6%、127.6%（见图 7）。

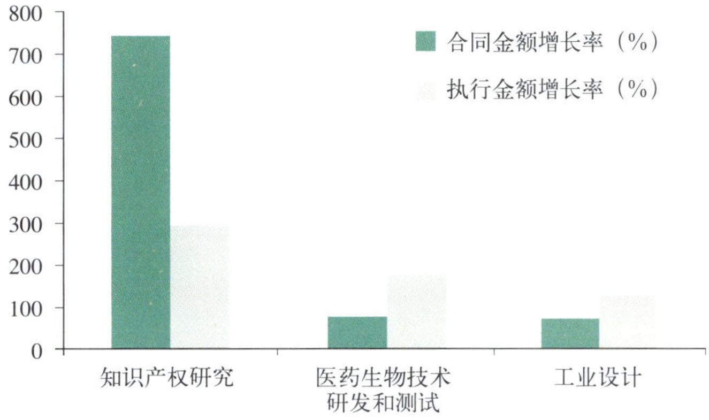

图 7　重点领域服务外包情况

八、国内外联合研发成效显著

“十二五”期间，中国政府积极引导战略性新兴产业开展国内外联合研发，推动大型企业开展国际研究与创新合作，在新能源、新材料、航天航空、生物医药等产业领域成效显著，在国际合作中逐渐从“打工者”向“平等伙伴”的战略地位转变。在新材料领域，中国已与欧美等发达国家以及诸多发展中国家，共计超过 70 个国家开展合作，组建多个专业化的区域联盟，与各国政府、大型企业和科研机构之间展开合作。其中，中国与海外科学家发现石墨烯类膜新特性，采用石墨烯和氮化硼等单原子层二维材料作为“质子传导膜”，将使燃料电池更高效、更安全、更环保、更轻薄，其应用领域会极大拓展、应用步伐会明显加快，石墨烯应用迎来又一次突破。中德联合研发出蛋白晶体框架材料，该材料具有很强的灵活性和可变性，有着非常广阔的应用前景。在新能源领域，国内外联合研发能力加强，推动企业合作不断升级。其中，中美清洁能源联合研究中心组织架构基本建立，在几个相关领域中都已取得了阶段性成果。在航空航天领域，中航工业与空客直升机公司对等合作、联合研制的 AC352/EC175 进展顺利，2012 年转入批产阶段，2014 年取得 EASA 型号合格证，并与空客签署 1000 架合作生产协议；2015 年与法国飞鲸控股公司签署重载飞艇项目战略合作协议；中法对等合作的涡轴 16 发动机进展良好，成功实现首次台架试车；与汉胜公司的 APU 风险合作等项目，均采用双方共同投资、共同研发、共同开发市场和提供客户支持的合作模式。在生物医药领域，中国生物医药企业积极与跨国医药集团合作，如华海与美国 ONCOBIOLOGICS 公司签订生物药战略联盟及合作经营、合资经营、共同开发及技术许可等协议，加快国内外创新合作进程（见图 8）。

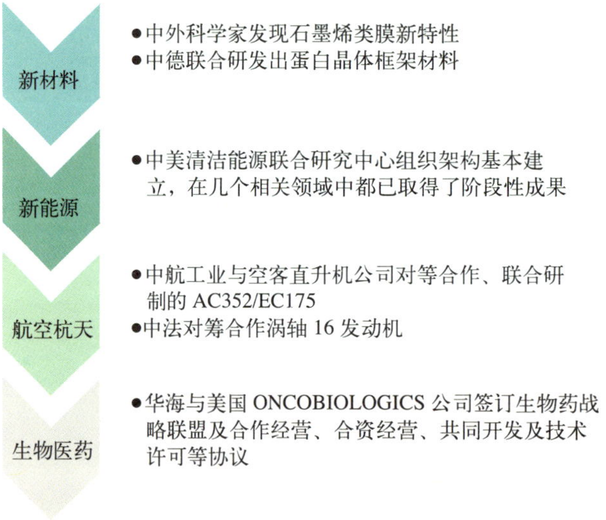

图 8　国内外联合研发典型案例

九、技术成果国际化水平明显提升

“十二五”期间，技术研发国际化水平不断提升，在专利申请、境外商标注册及参与国际标准制定等方面均取得了明显成绩。“十二五”期间，国外实用新型专利受理数量、实用新型专利授权数量、外观设计专利受理数量增速分别为 24.8%、27.6%和 7.7%，分别高于国内 2.4、7.1 和 1.5 个百分点；发明专利授权量、外观设计专利授权量呈现加速发展态势，2015 年，上述两项专利授权数量增速分别高达 35.9%和 20.4%，高于“十二五”期间的平均增速（见图 9）。2015 年，中国 PCT 专利申请数量29846件，占全世界总量的比例达到了13.7%，仅低于美国和日本，位居第3位，其中，华为、中兴两个企业所申请的PCT专利数量分别为3898件和2155件，分别排名全球第1位和第3位。2015年，中国马德里商标申请量2401个，占全世界总量的比例达到了4.9%，位居第7位。“十二五”期间,中国重点参与制定云计算国际标准正式发布。2014年10月22日，由中国等国家成员体推动立项并重点参与的两项云计算国际标准——ISO/IE C17788 ：2014《信息技术 云计算 概述和词汇》和ISO/IEC 17789 ：2014《信息技术云计算参考架构》正式发布，这标志着云计算国际标准化工作进入了一个新阶段。

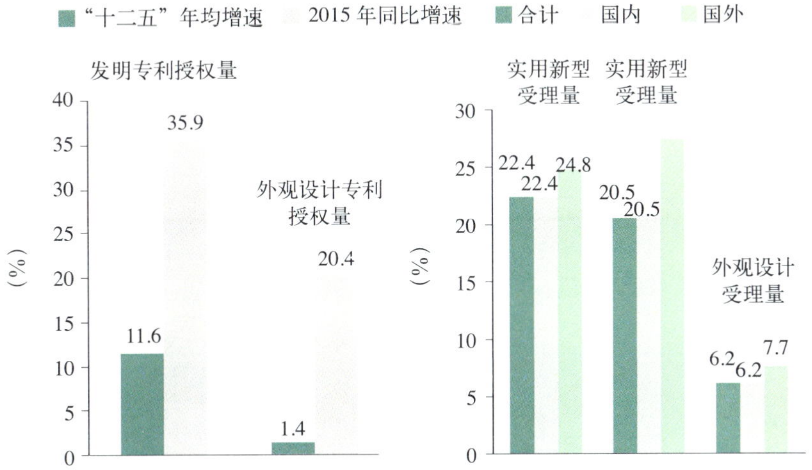

图9 “十二五”期间中国国内外专利申请情况

数据来源：中国国家知识产权局。

十、重点领域技术输出取得突破

“十二五”期间，随着战略性新兴产业技术研发能力的不断提升，技术输出能力也在不断提升，重点领域技术输出取得新突破。以北斗为例，2012年底，正式服务于亚太地区并且在泰国、老挝、文莱、巴基斯坦等国成功推广应用；2013年，在泰国合作建设地球空间灾害预警系统，被视为中国北斗第一次在国外落地使用；2014年4月，中泰签署文件，进一步促进北斗在泰国应用；2014年7月，中俄拟互设卫星导航站，其中在俄罗斯境内将建设3个中国“北斗”系统地面站，中俄合作将打破美国对两国在全球范围内布置导航系统地面监测站的限制；2014 年 9 月，中国卫星导航定位协会（中位协）与新加坡经济发展局签署了《建立卫星导航位置服务卓越创新合作协议》，将在新加坡成立"卓越创新中心"，大力拓展北斗导航的国际应用；2015 年 1 月，北斗导航系统取得进入国际海事领域通行证，被国际海事组织认可为全球无线电导航系统的组成部分，在航海领域运用获得了国际海事的法律地位，与美国的 GPS、俄罗斯的格洛纳斯同样具有向全球海事用户提供服务的国际地位；2015 年 10 月，中国和伊朗达成备忘，中国将向伊朗输出北斗卫星导航系统技术（见图 10）。再比如，在核能技术领域的国际合作也在不断取得突破，2015 年 10 月，中广核和法国电力集团（GDF）正式签订了英国三大新建核电项目的投资协议，中国自主研发的三代核电技术"华龙一号"向西方发达国家出口将实现零突破；2015 年 11 月又签下价值约 72 亿欧元的罗马尼亚核电项目协议。

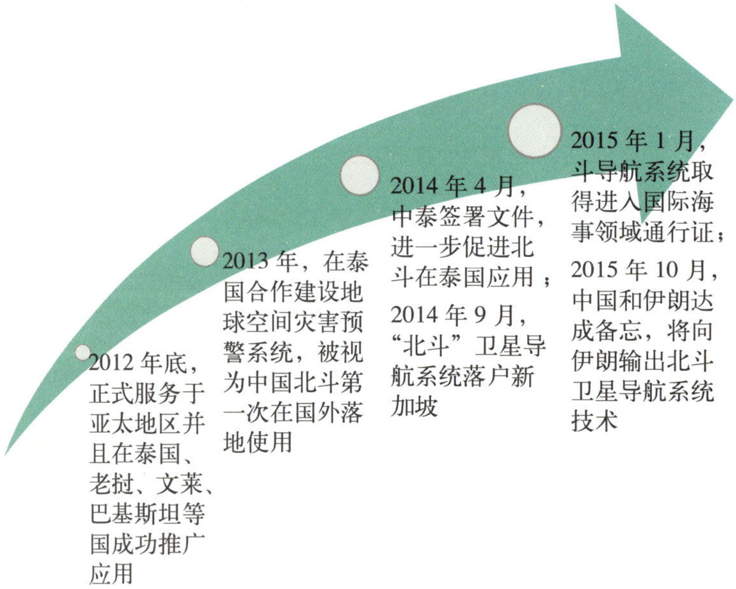

■ 图 10　中国北斗"走出去"

商务部国际贸易经济合作研究院

张威　崔卫杰　张丹

案例 6

“十二五”期间战略性新兴产业发明专利情况分析

战略性新兴产业是中国转变经济发展方式、调整产业结构的重要力量，引导着中国未来经济社会发展，体现了新兴科技与新兴产业的深度融合。知识产权成为各国在新兴产业领域竞争的焦点，世界主要国家纷纷加快部署，推进新兴产业快速发展。

增强自主创新能力是培育和发展战略性新兴产业的中心环节，而以专利数据为基础的专利指标能直接反映技术创新的程度。通过对相关技术领域的专利数据进行统计和分析，可以定量衡量战略性新兴产业的创新发展态势，寻找发展中存在的问题与薄弱环节，从而为政策制定提供客观依据，有的放矢地支持和引导战略性新兴产业的发展。

国家知识产权局以国家统计局《战略性新兴产业分类（2012）》为基础，结合国际专利分类表的分类原则和结构特点，构建了国际专利分类（IPC）与战略性新兴产业分类的对照表。本文以此对照表为基础，对“十二五”期间战略性新兴产业的专利申请和授权情况进行了分析研究[①]。

本文分析了战略性新兴产业相关发明专利的申请及授权情况、国内地区分布情况以及国外在华分布情况等，从数据层面清晰反映了战略性新兴产业的创新能力、发展现状和发展趋势，以期在未来一段时期内为高效发展战略性新兴产业提供有益参考。

---

① 本文第二章、第三章第一节、第四章第一节战略性新兴产业相关数据，均来源于国家知识产权局发布的《战略性新兴产业发明专利统计分析总报告（2015）》。

一、"十二五"期间中国战略性新兴产业发明专利情况

（一）战略性新兴产业发明专利申请总量情况

"十二五"期间[①]，2010—2014 年战略性新兴产业发明专利申请[②]总量呈逐年增长态势，年均增长率 20.08%。其中，以 2012 年最高，年增长率达 34.44%，其余年份的年增长率稳定在 14.32%—17.78%之间（见图 1）。

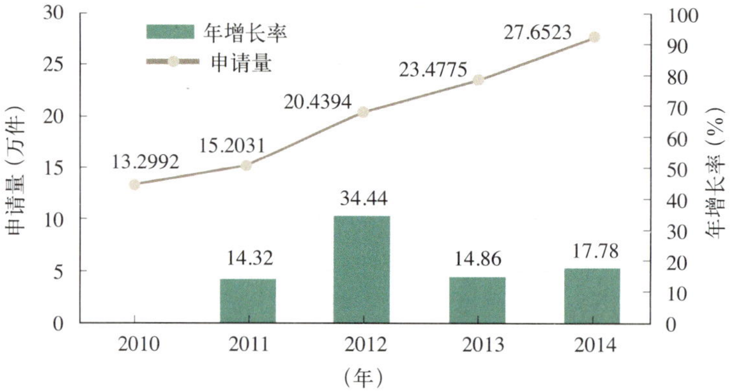

图 1　2010—2014 年战略性新兴产业发明专利总量申请走势

虽然战略性新兴产业发明专利申请数量呈稳定增长态势，但在发明专利申请数量总体呈现快速增长的大环境下，战略性新兴产业的发明专利申请数量增速并未显现出优势。2010—2014 年战略性新兴产业发明专利申请的年均增长率为 20.08%，明显低于同期发明专利申请总体数量的 25.25%的年均增长率。战略性新兴产业发明专利申请在同期发明专利总申请数量中的占比亦逐年呈略微下降趋势，从 42.11%下降到 35.57%。2011—2014 年，战略性新兴产业发明专利申请年增长率均低于同期发明专利申请总体的年增长率，并且以 2012 年相差最为明显，近两年这一劣势有所缓解（见图 2）。

① 由于 2015 年的相关统计数据收录系统存在滞后性，因此为了确保数据的完整性和真实可靠性，本文统计分析的是"十二五"期间 2010 年至 2014 年这五年的战略性新兴产业发明专利情况。本文所述的"发明专利申请"指在 2010—2014 年公开的发明专利申请。

② 本文所述的"发明专利申请"指在 2010—2014 年公开的发明专利申请。

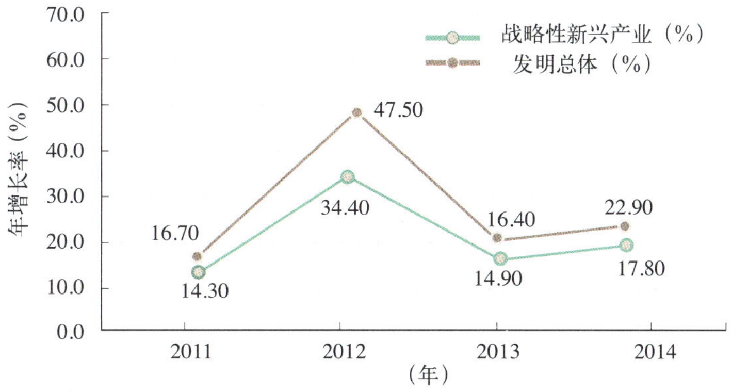

图 2　2011—2014 年战略性新兴产业与发明总体申请量年增长率

2010—2014 年中国大陆战略性新兴产业发明专利申请总量按地区省市[①]的分布，（见图 1.3）。可以看出，东部地区的江苏和山东两个省市发展态势良好，江苏近 3 年的申请量均雄踞榜首；山东在近两年也发展迅速，赶超上海位居第四；中部地区的安徽近两年发展态势良好，2014 年，安徽首次入围申请量前五强；西部地区的四川、东北地区的辽宁在近 5 年本地区申请量的排名中分别位居第一。

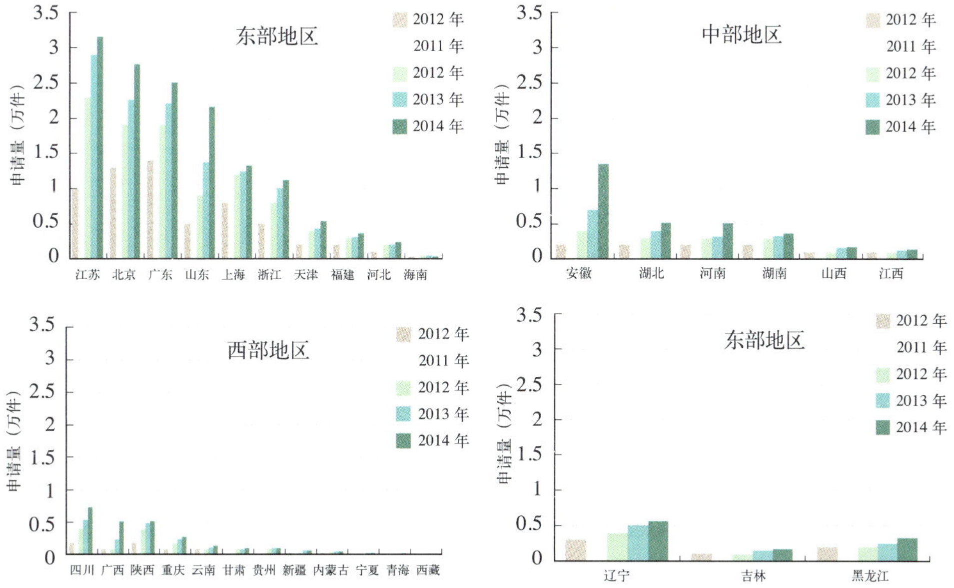

图 3　2010—2014 年战略性新兴产业发明专利地区各省市申请分布情况

① 本文中省市归属信息以国家知识产权局专利检索与服务系统（S 系统）中国专利文摘数据库（CNABS）中 CNAME 字段、为准，每篇专利归属地唯一。

2010—2014年，日本、美国当年的战略性新兴产业国外在华发明专利申请量均居该年战略性新兴产业国外在华发明专利申请量的第一位和第二位，且日本和美国的申请量均远高于该年韩国、德国和法国的申请量，（见图4）。2012年，日本的战略性新兴产业在华发明专利申请量最多，为21229件，2010年最少，为14734件。韩国的战略性新兴产业在华发明专利申请量呈逐步增长势态，德国的申请量自2012年开始趋于平稳，法国的战略性新兴产业发展较平稳，申请量在2010—2014年相差不大。

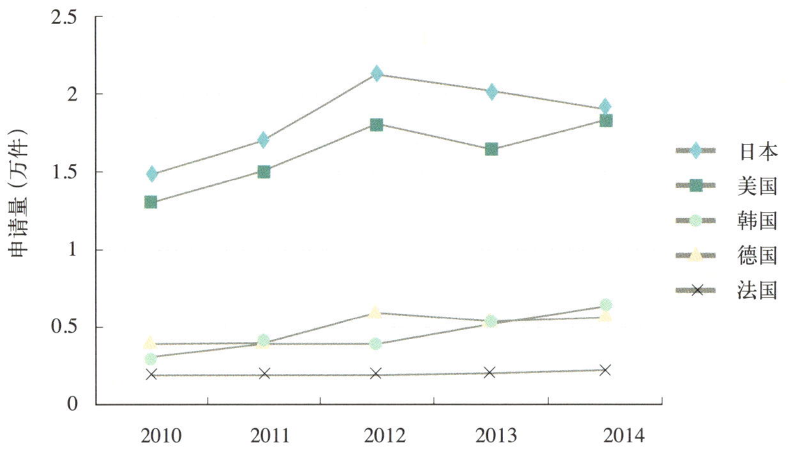

■ 图4　2010—2014年战略性新兴产业国外在华发明专利申请量排名前五位国家申请量

（二）战略性新兴产业发明专利授权总量情况

2010—2014年战略性新兴产业发明专利授权①总量整体呈增长态势，年均增长率为13.82%，但逐年增幅明显不均，（见图5）。2011年、2012年战略性新兴产业发明专利授权量增幅较大，年增长率分别为26.00%、32.06%，而从2013年起，年授权量增长放缓，2013年、2014年的年增长率分别只有0.11%、0.75%。

① 本文所述的"发明专利授权"指的是在2010—2014年获得授权的发明专利。

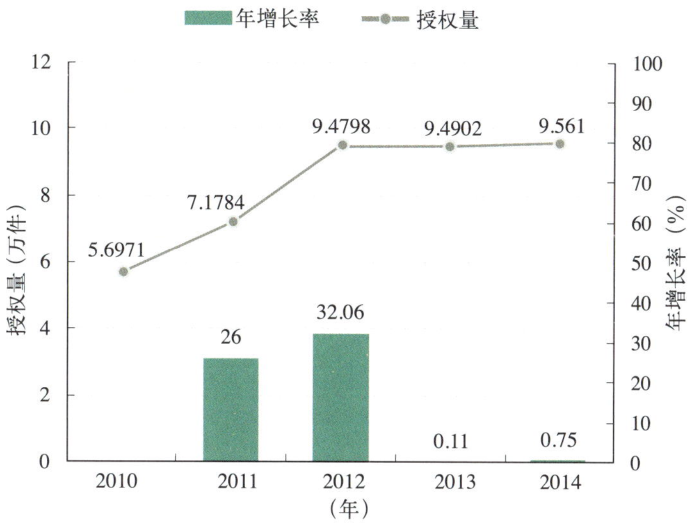

图 5　2010—2014 年战略性新兴产业发明专利授权总量走势

2011—2014 年战略性新兴产业发明专利授权量的年均增长率为 13.82%，略低于同期发明专利授权总体数量的年均增长率 14.62%，（见图 6）。从逐年增速上看，2011—2013 年二者相差不大，但专利总体授权量在 2014 年出现了较大的反弹，而战略性新兴产业发明专利授权在 2012 年到 2014 年的两年间处于平缓增长阶段。

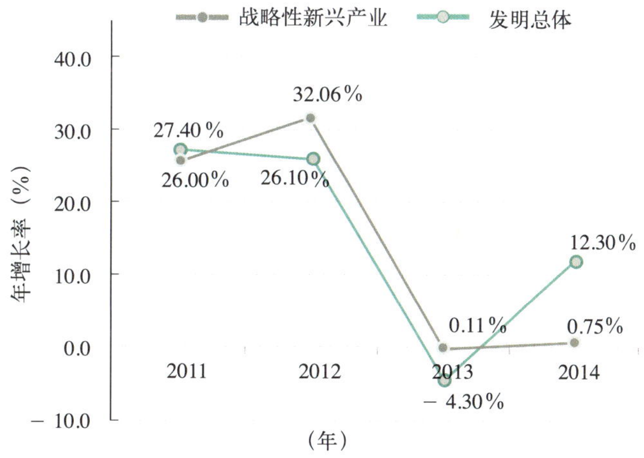

图 6　2011—2014 年战略性新兴产业与发明总体授权量年增长率

2010—2014 年连续 5 年，从战略性新兴产业发明专利授权量省区分布情况可看出，（见图 7），东部地区的北京和山东两个省市发展态势良好，北京在近两年的授权量升至第一位，超过广东；山东在近两年的授权量名次连续攀升，2014 年上升至第四位；中部地区的安徽近两年发展态势良好，其授权量排名由 2012 年的区域内第四名迅速攀升为 2014 年的第一名；西部地区的四川、东北地区的辽宁在近 5 年本地区授权量的排名均位居第一。

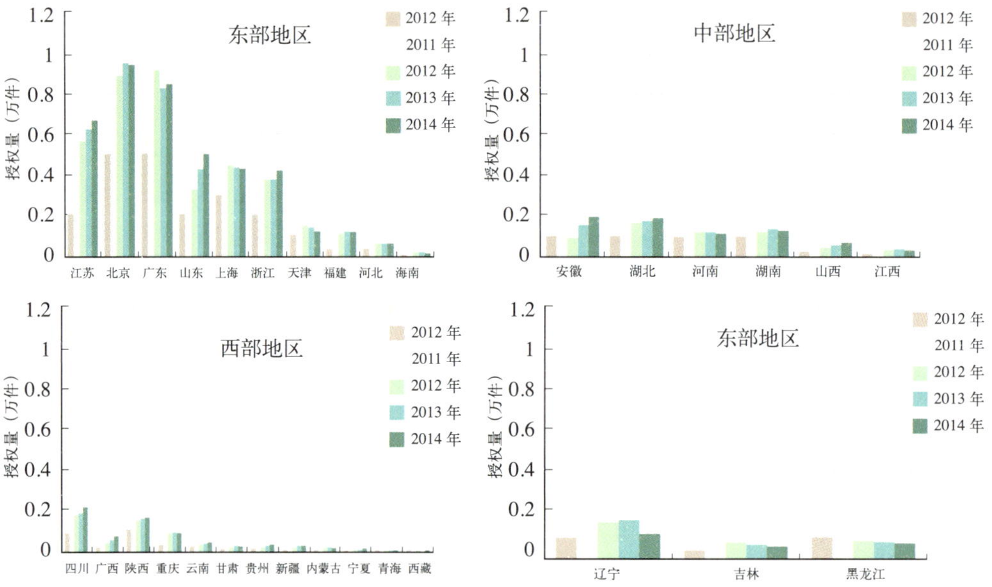

图 7　2010—2014 年战略性新兴产业发明专利地区各省市授权量分布情况

2010—2014 年，日本、美国当年的战略性新兴产业国外在华发明专利授权量均分列该年战略性新兴产业国外在华发明专利授权量的第一位和第二位。近 5 年中，日本 2012 年的战略性新兴产业国外在华发明专利授权量最多，为 14397 件，其余 4 年授权量相差不大。2012—2014 年美国的年授权量均远高于 2010 年、2011 年。德国、法国的授权量自 2012 年趋于平稳。韩国 2012 年的战略性新兴产业国外在华发明专利年授权量为各年最高。5 年来，法国的战略性新兴产业国外在华发明专利授权量均为当年授权量的第五位（见图 8）。

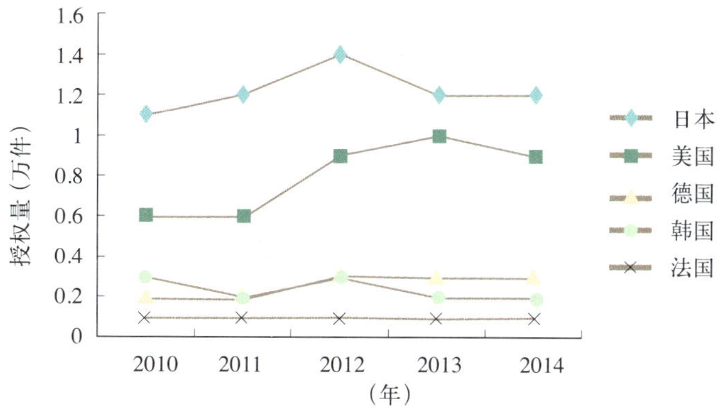

图8　2010—2014年战略性新兴产业国外在华发明专利授权量排名前五位国家授权量

二、“十二五”期间中国战略性新兴产业各细分产业发明专利情况及典型案例分析

（一）战略性新兴产业各细分产业发明专利情况

1.战略性新兴产业各细分产业发明专利申请情况

“十二五”期间2010—2014年，七大战略性新兴产业发明专利申请量（见表1、图9）。新一代信息技术产业近5年的发明专利申请总量居首位，5年申请总量占各产业合计量的26.63%，生物产业占25.09%，以一个百分点的差距屈居第二，节能环保产业排名第三，达到21.47%，前述三个产业的发明专利申请量之和超过战略性新兴产业各产业合计量的七成，具有支柱性地位。新能源汽车产业相对于其他战略性新兴产业发明专利申请量最少，居于七大战略性新兴产业的末位。值得注意的是，生物产业的发明专利申请量近年来增长迅猛，在2014年，已经超过了新一代信息技术产业的申请量。

表1　2010—2014年七大战略性新兴产业发明专利申请量（单位：件）

战略性新兴产业	2010年	2011年	2012年	2013年	2014年
节能环保	31917	36049	51194	57758	70559
新一代信息技术	44394	50625	61924	70963	79016

续表 1

战略性新兴产业	2010 年	2011 年	2012 年	2013 年	2014 年
生物	38851	43233	57604	65961	83577
高端装备制造	8662	10105	13707	16045	18106
新能源	9542	12504	16781	19156	19395
新材料	17725	19851	30109	34354	39321
新能源汽车	2675	3512	4753	6341	6261

从近 5 年整体形势上看，七大战略性新兴产业各产业均呈增长趋势。由表 1 经计算，新能源汽车产业 2010—2014 年年均增长率最高，达到了 23.69%，但仍未能赶上同期发明专利申请总体的年均增长率 25.25%；新材料产业、节能环保产业、生物产业、高端装备制造产业、新能源产业的年均增长率依次为 22.04%、21.94%、21.11%、20.24%、19.40%，新一代信息技术产业的年均增长率显著低于其他各产业，只有 15.50%。

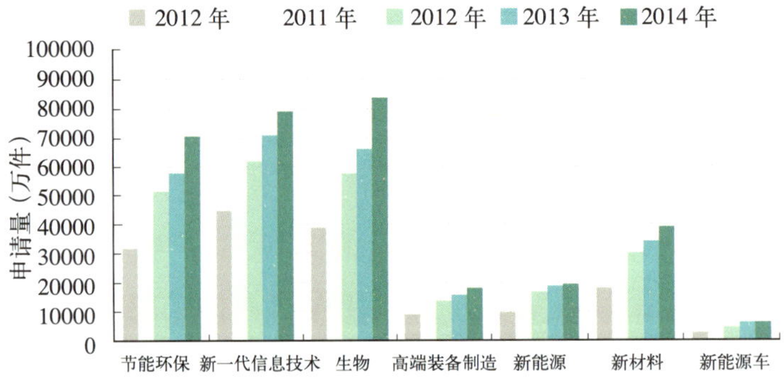

图 9　2010—2014 年七大战略性新兴产业各产业发明专利申请量

"十二五"时期是战略性新兴产业发展中重要的 5 年，经过 5 年的发展，国内外形势发生了显著变化。图 10 是 2010—2014 年战略性新兴产业各细分产业国内外发明专利申请量对比图。

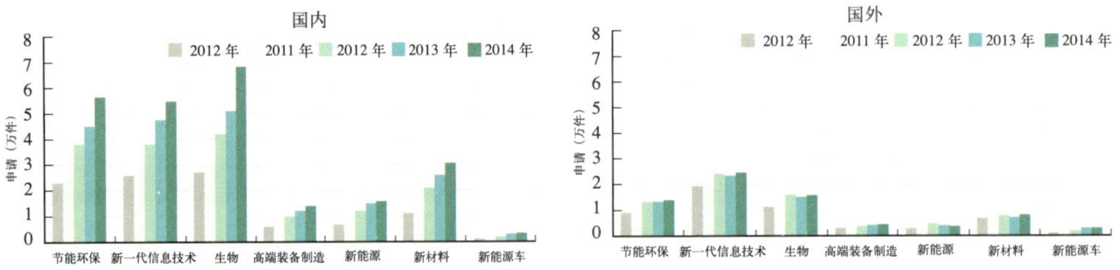

图 10　2010—2014 年战略性新兴产业国内外发明专利申请量对比

由图 10 可看出，2010—2014 年战略性新兴产业各细分产业国内发明专利申请量呈现增长趋势。而生物产业的国内发明专利申请量均位于七大产业发明专利申请量的榜首。节能环保产业、新一代信息技术产业、生物产业、新材料产业国内发明专利申请量呈现快速增长趋势，而相对应的国外发明专利申请量则出现了增长平缓的现象。

2. 战略性新兴产业各细分产业发明专利授权情况

2010—2014 年，七大战略性新兴产业发明专利授权量（见表 2、图 11）。七大战略性新兴产业中，与发明专利申请情况类似，新一代信息技术产业近五年的发明专利授权总量居各细分产业首位，5 年授权总量占各细分产业合计量的 28.26%，生物产业以 25.81%的占比次之，节能环保产业排名第三，占 18.51%，前述三个产业的发明专利授权量之和超过战略性新兴产业各产业合计量的七成，具有支柱性地位。新能源汽车产业相对于其他战略性新兴产业，发明专利授权量最少，居于七大战略性新兴产业的末位。

表 2　2010—2014 年七大战略性新兴产业发明专利授权量（单位：件）

战略性新兴产业	2010 年授权量	2011 年授权量	2012 年授权量	2013 年授权量	2014 年授权量
节能环保	12070	16069	21881	23170	23797
新一代信息技术	23919	25665	32102	27725	26501
生物	14480	20463	27532	30684	30965
高端装备制造	3756	4817	6079	6069	6130
新能源	2400	3742	5870	6413	6607
新材料	7626	10761	14854	15099	15520
新能源汽车	940	1272	1771	2110	2118

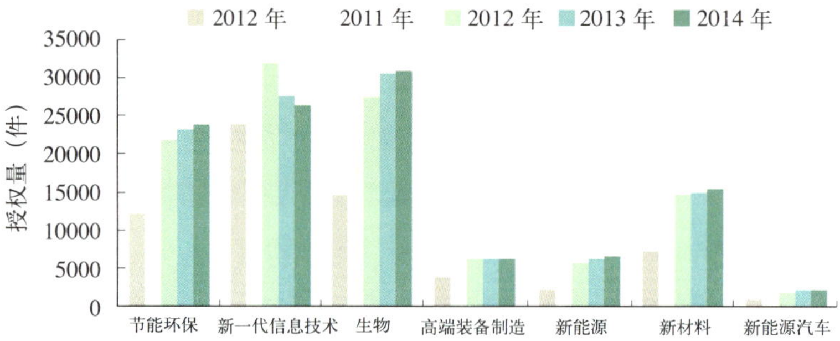

图 11　2010—2014 年七大战略性新兴产业各产业发明专利授权量

从发展态势上看，七大战略性新兴产业除新一代信息技术产业外的各产业均呈增长趋势。新能源产业增长趋势最为明显，2010—2014 年年均增长率达 28.81%，新能源汽车产业、生物产业、新材料产业、节能环保产业年均增长率也较高，分别为 22.52%、20.93%、19.44%、18.50%，以上五个产业的年均增长率均高于同期发明专利授权总体数量年均增长率（14.62%）。高端装备制造产业的年均增长率为 13.03%，略低于同期发明专利授权总体年均增长率。新一代信息技术产业增速较低，5 年年均增长率仅为 2.60%。

图 12 为 2010—2014 年战略性新兴产业国内外发明专利授权量对比图。从发明专利授权数量方面看，战略性新兴产业国内发明专利授权量呈现出增长趋势，但 2012—2014 年增长不明显，而国外仅在 2012 年有较明显的增长，之后呈现出缓慢下降的趋势；节能环保产业、生物产业、高端装备制造产业、新材料产业国内与国外相比均具有相对优势，且呈现出优势扩大的趋势，但同样在 2012—2014 年优势扩大不明显，新一代信息技术产业在 2010 年国内相对国外处于明显劣势，之后差距逐渐缩小，近两年国内与国外相比不分伯仲；新能源汽车产业尽管在从 2010

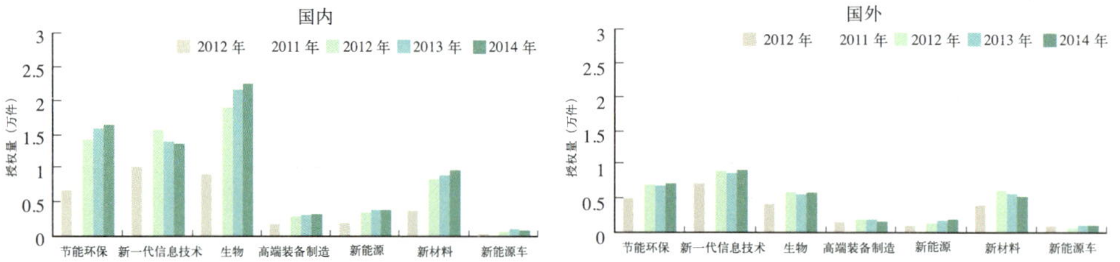

图 12　2010—2014 年战略性新兴产业国内外发明专利授权量对比

年到 2013 年呈现出国内与国外的差距逐渐缩小的趋势，但其国内相对国外处于明显劣势的情况始终未能改变。

（二）战略性新兴产业典型产业案例分析

为了更微观地展现“十二五”期间战略性新兴产业各细分产业的发展态势，本文分别选取高温气冷堆核电站、工业机器人、新型基因工程药物疫苗 3 个具有代表性的战略性新兴产业领域进行了专利分析。

1. 高温气冷堆核电站技术专利分析①

“高温气冷堆”作为国际公认安全性好、发电效率高、用途广泛的先进核反应堆堆型，在国家科技重大专项的支持下，成为中国战略性新兴产业的发展重点和核电“走出去”的排头兵，受到党和国家领导人的高度重视。“十二五”期间，中国高温气冷堆研究突飞猛进、态势活跃。截至 2015 年 8 月 13 日，高温气冷堆领域全球申请 5181 件（合计 2401 项），中国申请 461 件。国内专利申请占据优势，整体上风险较小；海外专利布局数量少、专利布局目标性和完备性有待加强，亟须为核电“走出去”保驾护航。

从世界范围来看，中、日、美、英、德是重要市场（占 74.38%）和原创区域（占 88.21%）；技术研发主要集中于燃料元件（34%）、反应堆本体（19%）、冷却系统（14%）领域；技术门槛高、技术集中程度高，主要集中于德国高温反应器（14.20%）、中国清华大学（11.25%）、日本原子燃料工业株式会社（6.41%）等研发主体（见表 3）。

表 1.3　高温气冷堆专利申请情况摘要

总申请量	同族：2401 项专利：5181 件
时间范围	1945—2015 年
申请量峰值	2005 年【113 项】

① 本节数据来源于 2015 年国家知识产权局专利分析和预警项目——《高温气冷堆核电站技术专利分析和预警》研究报告。
项目课题组成员：崔伯雄（负责人）、陈燕（负责人）、杜江峰（组长）、孙全亮（组长）、刘庆琳（副组长）、孙勐、汪磊、马美娟、孙大林、王伟宁、李瑞丰。
报告执笔人：杜江峰。

续表 3

主要申请人	德国高温反应器【339 项，14.2%】 中国清华大学【270 项，11.25%】 日本原子燃料工业【154 项，6.41%】 英国原子能管理局【106 项，4.41%】 德国于利希【103 项，4.29%】 东芝【82 项，3.42%】	
技术集中度	-- 前 5 位申请人的申请量占总申请量的 40.49% -- 前 10 位申请人的申请量占总申请量的 54.64%	
主要国家 / 地区	重要市场（按申请量计算）	技术来源（按优先权计算）
	德国【DE，1001 件，19.32%】 日本【JP，829 件，16.00%】 美国【US，635 件，12.26%】 英国【GB，510 件，9.84%】 中国【CN，455 件，8.78%】 法国【FR，424 件，8.18%】	德国【DE，656 项，27.32%】 日本【JP，485 项，20.20%】 中国【CN，366 项，15.24%】 美国【US，273 项，11.37%】 英国【GB，247 项，10.29%】 法国【FR，91 项，3.79%】

高温气冷堆全球专利市场分布集中在欧、美、东亚和俄罗斯（占 92.96%），欧洲技术实力雄厚占据半壁江山（占 48.31%），德国以 1001 件（占 19.32%）居第一位（见图 13）。

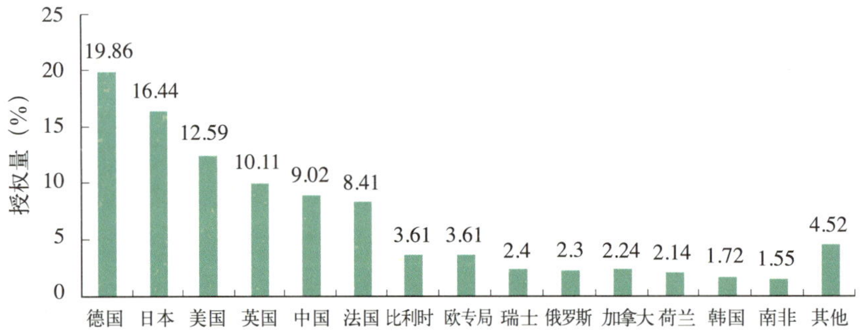

■ 图 13　高温气冷堆技术全球范围专利申请区域分布及主要地区占比

高温气冷堆全球专利技术来源国与重要市场国前六位一致，德国以 656 项（占 27.32%）居第一位。中国专利申请量 366 项（占 15.24%）（见图 14）。

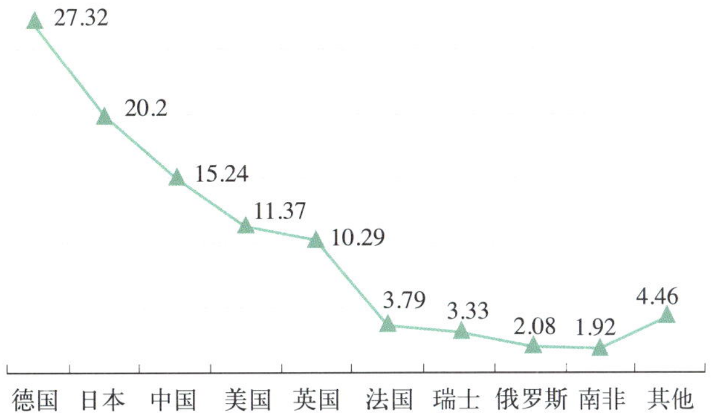

图 14　高温气冷堆技术全球范围技术原创性的主要国家或地区（按优先权计）

对各技术创新主体从全球排名、阶段变化、目标区域、合作申请等角度进行分析。德国高温反应器、中国清华大学、日本原子燃料工业位居前三（见图 15）。

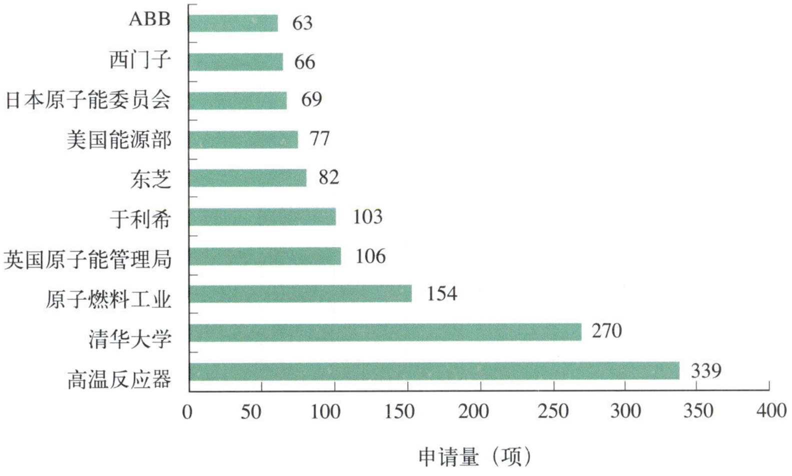

图 15　高温气冷堆全球专利申请人前十

主要对手都重视日、美、德、英专利布局，竞争激烈；清华大学应进一步加强全球主要市场专利布局以支持中国高温气冷堆核电“走出去”战略实施（见表 4）。

表 4　主要申请人专利技术区域分布情况

申请人	比利时	加拿大	瑞士	中国	德国	欧专局	法国	英国	日本	美国	南非	意大利	荷兰
高温反应器	17	1	14	6	335	7	52	50	100	105	1	10	9
清华大学		3		270		4			3	3	3		
原子燃料工业				3		3			154	4	3		
于利希	12	4	6	9	98	17	37	43	36	52	9	4	7
东芝									82				
英国原子能管理局	18	2	12		44	1	23	95	18	29		4	10
美国能源部	8	10	2		28		14	18	16	68		1	1
日本原子能委员会				1	7	1		2	69	9		1	
ABB	8	5	23		49	2	30	27	7	22		2	10
西门子		3	3	2	62	13	10	10	13	19			1

2. 工业机器人关键技术专利分析①

工业机器人是第三次工业革命的代表产业，也是战略性新兴产业的重要领域。美国将其视为"再工业化"制造业回归的重要机会，德国将其作为"工业 4.0"和"智能工厂"计划的重要载体，日本则将之视作重振制造业的重要契机。"十二五"期间，2013 年中国超越日本成为工业机器人全球第一大市场，与此同时，在国内技术快速发展之际，国内申请人对专利的重视程度也在不断加强。

① 本节数据来源于 2014 年国家知识产权局专利分析和预警项目——《工业机器人关键技术专利分析和预警》研究报告。
项目课题组成员：郭雯（负责人）、陈燕（负责人）、朱宁（组长）、孙全亮（组长）、崔尚科（副组长）、李岩（副组长）、陈蓬、郑明、张青、丰茂、卜冬泉、何麟、周万琳、张宇、李麟、纪海燕、万莎、彭齐治、马克。
报告执笔人：张青、卜冬泉、周万琳、彭齐治。

（1）中国市场和专利增速高于全球

截止到 2014 年 7 月 31 日，全球范围内涉及工业机器人技术的专利申请共 121531 项，其中在美、欧、中、日、韩五大专利局受理的专利申请合计 109721 项，占总量的 90%。中国国家知识产权局受理的工业机器人技术直接或间接相关的专利申请量共有 23938 件。其中，国内专利申请 18815 件，占全部申请总量的 78.6%，国外来华专利申请 5123 件，占全部申请总量的21.4%。在中国专利申请中，发明专利申请为 11700 件，占总数的 49%；国内申请人申请的发明专利有 9384 件，占发明专利总量的 80%（见表 5）。

表 5　全球及中国工业机器人技术领域专利基本情况

	全球（项）（同族 121531 项）	中国（23938 件） 国内（18815 件）国外来华（5123 件）	
时间范围	1954.1.1—2014.7.31	1985.1.1—2014.7.31	
发展趋势	1954—1971 年起步期；1972—1987 年技术准备期；1988—1994 年低迷期；1994 年至今加速增长期，2012 年达到峰值 9482 项	1985—2000 年稳步发展期；2000 年之后呈现快速增长趋势，2013 年达到峰值 5369 件	
区域分布	日本：38044（30%） 中国：21571（18%） 美国：11698（10%） 苏联：9928（8%） 德国:9726(8%）	中国：18815（78.6%）日本：3371（14.1%） 德国：348（1.5%）　瑞士：231（1.0%） 美国：386（1.6%）　韩国：251（1.0%） 瑞典：153（0.6%）	
主要申请人	安川：5823（4.8%） 发那科：4512（3.7%） ABB：2231（1.8%） 三星：2016（1.7%） 日立：1907（1.6%）	上海交大：299（1.2%） 哈工大：265（1.1%） 新松：126（0.5%） 清华：244（1.0%）	发那科:1199（5.0%） 安川：806（3.4%） ABB:445(1.9%）
主要技术领域	控制器：20444（16.8%） 电机：3144(2.6%） 减速器：1560（1.3%）	控制器：2133（8.9%） 电机：471（2.0%） 减速器：246（1.0%）	控制器:1350（5.6%） 电机：75（0.3%） 减速器:210（0.9%）

（2）五大国家或地区引领专利创新

工业机器人领域专利申请量处于领先地位的国家或地区为日本（38044 项）、美国（11698 项）、以德国（9726 项）为代表的欧洲及韩国（8028 项）等（见图 16）。

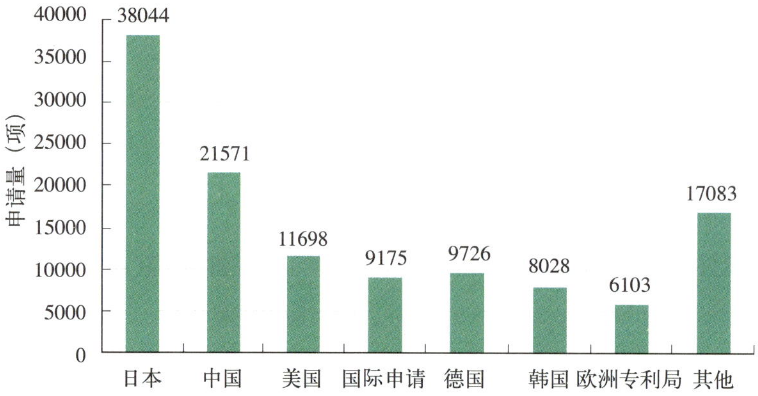

■ 图 16　全球专利申请国家或地区分布图

国内机器人发展迅速，专利申请量最大的前 5 个省份依次为江苏（3168 件）、北京（2013 件）、浙江（1827 件）、上海（1721 件）和广东（1234 件），这与常州、昆山、苏州、徐州、上海等地方政府大力建设工业机器人产业园区、促进技术创新的举措实施是分不开的（见图 17）。

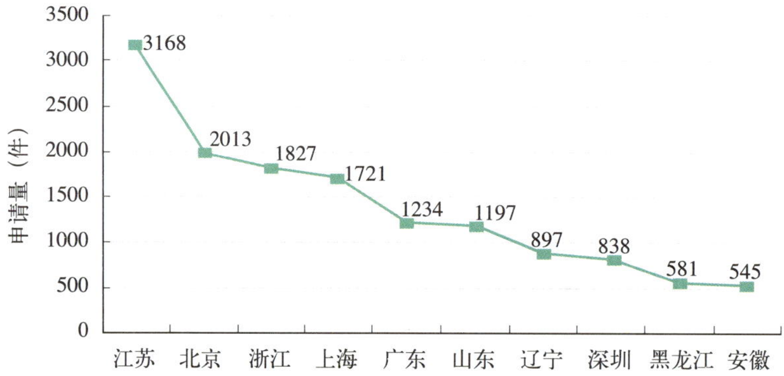

■ 图 17　国内工业机器人产业主要专利申请地区

（3）四大跨国公司掌握关键专利技术

在工业机器人产业全球重要申请人中，日本企业在十五位中占据了 11 席，在专利技术方面的竞争优势明显。而中国国内专利申请人无一上榜，表明目前中国国内企业与国际巨头之间的技术实力存在差距（见图 18）。

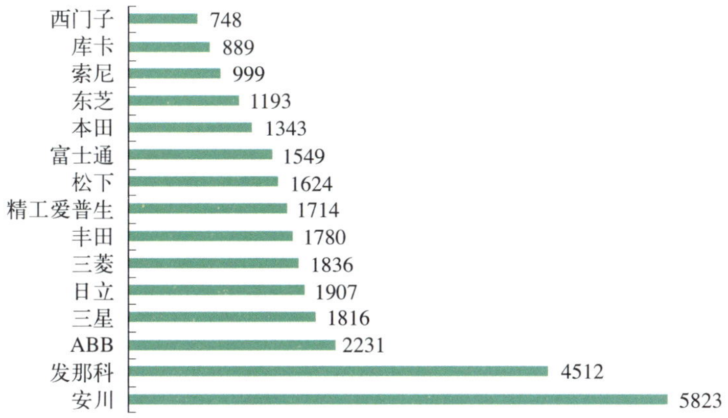

图 18　工业机器人产业全球专利申请重要申请人对比（项）

在工业机器人产业中国申请排名前 10 名中，中国国内申请人占据 7 个席位，但是这 7 位国内申请人的总量之和（1668 件）比排名前三的国外公司的专利申请总量（2450 件）还少 46%。并且这些国内申请人基本上为国内大学院校和科研院所，企业仅有两家。因此，中国在产学研结合上还具有巨大的发展潜力，后续可以通过深度挖掘专利资产的价值，进一步推动中国工业机器人产业发展。

3. 新型基因工程重点药物——重要疫苗专利分析[①]

疫苗能够快捷、有效和可靠地预防疾病、促进国民健康，同时具有极高的经济效益比，在各国公共卫生体系中占据重要地位，安全有效的基因工程新型疫苗是未来研发的主流（见图 19）。

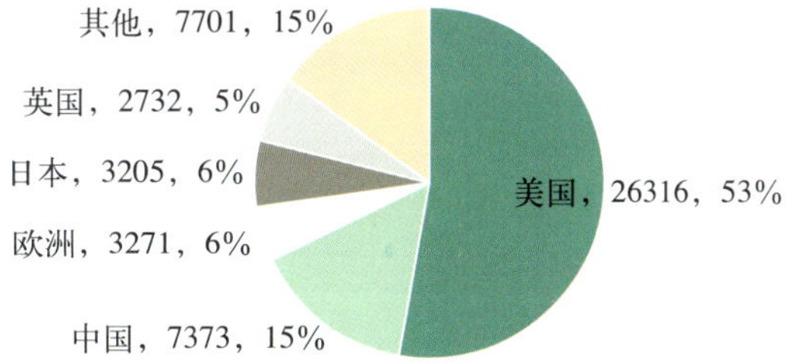

图 19　全球疫苗专利国别情况

① 本节数据来源于 2014 年国家知识产权局专利分析和预警项目——《新型基因工程重点药物——重要疫苗专利分析和预警研究报告》。
项目课题组成员：陈伟（负责人）、陈燕（负责人）、林俊凯（组长）、孙全亮（组长）、刘庆琳（副组长）、廖雅静（副组长）、贾涛、李振鹏、潘俊宇、张艳霞、邓鹏、寿晶晶、王瑞阳。
报告执笔人：林俊凯、刘庆琳、贾涛、李振鹏。

全球疫苗产业发展迅速，相关专利申请量日趋稳定。排名前四位的四大疫苗产业市场分别是美国、中国、欧洲和日本（见图 19）。全球疫苗产业被葛兰素史克、辉瑞、赛诺非、诺华、默沙东等五大制药公司垄断。美国在疫苗领域技术实力最为雄厚，在全球布局了大量专利（见表 6）。

表 6　排名前五位全球专利申请人

主要申请人	葛兰素	美国卫生部	赛诺菲	诺华	罗氏
数量（项）	1568	869	757	741	681

中国是世界上拥有疫苗生产企业最多、全球疫苗年生产剂量最多的国家，处于全球疫苗产业价值链低端，整体仍以传统疫苗产品为主。主要面临着疫苗产品如何改造升级，新型疫苗产品如何抓住专利机遇进行技术突破，市场化重磅疫苗产品如何实现规模生产。

整体上，中国疫苗领域国外来华专利申请普遍占据优势。（见图 20，表 7）以葛兰素史克为代表的大型跨国企业占据国外来华专利申请的主导地位，国内专利申请主要由高校和科研院所掌握。"十二五"期间，虽然中国申请人研发活跃，但仍缺少一定规模的大公司，特别是缺少产学研结合、在疫苗领域占据优势的大制药公司。

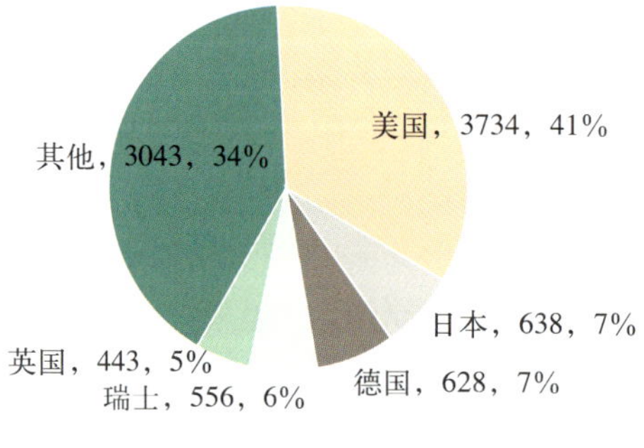

图 20　国外来华疫苗专利申请状况

表 7　排名前五位国外来华专利申请人

主要申请人	诺华	葛兰素	辉瑞	默沙东	赛诺菲	罗氏
数量（项）	335	307	188	92	72	72

三、“十二五”期间中国战略性新兴产业发明专利特点

“十二五”期间，中国战略性新兴产业发明专利申请共计 1000715 件，发明专利授权共计 414065 件。战略性新兴产业发明专利申请和授权主要呈现如下特点：

从整体态势上看，申请总量和授权总量均呈现增长态势，但增速低于发明专利总体水平，引领带动效应还未充分显现。2010—2014 年战略性新兴产业发明专利申请量、授权量年均增长率分别为 20.08%、13.82%，分别低于同期发明专利申请总体数量的年均增长率（25.25%）及授权总体数量的年均增长率（14.62%）。就国内外分布而言，发明专利申请、授权量国内本土优势明显增强，国内申请量占比由 2010 年的 66.73%增至 2014 年的 77.35%，授权量占比亦由 53.04%增至 63.98%。

从各产业的专利发展态势上看，各产业专利布局进度不一，个别产业发展情况低于预期。新一代信息技术产业近 5 年的申请、授权总量居七大战略性新兴产业的首位，生物产业次之，新能源汽车产业居于七大战略性新兴产业的末位。申请方面生物产业增量最高，特别是 2014 年赶超新一代信息技术产业，跃居年度首位；新一代信息技术授权量 2012 年达到峰值后出现明显下滑。从发明专利国内外对比来看，本土新能源汽车授权处于劣势，特别是 2014 年发明专利授权量下滑状态与国外增长状态形成鲜明对比。

从产业案例分析上看，部分产业海外专利申请严重不足。部分技术领域对海外专利布局缺乏重视，战略性新兴产业企业“走出去”面临较大知识产权风险。以新能源产业为例，虽然整体上国内相比国外占据优势，但个别细分领域，如核电产业，不注重知识产权海外布局，国外发明专利申请量和授权量均较少，在“走出去”的过程中存在一定风险。

从国内申请授权区域分布上看，东部地区依然占绝对主导地位，东北地区发展相对滞后。东部地区 2013 年、2014 年分别占战略性新兴产业国内发明专利申请总量、授权总量的 2/3 以上。2014 年，中部地区战略性新兴产业发明专利申请总量、授权总量的增速均最高，申请总量年增长率达 48.10%，授权总量达 6.26%，远高于国内总体水平。东北地

区申请总量和授权总量增速均处于四大地区末端，特别是其授权发明专利数量2014年呈现负增长，整体发展态势不佳。

从国外在华发明专利申请、授权上看，日本和美国依然占据主导地位。日本、美国在华发明专利申请、授权数量之和，在2013年、2014年均超过战略性新兴产业国外在华发明专利申请、授权总量的60%。从近五年各国自身发展看，日本始终处于首位，但近两年申请及授权数量出现下滑；位于第二位的美国与其差距有所缩小；以五年申请总量排名，德国、韩国、法国分列第三至五位，其中，2014年韩国超过德国，跃居当年第三位；以五年授权总量排名，韩国、德国、法国分列第三至五位，其中，2013年起，德国超过韩国，跃居当年第三位。

国家知识产权局知识产权发展研究中心

韩秀成　刘永超　谢小勇　史冉　武伟

2

新引擎启动：

“十二五”战略性新兴产业发展回顾

产业篇

案例1

“十二五”期间节能服务产业发展回顾

“十二五”是中国节能服务产业飞速发展、走向成熟、成就辉煌的5年。作为既属于战略性新兴产业又属于科技服务业的节能服务产业，从“十一五”期末的起步阶段，发展到“十二五”期末的最具市场化、最具成长性、充满活力、特色鲜明的朝阳产业，不仅在中国节能技术应用和节能项目投资等方面发挥着至关重要的推动作用，而且对推动节能改造、减少能源消耗、增加社会就业、促进经济发展发挥了积极的作用，更成为中国转变发展方式、经济提质增效、建设生态文明的重要抓手之一。

“十二五”期间，在政策给力、企业努力、平台得力的大环境下，充满活力、特色鲜明、规范有序的节能服务市场初步建立，节能服务从业队伍快速壮大、节能服务产业规模稳步增长、节能服务综合能力显著提升、节能服务融资渠道持续开阔、节能服务体系构建日臻完善，合同能源管理已然成为用能单位实施节能技术改造最主要的方式之一。

这五年，节能服务产业的发展不仅有多彩的一面，也有起伏跌宕的一面。“十二五”前期，在政策给力的良好环境下，节能服务产业迅猛发展，节能服务产业总产值和合同能源管理投资不断攀升；“十二五”后期，面对着经济形势持续低迷、能源价格低位徘徊的“双重影响”，节能服务产业面临种种障碍和困难，迎难而上，保持了稳中有增的态势，实现了跨越式发展。全国从事节能服务业务的企业总数达到5426家，行业从业人员达到60.7万人，总产值突破3000亿元，年均增长率为30.19%；累计投资额3710.72亿元，相应形成年节能能力1.24亿吨标准煤，减排二氧化碳3.1亿吨。

一、合同能源管理模式不断发展创新

合同能源管理作为一种运用市场手段促进节能减排的服务机制，通过"十二五"期间的大力宣传和有力推行，让广大用能单位普遍知晓，其以节能效果为基准的定价原理，得到了社会的广泛认可。合同能源管理机制在不断传播的同时，其内涵和外延也不断地丰富和发展。

在节能效益分享型、节能增量保证型、能源费用托管型、融资租赁型的基础上，节能服务公司根据节能技术、融资渠道和目标客户的具体情况，不断分析总结、吸纳创新，构建最适合的商务模式开展节能服务，不断丰富和发展合同能源管理模式的内涵和外延。"十二五"期间，节能服务公司围绕合同能源管理的核心点，与 BT（建设—移交）、BOT（建造—运营—移交）、BOOT（建设—拥有—经营—转让）、PPP（政府和社会资本合作）、EPC（工程总承包）等多种商务模式相结合，取其优势，针对不同客户构建最佳商务合作模式，得到了很好的应用效果。

二、节能服务从业队伍快速壮大

"十二五"是中国节能服务从业队伍蓬勃发展、愈发专业的五年。到"十二五"期末，全国从事节能服务业务的企业总数达到 5426 家，比"十一五"期末的 782 家，增长了近 6 倍；行业从业人员达到 60.7 万人，比"十一五"期末的 17.5 万人，增长了近 2.5 倍。由此看出，超过 80% 的节能服务公司是在"十二五"期间成立或转型开展节能服务业务，超过 43 万人在"十二五"期间加入节能服务产业大军（见图 1）。

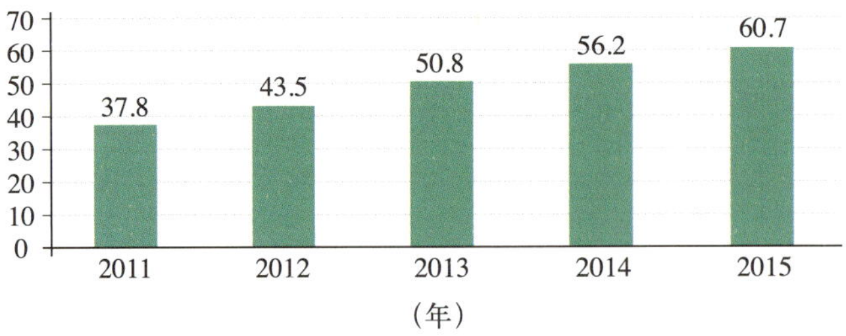

图 1　节能服务公司人员数量

数据来源：EMCA 年度统计数据。

节能服务从业队伍持续壮大主要体现在两个方面：一是伴随合同能源管理机制的持续传播和产业优惠政策的不断发酵，吸引了一大批国内外知名公司的积极参与，他们从能源供应、房地产业、科研院所、工程安装、设备销售甚至媒体等传统行业向节能服务产业延伸，纷纷组建专业化的节能服务公司。二是伴随着企业的不断成长、服务的不断延伸、项目的不断增多，企业的岗位需求也急剧增加，不断地吸纳优秀的专业技术人才和管理人才，使其成为节能服务公司保持核心竞争力的根本。

三、节能服务产业规模稳步增长

“十二五”期间，节能服务产业保持连续五年持续增长，是中国采用市场机制推动全国节能减排的重要力量。据统计显示，节能服务产业总产值从 2010 年的 836.29 亿元增长到 2015 年的 3127.34 亿元，年均增长率为 30.19%；合同能源管理投资从 2010 年的 287.51 亿元增长到 2015 年的 1039.56 亿元，年均增长率为 29.31%；“十二五”累计合同能源管理投资 3710.72 亿元，形成年节能能力 1.24 亿吨标准煤，减排二氧化碳 3.1 亿吨（见图 2）。

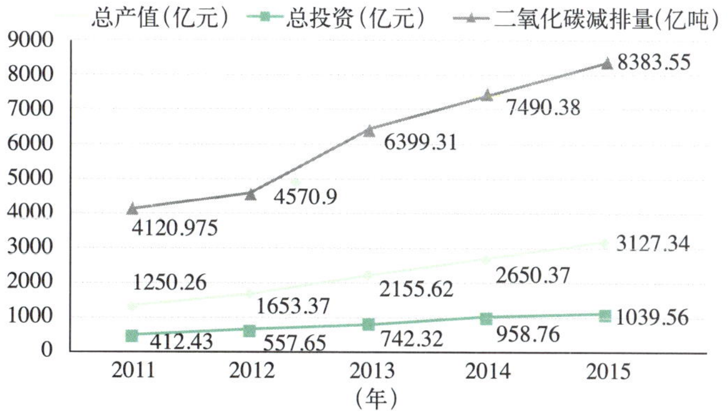

图 2 “十二五”节能服务产业发展状况

数据来源：EMCA 年度统计数据。

节能服务产业发展在“十二五”期间呈现“先扬后抑”的态势。前 3 年，节能服务产业总产值和合同能源管理投资同比增长均在 30%以上。其中

2011 年，节能服务公司总产值同比增长 49.5%，合同能源管理投资同比增长 43.45%，这均有赖于 2010 年中央出台给力的扶持政策。后两年，受经济形势持续低迷、工业企业开工不足、能源价格低位徘徊等因素影响，节能服务产业发展仍然稳中有增，但增速明显放缓。

2014 年，节能服务产业总产值和合同能源管理投资同比增长分别为 22.95%和 29.16%，2015 年为 17.99%和 8.43%。2015 年是合同能源管理投资同比增长首次低于 10%的一年（见图 3）。

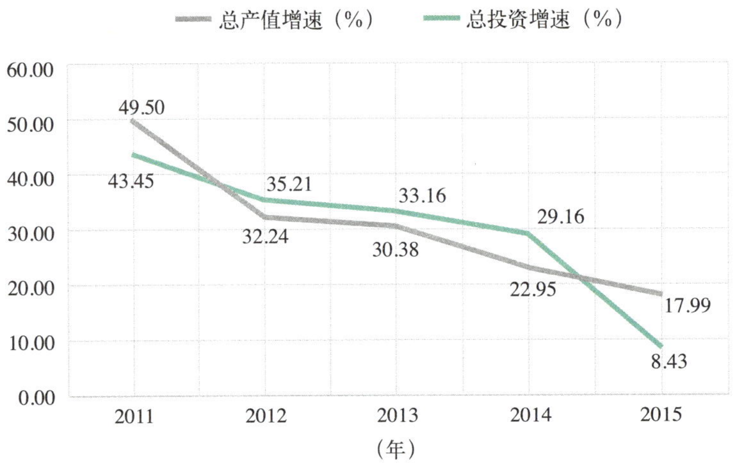

图 3　节能服务产业总产值、总投资增速

数据来源：EMCA 年度统计数据。

节能服务产业发展呈现以下主要特点（见图 4）：

一是工业领域仍是拉动节能服务产业规模增长的最主要动力。"十二五"期间，工业、建筑、公共设施三大领域对总产值的贡献率分别为 70%、21%、9%。节能投资方向仍然以工业领域为主，建筑和公共设施领域呈现快速增长的势头，且单体项目投资额有较大提高，尤其是公共设施领域的项目，如集中供热供汽、天然气冷热电三联供、光伏发电等能源服务项目。

二是北京及东部沿海地区仍是节能服务产业持续发展的重要引擎。东部地区节能服务公司占全国总数的 2/3，对节能服务产业总产值贡献率超过 70%。

三是具有一定规模的企业不断增加，涌现出一批引领产业健康持续发展的龙头企业。

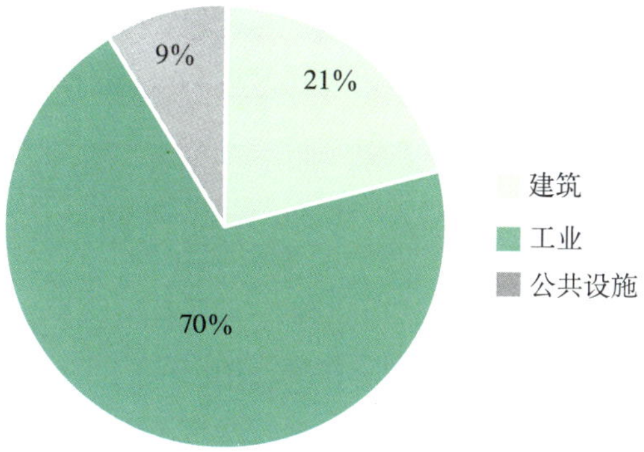

图 4　节能服务产业各领域占比

数据来源：EMCA 年度统计数据。

四、节能服务综合能力显著提升

随着节能减排工作的深入推进，节能服务公司不断优化队伍结构，提升团队整体素质；不断加大节能技术研发创新力度，增强自身技术水平；不断创新商务模式，构建最佳合作方式；不断拓展服务领域，保持增长后劲。节能服务公司锐意进取、积极探索，朝着正规化、专业化不断前行，从根本上明显提升了企业的核心竞争力和节能服务整体水平。

（一）节能服务专业化建设不断加强

节能服务产业发展的成功经验表明，拥有一支优秀的专业团队是节能服务公司持续健康发展的核心。“十二五”期间，节能服务公司愈发重视专业团队的打造，更加注重行业内企业发展经验、项目运作心得、节能技术应用等方面的交流和互动，更加注重合同能源管理项目经理、财务经理、节能量评估师等方面的人才培训，有条件的企业针对自身情况邀请权威专家开展专业内训，提升团队整体素质和专业水平。

（二）节能服务科技创新成果丰硕

节能技术是节能服务业务开展的核心，具有技术创新能力不仅可以使节能服务公司保持企业的核心竞争力和行业领先地位，更为推动节能产品更新换代、推动产业升级发展起到了很好的引领作用。据统计，"十二五"期间全国节能服务公司共获得专利、软件著作权1.4万余项，获得国家和地方创新成果奖励的项目1200余项。

（三）节能服务领域进一步拓宽

合同能源管理模式在服务于既有建筑、工业企业、道路照明等领域节能技术改造项目的同时，在新建项目、分布式能源、太阳能光伏、生物质利用、瓦斯发电、港口游轮、西气东输等领域不断拓展。

五、节能服务融资渠道持续拓展

随着国家政策导向的日益明晰和节能服务产业连续数年的持续增长，各类金融机构的进一步认可、各种融资手段的有机结合、节能服务公司商务模式的创新、节能服务产业内部资源的高效整合，使节能服务公司在融资方面不断取得突破性进展，开创节能服务产业投融资全新局面。"十二五"期间，银行信贷、融资租赁、企业债、上市及增发等方式融资超过1500亿元。

（一）能效信贷规模持续扩大

在银监会《绿色信贷指引》和《能效信贷指引》的引导下，越来越多的银行结合合同能源管理项目前期投资大、合同期长和节能服务公司轻资产、无抵押的特点，不断研究创新金融产品。如上海浦东发展银行向节能服务公司全面推出覆盖绿色产业链上下游的"五大板块、十大创新产品"和《共创未来绿色金融综合服务方案2.0》；北京银行针对节能服务公司，力推金融服务拳头产品"节能贷"，解决企业"轻资产、融资难"的问题。据统计，北京银行、浦发银行、华夏银行、兴业银行、民生银行、招商银行、平安银行、中国邮储银行、中国进出口银行、国家开发银行以及上海银行、南京银行、宁波银行、日照银行等全国性及地方性银行支持的节能服务公司超过1200家，累计发放各项贷款超过1000亿元。

（二）企业并购重组热潮不断

并购重组为资金实力较强的公司快速进入节能服务产业和提升节能服务能力创造了条件。上市公司依托资金优势和良好的融资渠道，或兼并拥有优秀节能技术的企业提升综合节能服务水平，如深圳达实智能股份有限公司并购上海腾隆变配电设备管理有限公司，延伸绿色公用工程业务，拓展节能集成业务；或入股拥有市场份额的企业扩展新的服务业务，如天壕节能科技股份有限公司并购北京华盛新能源投资有限公司，纵向拓展清洁能源业务；或通过并购和分拆业务方式构建子品牌，如北京神雾环境能源科技集团股份有限公司并购上市公司天立环保工程股份有限公司，并无偿受让“热装式节能密闭电石炉”相关专利及其工艺包，打造电石领域专业化节能服务公司。

（三）组建节能基金方兴未艾

“十二五”期间，中国节能环保产业基金、广东粤财节能环保创业投资基金、中能绿色基金、河北省节能环保产业股权投资基金、山西省节能环保创业投资基金、南京合同能源管理基金、宜兴节能环保创业投资基金、无锡市合同能源管理项目贷款风险池资金等各类基金先后组建和运营，创新了节能环保投融资机制，丰富了节能融资渠道，有效促进了节能服务产业的发展。

（四）多种融资渠道助推企业发展

融资租赁、股权交易平台、私募债等持续加大对节能服务公司的关注，新三板、未来收益权质押、碳债券、节能量交易、碳交易、互联网金融等新的融资方式为节能服务产业注入了新的活力，加速推动了节能服务产业与资本市场的对接。

“十二五”期间，登陆“新三板”的节能服务公司共计 155 家，通过增发累计募集资金超过 100 亿元。“天壕普惠”和“碳银网”等互联网金融平台的搭建，通过整合产业、金融、互联网优势资源，将为节能服务产业提供更加便捷的融资渠道。

六、产业联盟共享平台层出不穷

产业联盟的有效构建，不仅减少同类企业的无序竞争，而且实现互相间的整合与合作，实现整体作战、合作共赢。“十二五”期间，产业联盟不断应运而生。

一是以合作为目的构建联盟。发挥联盟成员间资源和能力互补优势，共同推进节能减排工作。如上海合同能源管理企业联盟、湖南省节能服务产业联盟、陕西节能服务产业联盟等。

二是以技术为核心构建联盟。促进联盟成员间自主创新和提升市场竞争能力。如电机及系统节能技术创新产业联盟、深圳市三网融合节能技术创新联盟、北京经济技术开发区节能与新能源产业技术创新战略联盟、国家纺织产业节能减排技术支撑联盟等。

三是以产业为主线构建联盟。通过联盟凝聚产业链上下游资源，促进成员企业之间的协作、创新与联动，进而提升节能服务产业的技术、融资和商业创新能力。如中关村现代节能服务产业联盟、中国节能环保金融联盟等。

中国节能协会节能服务产业委员会
孙小亮　王珏旻　何定波

案例 2

“十二五”期间环保产业发展回顾

“十二五”以来，国家对于环境污染治理力度前所未有，环境保护被提高到生态文明的高度，建立美丽中国已经成为实现中国梦的重要组成部分，支持环保产业发展的政策密集出台。在政策与市场的双重推动下，环保产业进入生命周期的成长期，环保产业各领域均取得长足进步和跨越式的发展。环保装备产品和服务性能、质量大幅度提高，产生了一大批具有核心竞争力的环保装备和产品，部分达到国际先进水平。环境服务业高速增长，环保装备门类齐全的产品体系已经形成。中国作为世界最大的环保市场，其使用的90%以上的技术装备和工程技术服务供给均实现本地化。环保装备和产品已经出口到70多个国家和地区。

“一带一轴”的环保产业布局初具雏形。投资成倍增长，融资能力提高，资金来源多样化，规模以上环保装备制造企业2015年资金来源合计是2010年的6.9倍。

重大环保技术装备的研发制造能力显著提高。高端装备实现突破、产业发展迅速，重大环保技术装备的科研创新在解决了一大批多年制约产业发展的瓶颈问题的同时还带动了行业技术水平研发制造能力的显著提高。

技术创新能力整体提升。一批环保领域国家重点实验室、工程技术中心等国家级研发机构相继建成，高新技术产业化进程不断加速。

一、全面提前实现“十二五”规划目标

（一）减排目标提前完成

“十二五”期间，四项主要污染物——化学需氧量（COD）、氨氮、二氧化硫、氮氧化物排放量持续大幅下降，已提前半年完成“十二五”规划目标。环境质量的改善离不开环保装备的物质支撑，2015年污染减

排科技贡献率达 55%以上。

（二）环保装备安装使用率迅速提高

"十二五"以来，环境质量改善取得积极进展。截至 2015 年底，中国的城镇污水日处理能力由 2010 年的 1.21 亿吨增加到 1.82 亿吨，已成为全世界污水处理能力最大的国家之一。

安装脱硫设施的煤电机组由 5.3 亿千瓦增加到 8.9 亿千瓦，安装率由 83%增加到 99%以上；安装脱硝设施的煤电机组由 0.8 亿千瓦增加到 8.3 亿千瓦，安装率由 12%增加到 92%；安装脱硫设施的钢铁烧结机面积由 2.9 万平方米增加到 13.8 万平方米，安装率由 19%增加到 88%；安装脱硝设施的新型干法水泥生产线由零增加到 16 亿吨，安装率也达到 92%（见图 1）。

生活垃圾处理能力到 2014 年达到 17860 万吨 / 日，无害化处理率不低于 91.8%；垃圾焚烧处理率不低于 29.8%。

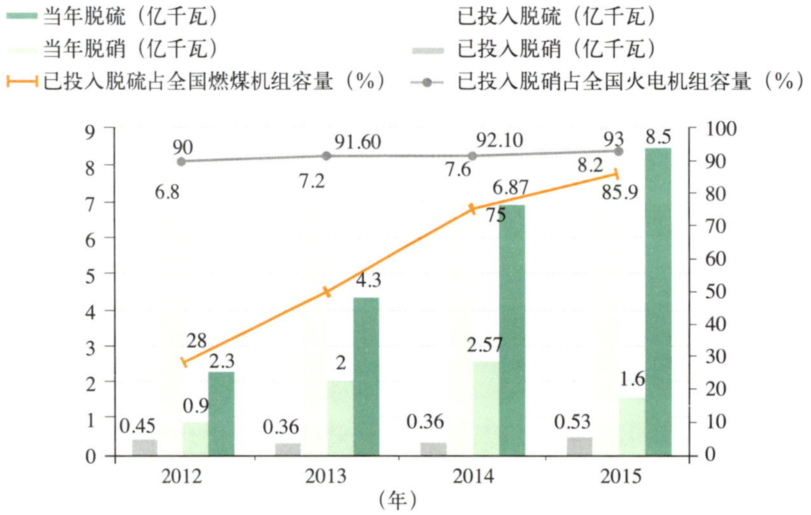

■ 图 1　2012—2015 年火电厂烟气脱硫脱硝机组容量

数据来源：中国电力企业联合会，由中国环保机械行业协会制图。

危废产生量从 2011 年的 3431 万吨增加到 2014 年的 3634 万吨。2011 年中国危废处置设施的处置能力为 916 万吨，2014 年为 929 万吨（见图 2）。

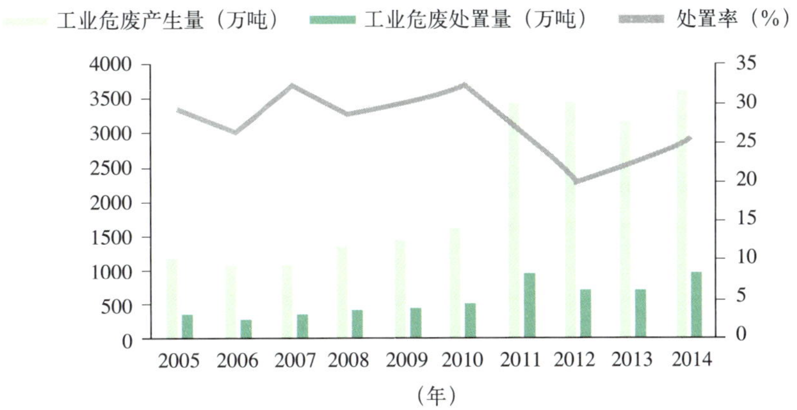

图 2　2005—2014 年中国历年工业危废产生量和处理量变动情况

资料来源：环保部，信达证券研发中心整理。

（三）经济目标超额完成

截至 2015 年底环保装备制造业产值已超过 5556 亿元，提前一年实现产值 5000 亿元的目标，环保装备制造业出口额 162.6 亿元，较比 2011 年增长 39%。主要经济指标年均增 25%，超额完成《节能环保产业“十二五”发展规划》规定的发展目标。

（四）企业集团培育目标顺利实现

表 1　不同市值上市环保公司数量情况

上市环保公司总数（家）	市值 200 亿元以上	100 亿元—200 亿元	100 亿元以下
77	8	14	55

注：环境商会公布的数据显示，以 2014 年 12 月 12 日人民币市值为准。

表 2　营业收入 10 亿元以上大型龙头环保装备制造企业摘选名单

福建龙净环保股份有限公司	聚光科技（杭州）股份有限公司
浙江菲达环保科技股份有限公司	北京清新环境技术股份有限公司
北京碧水源科技股份有限公司	北京万邦达环保技术股份有限公司
桑德环境资源股份有限公司	北京雪迪龙科技股份有限公司
安徽国祯环保节能科技股份有限公司	国家电投集团远达环保股份有限公司
安徽盛运环保（集团）股份有限公司	……

资料来源：中国环保机械行业协会。

（五）环保产业集聚逐步形成

目前，中国环保产业在全国已有所布局，截至 2015 年中国已经设立国家级环保产业园区 19 家，初步形成"一带一轴"的总体分布特征，即以环渤海、长三角、珠三角三大核心区域聚集发展的环保产业"沿海发展带"和东起上海沿长江至四川等中部省份的环保产业"沿江发展轴"（见图 3）。

表 3　国内国家级环保产业园区列表

级别	园区名称	所在城市
国家经济开发区	南京江宁开发区	南京
国家高新技术产业开发区	中国宜兴环保科技工业园	宜兴
	苏州国家环保高新技术产业园	苏州
	长沙高新技术产业开发区	长沙
	常州国家高新技术产业开发区	常州
	青岛国家高新技术产业开发区	青岛
	西安高新技术产业开发区	西安
	哈尔滨高新技术产业园	哈尔滨
国家级环保产业园区	济南国家环保科技产业园	济南
	青岛国际环保产业园	青岛
	大连国家环保产业园	大连
	南海国家生态工业示范园	佛山
	西安国家环保科技产业园	西安
	常州国家环保产业园	常州
	哈尔滨国家环保科技产业园	哈尔滨
国家环保产业基地	沈阳市环保产业基地	沈阳
	国家环保产业发展重庆基地	重庆
	武汉青山国家环保产业基地	武汉
	盐城环保产业园	盐城
国家循环经济试点园区	天津子牙环保产业园	天津

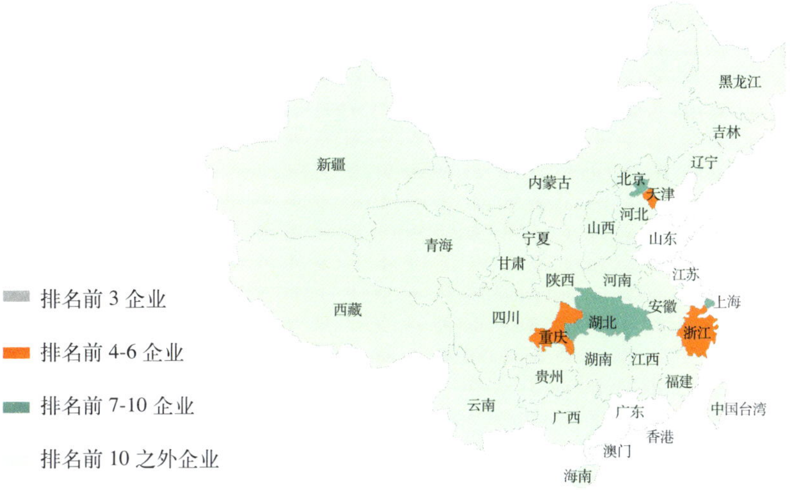

图 3　环保企业分布图

资料来源 :《中国环保产业地图白皮书（2011）》，赛迪顾问股份有限公司。

二、规模持续高速增长

中国环保企业数量 10 年翻四番，2014 年突破 50000 家，实现产值 15000 亿元，产值与 2010 年相比增长 50%，从业人数 300 万人以上，超额完成发展目标。

2012—2015 年 1 月 30 日，A 股环保产业指数上涨 64.25%，年化收益为 17.43%，在市场整体陷入熊市的 2013 年，环保产业指数全年仍取得了 31.73%的正收益（见图 4）。

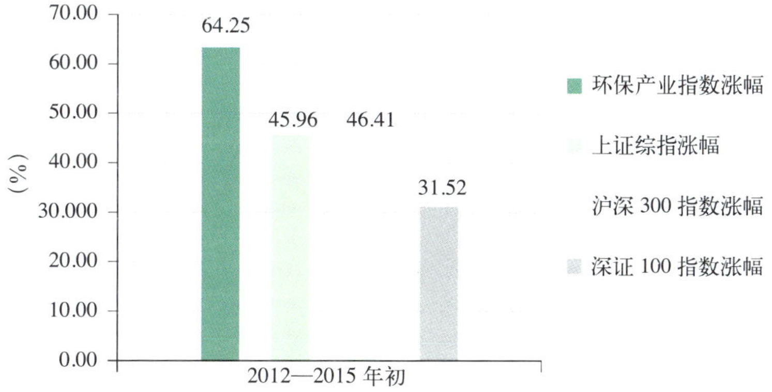

图 4　2012-2015 年 A 股环保产业指数

历史统计数据显示，环保产业指数累计表现和年化收益能力，显著优于市场核心指数，体现了市场资金对于环保产业持续看好。2014 年，A 股上市环保公司总收入规模达到 791 亿元，较 2010 年相比 A 股上市环保公司总收入规模增长 87.6%。

数据来源：Wind 东方证券研究所。

三、创新能力整体提升

（一）创新机构建设成就

"十二五"期间通过验收并命名的国家环境保护重点实验室为 7 家，批准建设的重点实验室为 15 家。通过验收并命名的工程技术中心为 7 家，批准建设的工程技术中心为 18 家。

"十二五"末期较"十一五"末期相比，通过验收的国家环境保护重点实验室数量增长 50%，通过验收的国家环境保护工程技术中心数量增长 58.3%。

（二）学科建设成就

2015 年为止，中国高校本科专业开设环境工程专业（专业代码 082502）的高校数为 309 所，较 2010 年比增长了 166%，在中国高校本科专业开设高校数排行榜中排名第 33 位。

表 4　环保专业名校一览

北京大学环能学院	清华大学环境学院	复旦大学环境科学与工程系
南京大学环境学院	浙江大学环境学院	北京师范大学环境学院
南开大学环境工程学院	同济大学环境科学与工程学院	厦门大学环境与生态学院
中国海洋大学环境科学与工程学院		

（三）人才建设成就

"十二五"期间环保部系统环保科技人才总量比"十一五"期间增长 50%以上（见表 5、表 6）。

表 5 “十二五”期间环保科技人才情况

“十二五”期间	获中国科学院院士	2
	获中国工程院院士	4
	获环保行业长江学者	35
2015 年	千人计划第十一批	44

表 6 “十二五”期间国家杰出青年科学基金建议资助环保项目情况

	年度	领域	人数
国家杰出青年科学基金建议资助项目	2011	土壤污染与修复研究领域	1
	2012	重金属污染土壤修复研究领域	1
	2013	城镇固体废弃物处置与资源化研究领域	1
	2014	环境界面化学与土壤污染控制研究领域	1
	2015	环境工程研究领域	2

（四）标准建设成就

“十二五”期间，制修订国家环保标准 600 多项，较“十一五”期间相比增长 19.5%。完成 30 项重点行业污染防治技术政策、30 项污染防治最佳可行技术指南和 40 项工程技术规范，对重点地区重点行业执行更加严格的污染物特别排放限值（见表 7）。

表 7 “十二五”环境保护机械行业的标准情况

	国家标准	行业标准
大气净化处理设备类	7	67
固体废弃物处理设备类	5	19
水质污染防治设备类	5	17
资源综合利用设备类	0	6

数据来源：中国环保机械行业协会。

（五）专利情况

2011 年、2012 年、2013 年节能环保产业专利授权量分布超过 15000 件、20000 件、23000 件。节能环保产业 5 年专利授权总量占七大战略性新兴产业合计量的 19.95%（见图 5）。

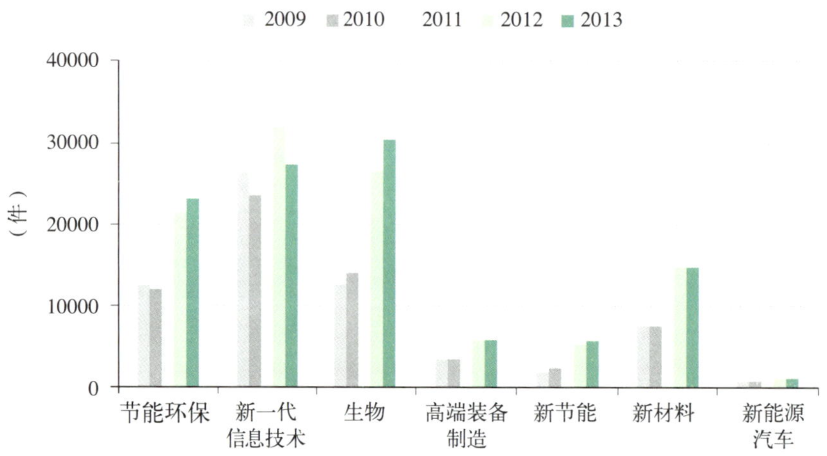

■ 图 5　七大战略性新兴产业各产业发明专利授权量

来源：国家知识产权局《战略性新兴产业发明专利分析统计总报告》。

1. 固体废物领域技术专利情况

目前，中国的年专利申请量已超过美、德、日等一众发达国家，全球固废领域技术创新最为活跃的国家（见图 6）。

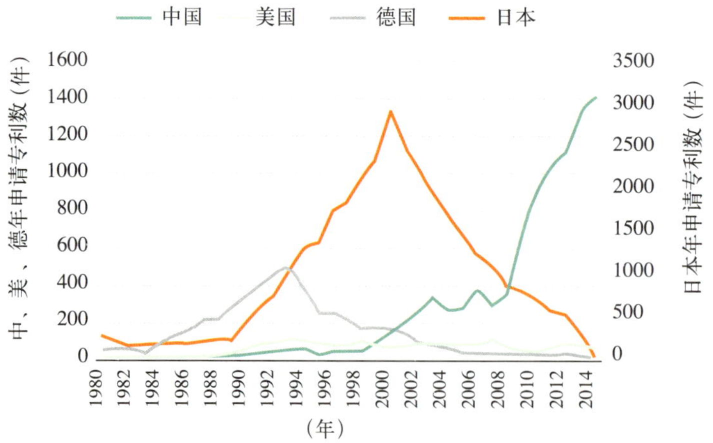

■ 图 6　中、美、德、日固体废物处理专利年申请量对比

数据来源：Inno joy 专利检索，统计范围为 IPX 编号 B09B（固体废物的处理）条目。

以上数据及图表来源：宇墨咨询。

2. 城市污水领域膜技术应用专利情况

目前，中国膜技术在城市污水领域应用的专利申请量已经赶超美国，跃居至全球首位。

从专利技术输出及技术市场分布来看，城市污水的膜处理技术的来源国主要为中国，占全球专利数量的48%，其次为美国、韩国、日本和加拿大等。同时，中国也是城市污水膜处理技术的主要技术市场国，占全球技术市场的37%，紧随其后的美国，占全球专利市场的14%。

资料来源：中科院文献情报中心产业情报研究中心第14期《产业技术情报》发布会。

3. 土壤重金属污染修复专利逐年提高

中国在土壤污染修复技术领域的专利数量从2005年逐年上升，尤其是2009年以后呈现迅猛上升趋势，赶超过了美国和其他国家。

在土壤重金属污染修复基础研究发展态势方面，全球117个国家和地区中发文量最多的前三位的美国、中国和西班牙，发文量分布占全球总量的18%、18%和8%。

主要的修复技术掌握在日本、中国和美国。日本专利技术的申请量最多，约占全部专利的35.2%，其次是中国和美国，分别占总专利量的30.0%和11.3%。

资料来源：中科院文献情报中心产业情报研究中心第14期《产业技术情报》发布会。

4. 专利水平不断提高

中国专利奖是专门对授权专利给予奖励的最高政府部门奖项。获得2015年第17届中国专利奖的环保类技术专利共有20个，比2014年的12个多出近乎一倍。

资料来源：E20环境平台。

四、重大环保技术装备研发取得突破

就中国目前环保产业技术基础和供给能力来看，环保装备和产品供给能力显著增强，在除尘、烟气脱硫、城镇污水处理等领域已形成世界规模最大的产业供给能力。环保技术与国际先进水平的差距不断缩小，研发能力有了进一步提升，已掌握一批具有自主知识产权的关键技术。城市污水处理的各种典型工艺在中国已广泛应用，通过多年的技术吸收转化创新，一些水处理技术和设备已经接近或者达到国际先进水平；电除尘技术及装备处于国际领先水平，出口范围遍布70多个国家或地区；布袋除尘应用水平较高，应用范围不断拓宽；火电脱硫、脱硝和生活垃圾处理技术及装备基本实现国产化。基本能够满足环保产业市场的供给需求。

（一）"十二五"期间国家重大科技专项取得的成就

"水专项"是《国家中长期科学和技术发展规划纲要(2006—2020年)》确定的十六个重大专项之一。该专项实施以来，突破了水污染治理、水环境管理和饮用水安全保障关键技术1000余项，建设科技示范工程超过500项，授权国内外专利1400余项，建成产学研开发平台和基地300余个，成立了8家产业技术创新战略联盟并服务于数百家企业，累计产值近80亿元。

（二）烟气污染治理产业技术创新战略联盟取得的成就

烟气污染治理产业技术创新战略联盟承担了包括国家863计划、国家科技支撑计划等在内的60余项国家、地方科技项目，编制了国家行业标准10项，取得了核心技术成果10项，在烟气污染物治理技术领域共申请获得了专利64项，建成了烟气脱硝催化剂中试装置等示范工程20项，共享了100余台测试装置与科研仪器。

以联盟为依托，多家成员单位共同承担实施了863计划"高效低成本燃煤电站烟气SCR脱硝催化剂开发与示范"项目。已开发出了具有自主知识产权的脱硝催化剂专用钛钨粉制备工艺，建成了年产1000吨以上的超精细钛钨粉的工业生产线，形成了具有自主知识产权的国有催化剂的配方，实现了催化剂关键原材料的国产化，节约催化剂成本30%左右。

（三）环保产业新技术、新产品"十二五"获奖情况介绍

"十二五"期间，环保产业新技术、新产品共获得国家科学技术进步奖二等奖25项，国家技术发明奖二等奖7项。湿法高效脱硫及硝汞控制一体化关键技术及应用项目、国内首台百万千瓦级超低排放机组等一批成果集中涌现。

五、先进环保技术装备推广应用成效显著

政策引导行业发展加快新产品应用推广。2011 年，工信部、科技部联合发布了《国家鼓励发展的重大环保技术装备目录》共 108 项技术装备，其中，研发类共 72 项。到 2014 年修订时仍保留在研发类的只有 2 项，其余均转入或合并到应用、推广类。在国家相关政策支持引导下，环保产业新技术转化成生产力的速度和效率逐渐提高。

先进环保技术装备的推广应用为中国的环境治理提供了必要的物质支撑。“十二五”期间，电厂脱硫废水零排放项目首获全球年度最佳工业水项目大奖；大气颗粒污染物超净排放技术迅速占领市场；膜生物反应器（MBR）技术国际领先（见表 8）；无毒脱硝催化剂填补空白；环保装备支持国家重大环境治理工程建设，在南水北调丹江口水源保护地治理、太湖流域水环境综合治理、滇池流域治理、巢湖治理、大气污染排放治理①方面发挥了不可替代的作用；在腾格里沙漠治污、天津爆炸环境监测等环境应急事件处置过程中同样发挥了重要作用。

表 8　全球最大的 MBR 项目统计表

	全球	中国	其他国家	中方占比（%）
项目数量	38	23	15	60.5
为项目提供技术的数量	38	19	19	50
技术提供方数量	6	1	5	

注：38 项工程全球共有 6 家企业提供技术支持，其中有中国公司 1 家，共为 19 项工程提供技术支持。

六、环境服务业迅速发展

环保产业要发展成为支柱产业，其中环境服务是重要内容。环境服务业是指与环境相关的服务贸易活动，包括：技术服务、环境咨询服务、污染治理设施运营管理、废旧资源回收处置、环境贸易与金融服务、环

① 截至 2015 年底，全国有近 1 亿千瓦的煤电机组完成了超低排放技术改造。其中，五大发电集团累计完成 8421 万千瓦机组超低排放改造，约占总量的 85%。

境功能及其他环境服务六类。"十二五"期间，随着国务院《关于推行环境污染第三方治理的意见》、环保部《关于推进环境监测服务社会化的指导意见》等支持环境服务业的政策相继出台，环境服务业迅猛增长，"十二五"期间环境服务业主要经济数据年均增速超过 30%，高于环保产业平均增长速度。截至 2015 年产值达 5700 亿元，在环保产业中占比超过 37%，较"十一五"期间增长 146.7%。

中国环境服务业发展尽管起步较晚，但是发展速度较快，市场化程度较高。

随着中国对环保产业重视程度的不断提升，国家对环保产业的扶持力度将会不断加大，这将为环境服务行业创造良好的宏观发展环境；与此同时，公众意识的不断提升，也会更好地促进环境服务行业发展（见图 7）。

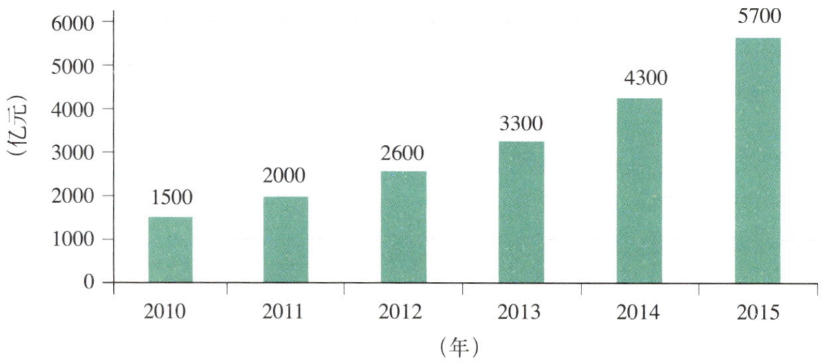

图 7　2010—2013 年中国环境服务业收入规模变化情况

数据来源：前瞻产业研究院。

七、"走出去"战略收获颇丰

"十二五"以来，中国环保产业总体呈现持续稳定并逐渐加速发展态势，环保产业进入了外部发展环境最为良好的黄金期。同时，环保市场的全球化发展，使得各大跨国企业纷纷调整发展战略，布局全球环保市场。中国环保产业发展在污水处理、再生水利用、海水淡化、污泥处置、垃圾焚烧以及烟气脱硫脱硝等方面初具规模，积累了丰富的建设运营经验，拥有了门类齐全、具有自主知识产权的技术装备，培育了一批拥有自主品牌、掌握核心技术、市场竞争力强的环保龙头企业。所有这些，为中国环保产业走出去奠定了坚实基础（见图 8）。

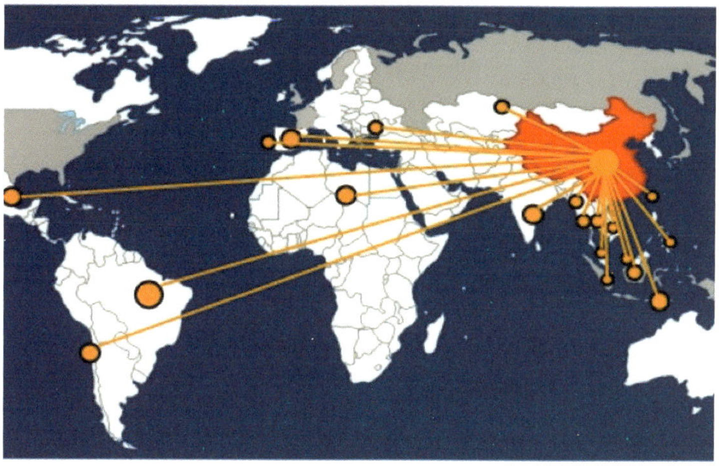

图 8　环保装备出口全球 70 多个国家

图表来源：中国环保机械行业协会。

环保装备制造业 2015 年出口交货值 162.6 亿元，“十二五”期间增幅达到 39.7%。出口环保装备主要集中在水处理设备、脱硫除尘设备等领域，出口形式从单机出口向成套出口、总承包转变。出口国家主要集中在印度、印度尼西亚、越南、巴西、智利等新兴工业国家，东南亚尤多。“金砖国家”主要集中在印度、巴西、俄罗斯。

资料来源：根据国家统计局数据，由中国环保机械行业协会计算制图。

在环保产业国际化方面，中国企业正在凭借过硬的技术以及资产实力开始在海外接项目拿订单，凭借其技术、管理和成本等综合优势，开拓国际市场，展示了较强的国际竞争力，为产业的国际化发展进行了有益探索和尝试。如中国电建集团承建世界最大河道整治工程——孟加拉帕德玛大桥河道整治，龙净环保承担印度比莱钢铁厂锅炉岛工程。

企业国际化视野越来越宽阔，中国企业走出去，兼并欧美发达国家公司，在海外成立研发中心等已经屡见不鲜，并且成为"十二五"环保产业"走出去"的一个新的亮点（见图9）。

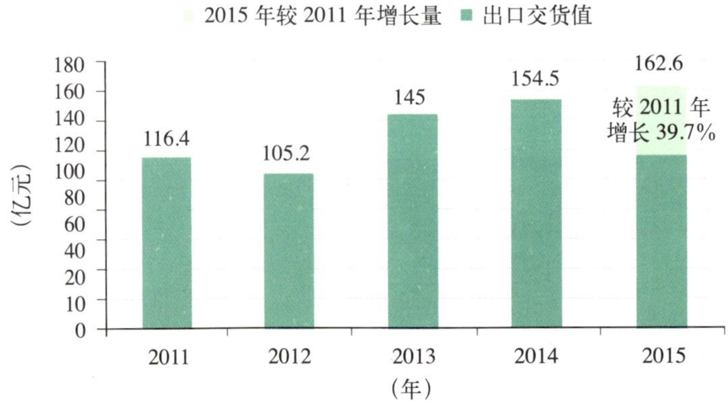

■ 图9 "十二五"期间环保装备制造业出口交货值情况

表9 2015年中国环保企业部分海外并购情况

并购方	被购方
巴安水务全资瑞典孙公司	奥地利 KWI Corporate Verwaltungs GmbH
迪诺拉有限责任公司	水环纯净水集团
成都天翔环境股份有限公司	美国圣骑士公司
北京雪迪龙科技股份有限公司	英国 KORE 公司
北京首创股份有限公司	新加坡 ECO 工业环保工程私人有限公司
安徽国祯环保节能科技股份有限公司	挪威 Goodtech Environment AS 公司
先河环保美国控股公司	美国 Sunset Laboratory Inc 公司
聚光科技（杭州）股份有限公司	意大利 Systea S.P.A
首创环境控股有限公司	新西兰 BCG NZ Investment
中国智慧能源集团控股有限公司	reenEfWInvestmentsLimited
云南水务（香港）股份有限公司	PJT Technology CO-Limited
首创股份全资子公司首创（香港）有限公司	BonlandPte Ltd
永清环保股份有限公司	美国 Integrated Science & Technology 公司
上海机电股份有限公司	瑞士环球清洁技术有限公司
中联重科股份有限公司	意大利 LADURNER 公司

数据来源：中国环保机械行业协会网上资料整理。

中国环保产业协会 & 中国环保机械行业协会
王亦宁　滕建礼　申红杰　杨喆　王政

案例 3

“十二五”期间资源循环利用产业发展回顾

资源循环利用产业是节能环保产业的重要组成部分，“十二五”期间，国家资源循环利用产业规模稳步扩大，技术装备水平不断进步，废弃物利用量逐年增加，政策机制不断完善，商业模式不断创新，产业集中度显著提升，为改变“大量生产、大量消费、大量废弃”的传统增长方式和消费模式探索出了可行路径，对缓解资源约束、保护生态环境、应对气候变化、稳定扩大就业、促进绿色转型，建设生态文明发挥了重要作用。

“十二五”期间，中国资源循环利用产业以每年约 12%的速度增长，2015 年末产值超过 1.5 万亿元，约占国民生产总值的 2.96%，解决就业近 3000 万人，专业从事资源循环利用的企业约 3 万家。其中，大宗工业固体废物①2015 年产生量 36.8 亿吨，综合利用率 48%，综合利用产值达 8500 亿元，比 2010 年产生量增长近 7 亿吨，综合利用率提高近 8%，综合利用产值增长约3000 亿元；主要再生资源②2015 年回收利用量约 2.4 亿吨，回收利用率 70%，回收利用产值达 6500 亿元，比 2010 年回收利用量增长 6 亿吨，回收利用率提高 6%，回收利用产值增长 2000 亿元。

一、资源循环利用产业战略地位日益凸显

“十二五”期间，国家资源循环利用产业的战略地位日益凸显。2010 年国务院印发了《关于加快培育和发展战略性新兴产业的决定》，

① 大宗工业固体废物：指生产活动中产生量较大的尾矿、赤泥、钢铁渣、有色冶炼渣、煤矸石、粉煤灰、工业副产石膏和电石渣等工业固体废弃物。

② 主要再生资源：指废钢铁、废有色金属、废塑料、废旧轮胎、废纸、废弃电器电子产品、报废汽车、报废船舶、废玻璃、废电池等十种可回收的废弃物。

资源循环利用产业作为节能环保产业的重要组成部分，被列为七大战略性新兴产业之首。2012 年党的“十八大”将发展循环经济的地位和作用提高到了新的战略高度，把资源循环利用体系初步建立作为全面建成小康社会目标之一，要求经济发展方式转变更多依靠节约资源和循环经济推动，要求着力推进绿色发展、循环发展、低碳发展，加快建设生态文明。“十二五”规划将发展循环经济作为建设资源节约型、环境友好型社会的重大任务。党中央、国务院《关于加快推进生态文明建设的意见》，进一步明确“坚持把绿色循环低碳发展作为生态文明建设的基本途径”。

二、资源循环利用产业法规体系初步建立

“十一五”末颁布实施的《中华人民共和国循环经济促进法》，明确了发展循环经济是国家经济社会发展的一项重大战略，确立了循环经济减量化、再利用、资源化，减量化优先的原则，并做出一系列的制度安排。在此背景下，2011 年，国务院实施了《废弃电器电子产品回收处理管理条例》，这是资源循环利用产业的第一部行政法规，此后，有关部门还先后出台了《废弃电器电子产品处理基金征收使用管理办法》《再生资源回收利用管理办法》，修订了《粉煤灰综合利用管理办法》《煤矸石综合利用管理办法》等，山东省、浙江省等一些省市区相继颁布实施了循环经济促进条例或资源综合利用条例，初步形成了由国家法律、行政法规、部门规章和地方法规构成的循环经济法律法规体系。

三、资源循环利用产业规划引领作用逐渐增强

国务院于 2012 年印发了《“十二五”节能环保产业发展规划》，进一步明确了“十二五”期间发展资源循环利用产业的指导思想、基本原则、主要目标、重点领域和保障措施；于 2013 年印发了《循环经济发展战略和近期行动计划》，这是中国资源循环利用产业的第一个国家级的专项规划，明确了“十二五”循环经济发展的总体思路、主要目标、重点任务和保障措施。在国家规划引领下，有关部门也相继发布了矿产资源

综合利用、大宗工业固废综合利用、再生资源回收体系建设等专项规划，各地区也制定了本区域循环经济发展规划。国务院还先后批复了甘肃省和青海省柴达木循环经济试验区循环经济发展规划。2014年和2015年国家发改委会同有关部门先后印发了循环经济年度推进计划，2015年工信部印发了《京津冀周边地区工业资源综合利用产业协同发展行动计划》。

四、资源循环利用规模逐步扩大，新兴产业方兴未艾

“十二五”期间，全国大宗工业固体废物的综合利用量及主要再生资源回收利用量[①]随着产业发展和技术进步也稳步提升，具体情况如图1、图2所示。

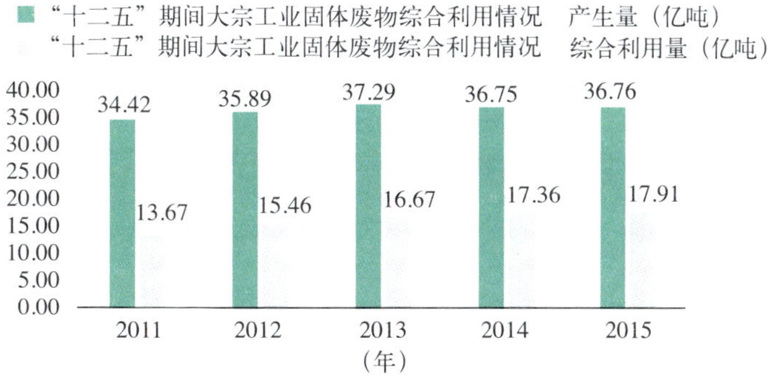

图1　大宗工业固体废物产生及利用情况

数据来源：中国循环经济协会。

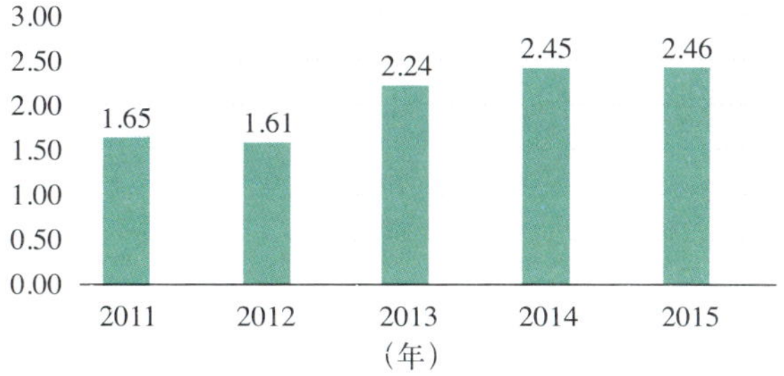

图2　再生资源回收利用情

数据来源：商务部《中国再生资源回收行业发展报告》。

① 2013年以后数据突增是因为废钢铁、废有色金属统计口径有变化。主要变化在于2012年以前公布的废钢铁回收利用数据中主要是国家统计局统计范围内的钢铁企业的钢铁企业回收利用量，自2013年起将小钢厂、铸造企业、锻造企业等回收利用的废钢铁纳入统计范围。废有色金属方面，自2013年起把原来没有统计的热镀锌渣、锌灰、烟道灰、瓦斯泥灰中废锌的相关数据纳入统计范围。

另外，循环利用的发展也催生出新的产业：(1) 再制造产业，主要包括零部件再制造和机电产品再制造，企业总数已达500家以上，平均实现年产值500亿—800亿元；(2) 农林废弃物资源化利用产业，其中，秸秆综合利用率已达75%以上，林业三剩物和次小薪材的综合利用率达95%以上，畜禽养殖废弃物处理率达42%以上；(3) 城市生活垃圾、建筑垃圾资源化利用产业，垃圾无害化处置率已达92%以上。这些新兴产业有着广阔的发展前景，正在成为新的经济增长点。

五、资源循环利用示范成效显著

"十二五"期间，国家发改委支持建设了49个国家"城市矿产"示范基地，118个循环化改造园区，37个循环经济教育示范基地，100个餐厨废弃物资源化利用和污水处理试点城市，推动了45个再制造试点示范基地和101个循环经济的示范城市建设；工信部推动了12家工业固体废物综合利用基地试点的建设、再生资源综合利用重大示范工程、水泥窑协同处置生活垃圾技术示范等，示范项目全部建设实施后，每年可资源化利用各类废弃物约5亿吨。

通过示范试点的建设，循环理念得到广泛传播，政策机制不断完善，商业模式持续创新，各行业、各领域的循环利用不断向纵深发展，企业间、产业间的共生耦合更加充分，园区循环式链接更加完善，产业的循环式组合更加合理，实现了资源消耗最小化，环境风险最低化，经济效益最大化。

六、资源循环利用技术不断提升，产业化应用取得突破

"十二五"期间，有关部门相继印发了《废物资源化科技工程"十二五"专项规划》(2012)、《重要资源循环利用工程（技术推广及装备产业化）实施方案》(2014)，资源循环利用领域国家科技支撑计划和相关企业投入该领域的研究经费逐年增加，资源循环利用科技创新体系逐渐形成，培育了一大批具有自主知识产权的先进技术，截至2015年底，仅钢铁固废资源循环利用领域申请的中国专利总数近1万件。具体情况如图3所示。

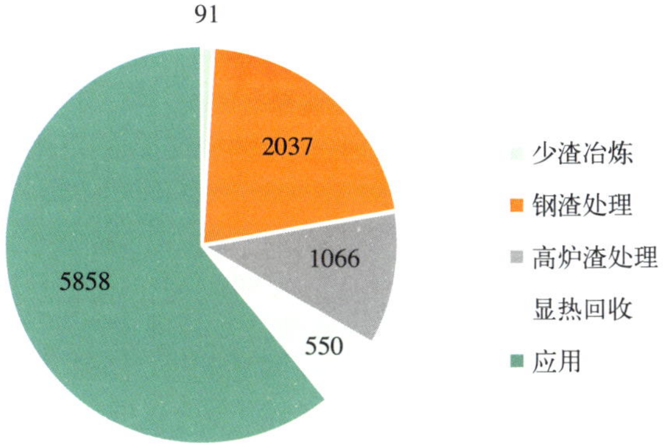

图3 钢铁固废资源循环利用专利数（数）

此外，在资源循环利用技术发展方面，以“复杂难处理镍钴资源高效利用关键技术与应用”“纳米复合电刷镀再制造技术”“废弃钴镍材料循环再造技术”“有机废物生物强化腐殖化技术”为代表的众多技术获得了国家科技进步奖、国家技术发明奖、国家级工业大奖、中国专利奖；以“高铝粉煤灰提取氧化铝20万吨/年示范项目”“3000吨废旧服装再生切片生产线”“典型尾矿资源清洁高效利用技术”为代表的技术填补了国内空白，并迅速实现产业化。随着科技手段的不断进步，资源循环利用技术创新体系将逐渐形成。

七、资源循环利用产业社会环境效益显著

2015年，国家统计局发布了中国循环经济发展指数，如表1所示。中国2013年循环经济发展指数为137.6，比2005年提高了37.6个点，年均提高4个点，资源循环利用产业发展成效明显。“十二五”期间，中国资源产出率提高了16.4%，单位GDP能耗下降了18.2%，单位GDP二氧化碳排放量下降了20%，累计实现节能8.6亿吨标准煤（相当于减少二氧化碳排放19.3亿吨）。据测算，中国每回收利用一吨废旧物资，平均节约自然资源4.2吨，节能1.4吨标准煤，相当于减排二氧化碳3.18吨，减少6到10吨的垃圾处理量。

表1 2005—2013 年循环经济发展指数

年份	循环经济发展指数	资源消耗强度指数	废物排放强度指数	废物回用率指数	污染物处置率指数
2005	100.0	100.0	100.0	100.0	100.0
2006	105.4	103.4	109.2	102.0	107.4
2007	111.9	109.5	115.6	103.7	123.2
2008	118.5	113.8	122.7	108.0	136.8
2009	123.9	116.3	129.9	112.2	146.5
2010	130.2	121.6	136.0	115.2	160.9
2011	129.2	123.8	130.0	113.9	163.7
2012	133.2	129.2	136.8	112.3	169.1
2013	137.6	134.7	146.5	108.2	174.6

数据来源：国家统计局。

八、资源循环利用政策机制不断完善

"十二五"期间，资源循环利用相关政策机制不断改进和完善。在价格和收费政策方面，实行了差别电价、惩罚性电价、阶梯式水价、生物质发电上网优惠电价，垃圾处理收费等。在财政政策方面，设立了循环经济发展专项资金，累计安排 136 亿元支持循环经济重点项目；中央预算内固定资产投资共安排 300 亿元支持循环经济和资源节约项目；建立了废弃电器电子产品处理基金，对列入目录的产品回收处理给予补贴。在税收政策方面，对资源综合利用产品和劳务实行减免增值税和企业所得税优惠，对一次性木筷增收消费税等政策。在金融政策方面，资源循环利用列入绿色信贷、绿色证券、绿色债券、绿色保险的支持范围。在产业政策方面，国家从产业布局、准入门槛、技术标准以及投资、价格、财税、金融、进出口等方面，制定了一系列推动产业结构调整的政策，有力地促进了资源循环利用产业的发展。随着改革的不断深入，资源综合利用产业的市场化机制将加快形成。

中国循环经济协会
赵凯　郭占强　魏浩杰　王永明

案例 4

“十二五”期间宽带运营业发展回顾

到“十二五”期末，中国电话用户和互联网用户规模居世界首位，建成全球规模最大的宽带网络基础设施，形成涵盖网络设施建设运营、系统和终端设备研发制造、互联网信息服务等领域较为完整的产业体系。国内光缆线路长度达到 2300 万公里，宽带接入实现从非对称数字用户线路（ADSL）向光纤入户（FTTH）的跨越，移动通信实现从 3G 向 4G 的升级，4G 基站占比达 54.7%，移动数据及互联网业务收入占电信业收入比重提升至 27.6%。新增七个国家级互联网骨干直联点建成开通，网间互通质量和效率大幅提升。下一代互联网示范工程不断推进，商用网络建设取得积极进展。中国铁塔公司成立，电信基础设施共建共享迈向新高度。新建大型数据中心 PUE 值普遍低于 1.5，单位电信业务总量综合能耗下降 39.7%。云计算与大数据关键技术和应用实现突破。中国具有自主知识产权的时分同步码分多址长期演进技术（TD-LTE Advanced）成为第四代移动通信（4G）国际主流标准之一，并实现大规模商用。手机、微型计算机、网络通信设备等主要电子信息产品的产量居全球第一，自主品牌智能手机、通信设备和服务器国内市场占有率分别超过 70%、70%和 50%。

一、光纤到户全面普及

城市新建楼宇积极贯彻光纤到户国家标准，全部实现光纤到户，既有小区加快光纤到户改造步伐。自 2013 年“宽带中国”战略颁布以来，中国宽带接入网络建设加快推进“光进铜退”，新建楼宇积极贯彻光纤到户国家标准，全部实现光纤到户，既有小区加快光纤到户改造步伐。

"十二五"末，中国 FTTH 覆盖家庭达到 44582 万户，较"十一五"末增长超过 4.3 亿户，全国各省主导运营企业光纤入户网络覆盖家庭合计超过 3.1 亿户，覆盖超过 70%的家庭，普遍具有 100M 接入能力（见图 1）。

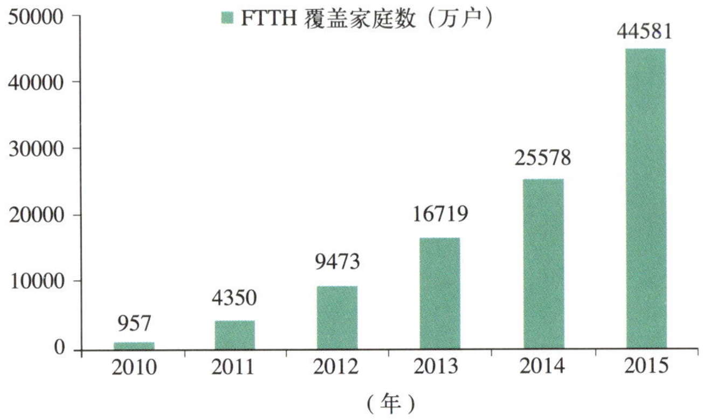

图 1　中国 FTTH 覆盖家庭规模

数据来源：工业和信息化部。

宽带推广普及对于农村小康社会的建设具有重要的意义，对宽带接入能力也提出了较高要求，目前在农村地区开展光纤到户建设也逐步成为共识。"十二五"末，全国行政村通光缆比例超过 80%，宽带接入能力超过 12M 的行政比例超过 50%，农村地区 FTTH 端口占 FTTH 总端口的比例达到 27.2%，其中山东、浙江和江苏占比已经超过 40%。

在"光进铜退"的同时，随着 4K 电视等高带宽应用的推广普及，百兆接入的需求迅速增长，千兆入户时代也正在到来。为解决 EPON、GPON 等技术面临带宽瓶颈，上海等地运营企业在全面部署 FTTH 全光网络基础上，积极部署 10G PON 技术商用化示范试点。

二、家庭宽带用户的主流接入速率进入 8 Mbit/s 时代

中国宽带接入用户规模保持平稳增长，截至"十二五"末，全国固定宽带用户数达到 2.13 亿户。从固定宽带人口普及率指标看，"十二五"末中国已达到 15.9%，自 2008 年超过全球各国平均水平后，不断追赶

全球主要发达经济体，与经济合作与发展组织（OECD）34个发达国家的平均宽带人口普及率差距逐步缩小。若考虑未纳入统计的5000万—6000万固定宽带用户，“十二五”末，中国固定宽带人口普及率约为19.7%—20.4%，与2014年底OECD国家固定宽带人口普及率（28.2%）还存在一定差距（见图2）。

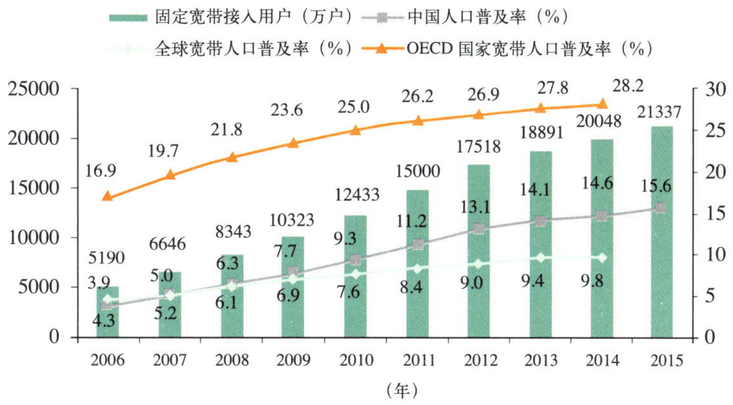

图2　中国与OECD国家宽带人口普及率比较

“十二五”末，光纤宽带接入已成为全国最主要宽带接入方式，FTTH宽带用户达到1.19亿户，占固定宽带用户总数的比例达到56.1%，远超2014年底OECD国家17.1%的光纤用户占比（OECD光纤用户指FTTH和FTTB用户），与OECD单个国家相比，仅次于日本（72.7%）、韩国（68%）（见图3）。

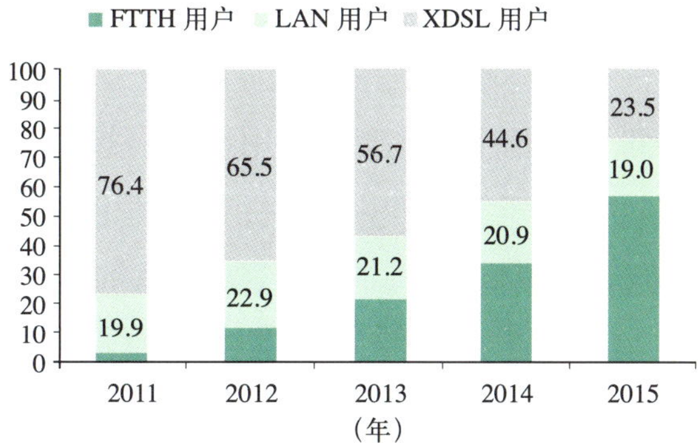

图3　中国分技术宽带用户占比（%）

数据来源：工业和信息化部。

中国家庭宽带用户的主流接入速率进入 8Mbit/s 时代，宽带用户提速进程加快。"十二五"末，全国使用 8Mbit/s 及以上宽带接入产品的用户达到 14832 万户，占比由有分速率统计数据以来的 2011 年的 5.7% 提升到 69.5%，使用 20Mbit/s 及以上宽带接入产品的用户达到 7129 万户，占比达到 33.4%。20M 及以上速率成为越来越多用户的选择，2015 年全国新增 8M 及以上用户中，约三分之二的用户选择 20M 及以上速率产品，天津、上海、四川和陕西在推广高速率宽带走方面在全国前列，这 4 省市的 20M 及以上用户占比均超过 80%，分别达到 88.2%、84.5%、85.6%和 85.5%（见图 4）。

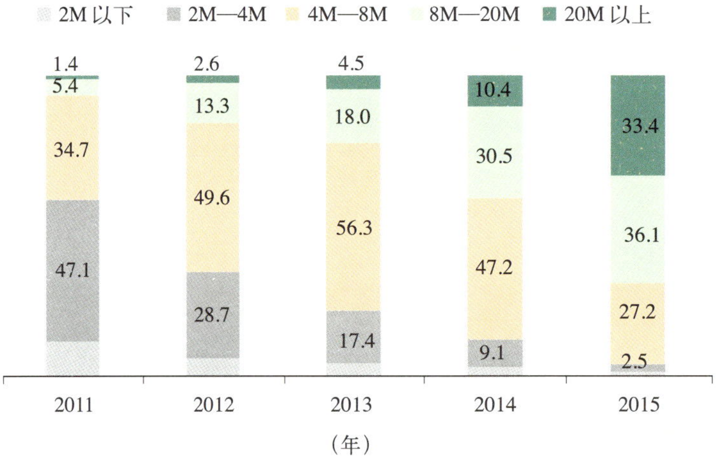

图 4　中国分速率宽带用户占比（%）

数据来源：工业和信息化部。

三、移动宽带实现跨越式发展

"十二五"期间，中国移动宽带基础设施建设水平大幅提升，用户普及程度不断提高。2014—2015 年，在中国移动抢占 4G 先发优势、另两家基础电信企业获发 FDD-LTE 牌照后实施追赶战略的共同作用下，中国建成全球最大 4G 网络，4G 基站规模达到 177 万（其中 TD-LTE 基站占比约 70%，FDD 基站占比约 30%），基本实现城市和县城连续覆盖。4G 网络部署速度远超 3G，实现跨越式发展。4G 牌照发放 2 年内基站规模超过 3G，3/4G 基站数合计占比接近 70%（见图 5）。

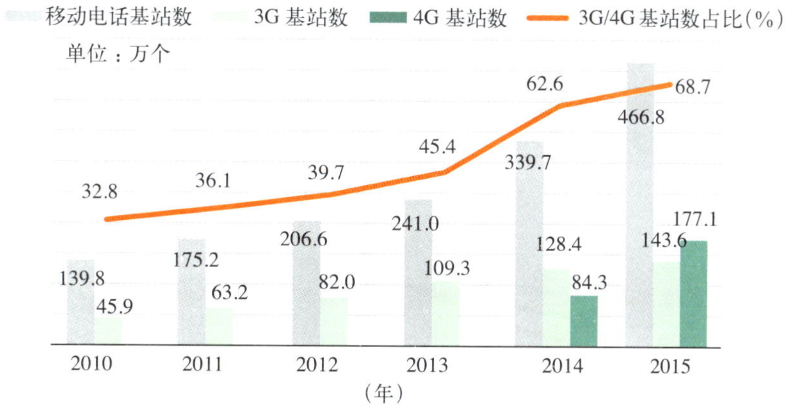

图 5　2011—2015 年移动电话基站发展情

数据来源：工业和信息化部。

移动用户结构加速优化，4G 用户呈爆发式增长。2015 年新增 4G 用户数 2.89 亿户，总规模达到 3.86 亿，占比达到 29.6%。受到 4G 影响，3G 用户在 2015 出现负增长，用户规模减少 8679 万，占比下滑至 30.5%。2G 移动电话用户继续下滑，2015 年减少 1.83 亿户，占移动电话用户的比重由 2011 年的 87.0%下降至 39.9%（见图 6）。

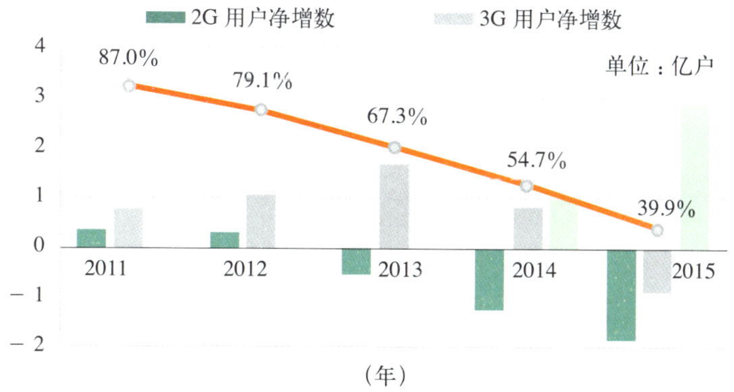

图 6　2011—2015 年各制式移动电话用户发展情况

数据来源：工业和信息化部。

截至 2015 年底，中国 4G 用户在全球占比 34%，成为全球最大的 4G 用户市场。在 2014—2015 两年时间内，中国 4G 用户发展水平已经达到美国和日本3年的发展水平。中国移动宽带（3G/4G）用户数占比达到60.1%，高于全球平均水平13.6个百分点（见图7）。

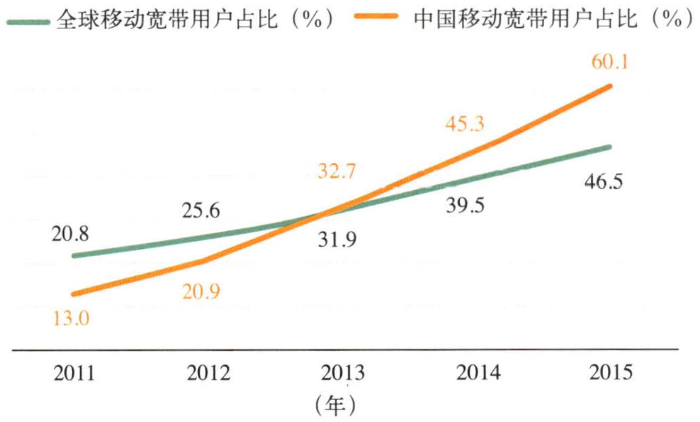

■ 图7　2011—2015年全球和中国移动宽带用户占比

数据来源：中国信息通信研究院。

在移动宽带快速发展的同时，中国积极着手布局新一代宽带移动通信网。2013年11月，在工信部、发改委和科技部推动成立IMT-2020（5G）推进组，作为中国5G研发基础工作平台，涵盖56家国内外移动通信领域的产学研用单位。通过政府及平台层面，与韩国、欧盟等国家签署合作声明，在5G需求、技术、频谱、标准等方面开展了多层次的交流与合作。通过国家高技术发展计划（863计划）、国家科技重大专项，从网络架构、关键技术、器件、业务等多个层面布局5G研发。

四、互联网应用基础设施建设方兴未艾

内容分发网络（CDN，Content Delivery Network）是由分布在不同区域的节点服务器群组成的分布式网络，通过一定规则将互联网网站、网络视频、网络游戏等内容源推送到接近用户的网络边缘，使用户可以就近取得所需的内容，能够缓解互联网网络拥塞，提高互联网业务响应速度，改善用户业务体验，是互联网重要的应用基础设施。

"十二五"期间，随着互联网、移动互联网流量的爆发式增长，尤其是来自视频以及云计算的高速增长，中国CDN市场快速发展。根据

相关企业披露的财报及调研分析，2015 年国内专业 CDN 市场规模约 56 亿元，同比增长约 47.3%。过去几年复合增长率约 49%，远超出国际 CDN 市场 26%的年复合增长率。在 CDN 渗透率上，较前几年相比也有小幅提升，从前几年不到 10%上升到 17%左右（见图 8）。

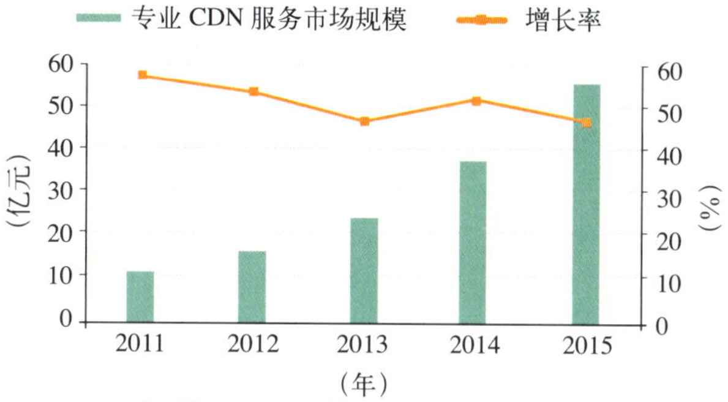

图 8　国内传统专业 CDN 市场规模

数据来源：内容分发网络（CDN）白皮书（2015）。

随着中国 CDN 市场潜力逐渐释放，越来越多的厂商开始涉足 CDN 领域，并不断扩展建设规模。目前，专业 CDN 服务提供商业务已经基本上覆盖了国内所有省份，在东南沿海、华北、华中等地区分布较为密集。其中截至 2015 年，蓝汛、网宿、快网、帝联四家较大的专业 CDN 服务提供商已建成各类 CDN 节点数超过 2800 个，其中新增 400 多个，同比增长 17%。CDN 服务器数量超过 8.8 万台，同比增长约 25%。专业 CDN 总峰值带宽同比增长 75%，达到约 18.5Tbps（见图 9）。

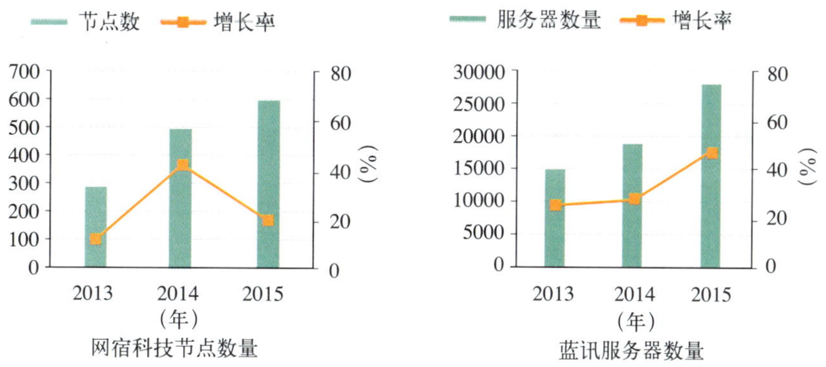

图 9　重点 CDN 服务商节点和服务器规模增长情况

数据来源：企业调研数据。

随着互联网业务持续发展，第三方 CDN 服务开始不能完全满足互联网企业对 CDN 服务的需求，互联网企业纷纷自建 CDN，并逐渐向外提供服务，这也成为全球的发展趋势。如云服务提供商微软 Azure、移动终端 / 应用服务提供商 Apple、视频流媒体服务提供商 Netflix 等，希望能够通过自建 CDN 网络来降低运营成本，提升用户体验质量。云服务提供商 Amazon、搜索引擎提供商 Google 和 Yahoo 等希望在满足自身业务需要的同时，通过提供商用 CDN 业务来拓展新的业务范围。

中国互联网企业也在积极布局 CDN。腾讯 CDN 带宽达到 10Tbps，节点总数达到 400 个，服务器总数超过 10000 台，覆盖了全球 20 多个国家和地区；阿里巴巴的 CDN 覆盖全球 20 多个国家的 200 多个节点，带宽达到 6Tbps，超过 1Tbps 的服务能力储备，从 2014 年 3 月开始正式提供商业化服务，支持近 2 万客户；百度在全国建设了 100 多个 CDN 节点，为用户提供云加速服务；优酷的 CDN 共有 90 个节点，覆盖了 12 个国家和地区，以及国内 80 多个城市，带宽达到了 10Tbps；乐视的 CDN 共 600 个节点，覆盖 60 多个国家和地区，带宽达到了 10Tbps。

五、基于自主研发的核心技术占据国内云设施主流市场

"十二五"期间中国云计算处于低总量、高增长的产业起步发展期。2015 年中国公有云市场规模超过 100 亿元①，占全球的市场份额尚不足 1%②，但是增速远远高于全球平均水平③，2015 年同比增长 46%。"十二五"期间年均增长率超过 45%（见图 10）。

"十二五"期间，国内云计算企业从模仿吸收国际云计算技术起步，目前已具备了基于自主研发的核心技术，向整个社会提供通用云计算服务的能力。中国自主研发的云计算平台无论是在技术先进性、安全性和经济性上均处于世界一流水平。目前中国云计算领军企业的云计算

① 数据来源：中国信息通信研究院

② Gartner，2016 年 1 月：2015 年全球公共云服务市场规模为 1750 亿美元

③ 根据 Gartner 数据测算：2015 年全球公共云服务市场增长 13%

平台的计算能力和数据处理能力已跻身世界前列，支撑电商交易、金融支付等业务的峰值达到世界领先水平。阿里云在2014年成为全球增长最快的云服务商之一，在中国公有云市场占有率达到近30%。①

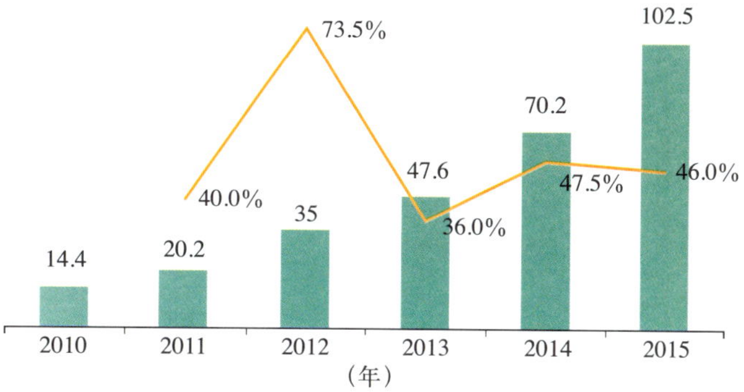

图10 “十二五”期间中国公共云服务市场规模（单位：亿元人民币）及增速

云计算的系统解决方案取得积极进展，针对不同业务场景形成多套云计算解决方案，并在政府、政务、交通医疗等领域取得广泛的应用。面向云计算的微模块数据中心配套设备取得重大的突破。数据中心绿色节能方面取得了积极的突破。在云计算主流开源社区中中国的企业深度参与，贡献度不断增加。在ISO、ITU等组织中，中国在云计算相关的国际标准制定工作中也发挥着越来越重要的作用。

六、下一代互联网商用网络建设初见成效

中国下一代互联网研究探索起步较早。中国下一代互联网示范工程CNGI项目于2003年启动，经过近10年建设，在CNGI示范网络、网络技术试验和应用示范、关键设备/软件开发和推广应用等方面取得显著成绩。其中核心网络建设于2011年完成，实际建成包括22个城市59个节点以及北京和上海两个国际交换中心的网络。同时，在全国100所高校、100个科研单位、73个企业建成了273个IPv6驻地网。清华大学

① 数据来源：frost & sullivan《中国云计算市场概览》，2016年4月。

等 25 所高校建成的 CNGI-CERNET2/6IX 成为目前世界上规模最大的纯 IPv6 大型互联网（见图 11）。

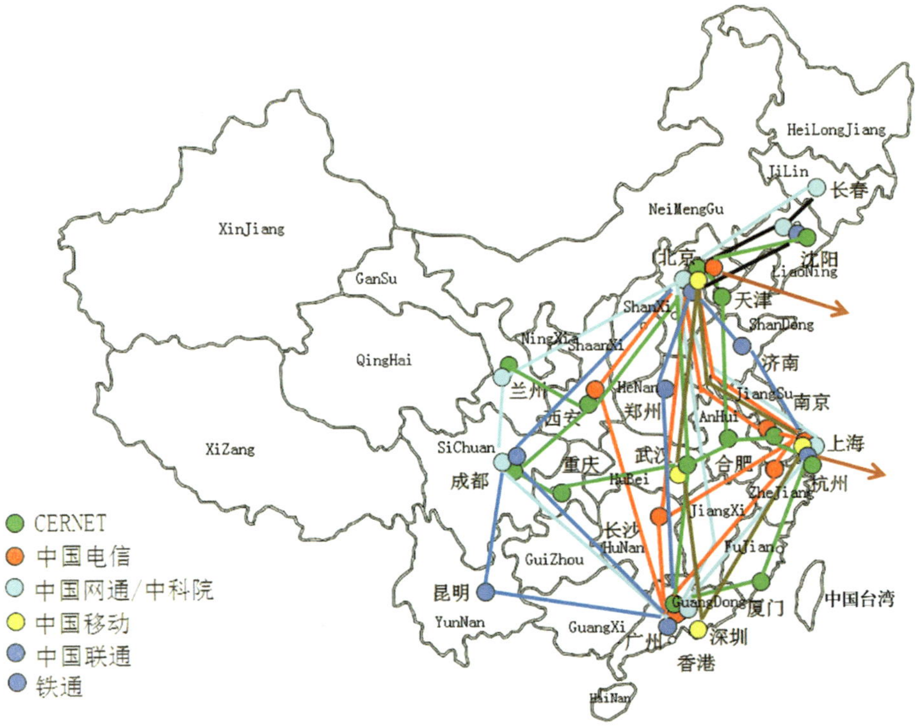

■ 图 11　CNGI 示范工程核心网

2012 年 3 月，国家发改委开始组织实施 CNGI 规模商用及产业化项目，开启了中国下一代互联网走向规模商用的序幕。2013 年中全国在北京等 16 个城市进一步开展下一代互联网示范城市建设。近几年，在产业各方的共同努力下，下一代互联网商用部署不断推进，特别是基础网络建设取得初步成效。电信运营企业、互联网企业、广电企业及有关政府部门不断推进宽带基础网络的 IPv6 升级改造，涉及固定 / 无线接入网、城域网、骨干网、数据中心、电子政务外网等不同网络层面，IPv6 网络覆盖城市超过 180 个，同时在个别省份试点贯通 IPv6 端到端业务流程。截至 2015 年底，中国基础网络 IPv6 升级改造情况如表 1 所示：

表 1　中国基础网络 IPv6 升级改造情况（截至 2015 年底）

		接入网	城域网	骨干网	数据中心
电信运营网络	中国电信	55%开启 IPv6	180 个城域网开启双栈，占比超过 60%	具备 IPv6 承载能力	50%支持双栈，四星级以上全部支持 IPv6 接入
	中国联通	超过 10 个城市开展试商用部署			
	中国移动	LTE 网络具备 IPv6 支撑能力	完成超过 10 省网络改造升级		
广电网络		在 4 个城市完成下一代广播电视网骨干节点和数据中心升级改造			
电子政务外网		完成中央节点和 32 个省级节点双栈改造			

数据来源：行业网站。

与此同时，国家发改委通过“后补贴”方式支持国内 39 家重点网站的 IPv6 升级改造工作。腾讯、新浪、搜狐、百度、奇虎 360、阿里巴巴等重要商业网站均启动了 IP 网络改造工作，目前已基本完成网站首页的 IPv6 支持改造。国内其他网站部分也进行了支持 IPv6 的升级改造。据中国信息通信研究院统计，截至 2015 年底，国内支持 IPv6 的网站有 1429 个。其中，双栈架构有 1080 个，占比 75.6%；纯 IPv6 架构有 349 个，占比 24.4%。但也应该看到，大部分支持 IPv6 的网站属于教育网内的非商业网站，占比超过 68%（见图 12）。

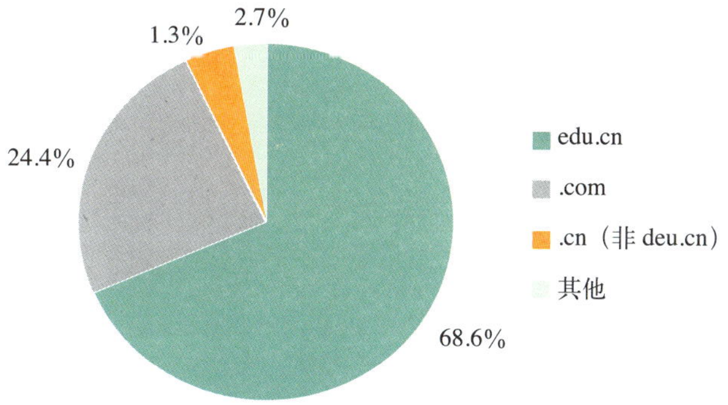

图 12　中国 IPv6 网站域名类型分布

数据来源：中国信息通信研究院。

七、通信设备产业地位持续提升

"十二五"期间中国通信设备产业（含通信网络设备和终端）保持快速发展，销售产值从"十一五"末近1万亿元增加到2015年的2.2万亿元，年均复合增长率接近18%（见图13）。

■ 图13　2010—2015中国通信设备制造业规模情况（亿元）

数据来源：工信部。

运营商网络设备市场随网络建设推进稳步发展。2015年全球运营商网络设备营收达836亿美元，同比下滑1.4%。中国市场营收123亿美元，相比全球仍然保持3%的增长速度。近五年，中国运营商网络设备市场年均复合增长率接近4%，高于全球。2015年中国移动通信设备市场规模达到54.2亿美元，在运营商网络设备市场占比最高。近年来，4G基站投资快速增长，"十二五"末期，已经超越3G基站，成为移动通信市场最主要设备（见图14）。

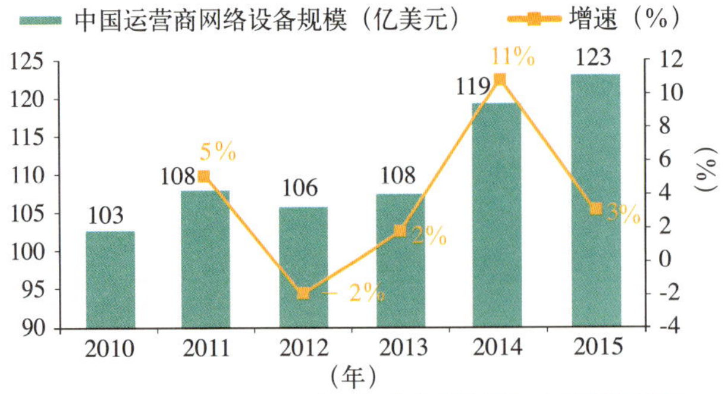

■ 图14　2010—2015中国运营商网络设备产业规模情况

数据来源：Gartner。

纵观全球运营商网络设备市场格局，国内厂商取得长足进步，跃居领先地位。2013 年华为以 19%的市场占有率首次超过爱立信（18%）位居全球运营商设备市场首位，随后优势持续扩大，2015 年底，华为市场规模达到 23.2%，爱立信市场份额下滑到 14.5%。同时，中兴超越思科跻身全球运营商网络设备市场第四位（见图 15）。

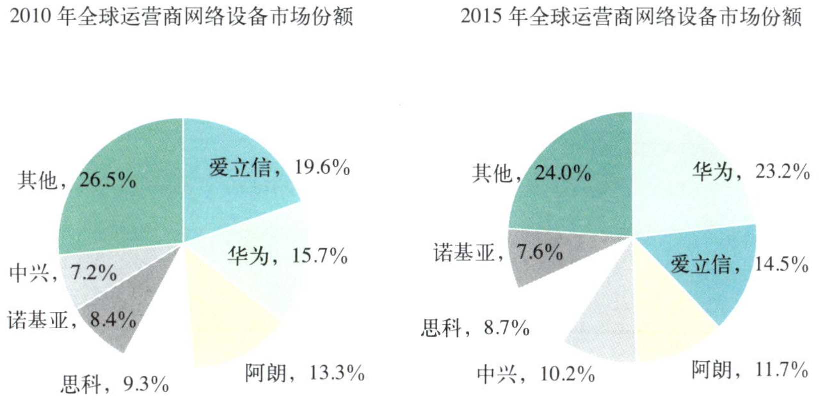

■ 图 15　2010 年、2015 年全球运营商网络设备市场格局对

数据来源：Gartner。

中国手机终端产业迅速崛起，影响力持续提升。2015 年中国手机出货量达到 5.2 亿部，比 2010 年增长近 50%。智能手机方面，2015 年中国智能机累计出货 4.6 亿部，已成为第一大消费电子产品，较“十一五”末期有了显著增长，尤其是“十二五”初期，连续两年年增长率超过 150%。但随着功能机存量替换和智能机升级换代的放缓，智能手机市场逐步进入成熟发展阶段。国产厂商快速崛起，市场规模紧逼国际大厂。2015 年，以华为、联想、小米和酷派为代表的国产品牌占据超过 80%的市场份额，此外，国产智能机快速向中高端渗透并取得实质进步，2015 年国产 2000 元以上手机出货量明显攀升，其中 Mate7 上市至今累计出货超过 700 万台，实现历史性突破（见图 16）。

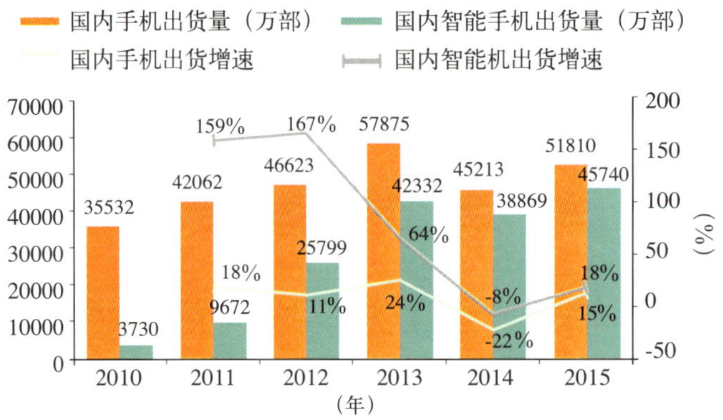

■ 图 16 2010—2015 年中国智能机出货情况（万部）

数据来源：中国信息通信研究院。

八、通信设备技术创新能力、自给能力不断提高

"十二五"期间，全国企业创新意识和能力不断增强，在网络通信、核心芯片等设备关键技术领域不断取得突破，重点产品的对外依赖程度明显降低，国际认可度提升。

国内运营商网络设备关键技术突破，主要产品性能已达到或接近全球先进水平。国内数据通信设备经历"10G 模仿、100G 跟随、400G 并行、T 级超越"的发展历程，创新能力显著增强，产业实现高端化发展。中国厂商华为在 400G/1T 超宽带时代实现领先，进入国际第一梯队。数据通信设备核心技术为网络处理器（NP），中国 NP 芯片技术水平已经基本与国际主流厂商保持同步，华为、中星微电子均推出了自研 NP 芯片。同时，基站滤波器和天线等移动通信关键技术基本达到国际先进水平。新型多址技术是 5G 核心关键技术，中国提出自主创新技术方案，并进行系统样机测试。另外，中国在干线 100Gb/s OTN/DWDM 大容量传输、城域 PTN、接入 10G EPON/GPON、WDM PON 等技术领域与国际水平相当。在 400Gb/s、1Tb/s、P-OTN、SDTN 等领域积极跟进，华为率先在国外完成 400G 部署。

中国信息通信研究院

余晓晖　辛勇飞　刘铁志　王爱华　谢志刚　曹淼　杨波

案例 5

“十二五”期间物联网产业发展回顾

物联网是新一代信息技术的高度集成和综合运用，对新一轮产业变革和经济社会绿色、智能、可持续发展具有重要意义。全球各国尤其是美国、欧盟、日韩等发达国家高度重视物联网发展，积极进行战略布局，以期把握未来国际经济科技竞争主动权。近几年来，中国物联网政策支持力度不断加大，技术创新成果接连涌现，各领域应用持续深化，产业规模保持快速增长，并形成北京—天津、上海—无锡、深圳—广州、重庆—成都为核心的四大产业集聚区。与“十二五”初期相比，中国在物联网关键技术研发、应用示范推广、产业协调发展和政策环境建设等方面取得了显著成效，成为全球物联网发展最为活跃的地区之一。当前，物联网已由概念炒作、碎片化应用、闭环式发展进入跨界融合、集成创新和规模化发展的新阶段，与中国新型工业化、城镇化、信息化、农业现代化建设深度交汇，在传统产业转型升级、新型城镇化和智慧城市建设、人民生活质量不断改善方面发挥了重要作用，取得了明显的成果。

一、加强物联网战略统筹布局

“十二五”期间，中国政府不断加强对物联网发展的顶层设计，国务院和各部委相继出台政策文件（见表 1），对于提振产业信心、推动产业发展成效显著。在顶层设计方面，国务院于 2013 年 2 月发布《关于推进物联网有序健康发展的指导意见》，从全局性角度出发对物联网发展进行系统考虑，明确了发展目标和下一阶段发展思路。在组织机制方面，全国建立物联网发展部级联席会议制度，加强各部门之间的统筹协调。在智库支撑方面，国家成立了由 30 多名专家组成的物联网发展专家咨询委员会，为物联网发展战略、顶层设计、重大政策、重大问题等方面提供咨询，为政府决策提供重要支撑。在各部委推进方面，国家发改委、工信部等部门以物联网发展部际联席会议的名义印发了顶层设计、标准制定、技术开发、应用推广、产业支撑等十个物联网发展专项行动计划，财政部会同工业和信息化部设立了物联网发展专项资金，发改委先后启动了 30 项国家物联网重大应用示范工程，科技部支持组建了物联网产业技术创新战略联盟，公安部、农业部等部门也组织实施了一批重大应用示范工程。

表 1 国家层面物联网政策情况

国家部委	物联网发展政策
国务院	发布《关于推进物联网有序健康发展的指导意见》； 发布《关于信息消费扩大内需的若干意见》，提出重点支持智能传感器等三大产业发展； 八部委联合出台《关于促进智慧城市健康发展的指导意见》，高度重视和突出物联网在智慧城市发展中的支撑作用；召开全国物联网工作电视电话会议
发改委	组织开展 2014—2016 年国家物联网重大应用示范工程区域试点工作
科技部	支持组建物联网产业技术创新战略联盟
工信部	发布《工业和信息化部 2014 年物联网工作要点》
财政部	会同工信部设立物联网发展专项资金
农业部	发布《全国农业物联网产品展示与应用推介汇编 2014》
国家标准委	联合发改委支持成立物联网国家标准基础工作组和 5 个行业应用标准工作组

资料来源：作者整理。

在国务院和各部委带动下，国家各地方政府也积极营造物联网产业发展有利环境，以多层次、全方位的政策措施推动地方物联网发展（见表 2）。一是加强统筹协调，广州等城市依托科技和信息化领导小组统筹协调政策、资金、人才等资源，并成立专项小组推进物联网产业发展。二是加大财税政策支持，各地方政府积极争取国家、省、市财政资金对物联网项目的支持，并进一步设立地方物联网产业发展专项资金。三是鼓励拓宽投融资渠道，成都等城市制定政策支持物联网企业的债券融资和上市融资，并对成功融资的企业给予资金奖励。四是重点支持物联网科技攻关，各地方政府积极推动联合实验室等创新载体发展，加快创新公共服务体系建设。五是加强人才培养，物联网专项人才成为各地方政府人才战略的重要对象。

表 2　地方层面物联网政策情况

地方政府	物联网发展政策
上海	发布《上海市推进战略性新兴产业“物联网”专项工程实施方案（2012—2015年）》； 发布《关于上海农业物联网发展的实施意见》； 发布《上海市健康物联网推进工作方案》
江苏	制定《智慧江苏建设行动方案（2014—2016 年）》，提出通过物联网支撑江苏省绿色工业、智慧农业、智慧民生等领域的健康发展
无锡	发布《无锡国家传感网创新示范区发展规划纲要》； 制定“三年行动计划”和“智慧城市规划”等多项发展规划、行动计划和具体工作方案
深圳	发布《深圳推进物联网产业发展行动计划（2011—2013 年）》
广州	制定《广州市加快新一代信息技术产业发展三年工作方案》和《广州市战略性新兴产业发展规划》； 以广州市科技惠民与智慧城市科技计划专项，加大对物联网的经费支持
重庆	制定《重庆市加快物联网产业发展行动计划》； 建设南岸区物联网产业建设基地
成都	设立市物联网产业发展专项资金； 采取“一企一策”的措施，积极引进和培育龙头企业

资料来源：作者整理。

二、物联网产业体系初步建成，规模保持较快增长

从产业体系来看，中国已形成包括芯片、元器件、设备、软件、系统集成、运营、应用服务在内的较为完整的物联网产业链（见图 1），各关键环节的发展也取得重大进展。M2M 服务、中高频 RFID、二维码等

环节产业链业已成熟，国内市场份额不断扩大，具备一定领先优势；基础芯片设计、高端传感器制造、智能信息处理等相对薄弱环节与国外差距不断缩小，尤其光纤传感器在高温传感器和光纤光栅传感器方面取得重大突破；物联网第三方运营平台不断整合各种要素形成有序发展局面，平台化、服务化的发展模式逐渐明朗，成为中国物联网产业发展的一大亮点。

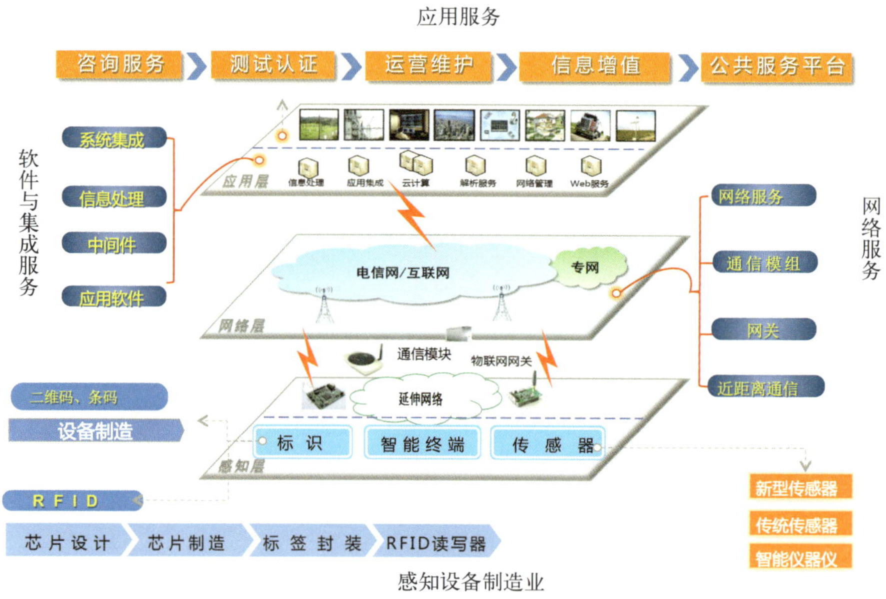

■ 图 1　物联网产业图谱

资料来源：中国信息通信研究院《物联网白皮书（2014 年）》。

从产业规模来看，全国物联网近几年保持较高的增长速度（见图 2）。2013 年，中国物联网产业规模达到 5000 亿元，同比增长 36.9%，其中传感器产业突破 1200 亿元，RFID 产业突破 300 亿元；2014 年，国内物联网产业规模突破 6200 亿元，同比增长 24%；截止到 2015 年底，随着物联网信息处理和应用服务等产业的发展，中国物联网产业规模增至 7500 亿元，"十二五"期间年复合增长率达到 25%。

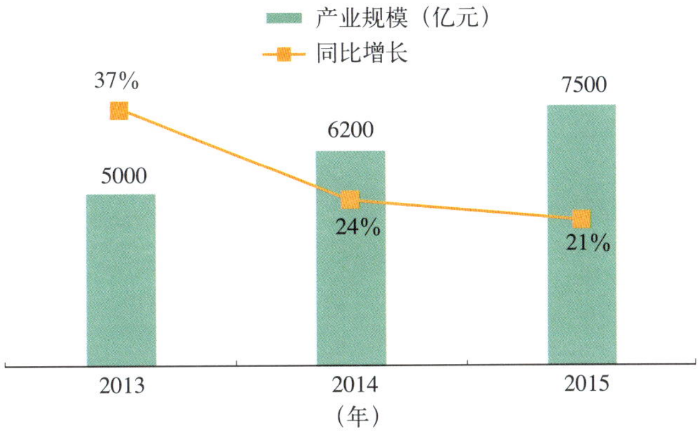

图 2　2013 年以来中国物联网产业规模增长情况

数据来源：中国信息通信研究院《物联网白皮书（2014 年）》《物联网白皮书（2015 年）》等报告。

从企业层面来看，在国家政策牵引、行业应用示范、企业创新互动发展的良好局面下，中国感知制造和应用服务行业涌现出一批领军企业。深圳先施科技、远望谷两家企业占 RFID 超高射频及读写器国内市场份额的 30%以上；南京联创科技集团的汽车生活服务平台已覆盖 1000 万车主；海格电子推出的 GPS/ 北斗导航定位系统已在广州公务车全面部署；成都鼎安华公司在安全生产综合监管信息平台已接入 200 家危险源企业①。

从产业集聚发展情况来看，全国已初步形成分别以北京、上海、深圳、重庆为核心的环渤海、长三角、珠三角、中西部地区四大物联网产业集聚区的空间格局（见图 3）。其中，环渤海区域借助产学研资源和总部优势，成为中国物联网产业研发、设计、运营和公共服务平台的龙头区域；长三角区域以上海、无锡双核发展为带动，整体发展比较均衡，在技术研发与产业化、应用推广方面发挥了引领示范作用；珠三角区域依托自身优势成长为物联网产品制造、软件研发和系统集成的重要基地；中西部地区软件、信息服务、传感器等领域发展迅猛，成为第四大产业基地。

① 资料来源：中国信息通信研究院《物联网白皮书（2015）》。

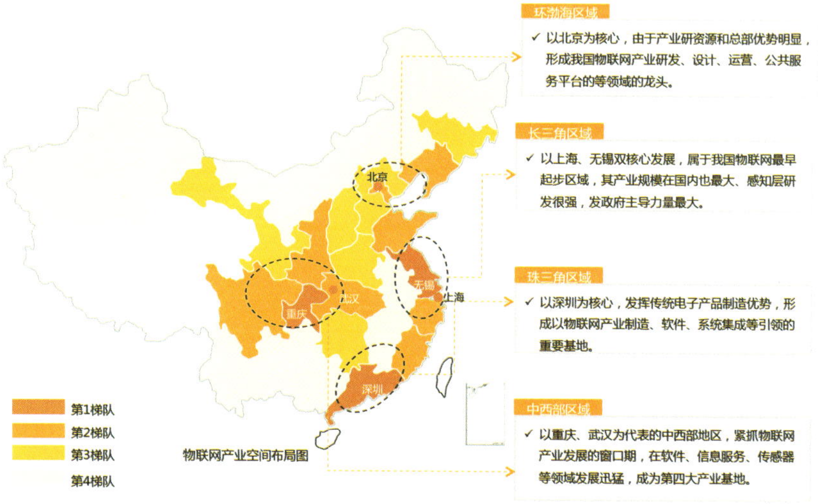

图3　中国物联网产业集聚分布图

资料来源：中国信息通信研究院《物联网白皮书（2015）》。

三、创新成果不断涌现，标准体系持续完善

近年来，中国积极推进物联网技术研发，取得一批重大研究成果。在传感器领域，光纤传感器、红外传感器技术达到国际先进水平，MEMS 传感器实现批量生产。在 RFID 领域，中高频 RFID 技术逐渐具备国际领先优势，超高频 RFID 和微波无源 RFID 技术水平大幅提升。在信息传输领域，中国 5G 技术研发试验于 2016 年 1 月正式启动，NB-IoT 商用进入部署和推进阶段。在其他领域，北斗芯片、网络架构、物联网中间件平台、多功能便捷式智能终端等技术研发均取得重大突破。

从专利申请情况来看，中国物联网专利申请量呈现由大幅激增到趋于稳定的发展态势（见图 4）。国内物联网专利申请量在 2004 到 2009 年间保持较低数值，至 2010 年开始大幅增长。2013 年，国内物联网专利申请量已突破 2000 件，之后一致保持小幅度稳定增长。相比之下，国外相关申请至 2007 年开始出现，国外专利申请量同样于 2010 到 2013 年间快速增长，但数值低于国内申请量。物联网专利申请量的增长表明中国物联网技术研发保持较高热度，同时也反映出中国物联网专利保护意识在不断增强。

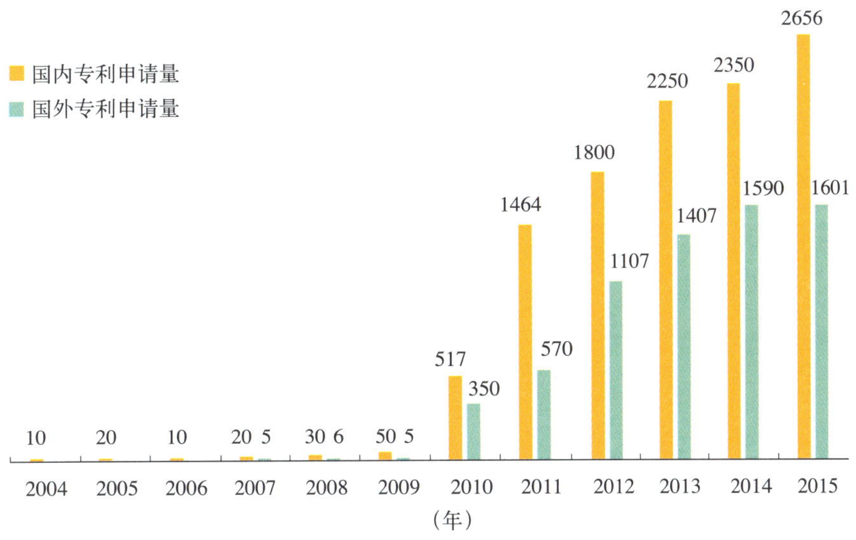

图4　2004—2015年间国内物联网专利申请量

数据来源：国家知识产权局专利局专利审查协作天津中心《物联网专利分析》。

从标准化进展情况来看，全国加快建立物联网标准体系，并且不断强化国际标准制定的影响力。在国内，物联网基础共性和重点应用国家标准立项已超过200项[①]，M2M统一平台、M2M无线连接技术、网络架构等成为标准化重点。地方政府积极实质性推进物联网标准，各标准化组织、研究院所、企业联合高校也在积极部署和参加相关标准化工作，标准化成效基本显现。在国际上，中国成为ITU和ISO相应物联网工作组的主导国之一，牵头制定多项物联网国际标准，其中包括首个国际物联网总体标准——《物联网概览》。

在技术研发和标准化取得重大进展的背后，中国物联网创新载体和公共服务平台发挥重要支撑作用。近年来，中国各地物联网实验室、工程中心和大学科技园等创新载体快速发展，并开始输出创新成果；政府、企业、相关研究机构已初步建成一批共性技术研发、检验检测、标识解析、成果转化、人才培训、信息服务等公共服务平台，物联网公共服务体系日趋完善。

① 数据来源：中国信息通信研究院整理所得。

四、M2M 和车联网市场最具内生动力，商业化发展模式成熟

市场需求、成本、标准化、技术成熟度、商业模式是影响物联网应用规模化推广的主要因素。在物联网各领域中，M2M 和车联网展现出强大的市场内生动力，全面推广的各方面条件基本具备，成为物联网应用的率先突破方向。

"十二五"期间，中国 M2M 市场取得快速发展，规模已位居全球第一（见图 5）。从 M2M 连接数看，中国 M2M 连接数在 2010 年仅为 800 万左右，至 2015 年已突破一亿，占全球总量的 31%，年均复合增长率高达 66%。一方面，面向行业领域和消费领域的资产管理、工业设备管理、电力、交通、金融、公共服务、安全监控等大规模需求为中国 M2M 发展创造了广阔的市场空间；另一方面，中国终端协议和平台方面的标准化为服务提供商实现业务发放、业务管理和海量终端管理提供保障，促进全球化服务发展，对 M2M 大规模发展也起到关键推动作用。基于中国物联网持续优化的发展环境，中国 M2M 连接数在未来几年仍将保持高速增长。

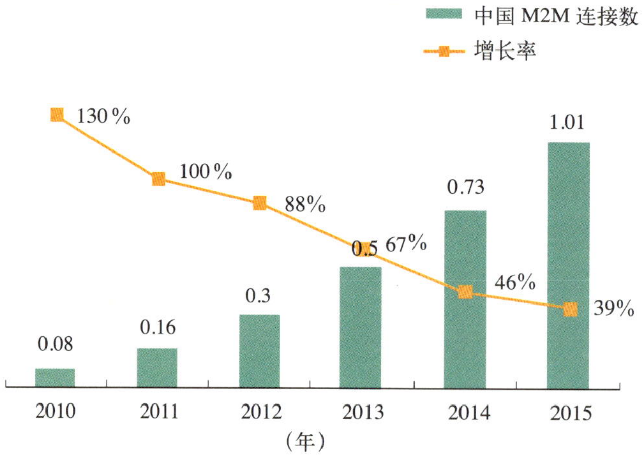

■ 图 5　中国 2010—2015 年 M2M 连接数增长情况

数据来源：中国信息通信研究院根据 GSMA 和国内电信运营商报告整理所得。

车联网应用的发展也在不断提速。近年来，全球汽车保有量以年均20%的速度持续快速增长[①]，巨大的汽车市场以及人们对于舒适、智能、安全、低碳的驾驶体验诉求为车联网服务的增长提供了强劲的动力。同时，车联网领域的企业积极探索应用模式和商业模式创新，大力发展第三方运营平台服务。2015 年，全国车联网进入快速发展阶段车联网渗透率逐渐提升，增速加快。2010 年，全国车联网渗透率仅为 4%，2015 年预计达到 9.3%（见图 6）。

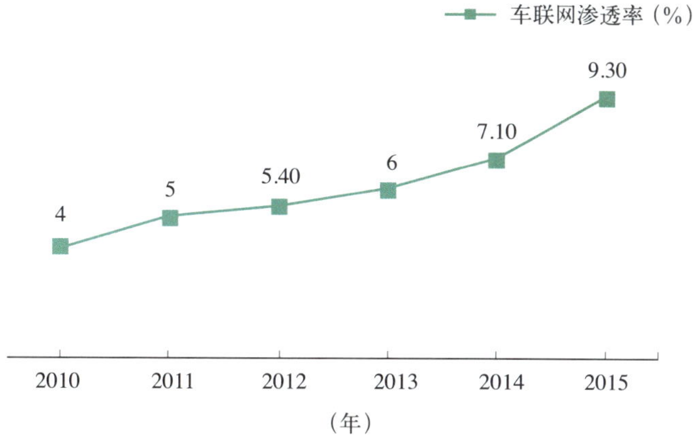

图 6　2010—2015 年中国车联网渗透率增长趋势

数据来源：速途研究院《2015 中国车联网市场报告》。

五、物联网在传统行业应用加快推广，提质增效成效显著

当前，物联网以泛在感知、精益控制、数据决策等能力要素集聚的形式向传统行业的上下游各个环节加速渗透、多维融合，促进产业升级和结构优化，推动新兴业态不断涌现。

在工业制造领域，物联网在供应链管理、生产过程工艺优化、产品设备监控管理、环保监测及能源管理、工业安全生产管理等环节得到广泛应用。以工程机械行业为例，三一重工、徐州重工、中联重科等大型企业都通过采用传感技术和 M2M 等物联网技术，实现机械设备生产状

① 数据来源：速途研究院《2015 中国车联网市场报告》。

况的实时感知。2016 年 2 月，首批由一百多家企事业单位、科研院所共同参与的"工业互联网产业联盟"正式成立，将有力推动物联网在工业制造领域的深度应用。

在农业领域，物联网应用有效推动大田耕种精准化、园艺种植智能化、畜禽养殖高效化，促进形成现代农业经营方式和组织形态。根据部分省市的统计测算，有效应用物联网系统可降低作物种植人员成本约 50%，提高总体经济效益约 10%；借助传感自调节实现设施内高精度环境控制，培育面向高端人群的高品质农产品，可使单位产品增值近 10 倍①。

在能源领域，物联网在数字油田和智能电网等方面的应用已相对成熟。中国石油天然气集团公司等行业巨头积极推进物联网示范工程建设，采用基于物联网技术的集成应用平台，提升油气采、炼、储、输、供各个环节的精细化管理能力。国家电网公司已开展输变电设备状态监测系统建设，实现对各类输变电设备运行状态的实时感知、监视预警、分析诊断和评估预测；在用户层面，2015 年全国智能电表安全量已达 3.1 亿，累计实现用电信息采集 3.17 亿户，较 2010 年提升 5 倍（见图 7）。

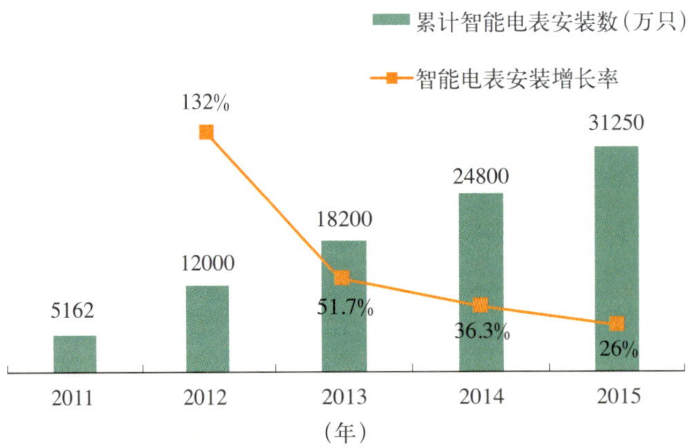

图 7　中国 2011—2015 年累计智能电表安装数

数据来源：根据国家电网公司 2011—2015 年《社会责任书》整理所得。

① 数据来源：中国信息通信研究院《物联网白皮书（2015 年）》。

在交通运输领域，物联网应用有效推动资源优化和效率提升。近几年来，中国智能交通市场规模保持稳步增长，在智能公交、电子车牌、交通疏导、交通信息发布等典型应用方面已经开展积极实践。截至 2014 年底，中国 ETC 联网区域 14 个省份覆盖范围已达 5.2 万公里高速公路,用户规模达到 909 万,公路收费站拥堵问题得到有效改善 ①。此外，中国已有 5 个示范机场依托 RFID 等技术，实现了航空运输行李全生命周期的可视化跟踪与精确化定位，使工人劳动强度降低 20%，分拣效率提高 15%以上 ②。

六、移动互联与物联融合创新空间巨大，消费性应用爆发

当前，移动互联网已进入高速普及阶段，与物联网在技术、应用、商业模式等层面的融合不断深化。截至 2015 年上半年，全国 36 家主要第三方应用商店应用程序规模累计超过 386 万，业已成为全球移动互联网最大市场 ③。中国移动互联网市场的繁荣和产业优势,对物联网规模化发展起到强大的带动作用。

一方面，移动互联网与物联网深度融合，并基于开源软件和开源硬件，开启了全球性的智能硬件创新浪潮。其中，可穿戴设备成为创新活力最强、发展最快的领域。2014 年之前，中国可穿戴设备市场仍处于缓慢增长期，消费者多持观望态度。随着小米手环的火爆销售和 Apple Watch 的发布，中国可穿戴设备市场被快速点燃，2015 年交易规模突破 136 亿元，增速高达 416%左右，8.4% ④ 的网民用过可穿戴设备，渗透率半年增长近 3 倍（见图 8）。当前，中国可穿戴设备的主要应用领域包括以血糖、血压和心率监测为代表的医疗领域，以运动监测为代表的健康保健领域，以及防止儿童走失的安全领域等（见图 9）。

① 数据来源：交通运输部冯正霖副部长在 2015 年全国高速公路电子不停车收费联网工作推进会上的讲话。

② 数据来源：中国信息通信研究院《物联网白皮书（2015 年）》。

③ 数据来源：中国信息通信研究院整理所得。

④ 数据来源：2015 智能可穿戴设备市场白皮书。

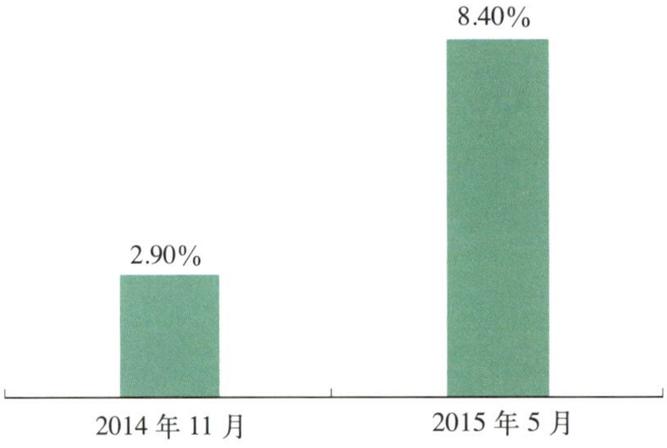

■ 图 8　中国可穿戴设备渗透率

数据来源：腾讯 ISUX+ :《2015 智能可穿戴设备市场白皮书》。

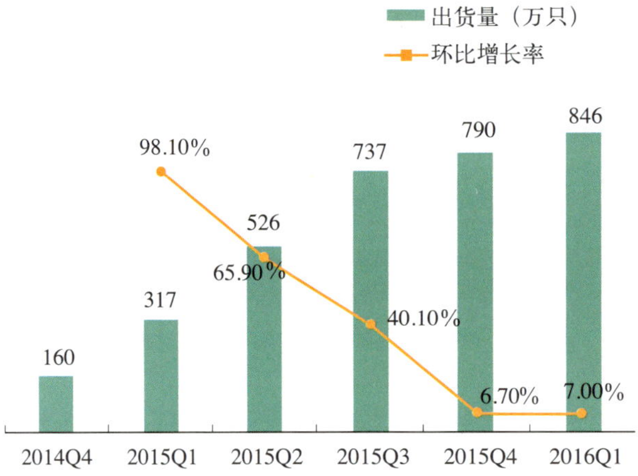

■ 图 9　中国可穿戴设备出货量

数据来源：IDC :《中国可穿戴市场季度追踪报告》整理所得。

另一方面，物联网借鉴移动互联网的技术、模式和渠道，开始从行业领域向家居、安全、医疗健康、养老等民生领域渗透，基于移动智能终端的融合应用不断涌现。在家居领域，移动 APP 发挥数据汇聚中心和控制中心作用，华为等众多企业已推出以智能手机为核心的智能家居解决方案。在安全领域，儿童防丢设备具有蓝牙防走散、安全区域报警、四重定位等功能，360 儿童卫士三个月销售已达 50 万台。在养老领域，移动 APP 具备老人定位、报警、日常健康检测及大数据分析功能，帮助养老机构解决找人难、老人遇险报警难、遇到问题追溯难等问题，目前已在部分养老机构开展示范。此外，基于可穿戴设备的个人健康管理、运动统计等融合应用引发的流量占比越来越大。

七、智慧城市成为物联网集成应用的综合平台

当前，中国智慧城市由概念探索逐渐步入实质建设阶段。截至2015年底，全国智慧城市建设数量已达386个，其中省级和副省级智慧城市建设比例达到100%，地级市建设智慧城市比例达到74%（见图10）。

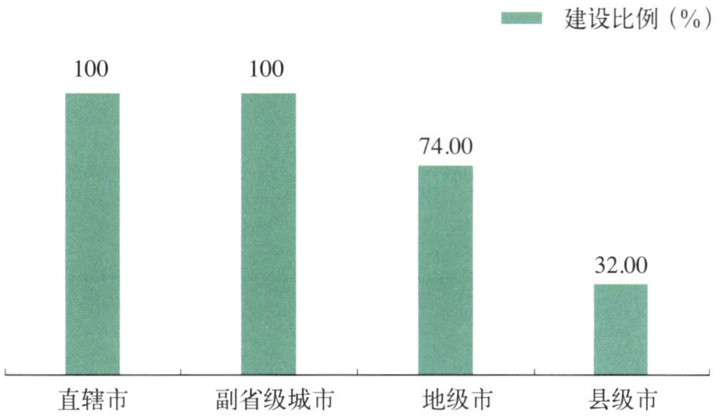

图10 中国智慧城市建设情况

数据来源：中国信息通信研究院整理所得。

智慧城市建设为中国物联网等新一代信息技术产业提供了重要的发展契机和应用载体。智慧城市要求遍布各处的物联网感知终端作为神经末梢，以实现对城市运行状态的实时监测，从地下管网监测到路灯、井盖等市政设施的管理，从高清视频监控系统到不停车收费，从水质、空气污染监测到建筑节能，从工业生产环境监控到制造业服务化转型。智慧城市建设的重点领域和工程，为物联网集成应用提供了平台。例如，在“智慧北京”建设中，确立了十大物联网应用工程。其中，智能人群动态感知工程实现了公交、地铁、商场等人群密集地区中人的信息的实施感知；绿色北京宜居生态工程通过传感技术实现对土地资源的实时监控，并对污染物和垃圾处理进行全过程跟踪监控；社会管理、药品食品追溯、市民卡、社区管理等领域也规划了一系列物联网应用。

物联网也为实现安全高效、和谐有序、绿色低碳、舒适便捷的智慧城市目标发挥出支撑作用。一方面，物联网已广泛应用于社区、医疗、公共安全等领域，使民生服务实现时间和空间上的延伸，极大提升服务便捷性。以智慧社区建设为例，物联网助力基层服务模式创新，推动各地发展"智慧民安"养老社区、"服务零距离"社区、"一刻钟社区服务圈"，有效提高了社区居民生活的便利性。另一方面，物联网在城市管理、管网监测、智慧交通领域的应用极大丰富了城市管理手段、增强了城市管理能力。以城市管理为例，北京等城市的智慧城市建设通过规模化部署物联网设备，实现了对水、电、燃气消耗等 12 个方面 316 项城市运营日常信息的监测和数据分析，有效提升了城市管理的精细化水平。

八、互联网巨头积极布局物联网产业生态彰显中国特色

依托强大的数据汇聚与处理能力和长期积淀的用户黏性，中国互联网巨头纷纷以产品、服务、投资、战略合作等多种手段进军物联网市场，在多个领域积极布局和拓展业务，成为中国物联网发展的一大亮点。

基于"服务平台化＋硬件智能化"模式，互联网企业有力推动了物联网应用规模化发展。一方面，智能硬件成为互联网企业抢滩物联网产业的突破口。百度、阿里、腾讯、360 和小米等互联网企业积极打造以智能路由器为核心的智能家居生态圈，相继推出电视盒子、智能灯泡、智能插座、智能摄像头等智能家居周边设备；在智能可穿戴设备领域，小米以 20%份额位居全球第二，360 等公司推出的儿童安全类可穿戴产品也取得了不错反响。另一方面，互联网企业积极推进云平台建设和操作系统研发，以互联网服务模式抢占物联网产业核心。百度和京东合作创建的创新硬件开放平台、阿里巴巴推出的 alink 物联网平台、腾讯微信平台均取得快速发展，其中微信以公众号绑定形式实现智能设备之间、智能设备与数亿微信用户之间的连接，设备激活量已达 2500 万；阿里云 OS 在 2015 年的用户数已达到 4000 万，并进一步推出 YunOS for Work、YunOS for Wear、YunOS for Car 等进军物联网市场。

互联网企业积极与传统行业企业结盟，以创新服务拓展双边市场。

近年来，“物联网即服务”已成共识，产品“软”化已成为产业附加值最集中的部分。传统行业企业发展物联网业务必然的成本“阵痛”、寻找成本附加和收入增益间的最佳平衡点、规避前端智能化投入激增，已成为物联网创新融合是否成功的关键。互联网企业以其平台效应、创新能力和人才、资本优势与传统行业企业合作，成为解此难题成功之选。在智能家居领域，阿里巴巴与美的合作，共同构建基于阿里云的物联网开放平台，以实现家电产品的连接对话和远程控制；在车联网领域，腾讯携手中国人保、壳牌共同成立“i 车生活平台”，打造一站式汽车生活服务；在智慧物流领域，百度与太原铁路局将共建“智慧物流云平台”，以促进物流的有效供给（见表 3）。

表 3　互联网企业的物联网领域布局

互联网企业	硬件产品	平台服务	操作系统	布局领域
百度	咕咚手环、小度三件客、小度 i 耳目	Dulife、与京东合作的创新硬件开放平台、Baidu Inside 合作计划、CarLife	YunOS	人工智能、可穿戴设备、智慧医疗、智能车载设备
阿里巴巴	天猫魔盒	阿里巴巴与美的共同构建的物联网开放平台、alink 物联网平台		操作系统、云基础设施、可穿戴设备、智能家居
腾讯	路宝盒子	微信、i 车生活平台	TencentOS	可穿戴设备、智能家居、智能车载设备
小米	智能灯泡、小米路由、智能插座、小米魔方控制器、小米多功能网关		MIUI	智能家居、可穿戴设备、智能车载设备
360	儿童手表、智能摄像机、行车记录仪、安全路由 P1、随身 WIFI	360 智能云、智能家居开发平台	360 OS	智能家居、可穿戴设备

资料来源：中国信息通信研究院。

中国信息通信研究院

余晓晖　辛勇飞　刘铁志　高艳丽　王思博　张育雄　刘小林

案例 6

"十二五"期间电子信息产业发展回顾

"十二五"是中国电子信息产业由大变强的关键时期，也是全国电子信息产业转型升级取得卓越成效的重要时期。从国际看，受欧美等成熟市场消费规模的集聚下降影响，中国电子信息产品出口额显著下降，但中国仍然保持电子信息产业总量规模世界第一，在计算机、彩电、手机及通信设备等领域的产量优势继续保持，在智能手机、5G 通信、高清电视等高端领域的国际竞争力不断增强，在集成电路、平板显示的自主研发能力改变了世界市场格局；从国内看，国内经济增长速度放缓，工业经济运行进入新常态，电子信息产业在推动自身高端化、国际化、集群化、品牌化的同时，通过云计算、大数据、移动互联网、物联网、高端集成电路、柔性显示等新一代信息技术，加速发挥通用型技术优势，着力推动产业跨界融合创新，催生了智能硬件、智能家居、智能汽车、人工智能等产业蓬勃发展，为产业未来的加速发展提供了新动能。

一、电子信息产业砥砺前行，保持平稳增长

"十二五"期间，中国电子信息产业深入贯彻科学发展观，认真落实党中央的各项战略部署和方针政策，加快推进结构调整，产业整体保持了平稳增长。经过五年的努力，产业发展目标实现程度良好，重点任务分领域积极推进，总体取得了阶段性成效。电子信息产业销售收入从"十一五"末期的 7.75 万亿元增长至"十二五"末期的 15.43 万亿元，年均增速为 16.6%。但由于国内外宏观经济环境仍然存在不确定性，产业发展面临转型升级压力，电子信息产业增速呈逐渐下降态势，由 2010 年的 26.5% 下降至 2015 年的 10.2%（见图 1）。

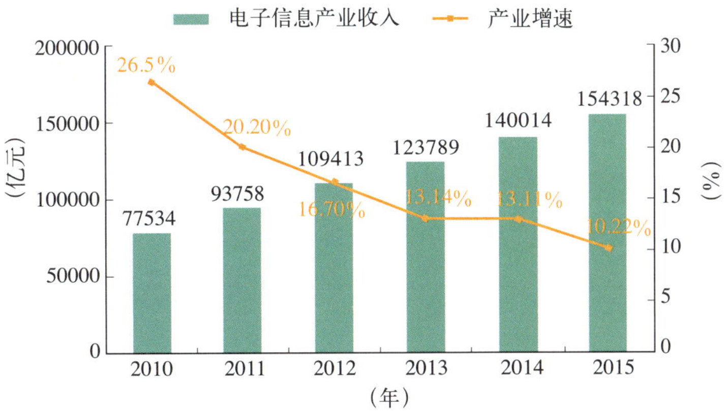

图 1　2010—2015 年电子信息产业收入及增速

数据来源：工业和信息化部运行局，赛迪智库整理。

“十二五”以来，面对复杂多变的国际经济环境、全球市场需求放缓等不利因素，中国电子信息制造业努力克服各种困难，实现了平稳发展，巩固和扩大了应对国际金融危机所取得的成果。电子信息制造业销售收入从 2010 年的 6.39 万亿元稳步增长至 2015 年的 11.13 万亿元，年均增长率为 13.8%。但受国内外宏观经济影响，电子信息制造业增速呈逐渐下降态势，由“十一五”末期的 24.1%下降至“十二五”末期的 8.1%（见图 2）。

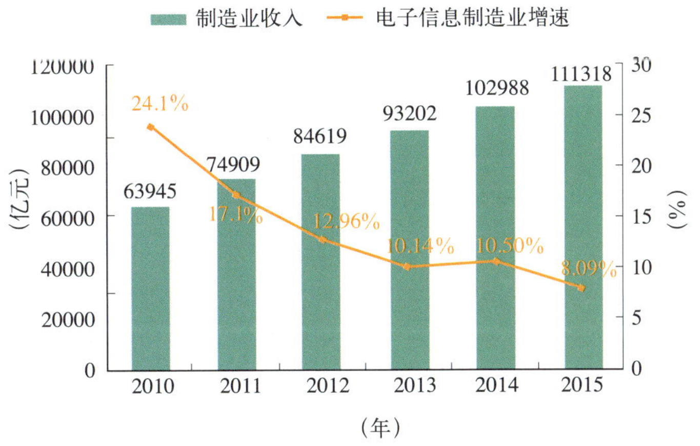

图 2　2010—2015 年电子信息制造业收入及增速

数据来源：工业和信息化部运行局，赛迪智库整理。

在经济增长新常态下，中国软件产业保持平稳增长，新兴信息技术服务在产业整体中的比重不断提高，产业集中度进一步提高，自主创新能力获得较大提升。随着云计算、移动互联网等新业态的快速发展，软件服务化趋势继续深入，新兴信息技术服务比重不断提高，推动产业结构优化调整。基础软件发展受到高度重视，中间件和操作系统领域新产品发布和应用推广加速推进，开源软件社区的发展步入快车道，企业积极参与开源社区建设，开源生态不断成熟。相比传统软件产品在功能和灵活度上越来越不能满足客户需求、人力成本上升、云计算等新业态快速落地和普及等内外多重压力下，国内传统软件企业通过布局云计算、大数据等新兴领域，掀起互联网服务转型热潮（见图 3）。

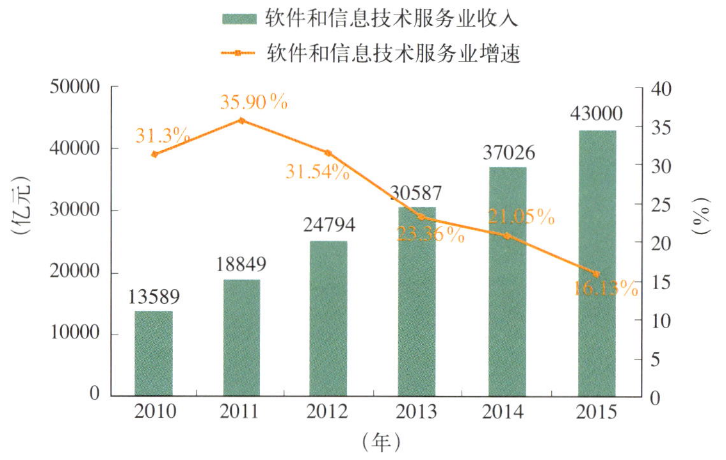

■ 图 3　2010—2015 年软件和信息技术服务业收入及增速

数据来源：工业和信息化部运行局，赛迪智库整理。

二、计算机产业增长趋缓，研发能力提升

"十二五"前期，中国计算机产业保持稳步增长态势，在电子信息制造业各细分领域继续领跑。在全球计算机产业整体增长放缓的背景下，中国计算机企业逆势增长，表现抢眼。高性能计算、自主服务器和桌面终端等重点领域技术创新实力大增，自主研发能力提升明显，设计复杂度接近国际主流水平，产品性能实现大幅飞跃；关键领域的国产化进程稳步推进，服务器、网络设备和存储领域国内厂商市场的认同度提高。"十二五"后期，受移动智能终端等快速崛起的影响，计算机作为成熟

产业，整体增长缓慢，未能延续前期高速增长态势，且增速逐步放缓。在电子信息制造业全行业中，计算机行业比重不断下滑（见表1）。

表1　2011—2015年中国计算机产业产值及增速

类别	2011年	2012年	2013年	2014年	2015年
销售产值（亿元）	21676.5	22733.5	22401	22729	22820
销售产值同比增速（%）	15.2	11.6	5.5	2.9	0.4
占全行业比重（%）	28.9	27.2	24.3	21.9	20.14

数据来源：工业和信息化部运行局，赛迪智库整理。

受电子信息制造业“回流”和“迁移”，部分企业战略调整缓慢，导致市场份额流失严重及资源环境问题对产业扼制加剧等因素影响，中国计算机产品出口增速整体呈现震荡下行态势，增速由2011年的5.6%下降至2013年的－5.7%。2014年，受欧美成熟市场产品换代、需求回暖的影响，中国计算机产品进出口下滑颓势有所遏制，并呈小幅回升态势。但由于关键核心技术与国际先进水平差距较大、新兴领域布局缓慢等问题仍未得到有效解决，2015年计算机出口增速跌幅达14.4%。其中，笔记本电脑下降态势进一步恶化，同比下降速度到达－16.7%，年均增长率低至－3.4%（见表2）。

表2　2011—2015年中国计算机产品进出口额及增速

类别	2011年	2012年	2013年	2014年	2015年
计算机进口额（亿美元）	602.3	665	599	610	533
计算机进口额同比增长率（%）	2.1	10.4	－9.9	1.8	－12.6
计算机出口额（亿美元）	2293.9	2382	2245	2267	1941
计算机出口额同比增长率（%）	5.6	3.8	－5.7	1.0	－14.4
笔记本出口额（亿美元）	1058.8	1138	1108	758	464
笔记本出口额同比增长率（%）	11.1	7.5	－2.6	－31.6	－16.72

数据来源：工业和信息化部运行局，赛迪智库整理。

三、彩电内销出现拐点，高清化趋势显著

"十二五"时期，家用视听产业规模稳步扩大，家用视听产业的主要产品彩电增速出现拐点。2011 年至 2013 年上半年，受节能惠民政策推动，市场呈现高速增长。自 2013 年下半年起，由于节能惠民政策全面退出，产业增速快速下滑。2014 年，受前期惠民政策"市场透支"作用、电视内容监管趋严致市场观望等因素影响，彩电销售出现负增长。2015 年，由于彩电产品市场价格大幅下滑，彩电销售额和利润与 2014 年相比有一定回落。从品牌角度看，线上渠道的品牌分布则更为均等，海信、创维、海尔等传统彩电品牌的占比稳定，乐视、小米等互联网品牌并未获得爆发性增长份额。究其原因，传统彩电巨头进一步加强电商渠道的运作，并加深跨界融合，推动整体彩电产业建立互联网化转型升级新业态（见表 3）。

表 3　2010—2015 年家用视听产业销售产值及彩电产销量

年份	家用视听销售产值（亿元）	彩电产量（万台）	同比增长（%）	内外销总量（万台）	同比增长（%）
2010	—	11830	19.5	10631	12.9
2011	4955	12231	3.4	10723	0.9
2012	5361	12823	4.8	10492	− 2.2
2013	6588	12776	− 0.4	10740	2.3
2014	7647	14129	10.9	11867	10.5
2015	8014	14476	2.5	12437	4.8

数据来源：工业和信息化部运行局，赛迪智库整理。

彩电出口前期不容乐观，后期逐步回稳。由于海外市场需求减少以及部分订单转移到东南亚地区等因素的影响，"十二五"前期中国彩电出口情况形势较为严峻。2011 年到 2013 年，彩电出口从 6537 万台降至 5959 万台，出口额从 136.7 亿美元降至 110.5 亿美元。2014 年，受冬奥会、世界杯对全球彩电市场拉动、欧美市场需求复苏、新兴市场（特别是非洲市场）需求强劲、国内彩电厂商海外市场拓展力度不断加大以及去年同期基数较低等因素影响，中国彩电出口规模企稳回升。2015 年中国

彩电出口量与2014年相当，并表现出三大特点：一是中国彩电企业“走出去”步伐加快，海外市场扩展取得新进展。二是全球经济逐渐复苏，北美和西欧市场恢复速度快于预期，超高清电视对平板电视的更新换代效应逐渐显现。三是人民币汇率机制已逐步稳定，人民币对美元汇率持续走低，金融层面出口企业获利能力不断增强（见表4）。

表4　2010—2015年中国彩电出口情况统计

年份	出口（万台）	同比增长（%）	出口额（亿美元）	同比增长（%）
2010	6628	21.4	148.3	38.1
2011	6537	－1.4	136.7	－7.9
2012	6148	－6	121.1	－11.4
2013	5959	－3.1	110.5	－8.7
2014	7406	24.3	135.5	22.6
2015	7183	－3.0	125.1	－7.7

数据来源：海关总署。

彩电的消费高端化、高清化、大屏化趋势显现。据不完全统计，全球电视市场规模约每年2.3亿台，其中超过2000美元以上的高端电视产品约占2%，大概500万台。高端电视份额呈逐年上涨趋势。据中国电子视像行业协会统计，OLED有线电视销量较去年同期增长了400%以上。

四、重点器件实现高端化发展

（一）新型显示

“十二五”期间，中国新型显示产业实现跨越式发展，成为全球显示产业的重要力量，产业规模和实力明显增强，面板自给率稳步提升，彻底扭转了中国液晶显示面板完全依赖进口的被动局面。“十二五”期间，产业总体投资超过2000亿元，生产线数量不断增加，高世代面板生产线量产数量从2010年的1条增加到2015年的9条，全行业销售收入从2010年的461亿元增加到2015年的1675亿元。显示面板出货面积提升至4500万平方米，以面积计算全球占比超过20%，超过日本成为全球第三大显示器件生产地区，产业整体进入良性发展阶段（见图4）。

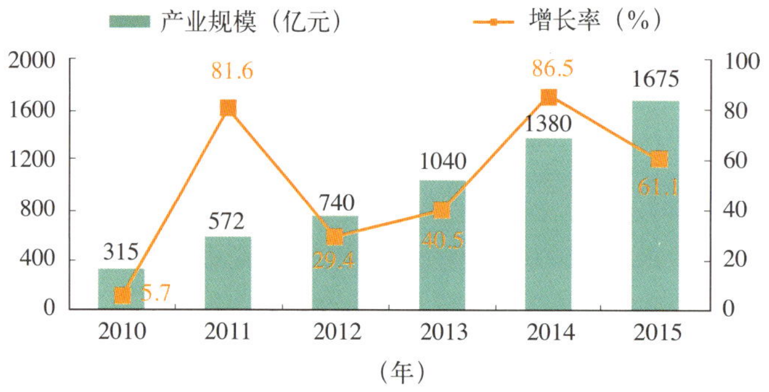

■ 图4　2010—2014年中国大陆地区平板显示产业营收及增长率

数据来源：中国光学光电子行业协会液晶分会（CODA），赛迪智库整理。

（二）LED

"十二五"期间，中国LED产业规模高速增长，进出口贸易逆差逐渐缩小，随着产品技术实力逐步凸显，芯片国产化率得以大幅提高。2012年受全球金融危机的影响，产业增速普遍放缓的环境下，全国LED产业依然保持了23%的增长率。近三年以来，随着中国LED照明市场的渗透率大幅增加，LED产业保持高速增长的态势。从进出口看，随着国产芯片的技术水平和生产能力的提升，LED器件出口数量和金额均呈现稳步增长，使得LED器件的进出口贸易逆差逐渐缩小（见图5）。

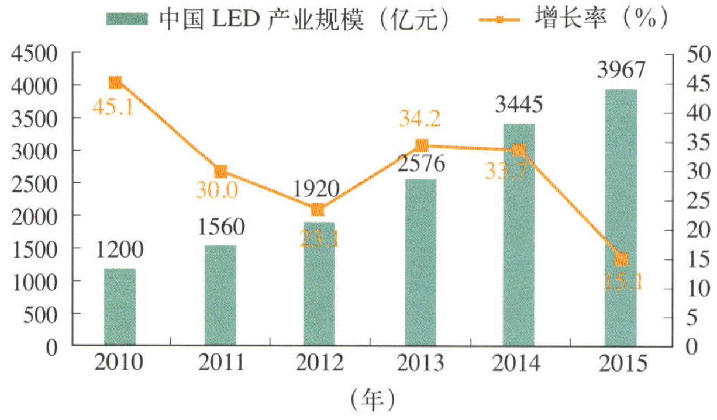

■ 图5　2010—2015年中国LED产业规模和增长率情况

数据来源：CSA，赛迪智库整理。

五、智能家居应用示范加速，推进标准制订

“十二五”时期，中国智能家居产业规模快速增长，结构调整持续推进，智能家居技术研发和应用创新取得新进展。2011—2015 年，中国智能家居产业市场规模从 110 亿元增长到 431 亿元，年均增速 40%。智能家居网络运营、智能终端、内容服务、运营管理的产业链不断完善。广州、杭州、武汉、绵阳、厦门、青岛等城市的数字家庭研发与应用示范步伐加快。以数字娱乐、养老关怀、远程医疗为代表的智能家居业务应用创新取得成效。“闪联”“e 家佳”和“广联”等各具特色的国内智能家居标准不断推进（见表 5）。

表 5　2010—2015 年中国智能家居产业市场规模情况

年份	市场规模（亿元）	同比增长（%）
2011	110	31.6
2012	150	36.3
2013	205	36.9
2014	286	39.4
2015	431	50.7

数据来源：千家网、iiMedia Research，赛迪智库整理。

六、云计算产业发展迅猛，进入实际落地阶段

“十二五”期间，云计算产业保持高速增长态势，产业规模从 2012 年的 1000 亿元增长为 2015 年的 3500 亿元，年平均增速超过 50%，是全球增速最快的市场之一。在技术创新方面，骨干企业在云计算领域创新活跃，在海量数据存储管理、大规模用户并发、数据中心绿色节能等核心关键技术环节不断取得突破。目前，中国云计算领军企业的单集群服务器规模已达到万台，数据处理能力达到 EB 级，支撑互联网支付服务等并发业务峰值可达 8.59 万笔 / 秒，部分国内新建的大型数据中心 PUE 值降低到 1.4 以下。在行业应用方面，云计算为大多数网站、移动应用、视频服务、游戏服务和电子商务提供后台支撑，已经成为互联网应用发

展的智能基础设施。同时，云计算在工业转型升级、智慧城市建设、食品药品监管、环境污染检测等领域也得到了广泛应用，有效提升了公共服务水平。在支持"双创"方面，越来越多的企业从云计算平台中获得更加低成本和便捷的 IT 资源，实现精准决策和高效协作，激发了创新活力，提升了企业竞争优势。云计算平台也大幅降低创业门槛，支持了数以百万计的开发者实现了创业梦想，取得了显著的经济效益和社会效益。

七、大数据参与主体多元化，产业体系初步显现

"十二五"期间，中国大数据产业和应用初现端倪，为"十三五"时期中国大数据加快突破发展奠定了良好基础。一是积累了丰富的大数据资源。相关研究显示，中国数据总量以年均 50%的速度增长，预计到 2020 年将占全球 21%，中国已经成为名副其实的数据资源大国。二是大数据技术创新取得积极进展。华为、南大通用等一批国内骨干软硬件企业陆续推出自主的大数据基础平台产品，阿里、百度、腾讯等一批互联网企业单集群规模达到上万台，具备了建设和运维超大规模大数据平台的技术实力，百度、科大讯飞等企业在深度学习、人工智能、语音识别等领域超前布局，积极占领技术制高点。三是大数据相关产业不断壮大。国内龙头企业面向大数据新需求，积极推出新产品和新服务，一批新兴的专业化大数据企业崛起，数据清洗加工、数据交易、数据分析即服务等新业态新模式不断涌现。基于大数据的创新创业日趋活跃，大数据成为社会资本投资的热点。四是大数据应用广度和深度逐渐加强。一批世界级的互联网企业引领大数据前沿发展，将大数据应用于网络社交、电商、广告、搜索等业务中，大幅度提升了网络服务的个性化和智能化水平。电信、金融、交通等行业正在积极利用已经积累的丰富数据资源，探索客户细分、风险防控、信用体系等应用，加快服务优化、业务创新和产业升级步伐。工业、物流、医疗、农业等领域积极跟进，行业大数据应用正在快速发展，形成了大数据应用发展的良好局面。

中国电子信息产业发展研究院（赛迪）
王鹏　安晖　李艺铭　王茜

案例 7

“十二五”期间集成电路产业发展回顾

一、“十二五”中国集成电路产业发展综述

“十二五”期间，尽管 2011—2012 年欧债危机持续，世界经济增长乏力，全球半导体市场徘徊不前且小幅衰减，但中国政府继续大力支持集成电路产业发展，政策力度不断加强，先后出台了《进一步鼓励软件和集成电路产业发展的若干政策》（2011 年国务院 4 号文）、《国家集成电路产业发展推进纲要》（2014 年发布）和“国家重大科技专项”等一系列产业优惠政策和研发项目等扶持政策，使产业规模、技术创新、产业结构、企业发展等方面呈现稳步快速的发展，产业的整体实力得到进一步的提高，取得了显著的成绩。

（一）产业发展速度较快

2015 年中国集成电路产业销售额为 3609.8 亿元，同比增长 19.7%。是 2010 年中国集成电路产业销售额的 2.5 倍。2011—2015 年年均增长率为 20.4%，远远高于全球半导体市场的增长。

（二）产业结构发展合理

从国内集成电路产业的发展来看，中国在封装测试业的比例一直占首位，设计和制造业相应不足，“十二五”期间随着设计业的高速增长和晶圆制造的投资加大，IC 设计、晶圆制造和封装测试三业的格局也正不断优化。总体来看，IC 设计业所占比重呈逐年上升的趋势。2015 年，IC 设计业所占比重达到 36.7%，晶圆制造业比重为 24.9%，封装测试业所占比重则进一步下降至 38.4%。

（三）产业集聚度高

中国集成电路产业聚集度较高，主要集中在四个区域：一是北京、

天津环渤海地区，二是上海、江苏、浙江长三角地区；三是广州、深圳珠三角地区；四是中西部地区，随着集成电路领域的投资不断向中西部地区集聚，中西部地区在国内集成电路产业中的地位不断上升，所占份额也不断增加。

二、集成电路设计业保持高速增长

（一）中国 IC 设计业步入了"新常态"的快速发展期

中国 IC 设计业"十二五"规模远远超过"十一五"期间。产业的销售额从 2010 年的 363.9 亿元人民币，发展到 2015 年的 1325 亿元人民币，扩大了近 4 倍。"十二五"期间，年平均增长率为 29.8%（见图 1）。

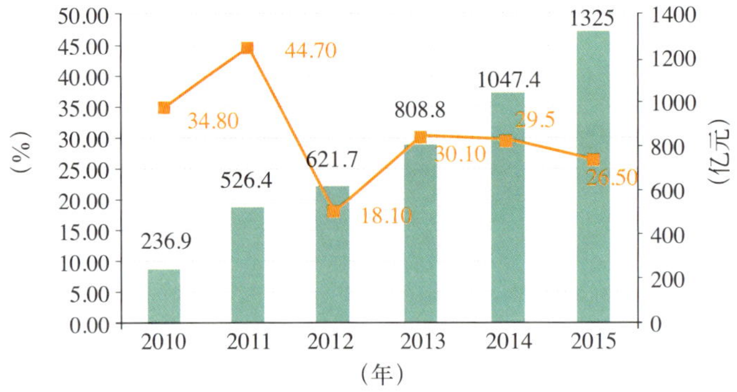

■ 图 1　2010—2015 年中国集成电路设计业销售额及增长率

资料来源：CSIA。

（二）企业经营规模群体结构呈现质的变化

2010—2015 年间，中国 IC 设计企业的销售额在大于 1 亿元及以上、小于 1 亿元大于 5000 万元及小于 5000 万元大于 1000 万元的三大集群体中，它们的经济规模能级、经营水平有了较大改善，优势企业成绩瞩目。具体表现（见表 1）：

1. 销售额大于 1 亿元的企业群。2010—2015 年间，这一企业集群从 2010 年的 71 家，增加到 2015 年的 143 家，扩大了 2 倍，占同期行业企业总数的比重从 2010 年的 12.2%，增长到 2015 年的 19.4%，年复合增长率（CAGR）为 9.7%。其中，不仅诞生了如深圳海思、清华紫光展锐等具有世界级水准的企业，且涌现出如华大半导体、大唐半导体、深圳中兴微电子等一批销售额近 20 亿元及以上的骨干企业，也出现了如珠海全志科技、上海复旦微电子、上海澜起、福州瑞芯微电子、北京中电华大电子、联芯科技（上海）等一批销售额在 10 亿元左右的优势企业。它们的壮大，彰显了中国 IC 设计业的企业集群能级发生了质的变化，为 2020 年进入世界先进行列夯实了发展基础。

表 1　2010—2015 年中国 IC 设计业的企业能级分布状况

企业集群能级单位：亿元/家	2010		2011		2012		2013		2014		2015		2010—2015 年
	企业数	占比（%）	企业数	占比（%）	企业数	占比（%）	企业数	占比（%）	企业数	占比（%）	企业数	占比（%）	占比的 CAGR
230> 销售额 ≥ 1	71	12.2	88	16.5	86	14.8	111	17.6	118	17.3	143	19.4	9.7
1> 销售额 ≥ 0.5	75	12.9	84	15.7	102	17.6	134	21.2	158	23.2	169	22.96	12.2
0.5> 销售额 ≥ 0.1	139	23.9	125	23.4	167	28.8	177	28.0	198	29.1	204	27.7	3.0
销售额 <0.1	289	50.0	226	42.3	212	36.6	197	31.2	191	28.0	220	29.9	－0.1
企业数总计	582		534		580		632		681		736		4.8

资料来源：根据中国半导体行业协会和 IC 设计分会相关数据整理 。

2. 销售额超过 5000 万元小于 1 亿元的企业群。从 2010 年的 75 家，增加到 2015 年的 169 家，扩大了 2.25 倍，占同期行业企业总数的比重从 2010 年的 12.9%，增长到 2015 年的 22.96%，CAGR 为 12.2%。这一企业集群中大多数是海归和民营企业，其中不少企业具有特色技术及其产品，随着国家集成电路产业基金的建立，社会资本加大对集成电路产业的投资，部分设计企业将获得前所未有机遇，是国内外风险投资青睐的重点对象。

3. 销售额小于 5000 万元大于 1000 万元的企业群。从 2010 年的 289 家，增加到 2015 年的 204 家，绝对数虽扩大了 1.5 倍，但是，这一企业集群占同期行业企业总数的比重，2010 年是 23.9%，2015 年为 27.7%，仅增加了 3.8 个百分点，CAGR 仅为 3.0%。

其主要缘由在于，这类企业之中的部分或被市场淘汰或被并购；那些较好成长型企业通过"技术与资本""技术与市场"结合，已发展壮大进入前一列，所以占同期行业企业总数的比重，在总体上保持平衡。

4. 销售额小于 1000 万元的企业群。从 2010 年的 289 家，衰减到 2015 年的 220 家，占同期行业企业总数的比重从 2010 年的 50%，下跌到 2015 年的 29.9%，CAGR 为 - 0.1%。目前，这一企业集群仍是中国 IC 设计业存量最大的集群。企业基本属中小型民营或海归的初创 IC 设计企业。它们之中，除了一些基于先进技术的创新创业新秀企业，获得快速成长之外，大多数游刃于市场空隙而只能维持生计或在市场的激烈竞争中被淘汰；但是，在国家扶植中小创新企业的一系列政策支持下，还将催生、培育和发展这一类企业，助力中小企业生存发展。

（三）设计业获利能力及企业人员获得稳健发展

1. 盈利企业。如表 2 所示，2010—2015 年期间，中国 IC 设计业的盈利企业从 2010 年的 293 家，发展到 2015 年的 409 家，扩大了 1.4 倍，CAGR 为 6.8%；占行业企业总数的比重也从 50.3%，增加到 55.6%，相应的 CAGR 为 2.0%。

表 2　2010—2015 中国 IC 设计业赢利企业状况

单位：家		2010	2011	2012	2013	2014	2015	2010—2015 年的 CAGR（%）
盈利	企业数	293	309	364	409	427	409	6.8
	占行业比重（%）	50.3	57.9	62.8	64.7	62.7	55.6	2.0
行业总数		582	534	580	632	681	736	4.8

资料来源：根据中国半导体行业协会和 IC 设计分会相关数据整理。

其中，根据中国半导体行业协会IC设计分会统计，2015年的前十大设计公司的平均毛利率为40.25%，比2014年的37.05%提高了3.2个百分点。平均毛利率已接近国际公认的40%左右行业水平。但是，就排名前100的设计企业的平均毛利率来看，仅为29.56%，比2014年的30.9%，下降了1.3个百分点。这揭示中国IC设计业总体盈利水平及能力仍有待继续提高。

2. 企业从业人员。近年来，中国IC设计业快速发展，行业的企业数从2010年的582家，发展到2015年的736家，相应CAGR为4.8%，促使人员规模扩大。其中，500—1000人及以上的企业数量比较稳定，100—500人的企业数量变化比较大，小于100人的小微企业的比例出现了明显的下降。

这从2014—2015年的变化即可看出：2015年在738家企业中，人数超过1000人的企业有7家，与2014年持平；人员规模500—1000人的企业有15家，比2014年减少1家；人员规模100—500人的有113家，比2014年增加53家；少于100人的小微企业，有601家，从2014年占总企业数的87.8%，降低到81.7%。

（四）技术进步和创新发展成果显著

在国家重大科技专项01、02和03专项支持下，“十二五”期间中国集成电路设计业的整体水平有明显提升，攻克了核心电子器件和超级计算机中央处理器（CPU）、互联网服务器CPU、系统级芯片（SoC）等高端通用芯片等关键技术，国产软硬件在航天、电力、办公应用和移动智能终端等领域实现规模应用，为保障国家信息安全提供了重要支撑。海思、展讯、联芯和炬力、瑞芯微等已进入28纳米的主流设计水平，16纳米产品已经面市，彰显了在4G时代，中国移动智能终端产品设计从低端，向中高端发展的态势。

在DRAM领域，西安华芯半导体公司采用ODM方式设计的DRAM产品已经实现向国际厂商的转移，表明其设计技术已经达到国际先进水平，其DRAM存储器产品芯片已累计实现3000万颗销售，产业化有了重大的进步。在闪存芯片领域，如北京兆易创新在SPI NOR闪存芯片的全球市场占有率达到14%、国内市场占有率超过30%，其

NAND 闪存芯片销售收入已超过 6500 万元人民币。在 DRAM 缓存控制器芯片领域，上海澜起是通过 Intel 公司认证的 2 个产品之一，其全球市场占有率已达 50%以上。在全球 500 万以下像素的 CMOS 图像传感器芯片市场领域，中国的格科微、思比科已成为重要供应商。

三、集成电路制造业有所突破

2015 年，在全球集成电路增长乏力的情况系，中国集成电路制造业继续保持较快增长，其规模达到 900.8 亿元，比 2010 年的 447.1 亿元增加了 453.7 亿元，增长率高达到 101.48%。2010 年至 2015 年中国集成电路制造业的年复合增长率为 15.4%，虽低于 IC 业整体的年复合增长率，却仍高于中国 IT 制造业 11.39%的年复合增长率（见表 3、图 2）。

表 3　2010—2015 年中国集成电路制造业发展状况

	2010	2011	2012	2013	2014	2015	2010—2015 年年复合增长率(%)
IC 整体销售额	1440.2	1933.7	2158.4	2508.5	3015.4	3609.8	20.2
制造业销售额	447.1	431.6	501.1	600.9	712.1	900.8	15.4
制造业占比(%)	31.04	22.32	23.22	23.95	23.62	24.95	

资料来源：CSIA

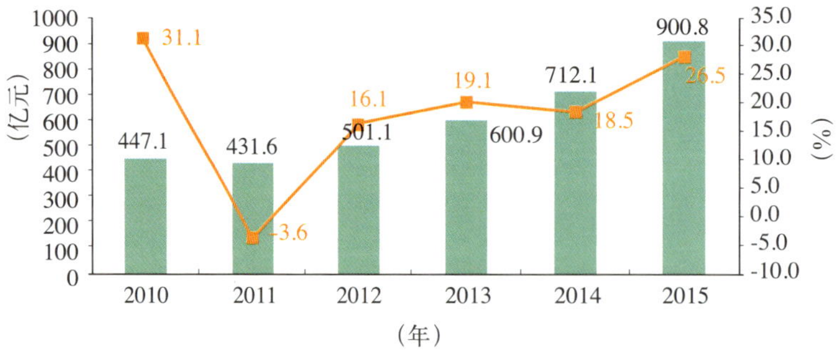

图 2　2010—2015 年中国集成电路制造业销售额及增长率

资料来源：CSIA。

据中国半导体行业协会集成电路分会统计，截至2015年底，中国集成电路6英寸以上芯片生产线数量为48条，比2010年增加了11条。其中12英寸芯片生产线为8条、比2010年增加了2条；8英寸生产线18条，2010年增加了4条；6英寸生产线22条，2010年增加了,5条。2015年中国集成电路晶圆制造业产能为12英寸47.1万片/月，8英寸80.3万片/月，6英寸127.7万片/月（见表4）。

表4　中国6英寸以上芯片制造线对比表

芯片线	2010年	2015年	增加数
300mm	6	8	2
200mm	14	18	4
150mm	17	22	5
合计	37	48	11

资料来源：集成电路分会整理。

在2015年全球代工前13位排名(包括IDM)中,中国入围两家企业,分别是中芯国际和华虹宏力半导体。

国家前10家IC制造企业在2015年度的销售收入合计为633.20亿元，比2010年的382.32亿元增长了250.88亿元，增长率达65.62%；前十大IC制造企业的准入门槛由2010年的11亿元提升到2015年的18.10亿元人民币，增长了7.1亿元，增长率达64.55%（见表5）。

表5　2010—2015年中国IC制造业的前十名企业发展状况

	第一名收入	第十名收入	第一名与第十名差额	前十收入	行业总收入	前十名占比（%）
2010	121.10	11.00	110.10	382.32	447.10	85.51
2015	145.20	18.10	127.10	633.20	900.80	70.29
增长量	24.10	7.10	17.00	250.88	453.70	－15.22
增长率（%）	19.90	64.55	15.44	65.62	101.48	－17.80

2015年，中国集成电路先进制造工艺和特色工艺取得一系列显著进展，成套工艺技术实现跨代升级。例如：

中芯国际28nm POLY SION工艺已经实现量产，应用于高通骁龙410处理器的代工制造，产品已经成功加载在主流智能手机之中，实现28纳米高K介质/金属栅极（HK/MG）技术低功耗、高性能，这标志着中芯国际28纳米核心芯片在中国已经实现商业化应用。

上海华力2015年28纳米取得突破，实现量产，成为继中芯国际后的第二家具有28纳米代工实力的晶圆企业。

武汉新芯以基于SST应用方案的55纳米嵌入式闪存工艺模块验证成功为先导，在高压（HV）和单元存储（Cell）电参数符合预期，整体电路结构具备高可靠、低成本，能满足智能卡和物联网产品的需求，16M存储良品率达到预期，NAND工艺技术已达到9层。

上海华虹宏力公司致力于差异化先进技术，工艺技术覆盖1微米至90纳米各节点，在标准逻辑、嵌入式非易失性存储器、电源管理、功率器件、射频、模拟和混合信号等领域形成了具有竞争力的先进工艺平台，持续开发微机电系统（MEMS）工艺解决方案。

上海先进的核心器件绝缘栅双极晶体管（IGBT）芯片工艺技术，在高压大电流IGBT晶圆制造处于国内领先地位，先后启动1200V、1700V、3300V、4500V IGBT等项目的开发，填补了国内空白，完全具有自主知识产权。该公司与国网智研院合作，完善双方产业链，加速智能电网IGBT芯片国产化；与比亚迪公司在新能源汽车领域进行合作；与中车公司在轨道交通领域合作等。

四、封装测试业平稳发展

2015年，在国内订单与海外订单双双大幅增加的带动下，国内封装测试业继续保持较快增长，其规模达到1384亿元，比2010年的629.18亿元增加了754.82亿元，增长率高达到119.97%（见表6、图3）。

表 6　2010—2015 年中国集成电路封测业发展状况

	2010	2011	2012	2013	2014	2015	年均复合增长率（%）
IC 整体销售额	1440.2	1933.7	2158.4	2508.5	3015.4	3609.8	20.2
封测业销售额	629.18	975.7	1035.67	1098.8	1255.9	1384	17.08
封测业占比（%）	43.69	50.46	47.98	43.80	41.65	38.34	

资料来源：CSIA。

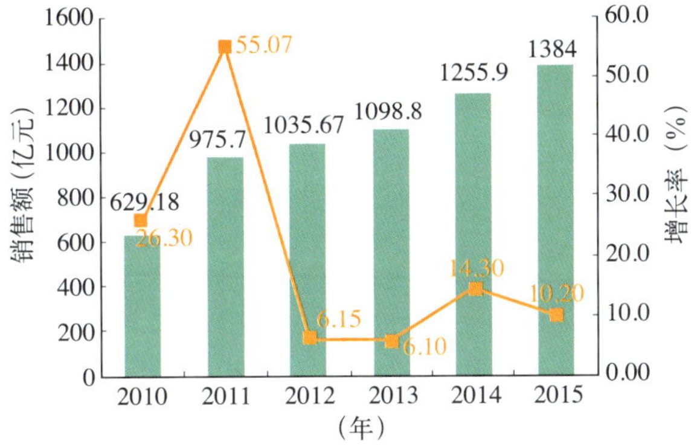

■ 图 3　2010—2015 年中国集成电路封测业销售额及增长率

资料来源：CSIA。

到 2015 年底，国内有一定规模的封装测试企业由 2010 年的 79 家增加到 87 家，增加了 8 家，增长率为 10.13%；其中本土企业或内资控股企业由 2010 年的 23 家增加到 29 家。从业员工总数由 2010 年的 8.57 万人上升到 12.69 万人，增加了 4.12 万人，增长率达到 48.07%（见表 7）。

国内有一定规模的封装测试企业主要还是集中于长江三角洲、珠江三角洲和京津环渤海湾地区，2015 年占比分别为 55.17%、12.64% 和 14.94%；中西部地区，特别是西安、武汉等地的区位优势在不断凸显，封测产业得到持续快速发展，厂家数和占比分别由 2010 年的 8 家、10.13%，提升到 2015 年的 11 家、12.64%（见表 8）。

表 7　2010—2015 年国内 IC 封装测试业统计表

年份	企业数（家）	从业总人数（千人）	年生产能力（亿块）
2010	79	85.7	687.9
2011	79	94.5	735.4
2012	81	95.3	856.3
2013	83	105.9	984.7
2014	85	115.4	1149.8
2015	87	126.9	1195.9

资料来源：封测分会。

表 8　2010—2015 年国内封装测试企业地域分布情况

年度	长三角	环渤海	珠三角	中西部	其他	合计
2010	45	12	10	8	4	79
占比（%）	56.96	15.19	12.66	10.13	5.06	
2011	45	12	10	8	4	79
2012	46	13	10	8	4	81
2013	48	13	10	8	4	83
2014	48	13	10	10	4	85
2015	48	13	11	11	4	87
占比（%）	55.17	14.94	12.64	12.64	4.6	

资料来源：封测分会。

继长电科技收购了星科金朋，天水华天收购了美国 FCI 公司后，2015 年，通富微电收购 AMD 两家工厂的 85%的股权，显著提升其在高端封测领域的服务能力和竞争力。紫光集团认购中国台湾两家芯片封装和测试公司——力成和南茂科技两家公司各 25%股份，为完善集成电路产业链创造了有利条件，进一步提升了公司行业竞争力。

随着国内封测企业海外市场的不断拓展，产业链合作加强，中国封测企业全球排名快速上升，中国集成电路封测产业已初具国际竞争力。据国际咨询公司 Tech Search 统计，2015 年中国长电科技、华天科技、通富微电公司在全球封测企业排名已分别上升至第五位、第九位、第十三位。(注：该统计还将被已收购公司单独列出，如把其收入合并至收购企业计算，则中国这三家公司在全球封测业可排名为第三位、第五位、第十位)。

中国前 10 家封测企业在 2015 年度的销售收入合计为 477.5 亿元，比 2010 年的 429.2 亿元增长了 11.25%；前十大封装测试企业的准入门槛由 2010 年的 22.2 亿元提升到 2015 年的 27.7 亿元人民币，增长了 24.32%（见图 9）。

表 9　2010—2015 年中国 IC 封测业的前十名企业发展状况

	第一名收入	第十名收入	第一名与第十名差额	前十收入	行业总收入	前十名占比（%）
2010	85.30	22.20	63.10	429.20	629.18	68.22
2015	92.20	27.60	64.60	477.50	1384.00	34.50
增长量	6.90	5.40	1.50	48.30	754.82	－33.71
增长率（%）	8.09	24.32	2.38	11.25	119.97	－49.42

资料来源：CSIA。

在国家集成电路产业发展推进纲要系统实施和国家科技重大专项（02 专项）的持续推动下，IC 封装测试产业的技术工艺创新能力与水平不断提高，中高端产品的先进封装技术工艺不断与国际水平接轨，多项封装技术迈入世界先进行列，产品结构更趋优化。2015 年，国内封装测试企业在 BGA、CSP、WLP（WLCSP）、FC、FCBGA、FCCSP、BUMP、SiP 等先进封装产品市场可占总销售额的 30%。国内部分重点的封测企业的集成电路产品中，先进封装的占比已经达到 40%—50%的水平。

华进半导体、长电科技、通富微电、华天科技等单位在“2.5D TSV 硅转接板制造及系统集成技术”“超小超薄芯片高可靠性 1006/0603 封装技术”“12 英寸 28 纳米晶圆级先进封装测试制程技术”和“焊盘通孔全填充的 12 英寸图像传感芯片 WLCSP 封装技术”等领域又取得了新的突破。在中国半导体行业协会、中国电子报等联合举办的“第十届（2015 年度）中国半导体创新产品和技术”评选活动中，这几个单位的五项技术成功入选。

五、集成电路装备、材料产业获得进展

"十二五"期间，国产12英寸半导体设备实现了从无到有的突破，部分设备水平达到28纳米，多种关键设备通过大生产线验证考核。到2015年，已有16种12英寸设备进入大生产线使用，国产12英寸介质刻蚀机、硅刻蚀机、PVD、离子注入机、氧化炉、PECVD、封装光刻机、TSV封装与LED系列装备、硅片清洗机等设备已实现批量销售，Low—k清洗机、光学检测设备等产品开始用户考核。

一批8英寸、12英寸集成电路用关键材料打破国外公司垄断，实现国内批量销售。光刻胶、硅材料、靶材、引线框架等材料取得显著进展，部分产品已在大生产线上获得应用。

六、集成电路产品进出口逆差大

集成电路产品进口金额一直以来是中国第一大进口产品，由于集成电路产业涉及信息安全等重要国际民生等大问题，因此一直以来受到国家的重视。

根据海关统计，2015年进口集成电路3139.96亿块，同比增长10%；进口金额2307亿美元，同比增长6%。出口集成电路1827.66亿块，同比增长19.1%；出口金额693.1亿美元，同比增长13.9%。2015年进出口逆差1613.9亿美元（见图4—图6）。

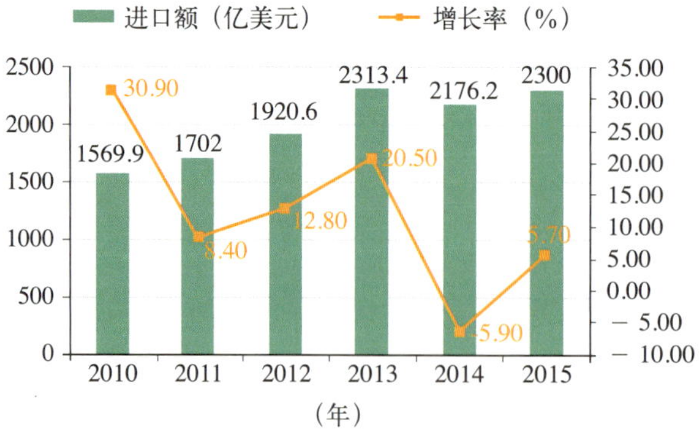

图4　2010—2015年中国集成电路产品进口额及增长率

资料来源：海关总署。

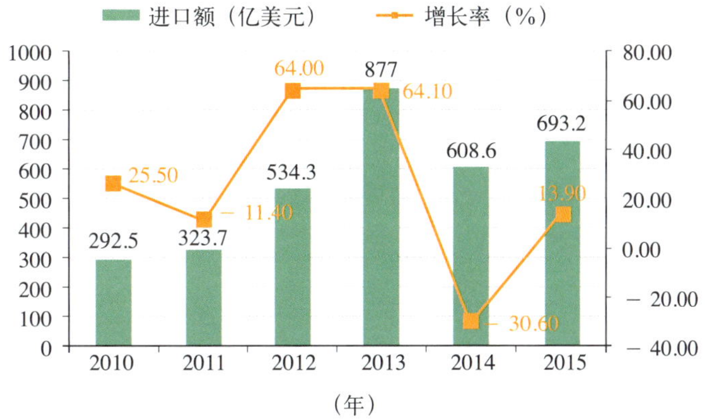

图5　2010—2015年中国集成电路产品出口额及增长率

资料来源：海关总署。

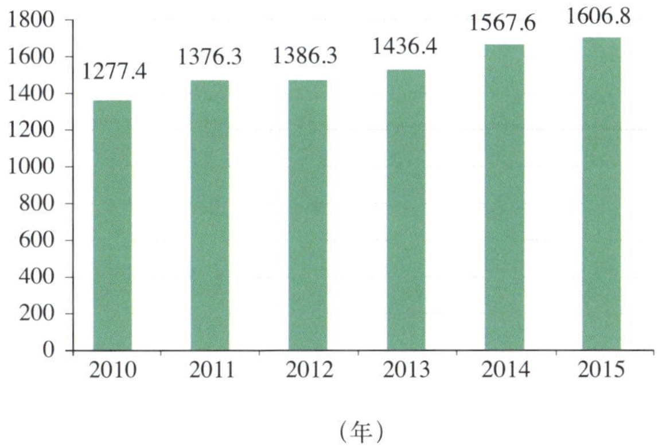

图6　2010—2015年中国集成电路产品进出口逆差额

资料来源：海关总署。

七、集成电路企业并购、重组活跃

集成电路生产需超净环境，对生产环境的温湿度、尘埃颗粒数、所用晶圆以及加工过程中辅料的纯度有严格要求，芯片的特征尺寸超微细化，封装尺寸超微型化，属“超净、超纯、超微”生产。一个集成电路的生产过程，涉及产品设计、晶圆加工、封装测试等三个主要细分产业，覆盖设计工具开发，产品设计、掩模板制作、半导体专用设备、专用材料等行业领域，是物理学、化学、材料学、机械学、无线电电子学、计算机工程、通信工程、自动化工程等多学科、多工程门类技术综合的产物。集成电路产业链长，是资金、人才、技术高度集中的产业。

目前集成电路产业，一是研发费用高，90 纳米工艺技术研发费用在 3 亿美元，22 纳米的工艺研发费用则达到 4 倍，约 12 亿美元。二是先进工艺技术生产线的建造成本高，建造一条 12 英寸 65 纳米的规模生产线需要 25 亿美元，建造一条 28 纳米的生产线需要超过 40 亿美元；16/14 纳米的规模生产线需要投资 80 亿—100 亿美元。据预测，18 英寸晶圆厂要在 7 纳米节点达到每月 4 万片晶圆的产量，成本将高达 120 亿—140 亿美元，而且必须在短时间之内迅速达到高产量，否则折旧成本将带来大幅的亏损。未来业界能持续实现技术进步并提供更先进工艺芯片加工的工厂将越来越少，并且随着工艺技术的不断进步，单个晶体管的成本已很难下降。集成电路发展资金门槛会越来越高。

跨国企业通过某种程度、某种方式的兼并重组发展壮大十分普遍。经济学家史蒂格尔教授在研究中发现，世界 500 强企业全都是通过资产联营、兼并、收购、参股、控股等手段从小到大、一步步发展起来的，也就是说，并购已成为企业超常规发展的重要途径，尤其是在今天复杂多变的经济形势面前，并购已经成为企业加快营销转型、快速占领市场、做大做强的重要途径。

企业通过并购整合集中了资金优势、技术优势、人才优势，利于做大做强企业，又进一步推动了 IT 产业发展。如，格罗方德半导体股份有限公司是从美国 AMD 公司分拆出的半导体晶圆代工公司，成立于 2009 年 3 月 2 日，母公司分别为 AMD 及阿布达比政府下属的"先进技术投资公司"。2009 年 9 月，又收购了新加坡特许半导体，后来又通过一系列的收购，现已成为全球第三大晶圆代工企业，扩展非常迅速。表 10 为协会统计的近几年国内企业并购、收购及整合重组的案例。

表 10 “十二五期间”国内主要并购、整合案例

序 号	时 间	并 购 案 例
1	2013 年 7 月	2013 年 7 月，总部位于上海的展讯通信有限公司（纳斯达克代码：SPRD）宣布，与清华紫光集团日前在上海签署收购协议，紫光集团将以现金方式收购展讯全部流通股份，收购总价约 17.8 亿美元（约合 110 亿元）
2	2013 年 10 月	上海华虹 NEC 和上海宏力两家公司合并，2013 年 10 月 9 日，上海华虹宏力正式对外营运。新公司包括华虹 NEC 旗下的 2 座 8 寸晶圆厂，产能约 9 万片和宏力半导体的 1 座 5 万片的 8 寸晶圆厂，合并后上海华虹宏力的 8 寸晶圆厂单月产能为约 14 万片
3	2014 年 3 月	大唐电信科技股份有限公司（简称大唐电信）整合旗下大唐微电子和联芯科技成立了大唐半导体设计有限公司
4	2014 年 5 月	2014 年 5 月 CEC 整合旗下的中国华大集成电路设计集团公司、北京中电华大集成电路设计公司、上海贝岭、华大智宝公司等企业成立华大半导体有限公司
5	2014 年 7 月	紫光集团有限公司和锐迪科微电子联合宣布，以 9.07 亿美元的价格完成对锐迪科微电子的收购
6	2014 年 12 月	2014 年 12 月，天水华天科技股份有限公司宣布与持有 FlipChip International, LLC100%的股权的 FlipChip Holdings,LLC 及其股东 RoseStreet Labs, LLC、Brainteam Limited、Aspern Investment Inc.、Microchip Technology Incorporated 签署了购买 FCI 及其子公司 100%股权的《股东权益买卖协议》，公司以 4060 万美元为对价约为 24841 万元人民币）购买 FCI 及其子公司 100%的股权
7	2015 年 1 月	长电科技 2015 年 1 月公布收购全球第四大封装厂新加坡上市公司星科金朋的重大资产重组草案，此次收购总交易对价为 7.8 亿美元（其中，长电科技以自有资金 2.6 亿美元，将拿到星科金朋 50%的股权）。根据草案，长电科技将与国家集成电路产业投资基金、中芯国际子公司芯电半导体将通过共同设立的子公司，以自愿有条件全面要约收购的方式，收购设立于新加坡并于新加坡证券交易所上市的星科金朋的全部股份
8	2015 年 10 月	大陆南通富士通收购美系处理器龙头超微（AMD）位于马来西亚槟城、大陆苏州的 IC 封测厂，与南通富士通合资经营。南通富士通拿下 85%股权，AMD 仅保留剩下的 15%

资料来源：CSIA 整理。

中国半导体行业协会
徐小田　林伯涛　郑忠行　任振川

案例 8

"十二五"期间互联网产业发展回顾

"十二五"期间是中国互联网产业浓墨重彩、快速发展的 5 年，互联网在推动国民经济发展、促进社会进步、引领创新等方面发挥了巨大作用，国际影响力日益增强。

"十二五"期间，国家密集出台相关政策，促进互联网产业快速健康发展。"网络强国"战略稳步推进、"互联网 +"行动积极展开、"智能制造"加快发展、"国家大数据战略"前瞻布局。

"十二五"期间，中国互联网整体环境健康发展。网络基础设施建设速度加快，互联网普及率稳步提升，网站数量稳定增长，应用服务创新能力显著增强，市场主体作用日益凸显，安全保障能力大幅提升，互联网进一步向更广泛的群体渗透。

"十二五"期间，互联网加速向经济社会各领域深度融合。互联网已经成为"大众创业、万众创新"的聚集平台，促进产业融合发展和经济转型升级的重要引擎，壮大信息消费和拉动新兴消费的强劲动力，培育网络经济发展新动能和引领经济社会新常态的关键要素。

本报告将从互联网发展基础指标、产业规模与资本发展、惠及民生、跨界融合、网络安全、网络空间治理、国际发展等七个方面详细介绍"十二五"期间互联网产业发展的亮点。

一、互联网发展基础指标位居全球前列，初步建成网络大国

从网民规模、IP 地址、网站、域名、国际出口带宽等互联网发展基础指标来看，中国互联网均位居全球前列甚至首位。

（一）网民规模位列全球首位，互联网普及率过半

截至 2015 年 12 月，中国网民规模达 6.88 亿，互联网普及率为 50.3%，较 2010 年底网民规模有较大增长。中国网民中农村网民占比 28.4%，规模达 1.95 亿，农村互联网普及工作的成效日显（见图 1）。

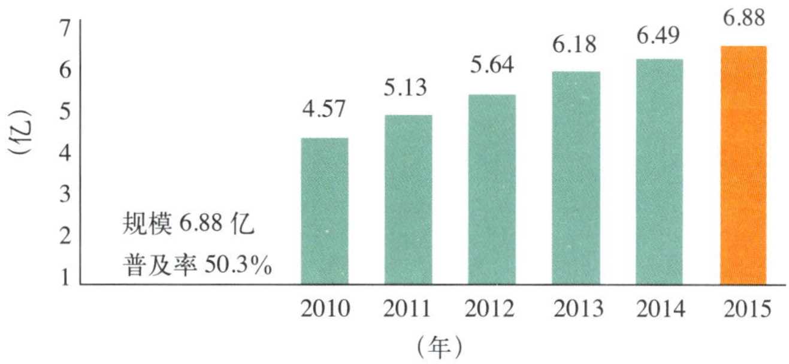

图 1　中国网民规模和互联网普及率

数据来源：CNNIC。

（二）手机网民大幅增长，手机上网率已超电脑

截至 2015 年 12 月，中国手机网民规模达 6.20 亿，网民中使用手机上网人群的占比达 90.1%，较 2010 年底手机网民规模有较大增长。移动网络应用跨越式发展，手机超越电脑成为中国网民第一大上网终端，全面开启移动互联网时代（见图 2）。

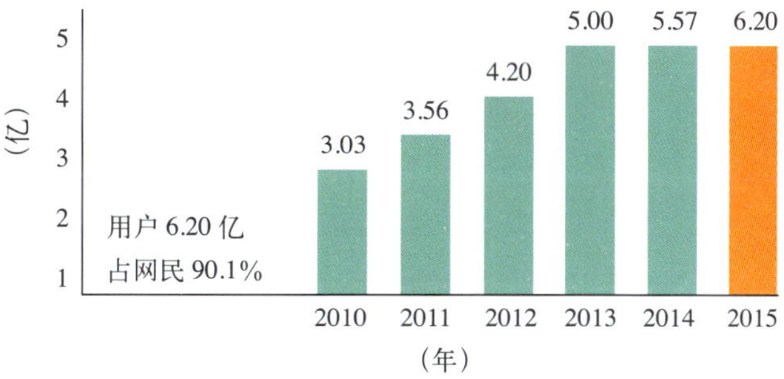

图 2　中国手机网民规模

数据来源：CNNIC。

（三）IP 地址资源持续增长，位列全球第二

截至 2015 年 12 月，中国 IPv4 地址数量为 3.37 亿个，拥有 IPv6 地址 20594 块/32，IPv6 地址总量持续增长，仅次于美国，位列全球第二位（见图 3）。

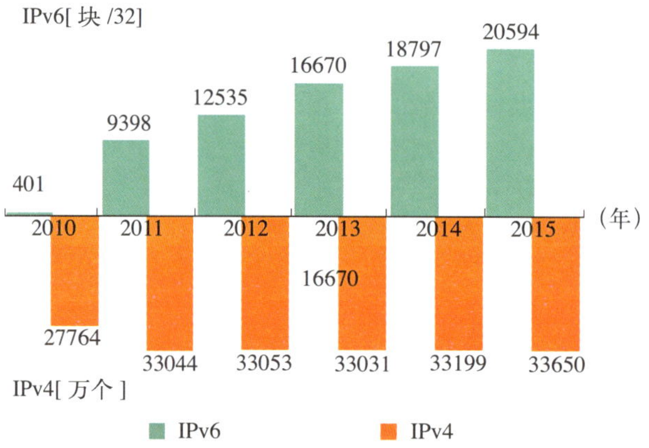

图 3　中国 IPv6/IPv4 地址数量

数据来源：CNNIC。

（四）域名数量稳步增长，".CN" 域名占比过半

截至 2015 年底，中国域名总数达到 3102 万个，其中，".CN" 域名总数 1636 万，约占域名总数的 52.8%（见图 4）。

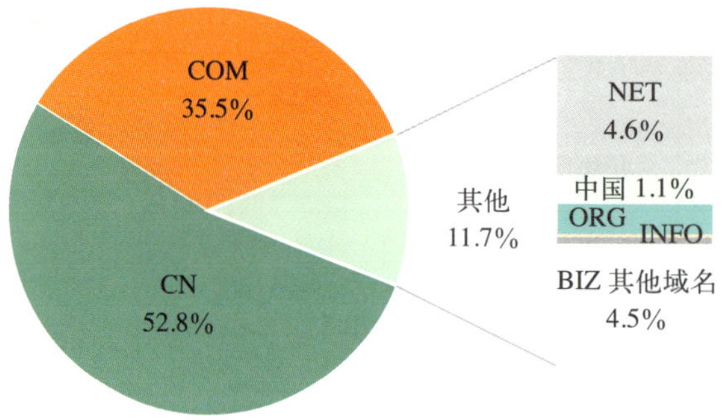

图 4　中国域名分布

数据来源：CNNIC&WebHosting.Info。

（五）网站数量稳步增长

中国网站总数为423万个，年增长26.3%；".CN" 下网站数为213万个。截至2015年12月，中国网页数量为2123亿个，年增长11.8%。其中，静态网页数量为1314亿，占网页总数量的61.9%；动态网页数量为808亿，占网页总量的38.1%（见图5）。

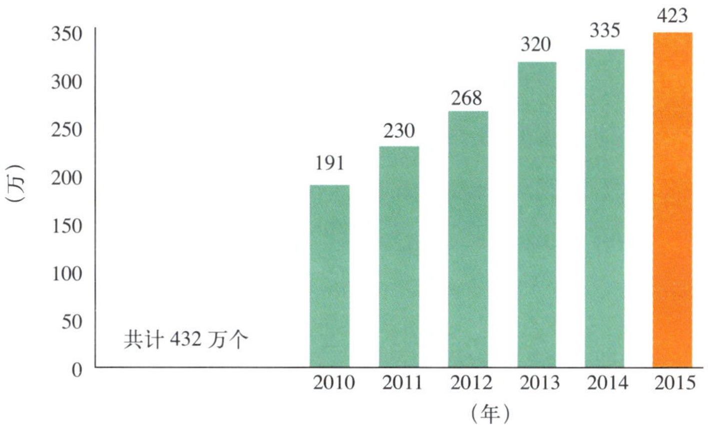

图5　中国网站数量

数据来源：CNNIC。

（六）国际出口带宽快速提升

根据TELEGEOGRAPHY统计，2015年底，中国国际互联网出口带宽（含港澳）达12.4 Tbps，年增长率达33%。随着中国"宽带中国战略"的深化推进，中国宽带接入带宽飞跃发展。2015年底，中国平均宽带接入带宽达到20.05 Mbps，较2014年7.10 Mbps翻了近三倍。2015年，中国互联网骨干网络带宽已达到约130 Tbps，中国骨干中继单端口带宽能力已突破100 Gbps，并正向400 Gbps迈进，有效应对了互联网业务流量迅速激增带来的网络承载挑战。

二、互联网经济贡献显著增强，互联网企业突破性增长

从互联网经济GDP占比、网络经济规模、企业市值规模、投融资

情况等方面来看，中国互联网对经济发展的贡献显著增强。

（一）互联网经济 GDP 占比超过美国

"十二五"期间，中国互联网快速发展，中国互联网对经济增长的贡献率明显提升，位居全球前列。根据麦肯锡有关报告，2010 年，中国互联网经济占 GDP 比重（iGDP 指数）仅为 3.3%，落后于大多数发达国家。到 2014 年，iGDP 指数攀升至 7%，已达全球领先水平，超越美国、法国、德国等发达国家。

（二）网络经济规模突破 1 万亿

据艾瑞咨询统计，2015 年中国网络经济整体规模达到 11218.7 亿元，较 2011 年有了大幅增长，对经济贡献进一步提升（见图 6）。

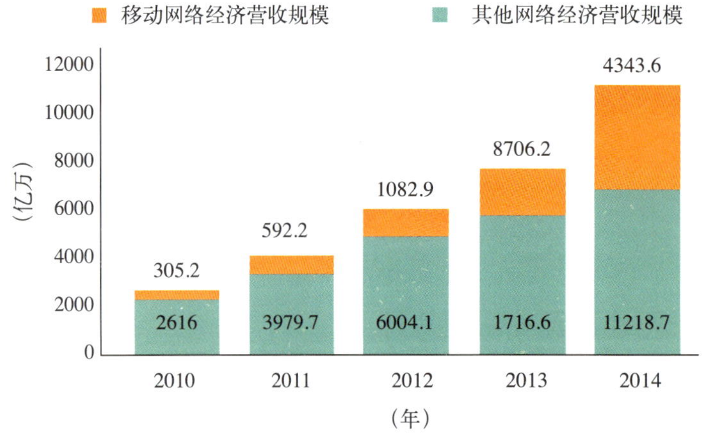

图 6　中国网络经济发展

数据来源：艾瑞咨询。

（三）互联网企业市值规模迅速扩大

截至 2015 年 12 月 1 日，中国主要上市互联网公司市值前五为：腾讯（2257.0 亿美元）、阿里巴巴（2096.2 亿美元）、百度（751.7 亿美元）、京东（430.6 亿美元）、网易（213.5 亿美元）（见图 7）。

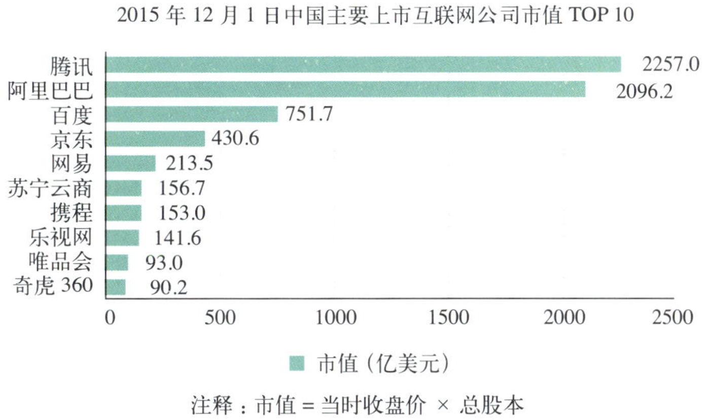

■ 图 7　中国主要上市互联网公司市值前 10 名

数据来源：艾瑞咨询。

（四）互联网企业位居创投案例第一位

互联网行业成为投资者最追捧的投资领域。2015 年中国创投市场，互联网行业的投资金额比例达到 60%，位居第一位，紧随其后的是电信及增值和 IT 行业（见图 8）。

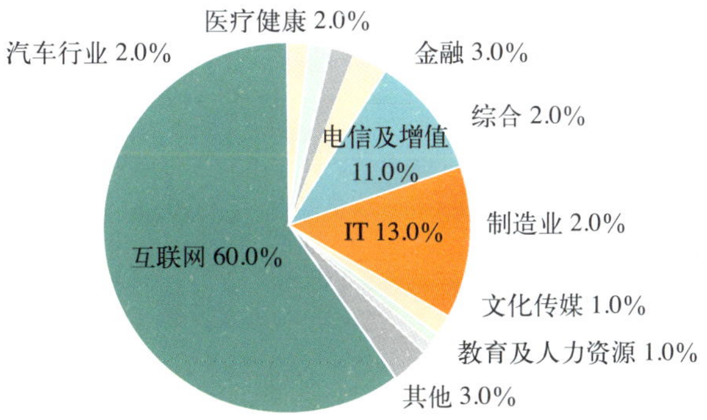

■ 图 8　2015 年中国创投市场行业投资金融比例

数据来源：CVSourec。

互联网行业融资、并购持续活跃。根据 CVSource 数据显示，2015 年，互联网行业融资案例 1105 例，其中披露金额的 286.14 亿美元，较 2010 年有较大增长（见图 9）。

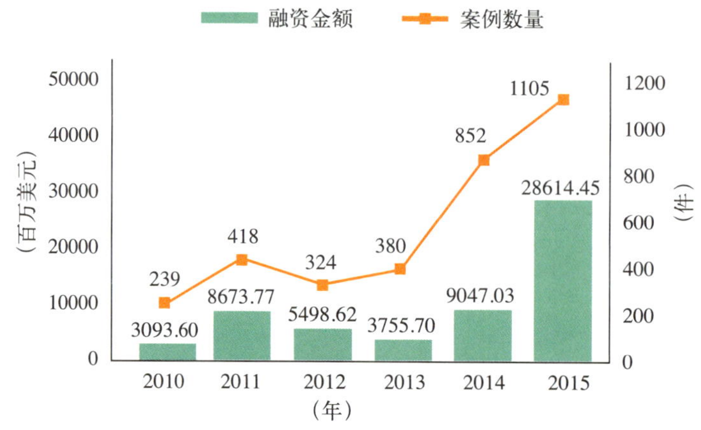

■ 图 9　中国互联网企业 VC/PE 融资趋势图

数据来源：CVSourec。

互联网行业 IPO 波动较大。2014 年 IPO 企业募集金额达到峰值 285.76 亿美元。2015 年相对低迷，实现 IPO 的有 6 家企业，募集金额 4.98 亿美元；退出方面，互联网行业 IPO 退出事件 19 例，披露账面退出回报共 3.39 亿美元（见图 10）。

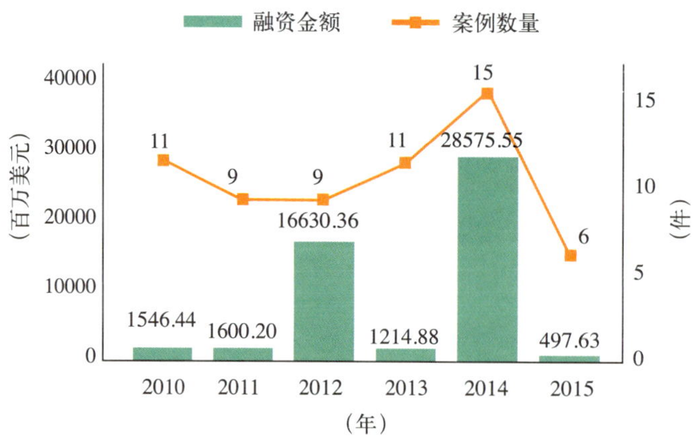

■ 图 10　中国互联网行业 IPO 融资趋势图

数据来源：CVSourec。

三、互联网应用繁荣发展，创新成果惠及百姓民生

从电子商务、互联网金融、网络文化娱乐、分享经济、电子政务等具有代表性领域的发展，介绍互联网创新成果给百姓生活带来的便利。

（一）电商市场由增量到提质，网购用户规模超人口总数四分之一

电子商务市场交易总额持续增长。2015 年，中国电子商务市场交易总额约为 20.8 万亿元。网络零售交易额为 3.88 万亿元，同比增长 33.3%，相当于同期社会消费品零售总额（30.09 万亿元）的 13%（见图 11）。

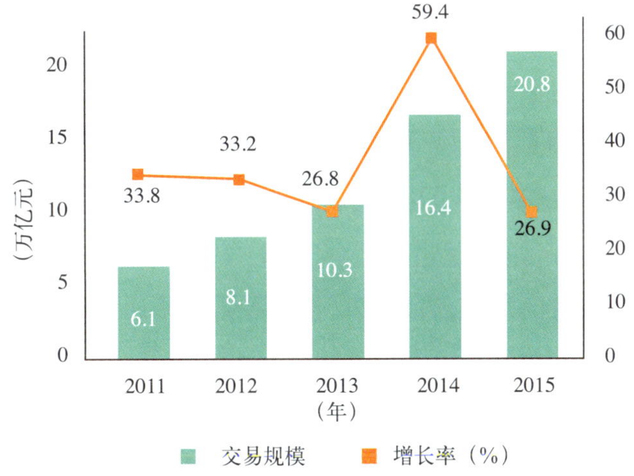

图 11　中国电子商务市场交易规模

数据来源：商务部。

网络购物用户规模持续增加。2015 年，中国网络购物用户规模达到 4.13 亿户，超过人口总数的 1/4。其中，手机购物用户规模达到 3.40 亿户，增长率为 43.9%（见图 12）。

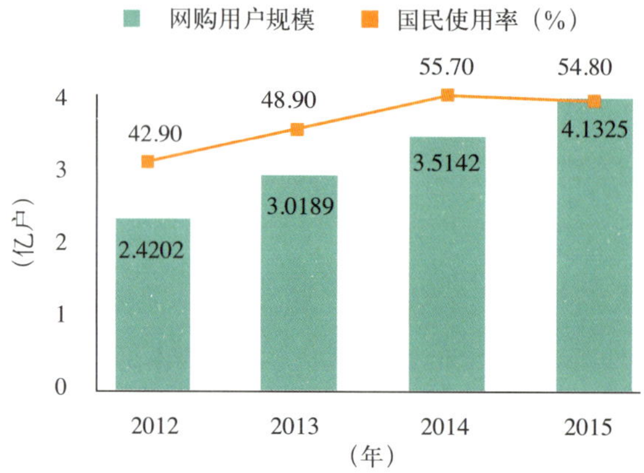

图 12　中国网络购物用户规模

数据来源：CNNIC。

电子商务的发展体现出四方面特点：1. 跨境布局，截至 2015 年底，跨境电商进口试点城市已达 10 个，跨境电商已经成为中国进出口贸易的重要组成部分，成为打造开放型经济的重要引擎；2. 农村电商，各大电商纷纷布局农村市场，促进"工业品下乡，农产品进城"；3. 垂直电商，专注于某一行业或细分市场的垂直电商品类增多，采用精细化运营模式；4. 品质电商，注重质量。

电子商务的发展带动了三个方面的发展：1. 第三方移动支付的发展，2015 年中国第三方移动支付交易规模达到 101713.6 亿元，同比增长 69.7%；2. 传统零售企业的转型，促其积极进行全渠道转型布局，通过提升服务水平和差异化经营转型，如苏宁集团的 O2O 转型；3. 传统制造业智能化升级，加速了生产端和需求端的连接程度，如青岛红领、杭州娃哈哈集团的智能制造实践。

（二）互联网金融交易规模快速增长，业务模式不断衍生

市场上已经逐渐衍生出几类网络金融服务：支付结算、货币基金、网络融资、虚拟货币、渠道业务和其他周边产业。

移动支付连续两年高速增长。2015 年中国互联网支付用户规模达到 5.1 亿人，第三方互联网支付交易规模达到 118674.5 亿元，同比增长 46.9%（见图 13）。

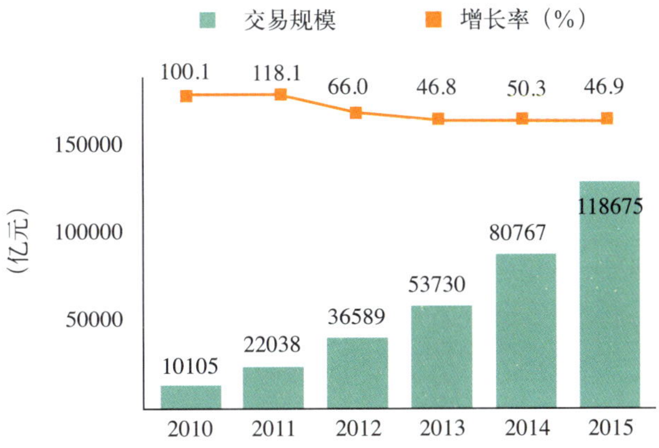

图 13　中国第三方互联网支付市场交易规模

数据来源：艾瑞咨询。

P2P 交易规模高速增长、活跃用户增多、行业监管加强。受个人投资理财需求及中小微企业融资渴求，中国 P2P 网贷的用户规模从 2010 年的 500 万上升至 2015 年的 3970.1 万人，同期 P2P 活跃用户上升至 681.3 万人。在鼓励互联网金融创新的同时，相应的行业监管措施和规范正在加强（见图 14）。

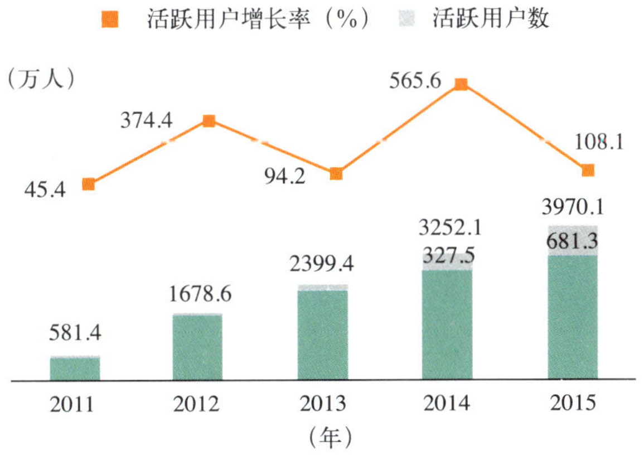

图 14　中国 P2P 借贷用户规模

数据来源：艾瑞咨询。

（三）网络文化娱乐及周边产业蓬勃发展

即时通信的网民使用率位居第一。截至 2015 年底，中国即时通信网民规模达 6.24 亿，网民使用率为 90.7%，使用率位居第一。国内的社交应用市场包括各类信息汇聚的综合社交类应用，和相对细分、专业、小众的垂直类社交应用。微博和微信应用迅速崛起，微博的兴趣社区属性日益凸显，微信公众号成为主要服务项（见图 15）。

■ 图 15　2015 年即时通信典型应用

搜索引擎生态化平台转型持续推进。截至 2015 年底，中国搜索引擎用户规模达 5.66 亿，网民使用率为 82.3%，移动搜索市场持续快速增长。各大搜索平台融合人工智能等多种先进技术，依托基础搜索业务，打通地图、购物、本地生活服务等多种内容的搜索服务，推进生态化平台转型，在流量、营收、电商化交易规模等不同方面实现新增长、新突破（见图 16）。

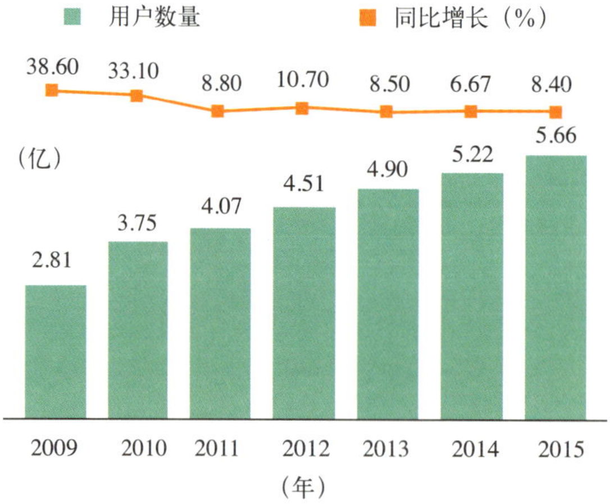

■ 图 16　中国搜索引擎用户规模

数据来源：CNNIC。

网络视频市场保持快速增长。截至 2015 年 12 月，中国网络视频用户规模达 5.04 亿，网络视频用户使用率为 73.2%。其中，手机视频用户规模为 4.05 亿，增长率为 29.5% 。手机网络视频使用率为 65.4%（见图 17）。

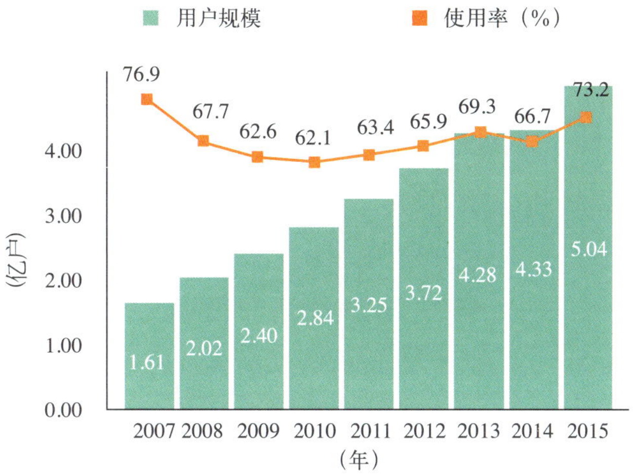

图 17　中国网络视频用户规模比较

数据来源：CNNIC。

网络游戏市场竞争激烈，移动游戏、网页游戏、客户端游戏三线齐头并进。对比 2015 年和 2011 年网络游戏市场销售收入，客户端游戏作为网络游戏收入支柱的地位被持续削弱，网页游戏的营收占比基本保持稳定，而移动游戏营收所占的比重持续快速提升（见图 18）。

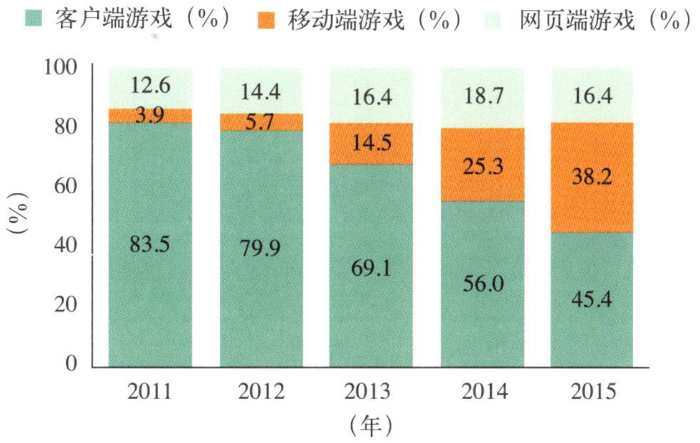

图 18　中国网络游戏市场销售收入结构

数据来源：艾瑞咨询。

（四）分享经济创新生活方式

近两年，国内分享经济发展迅速，平台企业快速成长，以网络约租车的发展为代表，并向餐饮、房屋出租、家政服务等领域扩散，开创了互联网经济的新业态。据国家信息中心信息化研究部和中国互联网协会分享经济工作委员会发布的《中国分享经济发展报告 2016》显示：2015 年中国分享经济市场规模约为 19560 亿元，其中交易额 18100 亿元，融资额 1460 亿元，主要集中在金融、生活服务、交通出行、生产能力、知识技能、房屋短租六大领域，参与分享经济活动总人数已经超过 5 亿人（见表 1）。

表 1　国内主要分享经济领域

应用领域	部分代表性分享平台
交通出行	滴滴出行、神州专车、易到用车、PP 租车……
房屋短租	小猪短租、蚂蚁短租、游天下、途家网……
P2P 网贷	陆金所、红岭创投、宜信、人人贷、点融网……
资金众筹	京东众筹、天使汇、众筹网、点名时间……
物流快递	人人快递、e 快送、达达配送……
生活服务	58 到家、爱大厨、e 代驾……
技能共享	猪八戒、在行、时间财富……
知识共享	百度百科、知乎网、豆瓣网……
生产能力	航天云网、阿里淘工厂、沈阳机床厂 I5 平台……

（五）电子政务拓展公共服务手段

"十二五"期间，互联网应用拓宽到公共服务领域，利用现有移动互联网平台推进政务新媒体，发展迅速、成效显著。微博和微信已经成为各级政府与人民沟通交流的重要渠道，截至 2014 年 11 月底，中国政务微博认证账号达到 27.7 万个，政务微信超过 10000 个，96%的政务网站提供了网上在线办事服务，基本实现个人和企业用户服务需求的全覆盖，政务事项网上全程办事率为 73.3%。各地还把微信或支付宝客户端作为入口，利用其平台开展智慧城市服务，完成交通违章查询、路况及公交查询、生活缴费、医院挂号等通用服务，目前已覆盖超过 1 亿人口。

四、互联网跨界融合，推动产业升级和经济结构优化

互联网的创新成果正在与经济社会各领域跨界深度融合，更广泛的以互联网为基础设施和创新要素的经济社会发展新形态正在形成，对中国经济社会发展产生着战略性和全局性的影响。

（一）国家制定“互联网 +”行动计划

为了充分发挥中国互联网的规模优势和应用优势，推动互联网由消费领域向生产领域拓展，加速提升产业发展水平，增强互联网支撑大众创业、万众创新的作用，构筑经济社会发展新优势和新动能，2015 年 7 月国务院发布《关于积极推进“互联网 +”行动的指导意见》。

《意见》提出 11 项重点行动：1.“互联网 +”创业创新，2.“互联网 +”协同制造，3.“互联网 +”现代农业，4.“互联网 +”智慧能源，5.“互联网 +”普惠金融，6.“互联网 +”益民服务，7.“互联网 +”高效物流，8.“互联网 +”电子商务，9.“互联网 +”便捷交通，10.“互联网 +”绿色生态，11.“互联网 +”人工智能。

在政策的指引下，互联网与各行各业融合创新步伐加快。

（二）智能制造打造中国发展新动能的核心，协同发展促进产业转型升级

互联网与工业不断融合发展，互联网已经融入到了机械、电气、汽车、纺织、冶金、制药等工业制造领域，在工业流程监控、产品质量跟踪、检验检测、设备维修、安全生产、物资供应链管理等环节实现了应用示范，显著提高了工业生产效率和产品质量，促进了节能降耗，强化了企业的智能化管理。众包设计、协同制造、个性化定制、精准供应链管理、全生命周期管理等正重塑产业价值链体系。可穿戴智能设备、智能汽车、智能机器人等智能终端产品和服务不断拓展制造业新领域。

2015 年 5 月，国务院发布《中国制造 2025》，提出了中国制造强国建设三个十年的“三步走”战略。

（三）互联网构建新型农业生产经营体系

目前，互联网农业的三种主要模式包括：一是运用互联网技术实现自动化、精准化操作的智能农业模式；二是利用互联网营销能力的电商

模式；三是借助互联网整合能力打造营销、金融深度融合的产业链模式。

农业与互联网融合在2015年走上快速发展轨道，手机和移动互联网的快速普及使得农业类APP应用在移动互联网领域大量出现。据统计，截至2015年底，农村网购交易额达到1800亿，农产品市场规模潜力4.5万亿，其中，农资类产品市场规模潜力1.5万亿。

五、网络安全风险增强，网络安全防护水平持续提升

（一）基础网络和关键基础设施的网络安全状况平稳，仍面临严峻挑战

"十二五"期间，中国不断完善网络安全保障措施，网络安全防护水平进一步提升。然而，层出不穷的网络安全问题仍然难以避免。基础网络设备、域名系统、工业互联网等中国基础网络和关键基础设施依然面临着较大安全风险，网络安全事件多有发生。

基础通信网络安全防护水平进一步提升。2015年，据工信部组织的网络安全防护工作显示，风险评估检查发现的单个网络或系统的安全漏洞数量较2014年下降20.5%。

域名系统抗拒绝服务攻击能力显著提升。2015年发生的多起针对重要域名系统的DDoS攻击均未对相关系统的域名解析服务造成严重影响，反映出中国重要域名系统普遍加强了安全防护措施，抗攻击能力显著提升。

工业互联网面临的网络安全威胁加剧。2015年，国家信息安全漏洞共享平台（简称"CNVD"）共收录工控漏洞125个，发现多个国内外工控厂商的多款产品普遍存在缓冲区溢出、缺乏访问控制机制、弱口令、目录遍历漏洞等风险。

（二）公共互联网网络安全事件表现出新特点

"十二五"期间，中国公共互联网网络安全状况总体平稳，位于境内的木马和僵尸网络控制端数量保持下降趋势、主流移动应用商店安全状况明显好转，但个人信息泄露、网络钓鱼等方面的安全事件数量呈上升趋势。

位于境内的木马和僵尸网络控制端数量保持下降趋势，主要与行业内相关单位近年来持续开展木马和僵尸网络治理有关。大量木马和僵尸网络控制端向境外迁移，2015 年首次出现境外木马和僵尸网络控制端多于境内的现象（见图 19）。

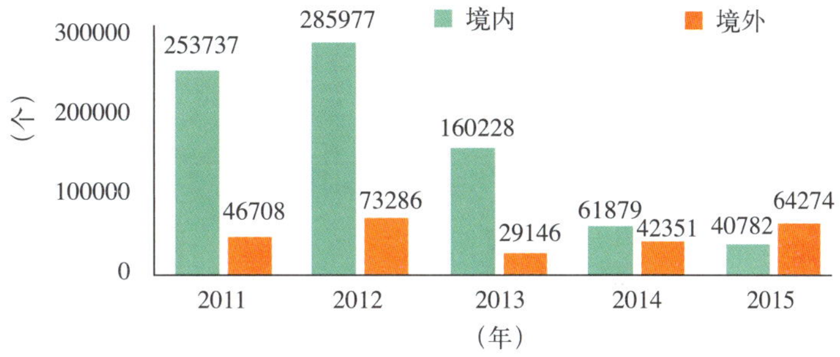

图 19　木马和僵尸网络控制端境内外数量变化情况

数据来源：CNNIC。

移动互联网恶意程序数量大幅增长。2015 年，CNCERT 通过自主捕获和厂商交换获得移动互联网恶意程序数量近 148 万个，主要针对安卓平台。按恶意行为进行分类，排名前三位的恶意行为分别是恶意扣费类、流氓行为类和远程控制类，占比分别为 23.6%、22.2%和 15.1%（见图 20）。

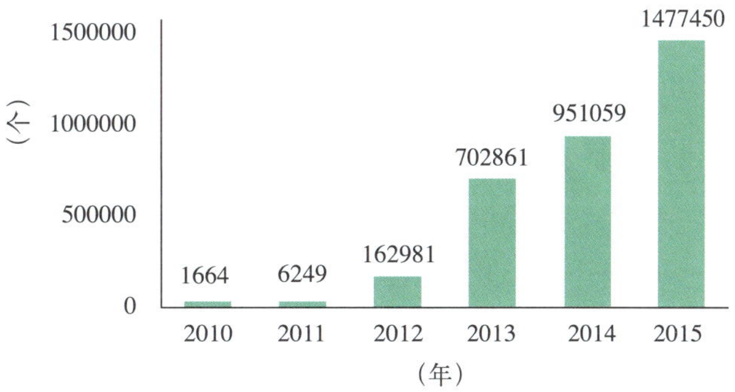

图 20　移动互联网恶意程序数量变化情况

数据来源：CNNIC。

网络安全高危漏洞频现，网络设备安全漏洞风险较大。2015年，CNVD共收录安全漏洞8080个。其中，高危漏洞收录数量高达2909个；可诱发零日攻击的漏洞1207个（即收录时厂商未提供补丁），占14.9%（见图21）。

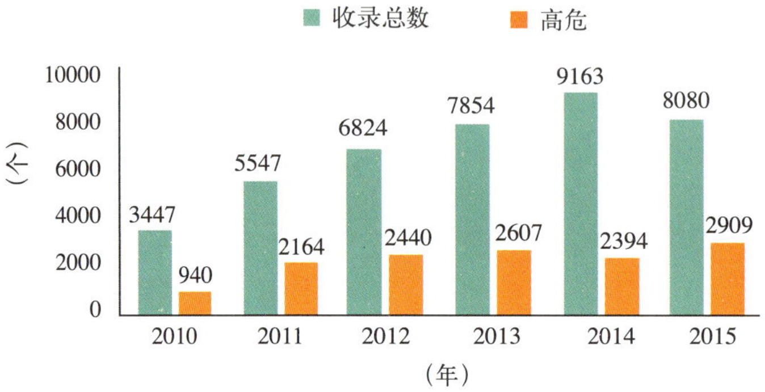

■ 图21　CNVD漏洞收录情况

数据来源：CNNIC。

这些网络安全事件表现出了新的特点：1. 利用分布式拒绝服务攻击（以下简称"DDoS攻击"）和网页篡改获得经济利益现象普遍；2. 个人信息泄露引发的精准网络诈骗和勒索事件增多；3. 智能终端的漏洞风险增大；4. 移动互联网恶意程序的传播渠道转移到网盘或广告平台等网站。

六、网络空间治理持续推进，产业发展法律环境日益优化

（一）互联网法治建设全面推进，网络安全法规体系日趋完善

"十二五"期间，中国网络空间法制化进程不断加快，网络安全人才培养机制逐步完善，围绕网络安全的活动蓬勃发展。制定出台互联网相关法律法规、规范性文件共76部，同比增长262%。特别是中央网络安全和信息化领导小组成立以来，颁布实施47部互联网相关法律法规，占"十二五"期间立法总量的62%，网络立法速度明显加快。

中国新《国家安全法》正式颁布，明确提出国家建设网络与信息安全保障体系。《刑法修正案（九）》表决通过，加大打击网络犯罪力度。《反

恐怖主义法》正式通过，规定了电信业务经营者、互联网服务提供者在反恐中应承担的义务。《网络安全法（草案）》向社会各界公开征求意见。高校设立网络空间安全一级学科，加快网络空间安全高层次人才培养。政府部门或行业组织围绕网络安全举办的会议、赛事、宣传活动等丰富多样。

（二）互联网行业管理能力不断提升，市场竞争发展更加规范有序

“十二五”期间，行业主管部门出台文件，确保新兴业态有序发展。国家工业和信息化部出台《规范互联网信息服务市场秩序若干规定》，加快建立互联网企业市场竞争行为争议处理机制；指导中国互联网协会组织互联网企业签订《互联网终端软件服务行业自律公约》等多部公约，健全行业自律公约体系。国家版权局发布《关于规范网络转载版权秩序的通知》，推动建立健全版权合作机制，规范网络转载版权秩序。为规范支付服务市场秩序，促进网络支付业务健康发展。中国人民银行发布《非银行支付机构网络支付业务管理办法》。国家工商总局也多次下发文件，对网络商品和网络服务质量进行规范。

七、互联网国际交流合作日益深化，国际影响力快速提升

（一）中国政府积极参与国际网络空间治理，打造网络空间命运共同体

“十二五”期间，中国首次提出互联网领域的“中国主张”，多次在国际场合阐述中国互联网治理的立场和主张并积极开展合作，国际话语权和影响力明显提升。2014 年 7 月，习近平主席在巴西国会演讲时第一次提出“共同构建和平、安全、开放、合作的网络空间，建立多边、民主、透明的国际互联网治理体系”，得到国际社会广泛认同。

中国还发挥主场优势，积极搭建互联网领域国际交流的中国平台，召开“世界互联网大会”“中国—东盟网络空间论坛”和“中国—阿拉伯国家博览会网上丝绸之路论坛”，服务“一带一路”建设等国家战略。在 2015 年 12 月召开的第二届世界互联网大会上，习近平总书记作主旨演讲，提出推进全球互联网治理体系变革的四项原则和共同构建网络空间命运共同体的五点主张。

中国互联网业界机构和人士还积极参与互联网国际组织，提升中国

国际规则制定中的话语权，比如积极参与全球互联网名称与地址分配机构（ICANN）等国际组织，赵厚麟当选国际电信联盟秘书长，马云等当选全球互联网治理联盟主席等等。

（二）互联网企业国际影响力快速提升

"十二五"期间，中国的互联网企业得到长足的发展，中国已成为美国之后的全球互联网第二大力量，国际影响力进一步提升。目前，全球互联网公司排名前 10 中有 4 家中国本土企业，按市值排名分别是阿里巴巴、腾讯、百度和京东，前 30 位企业中，中国占 40%。

（三）互联网企业积极布局海外市场，国际合作取得新进展

国内市场主体对外投资，积极扩展海外市场。2015 年，阿里巴巴购买了美国母婴用品类电商 Zulily 股份，并以 20.6 亿港元收购香港《南华早报》及其他相关媒体资产，还联合富士康、软银等投资了印度电商平台 Snapdeal；腾讯以 5000 万美元投资加拿大初创企业 Kik，并先后投资或收购 Glu Mobile、Pocket Gems 和 Riot Games 等国外游戏厂商；滴滴快的等三家国内企业联合投资打车应用 Grabtaxi 公司。通过扩展海外市场，实现资源共享，强化自身优势，成为当前中国互联网企业发展的一个趋势。

参考文献

[1] 中国互联网协会，《互联网发展报告》,2010—2015 年 .

[2] CNNIC（中国互联网络信息中心）,《中国互联网络发展状况统计报告》, 2010—2015 年 .

[3] 艾瑞咨询，互联网行业相关数据和报告，2010—2015 年 .

[4] 国家信息中心、中国互联网协会分享经济工作委员会，《中国分享经济发展报告 2016》.

[5] CNCERT（中国计算机网络应急处理中心），《中国互联网网络安全报告》，2010—2015 年 .

[6] CVSource，互联网企业股权投资报告，2010—2015 年 .

中国互联网协会

卢卫　孙立远

案例 9

“十二五”期间生物医药产业发展回顾

一、规模迅速增长

“十二五”期间，规模以上医药工业增加值年均增长 13.4%，占全国工业增加值的比重从 2.3%提高至 3.0%，反映出医药工业对中国经济发展的贡献加大。2015 年，规模以上企业实现主营业务收入 26885 亿元，同比增长 9.02%，高于全部工业企业增速(0.8%)8.22 个百分点，“十二五”期间年均增速达 17.4%；实现利润总额 2768 亿元，同比增长 12.2%，高于全部工业平均增速（- 2.3%）14.5 个百分点，“十二五”期间年均增速达 14.5%，两项指标始终居各工业行业前列。化学药品原料药制造、化学药品制剂制造、中药饮片加工、中成药制造、生物药品制造、卫生材料及医药用品制造、医疗仪器设备及器械制造、制药专用设备 8 个子行业主营业务收入和利润总体保持了同步增长。在规模效益快速增长的同时，医药工业产品品种日益丰富，产量大幅提高，在保供应、稳增长、调结构等方面发挥了积极作用。

二、创新能力显著增强

（一）创新投入大幅增长

“十二五”期间，国家通过多个科技专项和高新技术产业化专项，中央财政在新药创制和高新技术产业化等方面安排资金超过 200 亿元；2014 年医药制造业规模以上企业 R&D 经费 390 亿元（内部支出），占主营业务收入的 1.67%，居全部工业行业第三位，2010—2014 年平均增速达到 33.6%；与此同时，很多行业外资金、PE/VC 基金将创新型医药企业作为投资重点，有效支持了一些高风险、长周期的创新药研究（见图 1）。

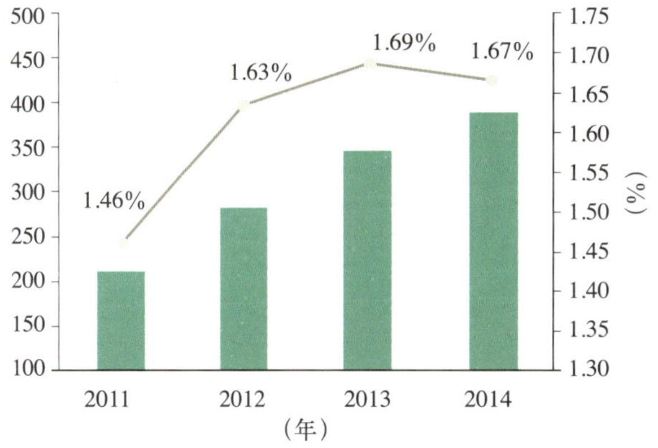

图 1　规模以上医药工业企业研发经费（内部支出，亿元）

（二）创新体系持续改进

企业愈发成为研发主体，从事新药研发的企业增多，1 类新药获批临床企业覆盖面越来越大；很多大型企业研发投入占销售收入的 5%以上，最多达到 8 亿多元；涌现出了一批研发型中小企业，成为科技成果的主要来源。研发外包服务（CRO）快速发展，技术水平提高，覆盖了医药研发各个环节，有效促进了研发效率提升。科技队伍壮大，越来越多的海归学者回国创业，以"千人计划"专家为代表，为医药创新增添了活力。

（三）创新成果不断涌现

"十二五"期间，新药申报数量大幅度增加，约 3000 个新药注册申请获批开展临床研究，涉及 210 个 1 类新药（按品种数）；很多最新靶点和作用机制的新药在国内获批临床，如抗体偶联药物、肿瘤免疫治疗药物等；15 个 1 类创新药获批生产，110 多个新化学仿制药上市。按照相同口径，2010 年批准新药 129 个，占所有批准药品的 12.9%；2011—2015 年占到 25.0%。"十二五"期间新上市国产药品 421 个（按照产品数，细分到剂型）（见表 1）。

表 1　2011—2015 年批准的药品情况

注册分类	新药	改剂型	仿制药	进口药	合计
化学药品	484	106	1367	332	2289

续表 1

注册分类	新药	改剂型	仿制药	进口药	合计
中药	75	87	24	2	188
生物制品		90		34	124
合计	2601				

数据来源:CDE(按照注册申请数计)。

化学药方面，成功开发上市了具有自主知识产权的埃克替尼、艾拉莫德、艾瑞昔布、阿帕替尼、西达本胺等创新药物；仿制药大品种伊马替尼、地西他滨、非布司他、替加环素等成功上市，为重大疾病治疗和降低医疗负担提供了支持。

中药方面，开发出若干物质基础相对明确、质量可控程度较高的有效部位中药，如注射用丹参多酚酸、银杏内酯（二萜内酯葡胺）注射液、巴戟天寡糖胶囊等；针对儿童用药短缺状况，先后开发出九味熄风颗粒、小儿益麻颗粒、小儿黄龙颗粒药等儿科用药。

生物药方面，重组人戊型肝炎疫苗全球首家上市，疫情防控急需的手足口病灭活疫苗和Sabine株脊髓灰质炎灭活疫苗获批。作为生物药领域最活跃的抗体药物，新批准重组抗CD25人源化单抗（健尼哌）和康柏西普两个抗体药物，国内企业可生产的抗体药物达到9个，还有20个左右的品种正在进行临床研究或进入申请生产阶段，涵盖了多数全球抗体药物“重磅产品”。

医疗器械方面，一些高端医疗设备，如128层CT、3.0T磁共振、PET-CT等填补国产空白；国产全自动生化、免疫分析等体外诊断设备逐步扩大应用；植入式脑起搏器、人工耳蜗、生物工程角膜获得注册证书，冠脉支架已由国产主导。

一批产业化技术取得进步。大规模动物细胞培养技术提升，细胞培养罐达到5000升规模。微生物深层发酵技术进步，一些抗生素发酵罐规模已达到500立方米以上。手性拆分和手性合成技术应用于多项新产品开发。酶催化工艺在抗生素、他汀类部分产品生产中得到广泛使用。注射用血栓通、丹红注射液、热毒宁注射液等一批中药大品种建立了以指纹图谱为基础，包括中药材规范化种植、工艺过程控制、成品质量控制在内的全过程质量控制体系，产品不良反应得到下降。

三、质量水平稳步提升

（一）标准提高计划稳步推进

食品药品监管总局结合《中国药典》修订，"十二五"以来完成了2000多个药品标准提高任务，《中国药典》（2015版）发布，收载品种比上版新增1082个；医疗器械标准体系逐步确立。落实《国家药品安全规划》要求，推进仿制药一致性评价，选择基本药物口服难溶性固体制剂为重点，部署了75个品种评价方法和标准的制定任务。

（二）新版GMP顺利实施

参照世界卫生组织、欧盟等国际先进标准制定的《药品生产质量管理规范（2010年修订）》自2011年3月1日起正式实施。总体上，在时间不延长、标准不降低的前提下，无菌药品生产标准升级实现了平稳过渡。

（三）质量管理体系国际接轨

600多个化学原料药（按企业/品种计）通过美国FDA检查或获得欧盟COS证书；通过美国FDA、欧盟或WHO的GMP认证的制剂企业超过60家。还有相当一批品种获得国际药品认证合作组织（PIC/S）其他国家的GMP认证，为中国医药产品开拓国际市场创造了条件。

四、技术改造大幅升级

（一）固定资产投资快速增长

"十二五"以来，医药工业技术改造进入高峰期，固定资产投资持续大幅度增长。2011年—2015年医药制造业完成固定资产投资21713亿元，各年度固定资产投资额在全国制造业中均位居前列。主要用于GMP改造升级、新厂区建设和新产品产业化；大量企业由于规划搬迁或发展的需要，都实施新厂区建设，很多项目投资达数十亿元。

（二）技术装备水平显著提高

随着技术改造项目的实施，医药企业技术和装备水平、质量保障能力得到普遍提升。大分子药物产业化技术缩小与国外差距，酶催化工艺在甾体激素、抗生素、他汀类部分产品得到应用；一些中药大品种建立了以指纹图谱为基础，包括中药材规范化种植、工艺过程控制、成品质量控制在内的全过程质量控制体系。可实现在线控制、在位清洗消毒灭菌、隔离操作等功能的新型设备，“吹瓶—灌装—封口”三合一设备，中药色谱分离设备等大量新型制药设备得到应用。

五、兼并重组快速发展

（一）境内并购不断升温

兼并重组成为优化产业组织结构的重要推动力。优势企业将兼并重组作为企业做大做强的重要途径，一些上市公司借助资本市场融资功能，通过并购实现快速增长。据不完全统计，“十二五”期间医药工业企业兼并重组交易金额在 1500 亿元以上。规模较大的兼并重组项目：国药集团收购盈天医药、同济堂药业、天江药业打造中药平台，上海莱士并购同路生物和郑州邦和药业，复星医药收购锦州奥鸿药业、湖南洞庭药业、苏州二叶，华润三九收购桂林天和药业和广东顺峰药业，三生并购中信国健等。最大并购项目估值超过 100 亿元。此外，89 家国内医药企业在境内外资本市场上市，200 多家企业在新三板挂牌，是上市 / 企业数量领先的行业。

（二）境外并购初现雏形

一批有实力的企业通过实施境外并购，获取产品、技术，搭建进军国际市场的平台，2011 年以来发生的境外并购项目有数十起。交易额较大的药品项目有：人福医药收购美国 EPIC 制药，中化集团收购荷兰 DSM 公司抗感染业务部分股份，海普瑞收购美国肝素企业 SPL 公司和赛湾生物；医疗器械项目有：复星医药收购以色列医用激光企业 Alma 公司，华大基因收购美国基因测序公司 Complete Genomics，深圳迈瑞收购美国超声诊断系统生产企业 ZONARE 医疗系统公司，上海微创医疗收购美国 Wright 医疗集团的骨科关节产品业务等。

（三）外资并购、合资规模增大

"十二五"以来，外资并购或合资的数量不多，但规模加大。重点项目有：美敦力公司收购骨科器械企业康辉医疗，史塞克公司收购骨科器械企业创生，诺华收购疫苗企业浙江天元，日本盐野义收购南京长澳，拜耳公司收购滇虹药业。辉瑞与海正组建合资公司合作开发仿制药市场，安进公司和浙江贝达组建合资公司，合作开展生物药的国内注册和销售等。

六、出口结构日趋改善

医药出口整体保持了较快增长。2015 年医药产品出口额达到 564.4 亿美元，2010—2015 年年均增长 11.3%。化学原料药和医疗器械仍是出口主要品种。2015 年，化学原料药占医药出口总额的 45.40%，医疗器械占医药出口总额的 37.51%。医药出口结构改善取得了较大进展，主要体现在以下几个方面。

（一）原料药多元精深发展

医药级原料药出口增加，一些医药中间体向下游医药级产品延伸，如 6-APA 等向出口阿莫西林转移，头孢类抗生素无菌粉出口数量增长，且进入到发达国家市场；番茄红素、甾体激素类产品、辅酶 Q10、4-AA、阿托伐他汀等一些中小规模特色原料药成为新的增长点。

（二）化学成药制剂出口比重增加

2015 年化药制剂出口额为 31.98 亿美元，"十二五"以来复合年均增长 15.6%；在全部医药出口额中所占的比重从 2010 年的 4.7%增长到 2015 年的 5.67%。

（三）制剂出口附加值提高

国内企业在欧美发达国家获得的仿制药批件（ANDA/MA）达到近百个，对发达国家的出口逐渐从承接代工为主向发展自主品牌产品转变，出口产品逐步从传统大宗仿制药，向缓控释制剂、专科用药、首仿药等方面延伸，华海药业拉莫三嗪控释片和恒瑞医药环磷酰胺在美国市场取得了突破，人福医药积极开发皮肤科产品市场，培育 OTC 药物品牌。

此外，中国的疫苗产品首次进入国际供应体系，成都生物制品所乙脑减毒活疫苗、华兰生物的流感疫苗通过 WHO 预认证，是中国生物制品发展水平与国际接轨的重要标志。

（四）医疗设备出口比重增加

2015 年医疗器械在出口额中所占比重为 37.5%，其中附加值较高的医疗设备发展势头良好，2015 年出口额为 96.6 亿美元，在全部出口额中所占的比重从 2010 年的 13.7%增长到 2014 年的 17.1%。重点出口品种有：彩超、监护仪和 CT。

（五）CRO 和 CMO 发展迅速

面向国际市场的 CRO 和高附加值原料药 CMO 发展迅速。CRO 离岸服务外包规模超过 20 亿美元，出现了若干专业化的为国外创新药研究及产业化提供原料药的 CMO 企业。

表 2　2010、2015 年医药产品出口额及比重

类别	2010 年		2015 年	
	金额（亿美元）	比重（%）	金额（亿美元）	比重（%）
合计	330.0	100	564.4	100
中药类	17.08	5.18	37.70	6.68
其中：提取物	7.68	2.33	21.63	3.83
中成药	1.94	0.59	2.62	0.46
中药材及饮片	6.51	1.97	10.58	1.87
化学药类	210.64	63.83	315.00	55.81
其中：化学原料药	173.8	52.67	256.22	45.40
化学成药	15.51	4.7	31.98	5.67
生化药	21.33	6.46	26.79	4.75
医疗器械类	102.27	30.99	211.70	37.51
其中：医用敷料	12.22	3.7	26.15	4.63
一次性耗材	17.69	5.36	33.34	5.91
医院诊断与治疗设备	45.31	13.73	96.61	17.12
口腔设备与材料	2.89	0.88	7.07	1.25

数据来源：中国医保商会。

中国医药企业管理协会
王学恭　朱军　钟倩　李倩

案例10

"十二五"期间医疗器械产业发展回顾

"十二五"期间，医疗器械产业迎来了历史性的发展机遇。战后，在世界范围内，医疗器械产业长期、高速增长，成为仅次于信息产业增长最为迅速的产业。在国际化的大背景下，不断增长的全球医疗器械市场吸引了许多跨国大企业，GE（美国通用电器公司）、PHILIPS（荷兰飞利浦）、SIEMENS（德国西门子）在大型医疗器械产品领域形成寡头垄断（三家公司简称GPS），GPS医疗系统也成为其集团下利润率最高的分部。历史性发展机遇还体现在产业所面临的挑战之中，在全球范围内医疗模式正在经历着根本性的变化，从关注疾病诊疗转向关注保健、生理状态监测、疾病预防与诊疗、康复、老龄关怀全生命周期的健康管理，各国均面临着医疗改革的问题，这些都深深地影响着医疗器械产业的发展。在新技术迅速发展的大趋势下，新型医疗令人期待，远程医疗、智慧医疗、云诊断等为人们描绘了美好的发展前景，一些新方法、新技术不断应用于临床并取得了令人印象深刻的效果，有些颠覆性技术的出现甚至被认为将彻底改变现有医疗技术。在大发展、大变革的环境下，产业体系面临着重构，创新链和产业链发生着深刻的变化。"十二五"期间，医疗器械产业发展的政策环境和金融环境也发生了巨大变化，一批活跃的中小企业冲向历史的潮头。

一、医疗器械产业持续、稳定、迅速发展

（一）国际、国内医疗器械市场发展迅速

"十二五"期间，中国医疗器械市场销售额年平均增长率达到20%，远远超过其其他国家。中国医疗器械市场销售额占全球比例也逐年增长，从2011年的6.5%增长到2015年占全球市场销售额的9.29%（见表1）。

表1　2011—2015年全球及主要国家医疗器械市场销售额

单位：亿美元

年度	2011年	2012年	2013年	2014年	2015年	平均增长率（%）
全球	3220	3388	3564	3740	3945	5.63
美国	2066	2105	2162	2225	2315	3.01
欧盟	1464	1575	1712	1964	2087	10.64
德国	312.78	324.92	331.66	342.44	382.89	5.60
日本	294.93	237.62	273.49	261.42	226.27	－5.82
中国	210.57	253.78	304.95	351.08	382.52	20.42

数据来源：欧盟医疗器械委员会、日本统计。

（二）国内医疗器械基本需求进一步得到保障

据统计，自主品牌医疗器械在县级医院占比约70%（台数占比），其中超声场诊断设备达到30%；生化分析仪占市场份额约为30%—35%；血液分析仪约为25%—30%，普通X射线机达到50%以上；CT机6%—20%。“十二五”期间，超导磁共振成像设备的市场比例由期初（2011年）近乎为零升至期末（2015年）达10%，相应地，心电图机从55.29%升至65%，监护仪从52.16%上升至67%，麻醉机从23%升至30%，肿瘤治疗设备医用加速器从3%升至8%，综合实验室设备从27%，升至35%—40%。

一些产品取得显著进展，全自动生化分析仪、五分类血细胞分析仪、基因测序与筛查、综合生化分析仪流水线、POCT产品实现自主品牌化，超导磁共振、多排CT、彩色超声诊断等实现零的突破。

“十二五”期间，自主品牌不断走向中高端产品领域。越来越多拥有自主品牌的CT机、1.5T超导磁共振、彩超、DR、生化分析仪、监护仪、骨科导航机器人、植（介）入的血管支架、脑神经起搏器、人工关节等自主品牌产品进入三甲医院。

（三）企业不断发展壮大

“十二五”期间，中国医疗器械产业发展迅速。企业数量、企业经济运行指标、企业按产品安全等级分类占比的变化反映了产业的发展（见表2）。

表 2　2011—2015 年国家医疗器械生产企业数量变化情况

年度	2010	2011	2012	2013	2014	2015（截至11月份）
企业数量（家）	14337	14603	14928	15698	16169	14151
I 类产品生产企业	4015	4051	4095	4218	3966	5080
II 类产品生产企业	7906	8147	8247	8804	9355	9517
III 类产品生产企业	2416	2405	2586	2676	2848	2614

"十二五"期间医疗器械规模以上企业数量、资产、产值、销售收入、利润发展情况（见表 3）。

表 3　全国医疗器械产业经济指标情况

时间（年）	2011 年	2012 年	2013 年	2014 年	2015 年	平均增长率（%）
企业数量（家）	878	974	1084	1196	1193	8.97
企业资产总额（亿元）	1180	1291.13	1561.7	2487.64	2211.25	21.85
产值（亿元）	1340		1836.74	2139.96	2375	19.31
销售收入（亿元）	1360	1602	1888.63	2182.55	2382.49	18.80
利润（亿元）	153.55	187.1	201.1	237.18	232.56	12.86
从业人数（万人）	24.16	26.07	28.38	29.81	31	7.08
出口交货值（亿元）	414.5	394.2	906.6	476.1	488.59	4.47

但是也应当看到，在整体上，产业的发展模式仍还以跟踪模仿为主，在体系建设上、产业结构调整方面、国际化方面还有待加强，产业内的协作、产学研医之间的融合还有待深化。

二、产品与技术发展令人瞩目

“十二五”期间，医疗器械产业能力不断加强，产品与技术发展迅速，产品结构趋于合理，自主品牌产品占比逐渐提升，其中耗材在市场上占有主导地位。

（一）产品结构

1. 自主品牌产品的种类、型号越来越齐全

“十二五”期间，自主品牌医疗器械在多个产品领域实现零的突破。以医学影像产品为例，128 通道彩超、64 排 CT 机、1.5T 超导和 3T 超导系统、PET-CT 一体机等自主品牌的高端影像设备取得实质性进展，打破了国外公司长期垄断的局面。

在许多产品领域，自主品牌的医疗器械可以覆盖临床的大部分需求，为医院提供了更多的选择。以临床检验设备为例，2400s/h 全自动生化分析仪、五分类血细胞分析仪、化学发光免疫分析仪、POCT 快速检测分析仪、体外诊断试剂等自主品牌产品在“十二五”期间陆续上市，基因测序与筛查、基因数据库建立、基因测序设备、高通量基因芯片等方面也有创新性突破。

一些自主品牌医疗器械成为市场主流。在血管支架、数字 X 射线机等产品领域，自主品牌医疗器械逐步取代进口品牌，市场份额超过 50%以上。

针对需求变化，国内一些公司还推出了临床检验、数字化手术室、医学影像、远程医疗等一体化解决方案，自主品牌医疗器械对临床及临床研究方面的支撑作用显著提高。

2. 产品档次逐渐提升

“十二五”期间，自主品牌医疗器械不断向中高端方向发展，高端市场所占比例增长迅速。2010 年以前，自主品牌的高端产品只有很少的

比例，在一些场合甚至还要面对质疑、不信任和歧视，2015 年，自主品牌的高端产品已经初具规模，竞争能力明显提升。

在医疗器械领域中，Ⅲ类产品对技术和生产有更高的要求，"十二五"期间，中国Ⅲ类产品发展迅速（见表 4）。

表 4　中国注册医疗器械产品结构比例

年　度	2011	2012	2013	2014	2015（截至 11 月份）
总　数	3583	4331	4252	4876	11055
Ⅰ类产品首次注册比例（%）	39.92	34.93	31.29	31.06	54.18
Ⅱ类产品首次注册比例（%）	37.33	29.34	32.31	36.41	34.45
Ⅲ类产品首次注册比例（%）	4.32	7.36	7.58	5.69	3.73
进口医疗器械首次注册比例（%）	18.43	28.37	28.82	26.84	7.64

（二）产品创新成果丰富

"十二五"期间，在良好的政策环境和金融环境下，医疗器械创新成果令人瞩目。在产品方面，涌现出了自主品牌的脑起搏器、手术机器人、高通量生物芯片、基因筛查、人工关节、可折叠人工晶体等具有市场竞争性的新产品。在新技术探索方面，脑机接口、电阻抗成像、可穿戴技术等得到业界普遍关注。

（三）核心部件与关键技术有所突破

"十二五"期间，一些关键技术和核心部件取得进展。比如，在医学影像领域中，超导磁共振中磁体技术、谱仪技术、CT 球管、CT 探测器、X 射线平板探测器、PET 探测器、基于硅光电倍增管的 PET 探测器、超声探头、高通量生物芯片技术等陆续取得突破。

（四）产品质量显著提升

"十二五"期间自主品牌医疗器械产品的品质显著提高，竞争能力和品牌认可度也相应提升。手术与急救设备对产品质量有着更加苛刻的要求，如今自主品牌的麻醉机、麻醉呼吸一体机、无创呼吸机、自适应呼吸机、血液透析机、数字化手术室、除颤仪、心脏起搏器、ICU 生命监护仪等产品得到临床认可。

市场占有率是产品质量的试金石，如迈瑞公司监护仪已成为国内医院监护仪的主流产品，市场份额达到 45%以上，该产品在发达国家也形成一定规模的销售，迈瑞公司的 DC-9 高端彩超与便携彩超也成为三甲医院采购中优先选择的产品；乐普、微创、吉威公司药物涂层血管支架在国内市场占有半壁江山；自主品牌麻醉机占市场份额达到 30%以上。

但是，中国医疗器械产业平台性技术、基础应用技术的发展仍与发达国家存在较大差距，与产业发展需求不相适应。

三、创新探索成果丰硕

“十二五”期间，中国取得了一批医疗器械创新成果，在医学影像、高端植（介）入、手术与急救、临床检验及基因检测与筛查、先进治疗、医用机器人、康复辅具等领域，创新成果对产业的推动作用明显。

（一）前沿技术探索取得成果

“十二五”期间，在国家相关政策的支持下，产业在碳纳米 X 射线源、X 光子计数探测器、PET 探测器、电阻抗、生物芯片、太赫兹成像等方面有所布局，其中 PET 探测器、X 光子计数探测器、电阻抗、生物芯片等关键技术方面取得突破性进展。以生物芯片为例，高通量基因芯片技术的突破，大大缩短了基因测试与筛查时间，可为基因检测领域提供平台性技术，其在耳聋筛查方面所展示出来的临床价值得到广泛认可。再以 PET 探测器为例，光电倍增管是 PET 探测器的核心部件，硅 - 光电倍增管代表着未来的发展方向，国内企业在这一技术上率先获得突破并成功地将其应用于 PET-CT 整机，这对降低 PET-CT 成本以及未来 PET-MRI 的发展具有重要意义。

（二）创新机制探索进入收获期

“十二五”期间，医疗器械创新机制引起全行业的关注，出现或引入了不少相关新概念，如产学研医结合、转化医学、协同创新中心、创新工厂、样机设计和制作中心、工程化平台等，在国家的主导下一些单位成立了工程研究中心、先进技术研究院、转化医学中心等，还出现了第三方性质的创新联盟等，一些探索取得一定成果，尤其在机制探索方面正在酝酿突破。中关村医疗器械产业技术创新联盟提出的创新2.0将产业基础信息、技术信息、需求管理、知识管理、创新设计与制作工厂、工程化平台、专业化服务等融为一体，其实施将对业界的创新产生积极作用。

四、企业实力不断提升

"十二五"期间国内生产企业能力也得到显著提升，不仅规模以上企业发展迅速，还涌现出一批富有生命力的新兴企业。

（一）规模以上企业快速增长

规模以上企业由"十二五"初期2011年的878家，发展到2015年的1193家。平均增长9%。截至2015年底规模以上企业生产总值达到2375亿元，销售收入达到2382亿元。

（二）跨国企业、综合性企业、有特色的中小企业成长迅速

一些大企业在"十二五"期间国际化进程加快。迈瑞公司在全球60多个国家和地区布局生产、研发与销售。沈阳东软的产品在30多个国家销售，北京乐普进入了20多个国家，山东威高的产品覆盖了20多个国家。

"十二五"期间，越来越多的企业选择了综合化发展的道路。在产品上，逐步从单一化转向系列化，一些公司的产品甚至可覆盖多个科室，迈瑞公司以生产监护仪产品起家，如今公司产品品种已达30多种，包括医学影像领域（X射线机、磁共振等）、手术急救领域（呼吸机、麻醉机、数字化手术室、除颤仪等）、电子内窥镜、可穿戴产品等领域产品；在营销上，从销售型转向综合服务型，越来越多的公司加大了对医院技术支持的投入并参与到临床培训中，如博奥集团注重技术服务，通过为临床提供深度服务实现临床对技术的认可，最终实现效益最大化；在市场上，从产品转向全面解决方案，出现了许多可为医院提供全面解

决方案的企业，北京乐普以血管支架产品起家，为了给医院提供全面解决方案，公司在 DSA（X 射线数字减影成像）设备、急救的心脏起搏器、健康监测可穿戴等领域加大了投入。

一些技术有专攻的中小企业成长迅速。“十二五”期间，在各类医疗器械产品领域中都涌现出一些非常有特色的中小企业。北京品驰公司的核心是脑神经刺激器技术，它掌握了神经刺激的方法，并突破了刺激器实用化过程中的一系列技术门槛；北京天智航公司在手术机器人领域与临床深度结合，在影像定位、手术方案规划、精密控制等方面获得突破，成为世界上少有的几家掌握相关技术的公司。在核心部件领域也涌现出了一些有前景的企业，电子集团十二所基于强大的技术后盾实现了大热容量 X 射线球管的突破；广州多浦乐公司与上海硅酸盐研究所共同致力于超声探头技术的发展。

自 2013 年开始，国内还出现了医疗器械专业技术服务公司，为企业提供专业化、定制化技术服务，服务范围不仅涉及产品信息、注册、检测、临床，在产品样机设计与制作、工程化、售后维修和保养服务方面也有企业尝试。

（三）产业并购重组活跃

自 2010 年起，医疗器械产业中的并购重组活跃，2011 年并购交易案例 10 起，到 2015 年并购案例达到 81 起。按照国别划分，既有国外公司并购国内企业，也有国内企业兼并国外企业，前者有强生并购广州倍绣生物公司、美郭力并购康辉公司、柯惠医疗收购常州市康迪医用吻合器公司、史赛克收购创生控股等，后者则有浙江明峰兼并美国 FMI、迈瑞并购美国 Zonare 医疗系统公司、复星医药出资购买以色列 Alma Lasers 公司、微创医疗购买美国 Wright Medical 的骨科业务等。如果按照驱动动力划分，技术发展、资本驱动、市场发展、领域拓展是主要的成因，比如一些房地产企业通过兼并涉足医疗器械领域，还有一些企业针对大健康领域拓展出来的新市场，加大投入。

（四）企业创新活跃

“十二五”是新技术快速涌现并在医疗器械广泛应用的时期，特别是通信技术、数字技术、智能技术及新材料技术在医疗器械领域中的应用发展迅速，许多产品实现升级换代，一批有竞争力的新产品问世。

创新为企业带来了利润，也吸引了资本的青睐。国内出现了很多专业化的生物医药投资公司，一些大型医疗器械公司如迈瑞公司、东软公司、乐普公司、鱼跃公司、博奥公司则成立自己的投资基金。

"十二五"期间的 2011 年投放医疗器械领域风险资本有统计的约 2.23 亿元，投资项目 15 个；企业并购有约 11 起，交易金额为 165 亿美元。到 2015 年共投放医疗器械领域资本有统计的约 19.1 亿元，投资项目有 40 项；企业并购有 81 起，交易金额 320 亿美元，中国本土并购交易为 39.9 亿美元。

五、国际化发展稳步前行

（一）进出口总额年均增长达到近 11%

"十二五"期间，国家医疗器械进出口始终保持顺差，并实现进出口总额年均增长 11%以上（见表 5）。

表 5 "十二五"期间医疗器械进出口情况

单位：亿美元

时间	2010	2011	2012	2013	2014	2015	平均增长比例 (%)
进口额	79.57	108.87	124.72	149.75	157.71	173.19	14.77
出口额	146.99	157.11	175.9	193.35	200.23	211.7	8.69
进出口总额	226.6	266	300.6	343.1	357.94	384.89	11.17

（二）进出口结构发生引人关注的变化

产品水平的提高还体现在出口产品结构中。"十二五"之前，中国出口医疗器械以低值耗材为主，大型医疗器械的出口则以合资公司产品为主，"十二五"期间，自主品牌的磁共振、CT、彩色超声诊断系统等大型医疗装备均形成了一定规模的出口。2015 年国产 CT 机、磁共振、彩超数量及出口金额见表 6、表 7。

表 6　2015 年主要医学影像设备出口数量

单位：台

指标名称	磁共振设备 (MRI)	彩色超声波诊断仪	X 射线断层扫描仪 (CT)
2011	502	20408	1915
2012	572	22759	2063
2013	798	29902	2365
2014	1583	424935	2905
2015	1433	601971	3097

表 7　2015 年主要医学影像设备出口金额

单位：（万美元）

指标名称	磁共振设备 (MRI)	彩色超声波诊断仪	X 射线断层扫描仪 (CT)
2011	13783.15	36500.00	32700.00
2012	17631.61	42845.53	32003.64
2013	20407.37	46658.94	39127.50
2014	23572.23	50821.55	43786.06
2015	23788.47	48931.88	50677.83

（三）国际合作稳步前行

“十二五”期间，随着创新日益受到重视，国内有越来越多的医疗器械企业选择了国际化协作的创新发展模式。从国外购买技术、引进技术人才成为许多企业的选择，一些大企业通过在海外建研发和生产基地、兼并海外创新型企业、与海外科研机构和医院开展深度合作等方式实现跨越式发展。迈瑞公司为实现国际化发展战略，在国外布局研发并建立核心部件生产基地，实现了市场全球化、创新资源全球化。

（四）品牌逐渐得到国际认可

在拓展国际市场的同时，一些自主品牌逐渐得到国际上的认可。如沈阳东软、深圳迈瑞、乐普、山东威高等企业的品牌产品在国际市场上的表现令人瞩目。一些配套零部件国际化、专业化的供应商也应运而生，如河南驼人集团等。

六、产业结构日趋合理

（一）产业结构，生态

"十二五"期间医疗器械产业结构发生较大变化，产业结构从原来分散型中小企业占主导（95%以上），逐渐向大中型企业发展，2015年大中型企业比例达到20%以上。

产业聚集度有所提升。2011年排名前20位企业收入占全国总收入约18%，2015年排名前20位占全国总收入约23%。产业集中度在提升。

"十二五"期间，产业生态趋好，一些专业化的部件供应商发展迅速，甚至一些业界之外的企业也进军医疗器械部件领域。上海奕瑞成功推出X射线平板探测器，电子集团十二所成功开发高热容量CT球管，宁波建信为国际市场提供永磁和超导MRI磁共振系统磁体。

（二）服务业发展迅速

在专业化、社会化迅速发展的大趋势下，一些企业突破原有模式，探索新的生存空间，专业化的服务型企业发展迅速，对产品发展形成全链条式的支撑。在创新阶段，有专业化的公司为创新提供金融、技术咨询，与需求对接、设计、制作、测评的企业；在产业化阶段，有提供全面解决方案，注册、形式检测、临床外包等；在市场化阶段，有提供竞争信息、需求、培训、计量、维养服务的专业化企业。

"十二五"末，临床对一体化解决方案的需求更加迫切，医院更希望企业能通过一揽子、系统化的工程为临床提供全面解决方案，需求不再是面向产品，更多的是面向产品加服务，比如生化流水线＋试剂＋质控、数字化手术室、基因测试＋诊断服务等。在这一背景下出现了一批新形式的企业，他们为企业和临床提供专业化、跨领域的服务。

（三）民营企业发展迅速

截至2015年国内医疗器械领域民营企业已达到95%以上，特别值得注意的是，在"十二五"期间快速发展起来的企业全部为民营企业。如迈瑞公司、上海微创公司、乐普公司、纳通公司、蓝韵、理邦、新实业、先健公司、迪瑞、特康、谊安、金山等都已成为各领域的主导企业。

七、产业发展模式正在发生根本性的变化

（一）从跟踪模仿转向自主研发

从整体上看，“十二五”期间，跟踪模仿是产业的主要发展模式，但这一发展模式正在逐渐转向自主创新。首先，企业更加重视知识产权，在医疗器械行业中知识产权侵权案的发生远比其他行业少，企业越来越注重自主知识产权，在这样的环境下，企业加大了与学术界的合作，出现了一批协同创新的典范，如北京天智航与学界和医界广泛开展合作，研发出具有自主知识产权的手术机器人；其次，新产品令人刮目，如果将“十二五”期间的医疗器械博览会与“十一五”期间的相比，自主品牌产品在工程技术、新方法运用方面都有长足进步，“首次采用”逐渐增多；再次，有越来越多与本地化需求结合的产品问世，“世界技术与中国需求相结合”成为一些企业发展的动力。

（二）从技术创新走向协同创新

在自主创新的趋势下，越来越多的企业从单纯性、以技术为突破的产品开发走向与需求深度结合、走向与学界的广泛联合、走向协同创新。在不少典型案例中，企业承载着需求与技术对接的主体，成为创新机制中最活跃的要素，使产学研医的结合走向协同。“十二五”期间，中国不仅在工程技术上取得飞速发展，在方法探索、临床应用研发方面也取得了进步。

（三）从产品走向系统、走向服务

医疗器械已成为现代医疗不可或缺的组成部分，技术在其中起着越来越重要的作用，融合发展已成为医疗器械发展的必然，在这一趋势下，如前所述，越来越多的企业选择了为临床提供系统化服务。

（四）走向跨国合作

开放是“十二五”期间产业发展的另一突出特点。一些大企业看重国际市场和国际化资源，拓展海外取得了良好业绩。研发资源全球化、生产基地本地化、产品与服务走出国门、与当地研发和临床开展合作，这些逐渐成为大企业的战略选择。开放式的合作还引入了先进的管理与理念，不少大企业采用了国外先进的研发管理流程，基于统一标准的技

术平台，严格的质量控制，使企业的运行效率、产品质量和认可度得到提升。

中国仪器仪表学会医疗仪器分会
王晓庆　秦永清　王金锐　华玉涛　李萍萍

案例 11

“十二五”期间基因检测产业发展回顾

中国是人类基因组计划（Human Genome Project，HGP）的六个参与国之一，为描绘包含 30 亿个碱基对的人类基因组图谱、破译人类遗传信息做出了重要贡献。这也为中国发展基因检测行业奠定了坚实基础。

“十二五”时期是中国基因检测行业高速发展的重要时期，具有里程碑式的意义。期间，中国基因检测技术持续取得新的突破，应用范围不断拓展。行业竞争力进一步增强，检测服务能力跃居世界前列，国际化发展水平稳步提高。在政策法规逐步完善和资本市场的推动下，中国基因检测市场规模迅速扩张，受到全球瞩目。

一、基因检测技术呈现“三分天下”格局

基因检测是对核酸（DNA 或 RNA）进行检测的技术。目前，中国基因检测的主要技术有基因测序、基因芯片和聚合酶链式反应技术（PCR）等，各项技术均在基因检测中获得一定应用，总体呈现“三分天下”的格局。其中，基因测序主要应用于科学研究以及无创产前诊断（唐氏筛查）、肿瘤基因检测、易感基因筛查等临床应用；基因芯片主要应用于新生儿筛查、产前诊断、携带者筛查、药物代谢基因检测、易感基因检测等；PCR 及其相关技术已广泛应用于临床和研究，主要用于肿瘤、遗传病、代谢相关的少量位点的检测（见表 1）。

专栏 1　主流基因检测技术简介

基因测序是指通过测序设备对 DNA 分子的碱基排列顺序进行测定。新一代测序技术使得测序自动化程度大为提高，操作更简便，时间也大大缩短，但是其检测费用仍然较高，限制了它的广泛应用。

基因芯片是将生物样本中基因靶序列与固定有基因探针的基因芯片进行特异性杂交，从而测定样本碱基序列的技术，根据其用途可分为 CNV（基因片段微缺失微重复）、SNP（单核苷酸多态性）两种。基因芯片技术能够在同一时间内平行分析大量基因，进行信息的筛选与检测，实现对生物样品快速、并行、高效地检测或医学诊断。基因芯片技术敏感、高效，对于已知的点突变及微缺失/插入可以进行检测，但不适用于未知的点突变检测。

聚合酶链式反应技术简称 PCR，是一项在短时间内体外大量扩增特定的 DNA 片段的分子生物学技术，其应用形式主要是荧光定量 PCR 和数字 PCR 等。

表 1　三类基因检测技术对比

检测技术	主要特点	应用领域	代表产品
第二代基因测序技术	1. 高通量、测序成本相对于一代测序大大下降； 2. 读长短； 3. 单个碱基的错误率在 0.1%左右，通过提升测序深度可以减少错误率； 4. 全基因组测序时会有随机丢失。	无创产前诊断（唐氏筛查）、肿瘤基因检测、遗传病基因检测、易感基因筛查	华大基因、达安基因和贝瑞和康等企业的基因测序仪及无创产前检测产品
基因芯片技术	1. 需要先扩增，然后再杂交；2. 可实现高通量检测；3. 有 10% 左右的假阳性或假阴性结果；	产前诊断、携带者筛查、药物代谢基因检测、易感基因检测	博奥生物系列基因芯片、宏灏基因的高血压芯片 、百傲科技的几款基因芯片产品
聚合酶链式反应技术（PCR）	1、能够定量检测，数字 PCR 的精确程度很高；2. 检测时间短；3. 应用比较广泛；	肿瘤、遗传病相关的少量基因变位点的检测	EGFR 基因检测、 KRAS 基因检测、 BRAF 基 因检测、 四项耳聋基因检测

资料来源：根据公开资料整理。

二、第二代测序技术处于全球第一方阵

基于在人类基因组计划中的工作基础，国家积累了大量技术和资料，并建立了自己的技术人才队伍，为中国发展基因测序技术奠定了坚实基础。近

年来，在基因检测技术发展日新月异，中国科研人员不断开拓进取，在应用范围最广的二代测序技术领域不断取得突破，基本与世界先进水平相当。

专栏 2　历代基因测序技术的演进

第一代基因测序技术的基础是 1977 年 Sanger 等人发明的双脱氧链终止法或 Maxam 和 Gilbert 发明的化学降解法。第二代 DNA 测序技术兴起于近几年，其技术革新在于：采用随机测序的办法找出突变基因，再与人类基因组参考序列进行比对，因此第二代技术能够大规模快速发现基因突变。目前，以单分子测序为主要特征的第三代测序技术也已经出现。纳米孔测序则是第四代测序技术，它通过物理方法直接对 DNA 序列进行读取，无须事先进行生物化学预处理，正向着高通量、高读长、低成本、小型化的方向发展。

一代技术在读长和准确率上具有优势，但其通量较小并且成本非常高；二代技术改进了一代技术在通量上的问题，同时大幅度降低了测序成本，但二代技术在读长上较短；三代技术在读长上优于二代技术，但在准确率上较二代技术差，目前还不成熟。现阶段，二代技术同三代技术并存，由于三代技术在准确率上不高，技术有待进一步完善，因而使用范围还比较小；二代技术凭借高通量和较高的准确率拥有较高的使用率，是目前主流的基因测序技术。

“十二五”以来，国内企业与研发机构把握基因测序技术发展趋势，积极进行技术开发和设备研制，以打破欧美企业在上游测序仪器及试剂制造的垄断。紫鑫药业与中国科学院合作开发第二代测序仪 BIGIS，这是国内第一款具有自主知识产权的实用型国产第二代测序仪，能够达到和部分超越国际主流设备技术指标，成本低于进口设备的 1/2 以上，应用成本低于进口设备的 1/3 以上。紫鑫药业已与中国检验检疫研究院、北京大学人民医院、北京出入境检验检疫局等单位签订了试用协议，开始了该测序仪的多领域应用。华大基因生产的 BGISEQ-1000、BGISEQ-100、BIGISEQ-500 基因测序仪，属第二代测序仪，其中 BGISEQ-1000、BGISEQ-100 已获得 CFDA 审批，进入市场。此外，华大基因还开发了基于 MDA 的单细胞测序技术，该技术属第三代测序技术，不仅具有更高的分辨率和基因组覆盖度，而且具有更好的敏感性和特异性。中国第二代测序技术处于全球领跑位置，不仅带动了国内整个基因健康产业的发展，还将加强中国基因测序技术产业的国际市场竞争力，保障国家生物信息安全（见表 2）。

表 2　基因测序技术代际更替及特点

测序技术	典型产品	原理	测序通量	准确率	读长	优点	缺点	应用状况
第一代	ABI/LIFE3730 ABI/LIFE3500	双脱氧链终止法或化学降解法	0.2Mb/run	>99%	400—900bp	高读长、高精度	成本高、通量低、速度慢	应用少
第二代	Illumina HiSeq	边合成边测序，可逆终止法	750Gb—1500Gb/run	>99%	50—150bp	高通量、高准确率、低成本	读长较短	目前应用最广泛、中国最具竞争力的技术
	Roche 454	焦磷酸测序法	450Mb/run	>99%	200—600bp			
	紫鑫药业 BIGIS	焦磷酸测序法	5—400Mb/run	>99%	100—1000bp			
	华大基因 sBGISEQ-500	联合探针锚定聚合技术和 DNA 纳米球技术	8—200Gb/run	>99%	50—100bp			
第三代	PacBio RS	单分子测序	0.5—9Gb/run	<90%	1000—10000bp	高通量、高读长、低成本	准确率较低	研发阶段，尚未商业应用
第四代	Oxford Nanopore MinIon	纳米孔测序	30—400bp/秒	<90%	平均 5400bp	高通量、高读长、低成本、小型化	准确率较低	研发阶段，尚未商业应用

资料来源：根据公开资料整理。

三、龙头企业基因测序服务能力居全球第一

从测序仪器的数量来看，中国拥有二代测序仪的数量仅次于美国。成立于 1999 年的华大基因，是国家乃至全球基因测序行业的排头兵，是全球最大的基因组学研发机构，也是世界上拥有二代基因测序仪最多的机构。其拥有约 137 台 Hiseq，3 台 Miseq，27 台 Solid，多台 Proton，共约 178 台第二代测序仪，约占国内总量的 2/3。截至 2015 年，华大基因已成为全球最大的基因测序公司，同时拥有最大的数据库，其基因技术已应用于英国、澳大利亚、西班牙等 60 多个国家和地区的 2000 多家医院或单位，占据全球 47%的测序市场份额，是真正意义上的"测序航母"（见图 1）。

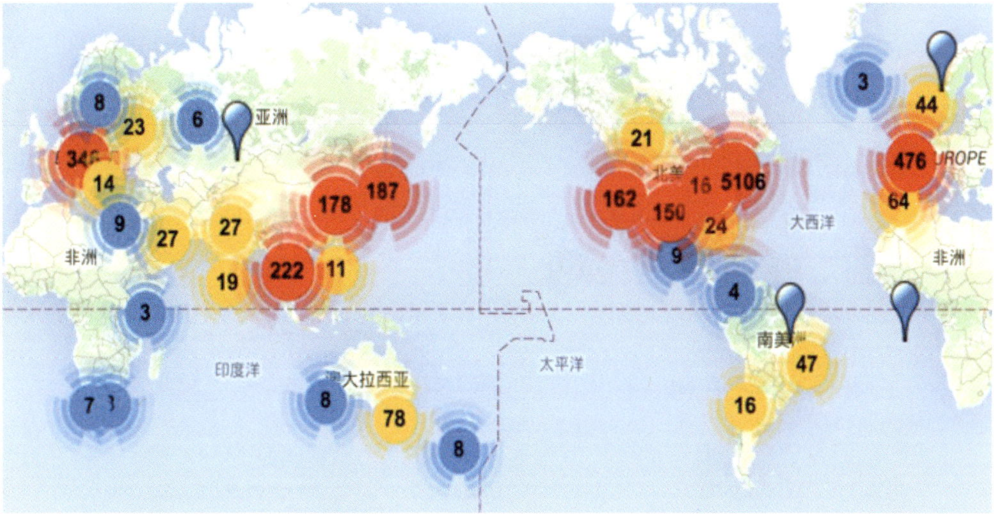

■ 图 1　全球二代测序仪存量分布图

资料来源：火石创造《基因测序全球地图》。

四、中国是全球基因检测市场规模增长最快的国家之一

“十二五”以来，基因检测以更高的测序通量、更高的检测的精度、更加平民化的检测费用，开始加速走进人们的生产生活。据 Markets and markets 公司统计，全球基因检测市场飞速发展，使得市场规模迅速增长，从 2010 年的 10 多亿美元增长到 2014 年的近 54 亿美元，年复合增长率超过 20%。其中，美国所在的美洲地区是基因组学最早兴盛的地区，科研实力雄厚，产业资源投入充足，基因检测行业发展得较为成熟，其基因检测市场增长率为 18%至 20%。欧洲地区研发力量较强，基因检测在该地区发展迅速，但受欧洲复杂地域情况的影响，基因检测服务供应商的业务覆盖区域受限，研发主体也以小型核心机构、信息分析小组等为主，欧洲基因检测市场增长率为 12%至 16%，低于全球平均水平。在亚太地区，中国、日本、韩国、印度等是注重生物行业及生物科研基础的经济大国，积极发展基因检测行业，科技研发活动受到相当的重视。有关数据显示，2012—2015 年期间，中国基因检测市场年均增长率达到 25%左右，是全球增长最快的国家之一（见图 2）。

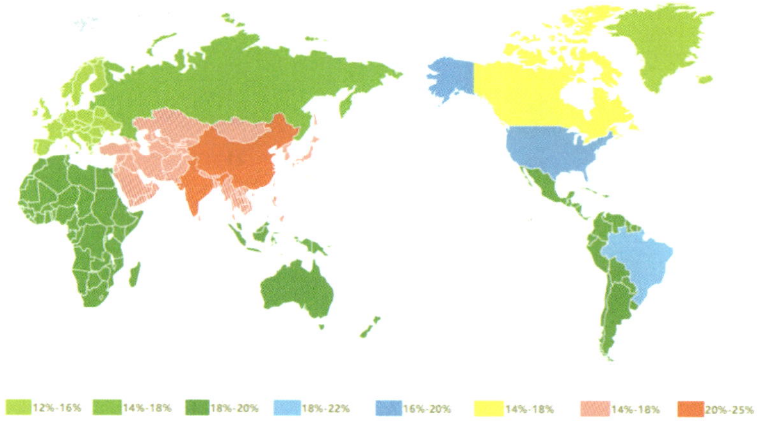

■ 图 2　2012—2015 年全球基因检测市场增长情况

资料来源：Markets and markets。

五、基因检测已在科研服务和临床医疗领域获得应用

基因检测目前主要应用于科研服务、临床医疗和新药研发领域。基因测序在科研服务领域的应用主要有环境污染治理、生物多样性保护、食品及中药材同源鉴定、农牧业育种及司法鉴定等。临床医疗领域主要有生殖健康、遗传病检测、心血管疾病以及医学基础研究，其中生殖健康和医学基础研究是目前最主要的应用领域。基因测序在新药研发领域主要用于指导新药研发并进行新药评价（见图 3）。

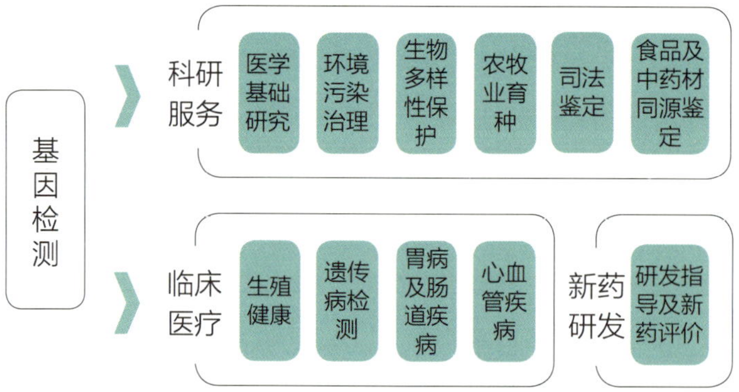

■ 图 3　中国基因检测应用领域

资料来源：根据公开资料整理。

目前基因检测的应用主要还是以基础科学研究和生殖健康服务为主。特别是在无创产前检测（NIPT）和新生儿单基因遗传病检测两个方面，技术应用的机理比较成熟、安全可靠程度高、技术经济性较好，具备了大范围开展应用的基础。

专栏 3 无创产前检测和新生儿单基因遗传病简介

无创产前检测即胎儿染色体非整倍体无创基因检测，是一种基于大规模平行基因组测序技术的高科技检测手段。不仅可以筛查唐氏综合征（21 三体），还可以筛查爱德华氏综合征 (18 三体)、帕特氏综合征（13 三体）以及提示其他非整倍体型遗传病。这种检测只需抽取孕妇少量静脉血，分离其中的胎儿游离 DNA，通过高通量二代测序技术平台测序，并对测序结果进行生物信息学分析，即可判断胎儿是否患染色体非整倍体疾病。该技术是国际人类基因组学研究成果被成功孵化的应用技术之一，在欧美等发达国家普遍开展。相比于传统的筛查技术，无创产前检测操作简单、安全准确，在怀孕早期即可进行，更具有无创的特点，不会导致流产、胎儿宫内感染等不良后果。

产前检测技术对比

检测技术	检出率	检测时间	风险	价格
血清学筛查	60%—80%	11—13	5%假阳性率	100—200 元
胎儿颈项透明带超声（NT）	60%—80%	11—14	5%假阳性率	200—300 元
绒毛膜穿刺	>99%	10—13	侵入性，1%—3%流产率	2000 元左右
羊水穿刺	>99%	16—21	侵入性，0.5%—1%流产率	700 元左右
第二代基因测序	>99%	12—26	假阳性率 <0.1%	2000—3000 元

资料来源：根据公开资料整理。

新生儿单基因遗传病是指由一对等位基因控制的疾病或病理性状。常见的单基因病有短指症、地中海贫血症、白化病、苯丙酮尿症、色盲、血友病、C6PD（葡萄糖 -6- 磷酸脱氢酶）缺乏症等。已知的单基因病的致病基因及遗传方式大部分已经明确，早起单基因遗传病大部分通过染色体核型分析进行检测，染色体核型分析不可避免的缺点是分辨率低，对技术人员的经验依赖度高，对于微小缺失或者基因突变导致的遗传病不能进行检测。现在通过先进的二代高通量测序技术可以对上千种由于基因变异（基因突变、平衡异位、微缺失等）导致的遗传病进行检测，并且可以在早期通过胎儿的脱落细胞或者绒毛膜进行检测。

六、国内行业政策环境不断完善

"十二五"以来，中国行业主管部门不断完善基因检测行业发展环境，制定了一系列促进行业发展的政策法规。2014 年，国家卫生和计划生育委员会联同食品药品监督管理总局加强基因测序行业监管，规定基因检测仪器、诊断试剂和相关医用软件等产品，需经食药监总局审批注册，并经卫生计生委批准技术准入，方可临床应用。此后分别批准了华大基因、达安基因和贝瑞和康等企业的基因测序仪及无创产前检测产品。2014 年底至 2015 年，卫生计生委确定了一批高通量测序技术临床应用试点单位，开展遗传病诊断、产前筛查与诊断、植入前胚胎遗传学诊断、肿瘤诊断与治疗的试点工作，并印发了《药物代谢酶和药物作用靶点基因检测技术指南（试行）》和《肿瘤个体化治疗检测技术指南（试行）》。2015 年 6 月，国家发改委决定实施新兴产业重大工程包，重点发展基因检测等新型医疗技术，并将在 3 年时间内建设 30 个基因检测技术应用示范中心，快速推进基因检测临床应用以及基因检测仪器试剂的国产化。这一系列政策举措，使得临床级别的基因测序产品和服务逐步走向规范化（见图 4）。

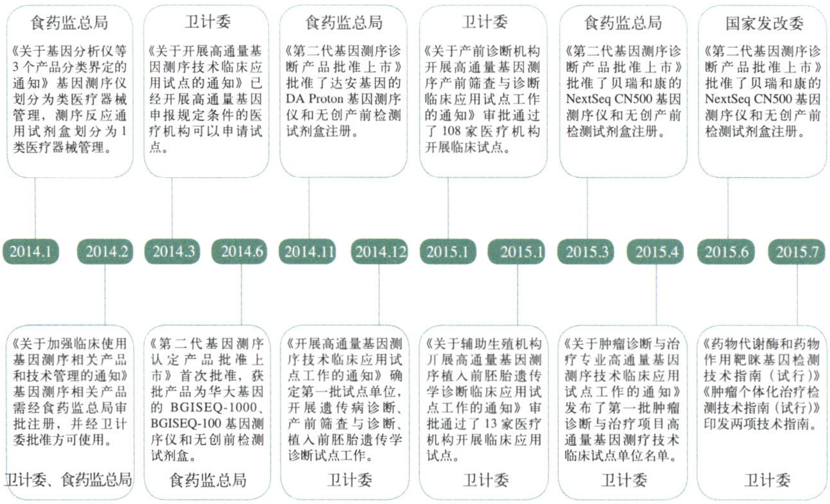

■ 图 4　中国基因检测行业政策演化

资料来源：根据公开资料整理。

七、资本市场高度关注

随着市场规模的迅速扩张和政策环境的不断优化，基因检测行业开始受到资本市场关注和青睐。据艾瑞咨询统计，2011 年至 2015 年，中国基因测序行业累计获得 37 笔投融资，累计披露的投资金额为 1.78 亿美元，其中 2015 年基因测序行业获得 16 笔投资，披露投资金额 6608.5 万美元，为有统计数据以来的最高值。

更加值得一提的是，中国基因测序行业龙头企业的华大基因，也被资本市场疯狂追逐，2012—2015 年间，相继有数十家机构成为华大基因的股东，其中不乏和玉高林、深创投、荣之联、中国人寿、软银等熟悉的身影。2015 年 12 月，华大基因以 2456 万的年利润入 IPO 创业板排队序列。而在 IPO 前的最后一轮融资中，它的估值高达 200 亿，市盈率高达 814 倍（见图 5）。

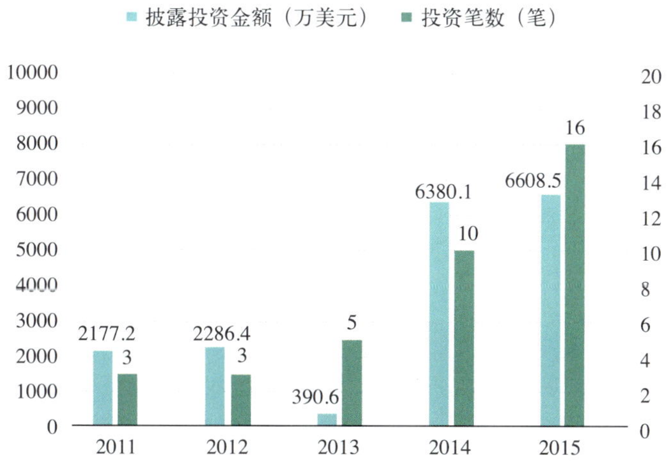

图 5　2005—2015 年中国基因测序行业投资数据

资料来源：艾瑞咨询《2016 年全球二代基因测序行业投研报告》。

八、行业竞争力逐步增强

从基因检测行业的产业链看，中国正逐步从中下游向上游进军。目前，基因检测产业链上游基本被国外企业所垄断，国内起步较早的诸多企业均选择使用外国公司提供的仪器和试剂，或与国外公司达成合作，只有少数几家企业正在自主研发仪器。国内测序企业多集中于中游，形成了"测序工厂"。近几年，国内提供基因测序服务的机构呈现逐年增长的趋势，目前已有超过 150 家企业和机构从事基因测序相关业务，主要有华大基因、贝瑞和康、达安基因、迪安诊断、千山药机、药明康德、中源协和、新开源、北陆药业、仟源医药等，竞争相对比较激烈。

专栏 4　基因检测产业链

基因测序产业链上游为测序仪器、设备和试剂供应商，进入的技术门槛较高。

中游为基因检测服务提供商，主要包括检测服务、数据分析等，相对来说技术门槛不高。

下游为终端用户，是检测数据和使用者，主要包括医院、制药企业、科研机构、患者和受检者等。

尽管基因测序设备目前仍由国外垄断，但国内企业已经通过各种方式研发和生产基因测序设备，实现产业链上移。首先是自主研发，如紫鑫药业同中科院合作开发的二代测序设备 BIGIS 系列产品，华因康开发的基因测序仪 HYK-PSTAR-IIA；其次是收购国外企业和技术，如华大基因于 2013 年收购美国 Complete Genomics 公司，获取 CG 公司基因测序设备知识产权，开发国产设备；再次是合作开发，如贝瑞和康和 Illumina 合作开发的基因测序仪 Next Seq CN500。国内测序企业努力探索并掌握了核心技术，行业竞争力不断增强。

九、国际化发展水平稳步提高

中国作为人类基因组计划的参与国之一，基因检测行业形成伊始，就是一个与国际接轨的行业。"十二五"以来，一批企业和科研院所不断深化国际合作，开拓了基因检测行业国际合作的新局面。比如，博奥生物是国家最大的基因芯片企业，其产品及服务已出口北美、欧洲、亚洲等三十多个国家和地区。其中，诊断用生物芯片及相关仪器产品已进入英国、德国、瑞典、意大利、西班牙、奥地利、瑞士、葡萄牙、芬兰、丹麦、日本、新加坡等国家的数百家医院用于疾病诊断。再如，华大基因是国内最大的基因测序机构，其服务网络覆盖全球一百多个国家和地区，并在美洲、亚太和日本等片区建立了分支机构，其2015年主营业务收入中近一半来自海外。特别值得一提的是，2012年12月，华大宣布华大科技出让42%股份，融资13.98亿元人民币，用来收购美国基因测试设备的开发和制造商Complete Genomics，这是中国主动出击向行业上游进军、深度参与国际竞争的重大举措（见图6）。

图6　华大基因在全球的布局

资料来源：华大基因官方网站。

主要参考文献：

[1] 深圳华大基因股份有限公司创业板首次公开发行股票招股说明书（申报稿2015年12月11日报送）[R/OL]. 中国证券监督管理委员会网站：http://www.csrc.gov.cn/pub/zjhpublic/G00306202/201512/t20151218_288307.htm.

[2] 2016年全球二代基因测序行业投研报告 [R/OL]. http://report.iresearch.cn/report/201606/2594.shtml.

[3] 火石创造 - 基因测序全球地图 [R/OL]. http://hsmap.cn/.

[4]［英］马特·里德利. 基因组：人类自传 [M]. 李南哲 译. 机械工业出版社，2015.

国家发改委宏观院产业经济与技术经济研究所
姜江　韩祺

案例 12

"十二五"期间生物农业产业发展回顾

生物农业是指利用现代生物技术，围绕动植物品种选育、健康保障、高效营养等全产业链的关键环节，开展颠覆性技术突破，研发具有市场竞争力的核心产品，对技术、产品进行集成应用，为农业生产提供技术和物质支撑而形成的新兴产业。生物农业分为动植物种业、动植物健康产业和动植物营养产业等，是国家战略性、基础性核心产业。

"十二五"期间，全国棉花、水稻、玉米、大豆、小麦、奶牛、猪等高效规模化遗传转化技术研发取得显著突破。农作物种业市值达到1113 亿元，畜禽水产种业市值 3226 亿元，均居世界第二位。种业领军企业开始显现，已形成一批"育繁推"一体化农作物种业龙头企业和畜禽龙头种业企业，农作物种业前 50 强市场占有率已提高到 30%以上。畜禽水产养殖量及产量均居世界前列。目前饲用酶制剂的年均产值达 20 亿元，使用的生物肥料优良功能菌种已超过 150 多个，成为世界之最。中国可生产农药品种达 500 多个。生物饲料产业的市场总值达到每年180 亿元，并以年均 20%的速度递增。

一、两系法作物杂种优势利用技术取得重大突破，居国际领先水平

中国主要农作物杂种优势利用、分子育种、远缘杂交，体细胞培养、倍性育种、诱变育种等育种技术不断升级、融合和创新，形成了较完善的育种技术体系。全国长江流域强优势杂交中籼育种技术取得重大进展，克服了传统水稻传统杂种优势利用遗传基础狭窄的技术难题，培育的强优势水稻杂交种"Y 两优 2 号"亩产达到 926.6 公斤；利用红莲野生稻

与农家品种莲塘早远缘杂交创制了红莲型细胞质雄性不育水稻新类型，探明了红莲型雄性不育机理，解决了红莲型强优势不育系育性恢复的重大科学问题，建立了红莲型杂交水稻育种技术体系，创制了一批红莲型水稻强优势杂交种；在三系法杂交水稻成功40余年之后，中国原创的“两系法杂交水稻技术研究与应用”荣获2013年国家科学技术进步特等奖。创制的中国二系杂交小麦技术体系，实现了从材料发现、理论创立、技术突破到产业化应用，为杂交小麦大面积推广奠定了基础。一批强优势水稻杂交种辽优9906和泸香658、强优势小麦杂交种川麦59、强优势棉花杂交种中棉所86和中棉所84、强优势玉米龙单62等在区试中比对照增产的幅度高达15%以上。中国主要农作物杂种优势研究与应用总体处于国际领先，特别在杂种优势大面积利用和杂交种育种体系创制方面，水稻、油菜、棉花、小麦最为突出。

二、创制出一批突破性品种，为保障国家粮食安全和农产品有效供给提供了有效支撑

“十二五”期间，中国在主要农作物上选育并审定新品种3100多个，面向主产区累计推广15亿亩。强优势水稻杂交种“Y两优900”于2014年创造了大面积单产达1026.7公斤的世界纪录，实现了中国超级稻第四期亩产1000公斤的育种目标。超级稻新品种龙粳31产量高、出米率高、大面积生产表现突出、发展潜力大，已推广766万亩。大豆品种中黄13在黄淮海地区创出亩产312.4公斤的高产纪录。利用分子育种技术新选育优良品种37个，主要包括水稻新品种五丰优615、广两优272、宁粳3、中稻1号、F优498等，小麦新品种中麦175等。京粉2号、大午粉1号和节粮蛋鸡等配套系的育成，大幅提升了国产品种市场份额，国产蛋鸡品种市场占有率已超过50%；瘦肉型Z型北京鸭已转让于“山东新希望六和集团”“内蒙古塞飞亚集团”等龙头企业，直接经济效益800万元，约占全国大体型肉鸭出栏量的40%。

三、构建了高效育种技术体系，提升了中国农林动植物的整体育种水平

育种新技术与传统育种方法相结合加速了农林动植物育种进程，取得明显成效。玉米高频诱导系创制和单倍体自动鉴别技术的建立，实现了中国强优势玉米杂交种单倍体育种核心技术的突破与规模化应用。油菜新发现了适合高密种植和机械收获的"棒状"突变体种质，为"杂优+株型"强优势油菜育种和机械化生产提供了材料支撑，对油菜株型育种和种植制度变革具有突破性意义。作物分子育种技术开发取得重要进展，克隆抗虫、抗病、抗逆、抗除草剂、理想株型、高产等具有重大育种价值的基因 137 个，并开始应用于品种分子改良。值得指出的是，中国科学家从水稻中克隆了一批在育种中具有重要应用前景的功能基因，包括产量性状基因 GS3、GW2、GW8、GS5、Ghd7、GN4，籼粳广亲和基因 S5，光敏不育基因 pms3，分蘖调控基因 TE，矮化基因 D53，抗旱、抗盐碱基因 SKC1、SNAC1，抗病虫基因 Xa26、Xa13、Bph14，品质基因 GIF1，磷高效基因 PUP1 等；水稻抗褐飞虱基因 Bph14、Bph27、水稻广谱抗稻瘟病基因 Pigm、高抗草甘膦 EPSP 合酶基因、水稻理想株型基因 IPA1、水稻穗型基因 DEP1 等一批具有重要育种价值的功能基因已经得到广泛应用，水稻基因克隆研究居国际领先，全球 2014—2015 年在国际顶级刊物发表的水稻重要基因克隆论文共 16 篇，其中中国 11 篇，占 69%。获得功能分子标记 628 个，抗病虫等新材料 57 份。建立了高效分子标记辅助育种技术，其中小麦慢病性分子育种效率提高了 3 倍。中种集团投资开发的水稻全基因组 6K 和 60K 育种芯片是世界首张水稻全基因组育种芯片，具有标记位点覆盖全基因组、精确选择中间材料和缩短育种周期三大优势，将引领中国水稻品种培育和质量检测领域革命性的升级。开发出一批诱导率达 8%以上的玉米单倍体诱导系，优化了加倍技术，建立了实用高效的玉米单倍体育种技术体系，并应用于育种实践。阐明了航天环境及地面模拟航天环境要素诱发突变的机制与模式，建立了"多代混系连续选择与定向跟踪筛选"的航天工程育种技术新体系；优化了高能混合粒子辐照、物理场处理等地面模拟航天诱变靶室设

计与样品处理程序，完善了地面模拟空间环境诱变育种技术方法。继续完善甘蓝、白菜小孢子培养技术，甘蓝与芥菜体细胞融合技术，辣椒花药培养技术体系，建立了小孢子培养、体细胞融合、花药培养技术体系。单倍体诱导、航天诱变育种与常规育种、杂种优势利用相结合，在玉米、水稻、小麦、棉花、蔬菜等作物上创制特异新种质210份。林木果树在高世代育种亲本构建、多倍体育种技术取得重要进展，显著缩短了育种周期。动物育种中，提出了快速、准确的TA-BLUP基因组育种值估计新方法和低密度SNP芯片基因组选择策略；建立了自主知识产权高密度SNP芯片基因型数据分析平台，其中海洋生物分型准确率比国际水平提升20%。建立了基于全基因组选择、胚胎工程技术代表的分子与细胞育种技术体系，并已初步应用于奶牛和种猪培育，标志中国奶牛育种技术跻身于世界育种强国行列。

四、种质资源创新能力显著提升，为品种选育提供了重要遗传基础

经过协同攻关，中国农作物种质资源拥有量超过47万份，数量居全球第二位，鉴定筛选出优异种质资源1.5万份。水稻种质创新力居国际领先，小麦丰产抗病种质创新力达国际先进，玉米种质创新力取得显著提升。初步构建了作物种质“分子身份证”数据库，其中水稻、小麦和玉米等库容约3万份，居国际前列。制定了150多种作物的种质资源鉴定技术规程、鉴定数据标准和数据控制规范，并对种质库、圃、试管苗库保存的100%的种质资源进行了基本农艺性状鉴定，对30%以上的库存资源部分抗病虫、抗逆和品质特性等进行了评价。针对水稻、小麦、玉米、大豆、棉花、油菜等主要农作物，建立了多年多点、数据高效采集的表型精准鉴定模式，发展了抗病虫、抗逆、品质、氮磷高效、适合机械化作业等育种急需性状的鉴定方法和标准，并针对约2000份种质资源开展了少数性状的精准鉴定；建立了基于SNP芯片和重测序技术的基因型精准鉴定模式，应用关联分析技术在种质资源中发掘重要性状基因的技术方法逐渐推广，并在水稻、小麦、玉米中得到应用。研制了

主要农作物的种质资源描述规范、数据标准和数据质量控制规范，建立了数据总量达 300GB 的中国作物种质资源数据库群和“中国作物种质资源信息系统（CGRIS）”等一系列作物种质资源应用软件系统，实现了作物种质资源信息化管理，以及材料和信息共享服务。

通过远缘杂交和诱发突变等手段，拓宽作物遗传基础，创制一批小麦种质资源，其中包括普冰多花多实优异新材料，四川高抗穗发芽地方品种转育及抗穗发芽新材料，实心抗倒小麦新材料创制，兼抗、大穗、早熟亲本创新，矮秆小麦 / 长穗偃麦草易位系创制与鉴定，新的抗白粉病小麦 / 黑麦易位系创制与鉴定，矮秆不早衰 DH 系的创制与鉴定，兼抗赤霉病、纹枯病、白粉病新种质等。创制并有效利用了一批骨干亲本材料周 8425B、鲁麦 14 、普通小麦 - 簇毛麦 6VS/6AL 易位系和普冰系等。在全国小麦育种中发挥了重要作用，成为新的骨干亲本；具远缘血统的抗病亲本普通小麦 - 簇毛麦 6VS/6AL 易位系高抗白粉病和条锈病，农艺性状较好，用做亲本育成石麦 14 和扬麦 18 等 15 个品种；用人工合成小麦育成的川麦 42 和川麦 47 等高产抗病，已在西南地区大面积推广；多花多粒新种质普冰 3504、普冰 3228 等开始在小麦新品种培育中发挥作用。

通过细胞工程、转基因等技术，鱼类种质创新居于世界前列。获得了抗病、快速生长、高品质等类别的遗传资源。目前世界范围内仅有几例稳定遗传的转基因经济鱼类家系，中国培育成功具有完全自主知识产权的转全鱼 GH 基因鲤纯合子及其家系，生长速度快、饵料转化效率高。利用雌核发育草鱼与普通草鱼杂交，大规模制备抗病草鱼，2011—2015 年示范推广了抗病草鱼苗种 6 亿尾，产生了显著的经济和社会效益。

五、动植物功能基因研究取得重大突破，有效支撑动植物育种技术的发展

中国在国际上率先构建了水稻、小麦 A 和 D 染色体、棉花、油菜、黄瓜、大白菜、甘蓝、西瓜等全基因组序列框架图，并对多种作物进行了重测序，鉴定出一批重要的基因组区段并开发了相关的分子标记，构

建了主要作物的超高密度遗传图谱，促进了水稻、小麦等主要作物抗病虫、抗逆、优质和高产等重要基因的发掘。基于功能基因组学、蛋白组学、代谢组学等研究平台，初步解析了水稻、小麦、玉米、棉花、油菜、黄瓜等农作物产量、株型、品质、抗性、育性等重要性状形成的分子基础，创新了品种改良方法和理论基础。建立了稳定、高效的水稻、小麦 TILLING 分子突变育种平台；利用新一代 DNA 测序技术率先开发了高通量基因型鉴定的方法，实现了以测序为基础的高通量的数量性状 QTLs 快速定位；与目前广泛应用的分子标记相比，在速度上加快了20倍，在精度上提高了 35 倍。基因表达调控技术取得新突破，首次建立植物和动物 CRISPR/Cas9 基因组定点编辑技术体系，并在水稻和小麦上成功应用。

在农业动物领域，完成了牡蛎、鲤鱼、草鱼、北京鸭等动物的基因组测序，构建了首个牡蛎、鲤鱼、草鱼、鸭、绒山羊序列精细图谱和高密度变异图谱，推动了贝类、鱼类以及水禽进化和功能基因组研究；鸭免疫遗传机制的揭示奠定了禽类抗病育种理论基础。完成藏猪、荣昌猪的比较基因组测序，建立了农业动物转录组学和蛋白组学联合分析平台和抗病基因挖掘和分子标记选择评估平台，鉴定出一批猪、牛、羊重要经济性状功能基因。突破了海洋无脊椎动物基因组复杂度高的测序技术瓶颈，获得了牡蛎基因组序列，初步揭示了牡蛎维持体内稳态的网络调控分子机制。在林果花草领域，完成了全球首个砀山酥梨基因组、甜橙、毛竹基因组序列拼接与注释，构建完成了首张梅花全基因组精细图谱。这些研究成果陆续发表于国际顶级刊物 Nature 和 Nature Genetics 等，标志着中国基因资源挖掘取得重大突破，并达到国际先进水平。

六、生物农业发展的产学研管结合模式高效运行

“十二五”期间，进一步完善建立起多种富有成效的“产学研管”紧密结合的生物农业协同攻关发展模式。近 5 年推广面积居前 15 位的三大粮食作物品种几乎全由主要优势科研单位、大学和企业联合协同攻关的成果。玉米品种郑单 958 和小麦品种矮抗 58 等的研发与推广即为

成功典范。2013 年获国家科技进步一等奖的小麦品种百农矮抗 58，由河南科技学院等单位与河南中种联丰种业等 5 家公司联合开发，构建了"首席 + 核心"的成果推广模式，育种人和品种权单位作为成果转化的"首席专家和首席推广单位"，负责保障原种和配套技术，河南中种联丰种业和河南滑丰种业等 5 家大公司为"核心推广企业"，分区域负责，使推广速度比传统模式提高 8—10 倍，年最大种植面积达 4300 多万亩，成为小麦科研成果快速转化的成功典范。在动物上，初步形成了产学研结合的商业化育种模式。如优质蛋鸡品种"京粉、京红"的培育是北京市峪口禽业有限责任公司与中国农大长期合作完成的。华南农大与广东温氏食品集团成功培育推广了华农温氏一号猪配套系，推广规模达 1 千多万头。

七、生物农业企业创新能力显著提升

生物育种前沿新技术的应用、品种试验测试体系建设及育种数据信息化管理系统的应用，极大提高了种业企业商业化育种能力，突破性新品种的培育能力显著提升。在全球种业科技创新的驱动下，中国生物种业发展方式产生了革命性变化，种子生产的标准化、专业化程度和种子商品化率大幅度提高；企业自主创新能力明显增强，一批育繁推一体化龙头企业和科技型企业快速发展；种业产业集中度不断提高。目前，农作物种业前 50 强企业的市场占有率已提高到 32.8%。中国农作物种业市值达 1113 亿元，畜禽水产种业市值 3226 亿元，均居世界第二位水平，林木种业市值据估算达到了 2000 亿元。隆平高科种业在湖南亚华种业科学研究院的基础上成立了隆平高科种业科学研究院，建成了以企业为主导，以市场为导向的集团自主研发体系。依托袁隆平院士等团队研发的两系法杂交水稻品种选育技术，通过科企联合攻关模式广泛应用，成功选育出丰两优 1 号、新两优 6 号等一批具有企业自主知识产权、累计推广面积超过 1000 万亩以上的杂交稻大品种，同时也培育出隆平高科、丰乐种业、金色农华等一批年销售收入超过 5 亿元、具备较强自主研发能力的育繁推一体化龙头企业。

中种集团、登海种业等企业以京科 968 等优良新品种的研究与产业化为共同利益点，联合优势科研单位构建的北京国家现代农业科技城玉米新品种研发联合体，不仅促进了品种的快速推广，也使各企业获得了稳定的业绩增长保障。山东鲁研公司与山东省农科院作物研究所合作推广小麦品种济麦22，不仅创造了巨大的经济效益，也使山东鲁研发展成为中国最大的专业性小麦种业企业之一。

生物种业企业的种业创新要素集聚效应突显，企业自主创新与生物服务能力快速提升。例如，华大基因整合了从基因组到基因挖掘到分子育种的全线贯穿的大平台，累计完成超过20000份农业物种基因组数据的获取，拥有超过80%的全球农业基因组数据；在基因挖掘方面，依托华大基因高通量的基因分型平台，已经获取了300多个重要农艺/经济性状控制位点，平台的年通量达到超过一千个以上的基因；在分子育种方面已经可以做到2年5个世代快速获取新的品种，已经获得了超过15个以上的定向改良的新品系和新品种。华大基因全基因组分子育种技术平台以高通量基因组测序和信息分析为基础，通过高密度遗传图谱快速构建和性状相关基因定位，利用常规育种的杂交和回交手段，借助全基因组高密度分子标记进行优良单株精准选择育种，将突破传统育种周期长、可预见性差、选择效率低等瓶颈，使快速、高效、可控的精准育种方式成为可能，推广应用潜力巨大。

此外，由以北大荒垦丰种业股份有限公司为核心的8家“育繁推一体化”玉米企业携手中玉科企联合成立的中玉金标记（北京）生物技术股份有限公司，以及由隆平高科、神农大丰、丰乐种业、中种集团等12家中国水稻种业领域有影响力的种业公司共同发起创立的华智水稻生物技术有限公司，应用分子育种手段服务种业企业在最短时间里高效地创造出市场所需要的产品，为玉米和水稻种业产业化的可持续性发展提供了强有力的科技与平台支撑。

八、生物农业产业化快速发展提高了中国粮食安全保障能力

在战略性新兴产业政策及系列专项的大力推动下，全国生物种业企

业在整合现有区域种业资源，创新种业发展模式，促进育繁推一体化，提升中国生物育种产业持续发展能力方面已经取得了初步成效。北大荒垦丰种业联合优势科教单位育成审定的德美亚1号和3号等玉米品种具备早熟、优质、高产、抗病、耐密、抗倒伏、适合机械化收获等特征，创造了在高寒、高纬度、冷凉地区玉米种植上的新突破、在种植密度上的新突破、在早熟品种产量上的新突破、在栽培措施上的新突破，这批品种的产业化为黑龙江省千亿斤粮食产能工程和成为中国第一产粮大省做出了突出的贡献。山东鲁研公司依托本专项推广的小麦品种在省内外年播种面积达4200万亩，增产达8.4亿公斤，增加社会效益值17.6亿元。在促进农民增产增收的同时，对提高全国小麦生产能力，打破国外种业对中国国内市场的威胁，保障国家粮食安全均具有十分重要的意义。

现代生物种业是一条完整的产业链，包括种质创新、品种选育、种子生产、种子加工和种子营销。种业竞争的实质是科技创新实力的竞争，竞争的焦点已从品种拓展到基因资源和专利技术。首先，企业如何将传统生物育种与现代生物技术相结合成为建立种业科技创新体系的关键，要持之以恒推进生物育种能力提升工程，加速育种新材料的创制和现有育种资源的性状改良，实现作物育种从传统经验育种向科学精准育种的产业升级转化；其次，继续推进研发基础设施提升工程，进一步补充完善商业化育种体系的设施设备，强化品种测试点的科学化、信息化建设，构建形成作物全生态区育种体系，支撑商业化育种研发的快速发展；第三，要进一步探索利用和整合现有科教单位优势资源的新思路，推进重大新品种创制与产业化工程，加大新品种创制速度和推广关键技术研究，提升企业重大品种创新与产业化能力，加快国家生物育种新品种的更新换代和现代种业产业升级，不断增强生物农业产业支撑国民经济社会发展的原动力。

中国农业科学院
刘录祥

案例 13

“十二五”期间生物制造产业发展回顾

生物制造是以生物体为工具进行物质加工与合成的绿色生产方式，有可能在能源、化工和医药等领域改变世界工业格局，开创财富增长新纪元。2010 年，国务院《关于加快培育和发展战略性新兴产业的决定》把生物制造作为生物产业的重要内容，进一步明确了生物制造的战略性新兴产业属性。生物制造是现代生物产业的技术核心，其范围涵盖了从生物资源、生物技术到生物产业的价值链，集中体现了现代生物技术在医药、农业、能源、材料、化工、环保等多个工业领域的应用。生物制造能够促进形成资源消耗低、环境污染少的产业新结构和生产新方式。和石化路线相比，目前生物制造产品平均节能减排 30%—50%，未来潜力将达到 50%—70%，这对工业基础原材料的化石原料路线替代、高能耗高物耗高排放工艺路线替代以及传统产业升级，将产生重要的推动作用。通过生物制造，已经实现了一批基础化学品、精细化学品（化学原料药）、生物基聚合材料的绿色生产，为工业产品原料路线转变、农业产品实现工业化合成提供了范例。“十二五”期间，中国生物制造产业主要产品的产值达到 5500 亿元以上，年平均增速 8%以上。生物制造企业规模不断扩大，产业集中度进一步增强，部分主要产品产能规模前 6 家企业的产能占全国产能的 80% 以上。全国生物制造已经进入产业生命周期中的迅速成长阶段，正在为生物经济发展注入强劲动力，也正成为全球再工业化进程的重要组成部分。

一、生物发酵业国际竞争力大幅提升

生物发酵产业是中国生物制造产业的重要组成部分，主要包括新型发酵、传统发酵、抗生素、生物农药等，其中新型发酵行业包括氨基酸、有机酸、酶制剂、酵母、淀粉糖、多元醇、功能发酵制品等。经过“十二五”期间的稳步发展，逐渐形成味精、赖氨酸、柠檬酸、结晶葡萄糖、麦芽糖浆、果葡糖浆等大宗产品为主体、小品种氨基酸、功能糖醇、低聚糖、微生物多糖等高附加值产品为补充的多产品协调发展的产业格局，为食品、医药、化工等相关行业提供了品质优良的原料。其中发酵大宗产品味精、赖氨酸、柠檬酸等产品的产量和贸易量位居世界前列，淀粉糖的产量在美国之后，居世界第二位。“十二五”期间，发酵产业主要产品的产量由2010年的1840万吨增长为2015年的2426万吨，年平均增长率5.7%。同时产值也由1990亿元增长为2900亿元（见图1)，年平均增长率达到了7.8%。总体来说，“十二五”期间，中国发酵产业规模继续扩大，保持稳定发展的态势。

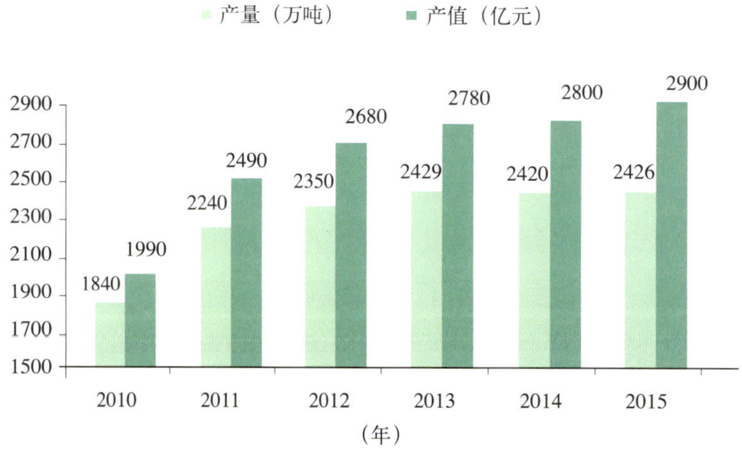

图1　中国生物发酵产业十二五发展情况

“十二五”期间，生物发酵产业主要产品出口总量与出口额逐年稳步增长。主要产品出口从2010年的264万吨增加到2015年的344万吨，平均年增长率5.4%。出口额由2010年的27亿美元增长为2014年的35亿，而截至2014年上半年出口额增长为18.6亿美元，平均年增长率7.5%（见图2)。其中柠檬酸、味精、淀粉糖一直是生物发酵产业主要出口产品。

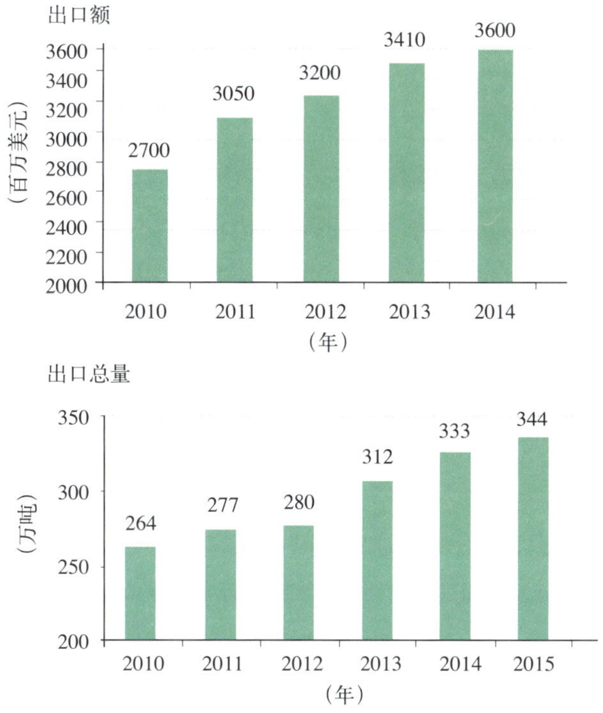

图 2　生物发酵产业主要产品出口额与出口总量

二、生物基材料等新兴生物制造业发展迅猛

生物基材料，是利用谷物、豆科、秸秆、竹木粉等可再生生物质为原料制造的新型材料和化学品等，主要包括生物基化工原料、生物基塑料、生物基纤维、生物基橡胶以及生物质热塑性加工得到塑料材料等。生物基材料由于具绿色、环境友好、资源节约等特点，正在成为一个加速成长的新兴产业。2014 年全球生物基材料产能已达 3000 万吨以上，其中 2006 年以来生物基塑料销售额的复合增长率为 26.7%，预计至 2019 年全球产能将达到 760 万吨。2014 年，中国生物基材料总产量约 580 万吨左右，其中再生生物质纤维产品约 360 万吨，有机酸、化工醇、氨基酸等化工原料约 140 万吨，生物基塑料约 80 万吨。“十二五”期间，全国的生物基材料产业发展迅猛，主要品种生物基材料及其单体的生产技术取得了长足发展，产品种类速增，产品经济性增强，已形成以可再生资源为原料的生物材料单体的制备、生物基树脂合成、生物基

树脂改性与复合、生物基材料应用为主的生物基材料产业链。2014 年 6 月，国家发改委和财政部联合发布了《关于组织实施 2014 年生物基材料专项的通知》，目标是以区域集群建设和制品应用为发展载体，通过需求侧拉动和供给侧推动相结合，推进非粮生物基材料产业链式发展，建设若干高密度、高水平、产学研用有机结合、引领示范作用显著的产业集群，加快可再生、可降解的生物基材料制品应用示范，促进生物基产品对石油化学品替代取得重大进展。通过专项的进一步推动，生物基材料产业已初步形成环渤海、长三角、珠三角等产业集群，正在成为产业投资的热点，显示了强劲的发展势头。

在众多生物基材料中，聚乳酸（PLA）同时具备了 100%生物质来源（不依赖石油资源，减碳）和 100%生物可降解（在堆肥条件下降解，不带来固废白色污染）两大特性，含税价约 15—19 元人民币 / 公斤，远低于其他类似特性的生物基塑料，是目前市场前景和应用前景最为看好的生物塑料。过去 15 年全球聚乳酸市场约以每年 20%—30%成长，预计至 2020 年全球聚乳酸市场将达到 30 万—50 万吨。全国 PLA 产能由 2010 年的 0.5 万吨快速增长到 2014 年的 20 万吨(见图 3),成为世界第二。中国聚乳酸表观消费总量也已达到 2.2 万吨以上，PLA 的产品主要销往海外。另一种发展较快的生物基塑料是生物基聚丁二酸丁二酯（PBS），其聚合单体由生物发酵法获得，再通过化学法聚合得到 PBS。由于 PBS 具有通用塑料 PE、PP 相类似的力学性能和加工性能，但价格相对便宜、工艺简单，所以发展较快。"十二五"期间，生物基 PBS 的年生产能力由 2010 年的 1 万吨快速增长到 2014 年的 10 万吨。

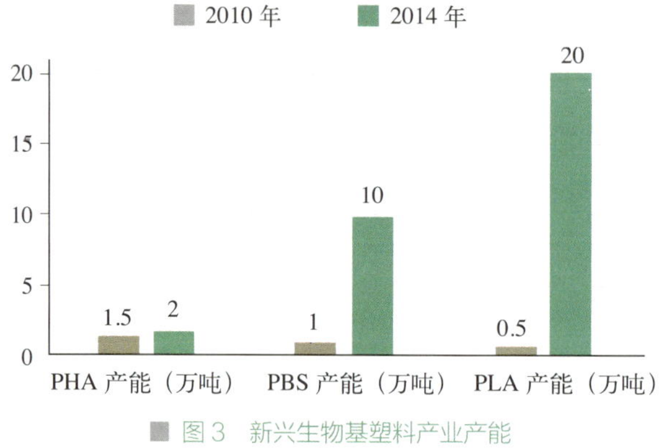

图 3　新兴生物基塑料产业产能

三、酶制剂产业发展迅速，产品市场竞争力与市场份额大幅提升

酶制剂是经过提纯、加工后具有催化功能的生物催化剂制品。与传统化学催化剂相比，生物酶具有优越的催化性能、温和的反应条件及更好的环保性，广泛应用于食品、饲料、洗涤、纺织、造纸、制革、医药、开采、化工等领域。酶制剂产业是知识密集型高技术产业，是生物制造产业的重要组成部分。目前为止，已发现的酶类有3000多种，但其中已实现大规模工业化生产的只有60多种。截至2014年，世界酶制剂产值51亿美元，预计至2017年将达到70亿美元，产业的发展前景相当广阔。近年来，全国的酶制剂产业总体生产和销售形势较好，通过引进优良菌株和先进设备、开展新型酶制剂开发，已取得快速发展。2014年中国的工业酶制剂产量达到116.57万吨，年产量增长保持在10%左右(见图4)。尽管全球的工业酶制剂市场长期被丹麦诺维信、美国杜邦和荷兰帝斯曼公司等垄断，但中国酶制剂市场份额在全球的比重已由“十二五”初期的不足10%提升到现在的近30%，市场竞争力大幅提升。

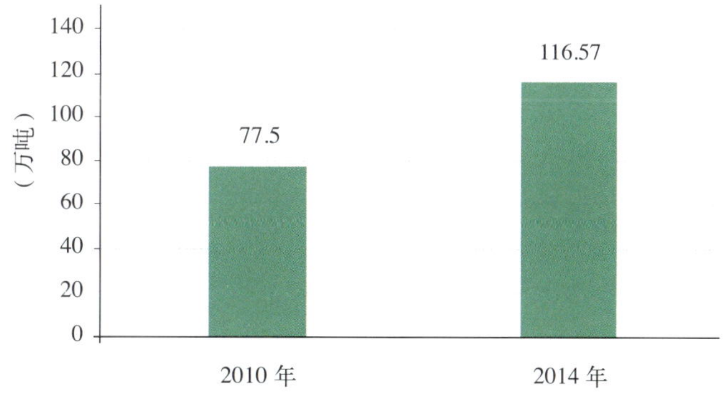

图4 酶制剂产业产能

四、生物燃料发展迅速，原料供应成为产业发展瓶颈

现代生物质能的发展方向是高效清洁利用，将生物质转换为优质能

源，包括液体燃料、电力、燃气和固体成型燃料等。生物质能源是目前世界上应用最广泛的可再生能源，全球可再生能源的77%来源于生物质能源，按能源当量计算，消费总量仅次于煤炭、石油、天然气，位居第四位。在中国，生物质能源主要为生物乙醇、生物柴油及生物质发电。生物乙醇由于可以直接与汽油混合使用，且工业化生产技术成熟、价格相对较低，是世界范围内广泛适用的生物燃料。例如世界生物乙醇第一生产国的美国，2015 年生产 148 亿加仑的燃料乙醇。经过"十二五"的建设，中国已经成为仅次于美国和巴西的生物燃料乙醇第三大生产国，产量由 2010 年的 182 万吨提升至 2014 年的 216 万吨（见图 5）。然而，由于第一代生物燃料乙醇的原料是玉米等粮食作物，会与食用粮食形成竞争，无法成为可持续的产业。近几年在国家财税政策调节的引导下，国内燃料乙醇行业逐渐向非粮经济作物和纤维素原料综合利用方向转型，积极开展技术工艺开发和示范项目建设。目前全国范围内已建成 7 家生物燃料乙醇生产企业，封闭推广地区包括河南、安徽、黑龙江、吉林、辽宁、内蒙古等省份。

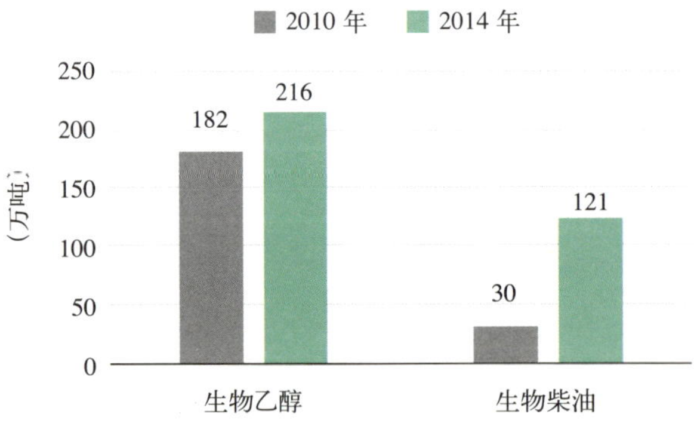

图 5　生物燃料产能的快速增长

生物柴油与石油柴油具有相似的燃烧性能，并与石油柴油具有良好的调和性。生物柴油的使用通常是与石油柴油混配，例如欧洲目前主要推广使用的是 B5，而美国则是大力推广 B20 等，这样可以综合生物柴油与石油柴油的优点。与美国首选生物乙醇不同，生物柴油是欧洲的首选生物燃料，占世界生物柴油产量的49%。“十二五”期间，中国生物柴油发展处于高速增长期，目前生产企业主要为民营企业，约300家，其中年产5000吨以上的厂家超过40家，产能规模逐渐扩大。生物柴油产量由2010年的30万吨飞速增长为2014年的121万吨，年平均增长率41.7%(图5)。虽然全国生物柴油实际产能已经达到300万—350万吨，但国内十分缺乏作为生物柴油原料的油料作物，每年进口大量大豆和食用植物油。所以全国生物柴油的油原料地沟油和植物油脚占到90%。由于受到原料供应的限制，生产装置开工率不足，产量远远达不到预期，无法满足巨大的市场需求。为此，生物柴油企业正在积极寻求木本油料作物和藻类等替代原料，开发和推广生物柴油新技术，加快建设工业装置。

五、生物制造工艺装备水平快速提高

随着生物制造产业的不断发展，国家与越来越多的企业意识到自主创新能力是产业发展的根本保障和原动力。“十二五”期间，国家对生物制造产业的政策支持力度不断加大，企业在技术研发、技术改造等方面的投入平均占企业销售收入的4.5%，部分企业甚至高达10%，较好地实现了技术创新带动行业整体水平的提升。截止到2015年年底，生物制造业相关的研发基地主要包括4个国家重点实验室、4个企业国家重点实验室、4个国家工程实验室、4个国家工程研究中心、22家国家企业技术中心和15家行业技术开发监测中心（见图6)，为生物制造业特别是生物基材料、生物基大宗化学品等新兴领域提供了一批自主创新技术成果。

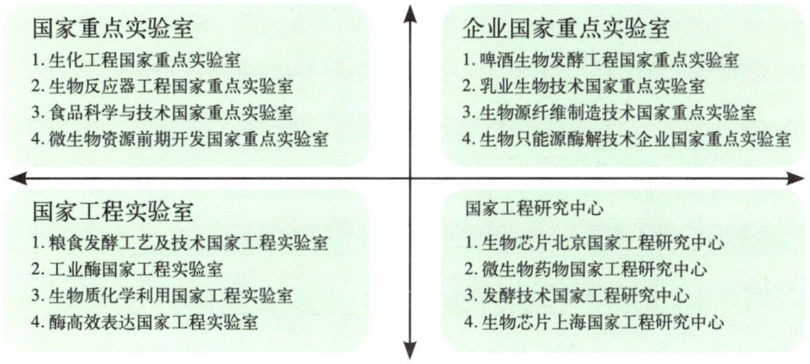

图6 国家级生物制造研发基地

六、产业集中度不断增强

生物制造行业经过"十二五"期间激烈的市场竞争，企业规模进一步扩大，产业集中度增强。目前生物发酵产值达到 100 亿元以上的大型产业集团已经有 4 家，味精、柠檬酸、赖氨酸、酵母、乳酸等主要产品的行业集中逐年提高。味精生产企业产能前十的企业占总产量的 90%；两家企业则占到乳酸生产能力的 75%；而 80%的赖氨酸由 6 家企业生产；3 家企业抢占了酵母行业的 70%的份额；而柠檬酸行业集中度最高，前 6 家占了行业的 97%以上（见图 7）。

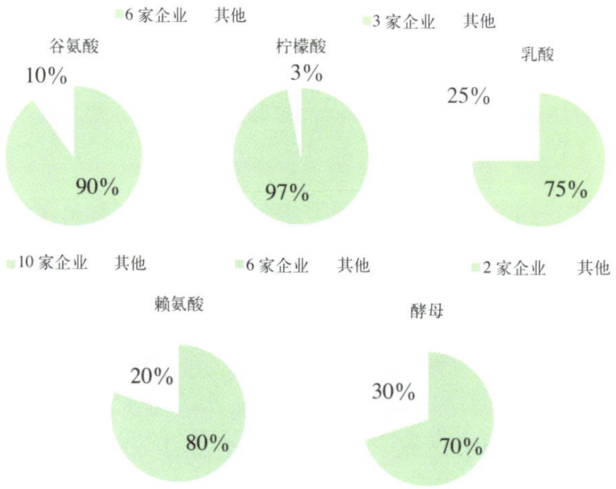

图 7　中国生物制造业土要产品的产业集中度

七、生化流程节能减排见成效

近年来，中国经济快速发展，但资源和能源消耗是世界平均水平的 2—3 倍，发展付出了巨大的资源和环境被破坏的代价。这种状况与经济结构不合理、增长方式粗放直接相关。只有坚持节能减排，形成产业的可持续发展能力，提高环保兼容性，才能实现经济社会的可持续发展。同时，温室气体排放引起全球气候变暖，备受国际社会广泛关注。特别是 2015 年底巴黎协定的签署，约定加快实现温室气体零排放、控制气温上升 1.5—2 摄氏度后，进一步加强节能减排工作，应对全球气候变化的迫切需要必然是中国今后工作的重点。

生物制造业中传统发酵行业往往伴随着一定程度的环境污染，这一行业还需要不断节能减排，减少环境污染，以符合经济发展大趋势的需求。而新兴的如生物基材料、生物燃料等生物制造业，其一大内在驱动力就是替代石油工业、增强环境保护。同时，酶制剂在传统纺织、造纸、制革、医药、化工等高污染领域的应用能大大减少环境污染。提高生产效率。节能减排能促进生物制造业的发展，而生物制造业的发展更能提高其他行业的生产效率与环保相容性，促进经济发展的可持续性。“十二五”期间，通过科技创新、全面推广清洁生产技术和先进环保治理技术，生物制造行业普遍取得了资源综合利用水平的逐步提升和节能减排的初步成效。以柠檬酸行业为例，2014 年的汽耗、电耗和水耗分别是 2011 年的 73%、82%和 80%（见图 8）。

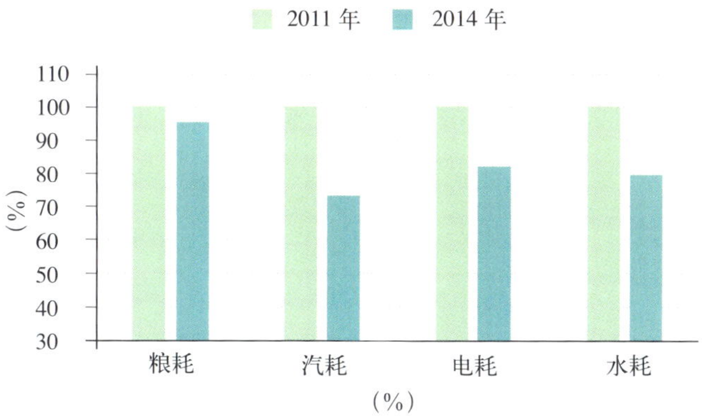

■ 图 8　柠檬酸行业节能减排初见成效

八、产业初步实现集群发展

产业集群的出现与发展往往能增强产业链上下游企业的联系，普遍降低产业集群内企业的生产成本，提高产品竞争力。例如生物基塑料行业中，上游的聚合单体的发酵获取与中下游的单体聚合、塑料制品成型生产通过产业集群的方式发展能更加快速地完善产业链结构，形成具有国际竞争力的产品与产业。生物制造业一大特点是以生物质为基本原料，原料的价格、数量与企业的运营、利润有着直接的关系。综合考虑到生产成本、环境保护等因素，经过"十二五"期间的发展，生物制造业呈现以原料产地为主的产业集群区域分布。例如，氨基酸 、有机酸和淀粉糖行业主要分布在山东、东北三省、内蒙古、河北、河南及安徽省。酶制剂行业则集中于江苏、湖南、湖北和山东省。湖北、广东、广西和安徽省则成了酵母行业的主要集中地（见图 9）。

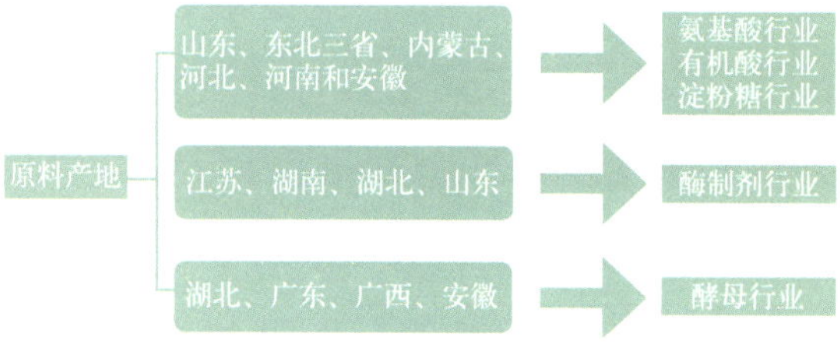

■ 图 9　中国生物制造业产业集群分布

进入 21 世纪以来，生命科学与技术的基础与应用研究不断取得创新与突破，生物产业与工业制造产业相互交叉融合，极大促进了绿色生物制造产业和生物经济的发展。在全国经济走向新常态的过程中，新产品、新业态、新模式将成为经济增长新动力，生物制造产业迎来了新的发展机遇和挑战。当前，国家的生物制造产业正处于技术攻坚和商业化应用开拓的关键阶段，石油价格的波动导致生物基产品在竞争中的成本压力，一些传统的发酵产品与大宗化学品的生物制造仍然存在生产工艺落后、核心知识产权较少、部分品种产能不足或过剩、行业经济效益不足等客观挑战，因此，仍需进一步提升技术创新能力、加快推进产业化进程，尽快向精细化、智能化的可持续发展模式转变。未来中国生物制造产业发展需要做好与上游生物农业、下游生物服务产业的融合，充分发挥生物制造产业的核心支撑作用，推动高效、清洁、低碳、循环的绿色生物制造体系的发展。

中科院天津工业生物技术研究所
马延和　王猛　王钦宏　李寅

案例 14

“十二五”期间航空产业发展回顾

“十二五”期间，中国民用航空产业取得了跨越式的发展，实现了从“望尘莫及”到“望其项背”、从“跟踪发展”到“自主创新”、从“转包生产”到“风险合作伙伴”的历史性转变。重点民机型号实现里程碑式突破，C919 大型客机项目实现总装下线，为首飞奠定基础；涡扇支线客机 ARJ21 成功交付客户，标志着中国民机产业从产品成功转入到商业成功的关键时期；大型灭火 / 水上救援水陆两栖飞机全面进入总装阶段；大型客机发动机验证机项目基本完成初步设计阶段研制工作。新舟系列飞机走出国门，交付亚非拉等国家。通用航空器研制全面开花，活塞、涡桨、涡轴、喷气公务机和浮空器等产品全面发展，“十二五”期间实现交付国产通用航空器 203 架。创新引领无人机发展，消费类无人机占据全球 70%市场份额。国际合作继续深化，国际化并购成绩显著，天津 A 320 总装线项目合作范围扩展到 A330，通过并购西锐、大陆航空发动机等企业实现了关键领域的突破。依托国家军民融合战略，实现了军民融合深度发展。民机产业的发展有力支撑了“中国制造 2025”、建设创新型国家，有效支撑了“四个全面”的国家战略目标的实现。

一、航空产业规模快速增长

民用航空产业规模迅速扩大中国民用航空产业规模从 2010 年 170 亿元增加到 2015 年 660 亿元，“十二五”期间年均增速为 31%。2015 年的航空产值中，引进总装线生产飞机的产值比例最大，占据了 45.4%的市场份额；民用飞机零部件生产排在第二位，占据了 12.6%的市场份额；民用飞机修理（不含发动机）排在第三位，占据了 12%的市场份额（见

图 1、图 2)。

■ 图 1 民用航空产业规模

注：从 2012 年起统计口径中包括天津 A320 总装线项目

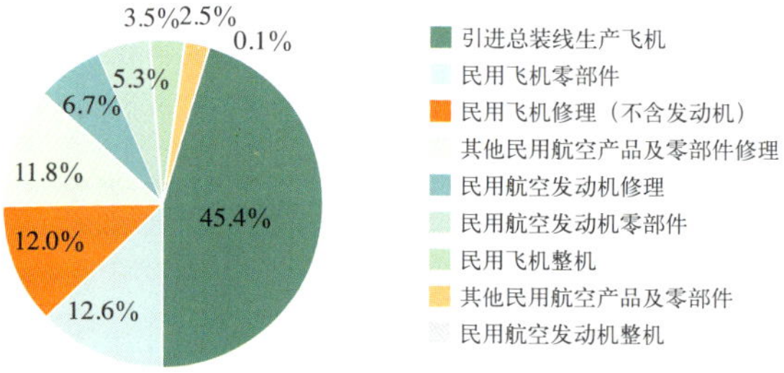

■ 图 2 2015 年航空产业规模构成

整机产品交付情况大幅增加。2015 年，中国在产的民机整机型号有自主知识产权的新舟涡桨支线飞机、ARJ21 涡扇飞机、运 12 系列、AC 系列直升机等，合资生产的有 A320、DA40 等型号。2015 年全年交付整机数量为 140 架飞机，较 2010 年 70 架飞机增长了 100%。

订单数量大幅增加。2015 年，中国民用飞机新增确认订单为 142 架，新增意向订单为 168 架。截止到 2015 年年底，全国民用飞机的储备确认订单为 401 架，较 2010 年的 262 架增加了 53%；储备意向订单为 606 架，较 2010 年的 345 架增加了 75%。

固定资产投资和研发投资有所增加。2015 年，中国民用航空工业企业完成固定资产投资 44.2 亿元，是 2010 年 3.3 倍。研发投入为 92.8 亿元，是 2010 年的 8 倍。

二、重点型号的研制取得突破

目前中国在研的国家重点民机型号为 C919 大型客机和大型灭火 / 水上救援水陆两栖飞机（简称 AG600），两款国家重点型号在“十二五”期间均取得重大进展。

C919 大型客机项目实现总装下线。2015 年 11 月 2 日，C919 大型客机首架机在中国商飞公司新建成的总装制造中心浦东基地总装下线。这不仅标志着 C919 首架机的机体大部段对接和机载系统安装工作正式完成，已经达到可进行地面试验的状态，更标志着 C919 大型客机项目工程发展阶段研制取得了阶段性成果，为下一步首飞奠定了基础。C919 大型客机是中国首款按照最新国际适航标准研制的干线民用飞机，于 2008 年开始研制，基本型混合级布局 158 座，全经济舱布局 168 座，高密度布局 174 座，标准航程 4075 公里，增大航程 5555 公里。C919 具有“更安全、更经济、更舒适、更环保”等特性，客舱空间与同类竞争机型相比有较大优势，可为航空公司提供更多布局选择，为乘客提供更高的乘坐品质。后续还可在基本型的基础上，研制出加长型、缩短型、增程型、货运型和公务型等系列化产品。截止到 2015 年年底，C919 大型客机国内外用户数量为 21 家，总订单数达到了 517 架。

2015 年 7 月，大型灭火 / 水上救援水陆两栖飞机完成飞机机身对接，全面进入总装阶段，标志着该机向首飞迈入了关键一步。AG600 是为满足森林灭火和水上救援的迫切需要，中国首次研制的大型特种用途民用飞机，是国家应急救援体系建设急需的重大航空装备，对经济发展和转型升级具有重大意义。AG600 特别适用于火情监测和森林灭火、海难搜救和救援、海洋权益维护、海洋环境监测和保护等用途。AG600 飞机在 2009 年 6 月正式批复立项，2012 年攻克关键技术，完成初步设计；2013 年完成详细设计；2014 年全面转入试制；2015 年机体大部件陆续交付和部件总装。

三、航空产业配套能力大幅提升

大型客机项目的发展带动了一大批骨干企业快速提升能力，培育了一批潜在供应商通过项目高端引领进入国际市场竞争，引导了国内省市地方建立航空产业基地，吸引了以杭州西子公司为代表的民营资本参与大飞机项目，促成了国内企业与通用（GE）、霍尼韦尔（Honeywell）等组建了航电、飞控、电源、燃油和起落架等16家合资企业，有效提升了中国民用飞机产业配套能级。通过项目牵引，突破民机复合材料结构件应用及加工等关键技术，带动中国民机产业自主创新能力提升。

"十二五"期间，大型客机发动机验证机项目基本完成概念设计，并在概念设计阶段总体技术方案的基础上，完成了初步设计阶段的总体技术方案设计，进一步优化了总体技术方案，完成了验证机部件、系统的工程设计以及试验件工程设计。完成了首轮部件/系统试验验证423项，完成了首台核心机试制与初始集成，为全面转入详细设计奠定了基础，也标志着中国民用大涵道比涡扇发动机的研制和产业化又迈出了坚实一步。

四、支线飞机商业化运营取得新进展

ARJ21新支线飞机正式交付成都航空公司，取得历史性突破。ARJ21新支线飞机于2002年4月国家批准立项，2008年11月28日在上海成功首飞。2014年12月30日，获得中国民用航空局型号合格证。2015年11月，飞机正式交付成都航空公司，标志着中国走完了喷气式支线客机设计、试制、试验、试飞、取证、生产、交付全过程，国家具备了喷气式支线客机的研制能力和适航审定能力。ARJ21新支线飞机历经十三年的艰辛研制，攻克了一大批关键技术，取得了一批重要科技成果，积累了重大科技项目实施管理经验，培养锻炼了一大批领军人物和骨干人才，提升了中国产业配套能级，走出了一条重大科技专项创新发展之路，为C919大型客机和中俄远程宽体客机项目研制打下了坚实基础。

涡桨支线飞机呈现多型并举、多用途发展的新格局。“新舟”系列飞机形成了客运型、货运型、公务型、海监型、增雨型，多型并举、多用途发展的新格局。“新舟”60人工增雨机取得补充型号合格证，“新舟”60海监机完成合格审定试飞。“新舟”600完成适航取证并交付用户，“新舟”600F民用货机已取得中国民航总局颁发的TC证；新一代涡桨支线飞机“新舟”700项目研制稳步推进，与奥凯航空、幸福航空、巴戎航空等11家客户共签订185架订单。“十二五”期间交付新舟飞机49架，截止到“十二五”末，“新舟”飞机，运营在非洲、拉美、东南亚、独联体与南太平洋18个国家的300余条航线上，飞行起落和飞行小时数双双超过30万，已具备了一定的品牌形象和市场影响力。

民机出口取得突破，打破欧美适航垄断。配合国家“一带一路”战略，航空企业加快“走出去”步伐，“空中坦赞铁路”、“南太空中走廊”、“亚洲空中丝绸之路”等项目取得积极进展，推动国产民机批量交付。以“用”促“销”，创新民机外销模式，在柬埔寨成立巴戎航空公司，开展国产民机海外示范运营。收购塞浦路斯挂旗航空公司深蓝航空，为国产民机进入欧洲市场迈开第一步。“十二五”期间新舟60获得一定市场认可，出口成交47架，出口交付27架，在全球14个国家和地区的260余条航线上运营。国产民机出口亚非拉地区打破了欧美适航标准的垄断局面，为未来民机大批量“走出去”和适航标准“走出去”奠定基础。中国独资的西锐SR2X飞机稳居细分市场第一，新研小型喷气式飞机实现适航验证机首飞，并获得570余架市场订单。

五、通用航空产业全面开花

通用航空运营业发展迅速。2010年国家低空空域管理改革意见出台以后，国家通用航空产业各项指标发展迅速。通用航空飞行时间从2010的36.76万小时增加2015年的73.5万小时，“十二五”期间的年均增速为15%。机队规模从2010的1010架增加到2015年的2235架，“十二五”期间年均增速为17%，飞机引进的数量从每年几十架增加到300架，年交付量占全球总量的比例从不足2%提高到目前的10%。企业数量从

2010 年的 111 家增加到 2015 年的 281 家，"十二五"期间的年均增速为 20%，在政策的引领下，中国通用航空产业快速增长，超过了同期 M2 和名义 GDP 的增速。

通航结构进一步优化。2010 年，新兴业务（工业、农业和培训以外的市场）飞行时间占据了 8%的市场，2015 年的比例提高到 13%。以空中游览、包机飞行、航空运动、医疗救护等为代表的新型业务类型虽然目前比例尚小，但增长态势明显，表现出较好的发展潜力。

通用飞机实现多个突破。高端通用飞机研发制造能力显著提升，通用飞机产品谱系正在加快完善，活塞、涡桨、喷气公务机、水陆两栖飞机和浮空器等产品全面发展。实现美欧市场的突破，运 12 系列批量进入发达国家市场，出口成交 47 架，交付 12 架，客户遍布全球 33 个国家；运 12F 取得美国 FAA 适航认证。2014 年中国珠海航展上，运 12 系列获得美国 20 架订单，并出口俄罗斯 15 架，这是中国民机首次出口发达国家，具有里程碑意义。2014 年中国首款具有自主知识产权的全复合材料涡桨公务机领世 AG300 完成首飞，新研轻型喷气式飞机愿景 SF50 实现适航验证机首飞，并获得 570 余架市场订单。"十二五"期间交付国产通用飞机 203 架[①]。

直升机产品谱系基本形成。中航工业初步形成了从 1 吨级到 13 吨级相对完整的 AC 系列民用直升机产品谱系，"安全、低成本、可信赖"的品牌形象日益突出。自主研制的 AC311、AC312、AC313 等民用直升机已取证并实现批量销售，"十二五"期间共销售直升机 63 架。亚洲最大吨位大型高原直升机 AC313 成功飞越青藏高原海拔 8000 米高度，圆满完成高寒试飞并取得 A 类适航证，创造了国内直升机升限新纪录，结束了国产直升机不能上高原的历史，使中国和欧美俄一样具备自主研制大型直升机的能力。

多轴旋翼无人机产品世界领先。创新战略使得中国在无人机领域实现了突破，尤其是消费级无人机已走在世界前列，大疆已经成为消费级无人机的领头羊，引领行业的发展。目前，国内从事无人机研发、生产和销售的单位已经达到 400 余家，越来越多的企业加大对无人机投入。

① 未包括合资型号。

六、国际合作与开拓成果纷呈

重点项目成果持续提升。天津 A320 总装线项目二期合作顺利推进，合作范围扩大。天津 A320 总装线从 2012 年开始交付，2015 年交付量为 49 架，“十二五”期间累计交付飞机 176 架，天津 A320 总装线项目促进了天津市航空产业聚集，促使天津市航空产业实现了从无到有“零”的突破。2015 年天津市民用航空产业产值突破 300 亿元。随着天津总装线一期合作的顺利完成，二期合作全面展开，二期合作计划时间段为 2016 年至 2025 年。并将合作的范围从 A320 扩展到 A330。2015 年 7 月，空中客车公司与天津保税区和中国航空工业集团公司在法国图卢兹签署关于在天津建立空客 A330 飞机完成及交付中心的框架协议，这是继 A320 天津总装线项目后空客对华的又一重要合作项目，也是空客在欧洲以外第一次建立宽体飞机的完成及交付中心。

国际合作取得突破，合作方式和领域不断拓展。重型直升机项目完成合作框架协议签署；中法合作项目 EC175 取得 EASA 型号合格证；AC352（直 -15）、WZ-16 发动机等对等合作项目稳步推进。通过资本合作方式，在 C919 飞机 11 个主要子系统项目上，与 GE、汉胜、霍尼韦尔等成立合资企业。与飞鲸公司在重载飞艇研制领域、与斯奈格玛在涡桨发动机部件领域开展合作。军技合作，有力支持了重点型号项目研制工作，促进了技术水平提升（见图 3）。

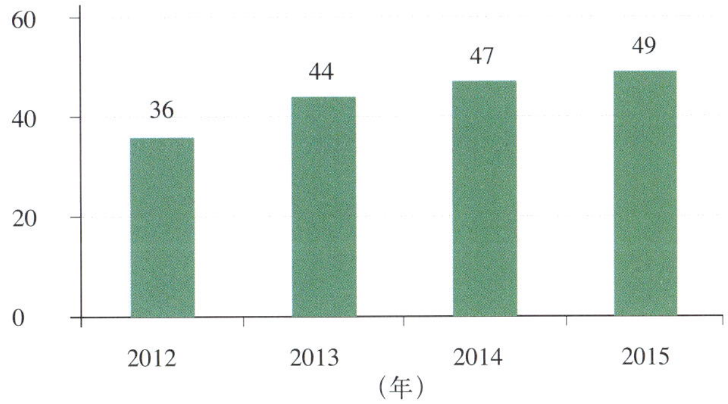

图 3 A320 天津总装线年交付量

转包生产能力提升，实现稳步发展。转包生产技术水平得到提升，初步具备了先进民机大部件设计、制造能力和大型喷气公务机总装能力。参与C系列风险合作，承担了机身后桶段的设计、研制、试验，批产阶段国内企业将承担机身大部分部件的生产，工作量将占到机体机构的40%—50%，实现了大型民机转包生产的突破。实现A320机翼天津完整交付，成为机体一级供应商；成为波音747-8、787、空客A350多项复合材料零部件的唯一供货商。飞机座椅、客舱内饰进入波音、空客供应商行列。

通过海外并购填补国内短板，完善航空产业链。积极融入世界航空产业链，海外并购取得显著成果，中航工业并购了全球著名复合材料生产商奥地利FACC公司、通用飞机制造商美国西锐公司、活塞航空发动机生产商大陆航空发动机公司，有效拓展了产业链，极大提升了中国航空工业在世界航空产业链中的位势。FACC不仅实现了扭亏为盈，还实现了在奥地利上市。西锐公司订单及生产稳步上升，十二五期间实现交付1393架通用飞机，2015年的交付量为301架，活塞类通用飞机全球排名第一。

七、航空运营业保持较快增速

十二五"期间，航空运输保持安全飞行3480万小时。中国民航安全水平好于世界平均水平。全国民航亿客公里死亡人数十年滚动值从"十一五"末的0.009降至目前的0.001（世界平均水平为0.01），降幅达89%；运输航空百万架次重大事故率十年滚动值从"十一五"末的0.19降至目前的0.04（世界平均水平为0.47），降幅达79%（见图4、图5）。

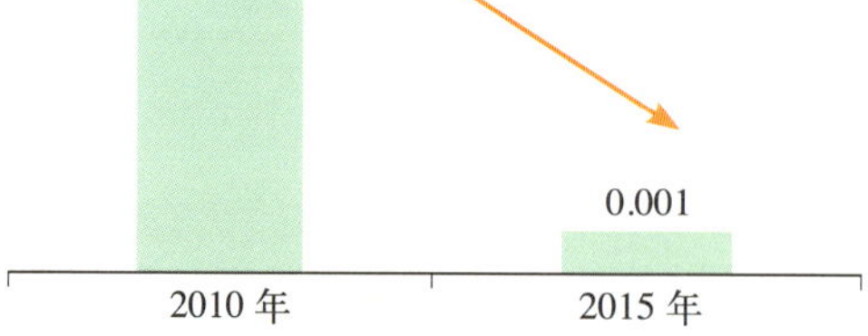

■ 图4 1亿客公里死亡人数

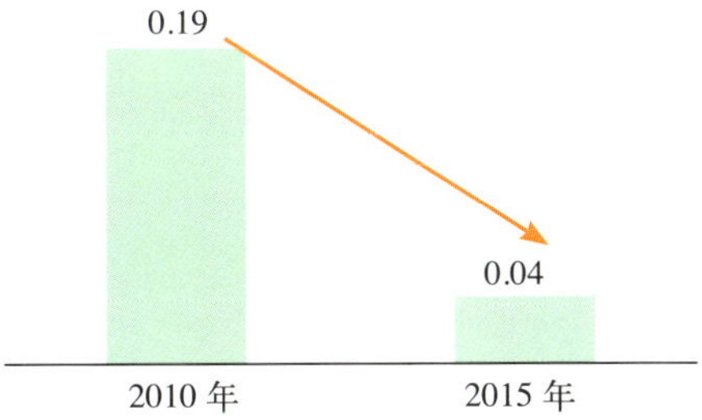

图 5　运输航空百万架次重大事故率

民航业实现持续快速发展。航空总周转量从 2010 年的 538.4 亿吨公里增长到 2015 年的 849.9 亿吨公里，“十二五”期间的年均增速为 9.6%。航空运输人次从 2010 年的 2.7 亿人次增加到 2015 年的 4.4 亿人次，“十二五”期间的年均增速为 10.4%。航空货运量从 2010 年的 563 万吨增加到 2015 年 629 万吨，“十二五”期间的年均增速为 2.3%。航空运输规模稳居全球第二，民航旅客周转量在综合交通运输体系中的比重已达 24.2%，比“十一五”末上升 9.7 个百分点。干支线飞机的机队规模从 2010 年的 1593 架增加到 2015 年的 2650 架，净增 1057 架（见图 6—图 8）。

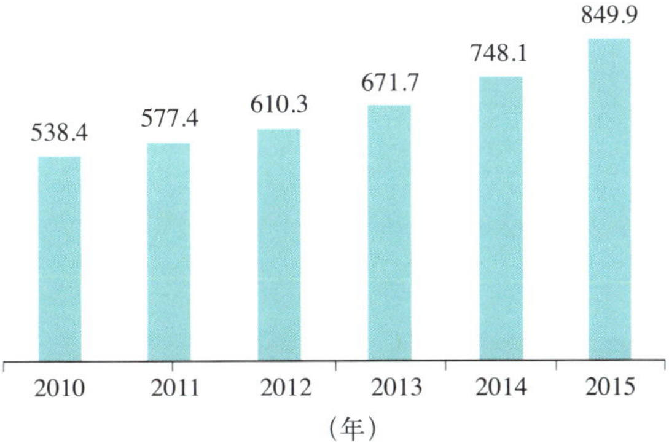

图 6　民航运输总周转量（亿吨公里）

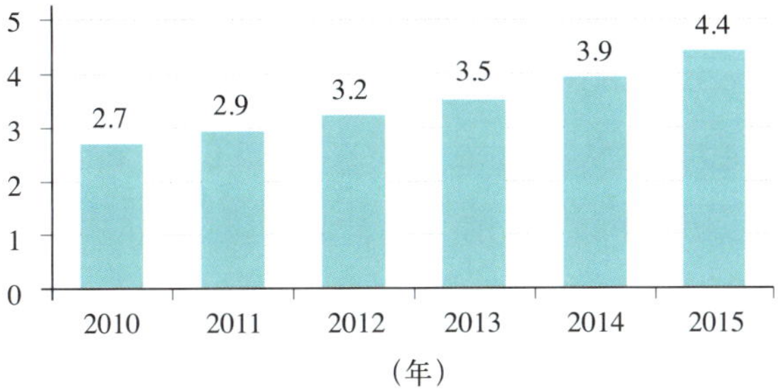

图 7　民航运输人次（亿人次）

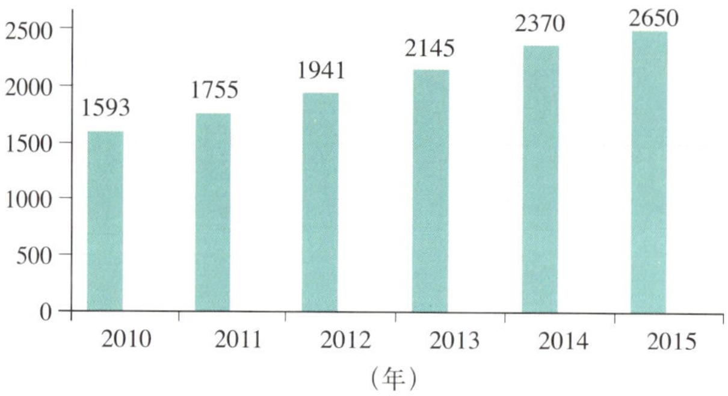

■ 图 8　干支线飞机机队规模

航线网络进一步完善，居民航空出行更加便捷，航空大众化的时代已经来临。全国颁证运输机场从 2010 年的 175 个增加到 2015 年的 206 个，"十二五"期间净增 31 个运输机场，旅客吞吐量三千万级机场由 4 个增至 8 个，千万级机场由 16 个增至 25 个，初步形成与经济地理相适应的机场布局。中国航线总数由 1965 条增至 3091 条，净增 1126 条；其中国内航线由 1663 条增至 2428 条，净增 765 条；国际航线由 302 条增至 663 条，通航 56 个国家和地区的 138 个城市，全国国际航空运输总周转量和旅客运输量年均分别增长 8.7%、16.9%。"十二五"期间，与中国签署或草签双边航空运输协定的国家从"十一五"末的 112 个增加到 118 个。并与 29 个国家签署了双边适航协定。

八、军民融合深入发展

航空企业发挥军民融合产业同根技术同源的优势，内生外联协同并进，实现军民融合深入发展，民品产业在细分市场的行业地位上取得了显著的成绩，涌现出一批国内外具有较高知名度和市场影响力的企业及产品。其中，中航光电的光电连接器产品目前排名全国第 2，全球 19。宝胜的电线电缆稳居国内行业前 2，并且周边国际市场的市场覆盖面与影响力正在不断加大。

中国航天工业发展研究中心
黄毓敏　王战超　杨薇

案例 15

“十二五”期间航天产业发展回顾

经过 60 年的发展，中国已具备较为完整配套的航天工业体系，“十二五”期间则是全国航天产业实现技术大突破、能力大拓展以及模式大创新的重要时期。面向经济社会发展对卫星应用的重大战略需求，全国航天装备研制生产与发射能力快速提升并步入世界先进行列，航天科技重大专项取得里程碑突破，应用卫星逐步提供大规模业务化服务，卫星应用产业持续高速发展，《国家民用空间基础设施中长期发展规划》及一系列国家政策的颁布实施，为航天产业体系化、规模化和多元化发展奠定了基础。

当前，国家民用空间基础设施及空间信息服务体系建设正在进入快车道，空间信息与互联网、物联网、云计算、移动互联和大数据等新一代信息技术紧密融合、综合应用，推动众多产业转型升级和价值提升，空间信息消费市场快速发展，商业航天蒸蒸日上，2015 年卫星应用产业规模已超 2000 亿元，“十二五”期间年均增长 30%，国产卫星数据与服务已广泛应用于资源环境、城市管理、安全保障、防灾减灾、工程建设、旅游交通、民生关爱、文化教育、医疗卫生、大众消费等众多行业和领域，成为加强国家创新管理、保障资源环境安全、提升防灾减灾能力、提供普遍信息服务以及培育新兴产业的重要途径，为中国现代化建设和经济社会可持续发展提供了强有力的支撑。

一、航天体系化发展蓝图展现

“十二五”以来，中国航天步入了转型发展关键期，技术上从追赶先进技术为主向研发国际一流技术转变，服务模式上从试验应用型为主向业务服务型为主转变，应用上从主要依靠国外数据与系统向主要依靠自主数据与系统转变，发展机制上从政府投资为主向多元化、商业化发展转变。

把握转型发展机遇，加强顶层设计和统筹管理，促进民用空间基础设施体系化、集约化、商业化发展，是发挥国家航天优势，适应发展需要、促进转型升级、培育高端产业的重大战略举措。对此，2012 年《"十二五"国家战略性新兴产业发展规划》将"卫星及应用产业"列入高端装备领域重点发展方向，"以建立中国自主、安全可靠、长期连续稳定运行的空间基础设施及其信息应用服务体系为核心""建立健全卫星制造、发射服务、地面设备制造、运营服务产业链""大力推进卫星遥感、通信广播、导航定位等空间信息资源产业化应用"[1]。进而，国家发改委、财政部、国防科工局联合组织编制了《国家民用空间基础设施中长期发展规划》（以下简称《规划》）并于 2015 年发布。

《规划》确立了全国应用卫星体系化、集约化发展新思路，明确了国家民用空间基础设施的内涵与总体框架（如图 1 所示）。现阶段国家民用空间基础设施主要定位于建设卫星遥感、通信和导航三大系统，《规划》以服务应用为根本宗旨，对卫星通信、导航、遥感的天地一体化系统进行统筹优化，提供全球综合观测、信息传输、导航定位等服务，以满足各领域长期、持续、稳定获取空间信息的业务需求。

《规划》提出了三步走的体系建设任务和发展路线，到 2025 年，将逐步建成能够有效支撑国家重大发展战略和履行大国义务要求、提供国际化服务的国家民用空间基础设施，如图 2 所示。

《规划》并明确提出，"科研、公益类卫星及地面系统建设运行以国家投资为主，公益与商业兼顾类项目国家与社会投资相结合，商业类项目以社会投资为主""积极推进公益类卫星的企业化运营服务"。

与此同时，国家颁布了一系列相关政策促进航天产业化、多元化、市场化发展，2014 年 10 月，李克强总理宣布，将引导民营资本进入商业遥感卫星研制、发射和运营，鼓励参与卫星导航地面应用系统等国家民用空间设施建设，标志着商业航天市场民企准入政策的全面放开[2]。

在以上规划和政策的指导下，国家航天产业迎来了难得的发展机遇，将更加广泛地借力于国家基础工业能力和社会资本，进一步促进中国航天产业的开放发展、自主创新和跨越发展。

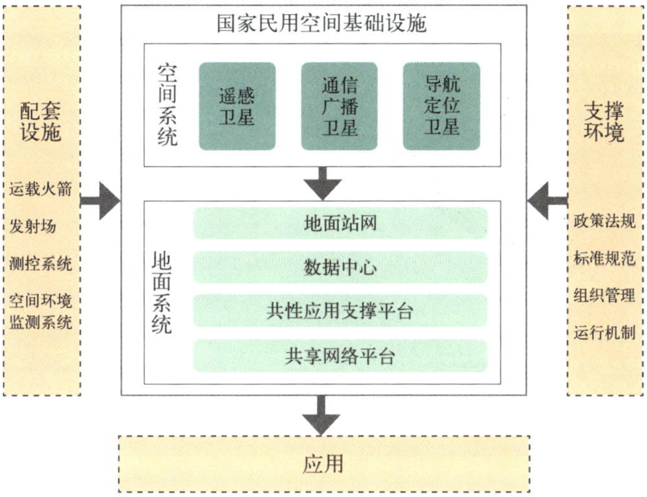

图 1　国家民用空间基础设施发展框架

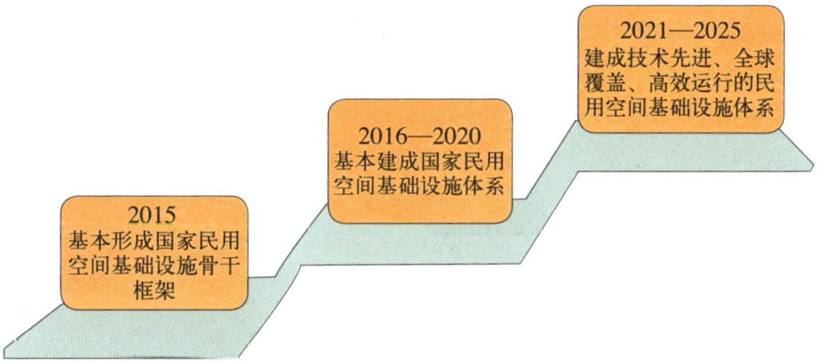

图 2　国家民用空间基础设施三阶段发展目标

二、重大工程取得里程碑成果

载人航天工程二步一阶段任务完美收官，中国成为世界上继美国、俄罗斯之后，第三个独立掌握空间交会对接等关键技术的国家。目前，中国已完全掌握天地往返、出舱活动、交会对接三大载人航天基础性技术，为后续空间站系统建设和载人航天的进一步发展奠定了基础。

探月工程成功实现绕、落和无人漫游车巡视勘察任务，中国成为第三个成功实现地外天体软着陆和巡视勘察的国家（见图3—图8）。

■ 图3　2011年11月神舟八号无人飞船实施首次交汇对接任务

■ 图4　2013年6月神舟十号任务实现首次应用性飞行——航天员太空授课

■ 图5　2012年6月神舟九号任务实现中国首次无人和有人空间交会对接

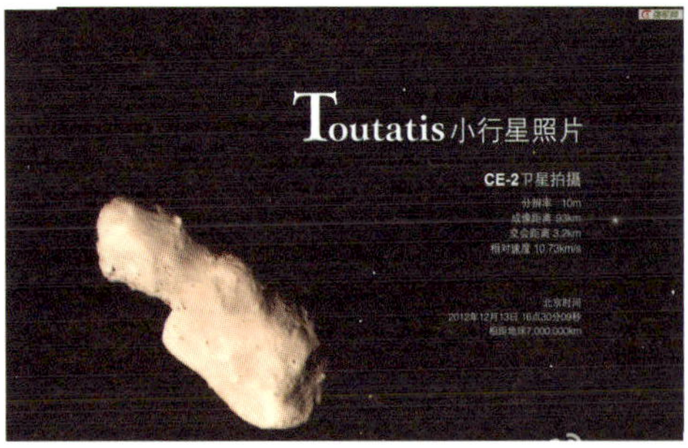

■ 图6　图塔蒂斯小行星优于10米高分辨率影像

2011年4月，嫦娥二号完成预定任务后进行拓展试验，对图塔蒂斯小行星（距地700万千米）进行飞越探测，使中国成为世界第四个探测小行星的国家。最终探测距离突破1亿千米，刷新中国深空探测最远距离。

图 7　2013 年 12 月嫦娥三号月面着陆器（左）与巡视器（右）

2014 年 10—11 月，探月三期再入返回飞行试验器成功实现了中国首次绕月自由往返以及以接近第二宇宙速度的高速半弹道跳跃式再入返回，509 米的开伞点精度达到了世界上最高水平。

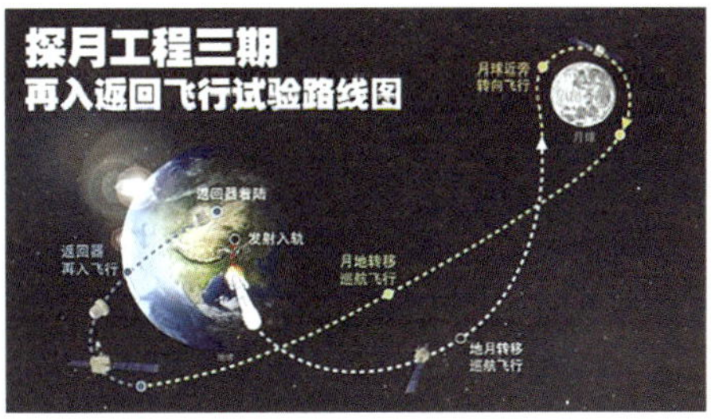

图 8　再入返回飞行试验路线示意图

三、运载火箭发射能力达世界前三

中国运载火箭实现高密度、高可靠发射，有效支撑了航天产业化发展。截至2016年6月29日，长征系列运载火箭累计发射次数已达到231次，成为世界上第三个发射次数达到 200 次的国家。长征系列火箭前 100 次发射历时 37 年，发射成功率为 93%；后 100 次发射历时 7 年，发射成功率提升到 98%，成为世界航天发射成功率最高的运载火箭[3]（见图 9）。

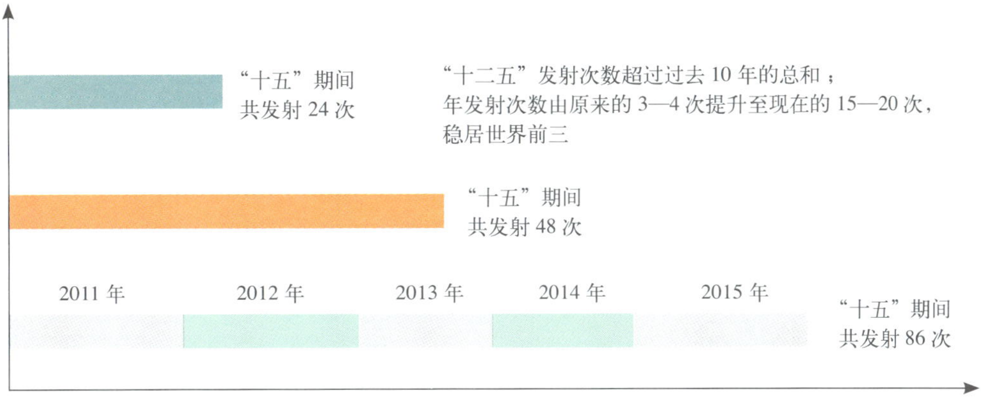

图 9　“十五”、“十一五”和“十二五”发射次数比较

新一代运载火箭取得重大突破，火箭型谱不断完善。2015 年 9 月，长征六号以一箭二十星创造了中国一箭多星发射的新纪录。2016 年 6 月，中国新一代中型运载火箭长征七号首飞成功，将成为中国未来航天发射任务的"主力军"。长征五号大型运载火箭预计 2016 年 10 月初前后择机发射，将使中国运载火箭能力提升至 LEO25 吨级、GTO14 吨级，是国内现役运载火箭运载能力的 2.5 倍。新一代运载火箭采用液氧煤油或液氢液氧推进剂，在无毒、无污染的同时，大幅提升了中国进入空间的能力（见图 10）。

"快舟"和长征十一号运载火箭固体小运载成功发射，中国初步形成空间快速响应能力。传统火箭发射周期至少需要 20—30 个工作日，而"快舟"和长征十一号的发射周期缩短到 24 小时以内，比美国的"米诺陶"系列还要快[4]（见图 11）。

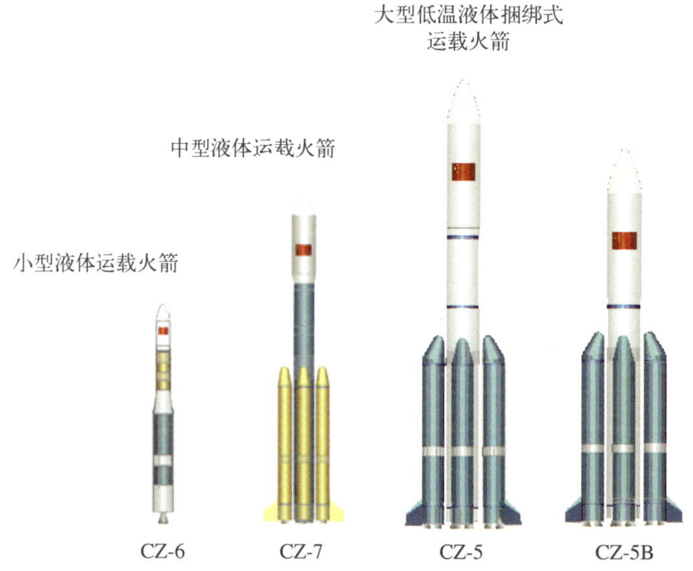

中国基本实现运载火箭型谱化、系列化，已掌握低温发动机、一箭多星、助推器捆绑和载人飞行等多项高可靠、高安全性核心技术，具备了高密度发射能力。

序号	型号	运载能力（t）			首飞时间
		LEO	SSO	GTO	
1	CZ-6	1.6	1	/	2015.9
2	CZ-7	13.5	5.5	/	2016.6
3	CZ-5	/	/	14	/
4	CZ-5B	25	15	/	/

■ 图 10　新一代运载火箭

CA-11

快舟

“快舟”和长征十一号使我国航天发射运载工具由液体运载火箭拓展到固体载火箭

型号	运载能力（t）			响应时间	首飞时间
	LEO	SSO	GTO		
快舟	/	0.12(290km)	/	一天	2013.09
CA-11	0.7	0.35	/		2015.9

■ 图 11 快速响应固体小运载

四、业务卫星体系初具规模

由通信广播、北斗导航、资源、海洋、风云、环境与灾害监测小卫星星座、北京系列等卫星系列组成的应用卫星体系初具规模，中国基本形成了国家民用空间基础设施的骨干框架（见图 12）。

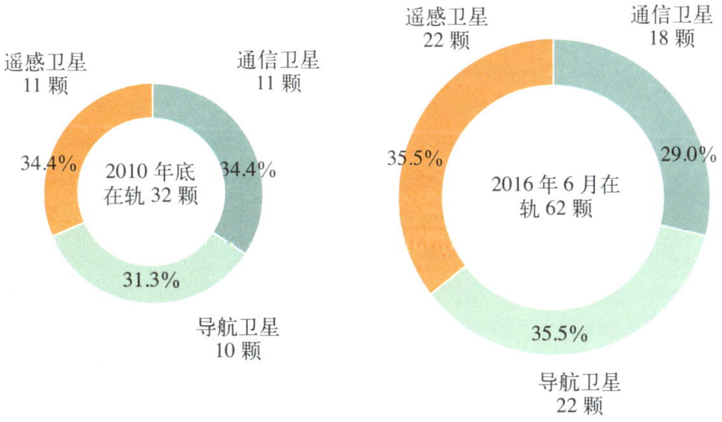

■ 图 12 “十一五”末与 2016 年 6 月在轨运行的应用卫星数对比

（一）固定通信广播卫星形成体系，低轨移动卫星实现突破

“十二五”期间，中国共发射 7 颗通信卫星，在轨民商用卫星（见图 13）。固定通信广播卫星体系初步建成，覆盖亚洲、大洋洲以及欧洲、非洲的

部分地区。中国卫通集团有限公司运营服务拓展到 20 多个国家，在全球卫星固定服务运营商中排名第六。由清华大学与信威集团联合研制的灵巧通信试验卫星实现了中国首颗低轨移动通信卫星的突破。

（二）北斗区域系统正式运行，国家北斗地基增强系统实现服务

"十二五"期间，中国共发射了 9 颗北斗区域导航卫星，2012 年底建成北斗区域导航系统，正式向全国本土及周边地区提供服务，成为世界第三大卫星导航系统。同时，研制发射了 3 颗全球系统试验卫星，北斗全球卫星导航系统建设稳步推进（见图 14）。

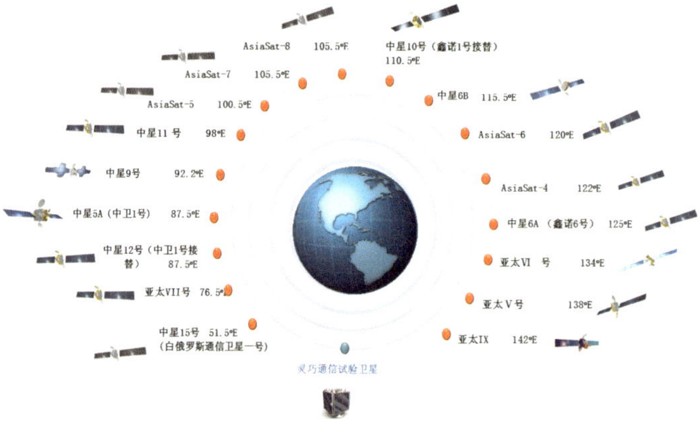

■ 图 13　在轨运行的民商用通信广播应用卫星（截至 2016 年上半年）

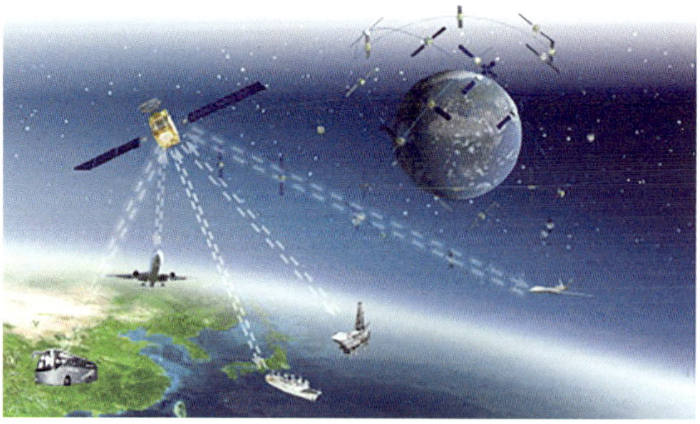

■ 图 14　北斗区域卫星导航系统示意图

——北斗区域卫星导航系统由 5 颗地球静止轨道卫星、5 颗倾斜地球同步轨道卫星和 4 颗中圆地球轨道卫星组成，定位精度优于 10 米。

2016 年 5 月，国家北斗地基增强系统正式投入运行，向全国大部分地球提供亚米精度的实时动态定位导航服务，从站网覆盖面积和支持用户数量上看，是全球最大地基增强系统[5]。2016 年底将完成全部 1200 个卫星导航参考站建设，除提供覆盖全国的亚米级服务外，全国经济发达的 18 个省市和全国主要公路干道、河道及二级以上城市将覆盖实时厘米级高精度位置服务和后处理毫米级高精度位置服务（见图 15)。

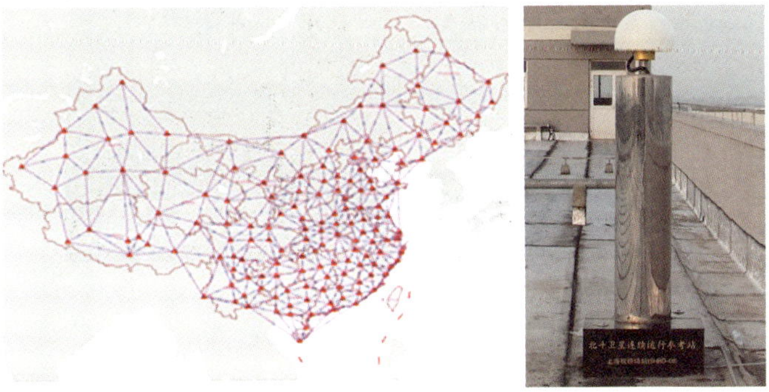

图 15　北斗地基增强系统工程示意图（左）、上海的一个站点（右）

（三）遥感卫星搭建三大系列框架，业务服务能力不断提升

遥感卫星初步形成陆地观测、海洋观测、大气观测三大系列，空间分辨率不断提高，数据种类不断丰富，数据质量接近或达到同类卫星国际先进水平。

陆地观测卫星在轨卫星联合观测，可保证对特定区域每 1—2 天实现优于 2.5m 分辨率数据完全覆盖（见图 16、图 17)。

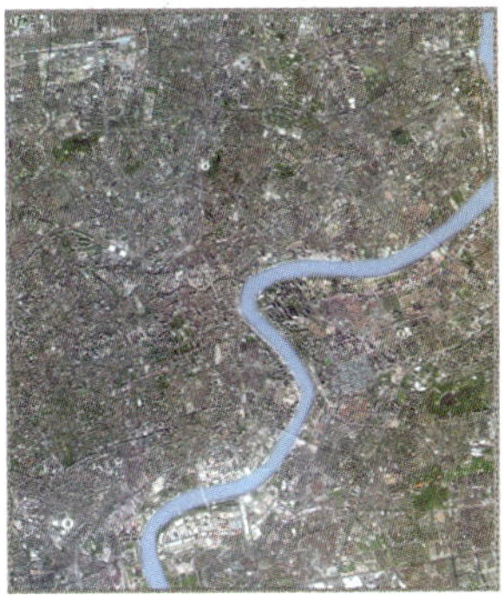

图 16　高分二号上海多光谱影像

图 17　高分四号黄河三角洲影像

中国首颗海洋动力环境卫星海洋二号卫星实现了全天时、全天候、高精度海风海浪等海洋动力参数的连续观测，在全球海洋动力环境信息获取方面发挥了重要作用（见图 18）。

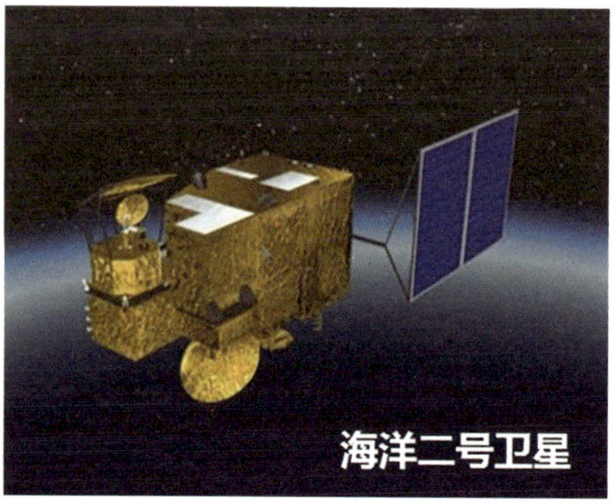

■ 图 18　海洋二号卫星

"风云"系列气象卫星业务服务能力达到了国际先进水平，与欧美等国气象卫星一起，形成了对地球大气、海洋和地表环境的全天候、立体、连续观测的卫星观测网，增强了人类对地球系统的综合探测能力（见图 19、图 20）。

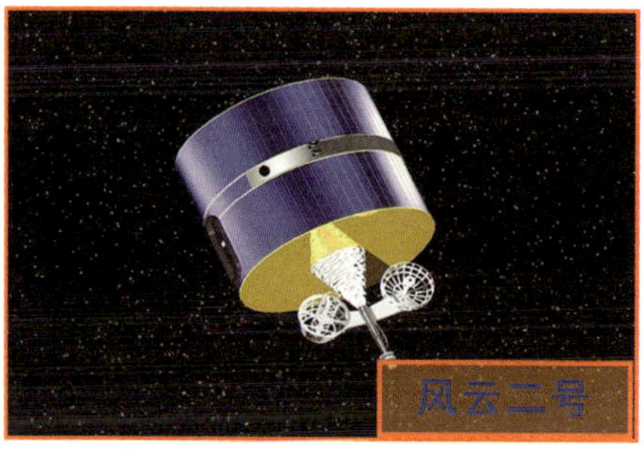

■ 图 19　风云二号卫星

——风云二号静止轨道气象卫星形成了"多星在轨、互为备份、统筹运行"的格局

■ 图 20　风云三号卫星

——风云三号第二代极轨气象卫星实现了上午星和下午星的双星组网观测，可实现 1 天 2 次覆盖

遥感卫星地面系统建设初具规模，具备满足现阶段在轨卫星的数据接收、处理、存储、分发和任务管理的业务化运行能力（见图 21）。

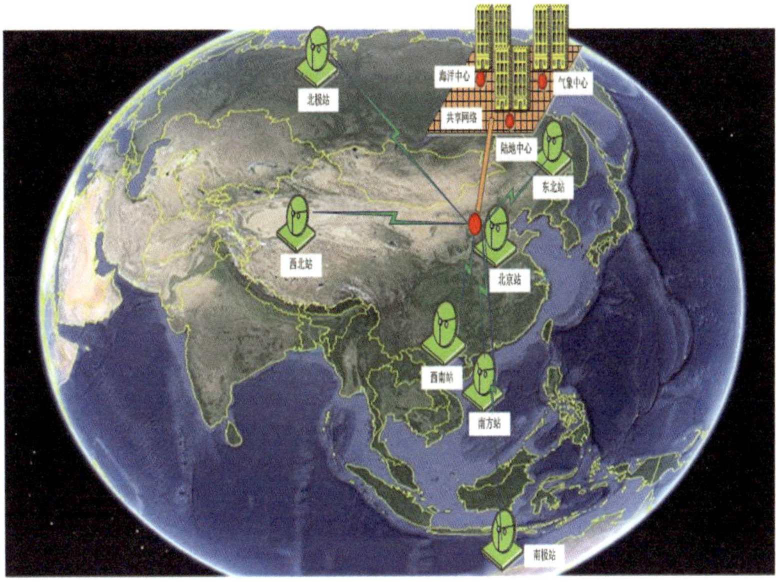

■ 图 21　遥感卫星地面系统总体示意图

——陆地、海洋、气象三大卫星数据中心整体运行能力已达百万亿次规模。

五、商业航天大幕全线拉开

长期以来，除通信卫星运营以及导航应用外，中国应用卫星、卫星遥感应用系统发展以国家投入、行业应用为主，商业市场发育迟缓。随着政策的开放和技术门槛的降低，一些商业公司开始进入航天装备研制、发射和运营等全领域，航天领域军民商共存、共享的开放发展局面正在形成。

（一）商业高分卫星取得新突破，在轨商业遥感卫星再添新成员

北京二十一世纪空间技术应用股份有限公司是中国首家商业遥感卫星运营和应用服务商，旗下“北京一号”卫星及其地面系统在国家 863 计划和北京市科委支持下发展起来，2005 年入轨，目前已退役；“北京二号”星座于 2015 年 7 月发射入轨，并作为中国政府核准的第一个民用商业遥感卫星项目，纳入国家民用空间基础设施规划[6]。北京系列卫星皆为与英国合作制造、在国外发射，探索了一种政府支持、企业运行、商业服务的民用航天产业化发展新机制（见图 22）。

■ 图 22 "北京二号"卫星星座（左）和吉林一号卫星（右）

2015 年 10 月 7 日，长光卫星技术有限公司研发的"吉林一号"卫星系统发射成功，开创了中国自主研发商业高分遥感卫星的先河[7]（见图 23）。

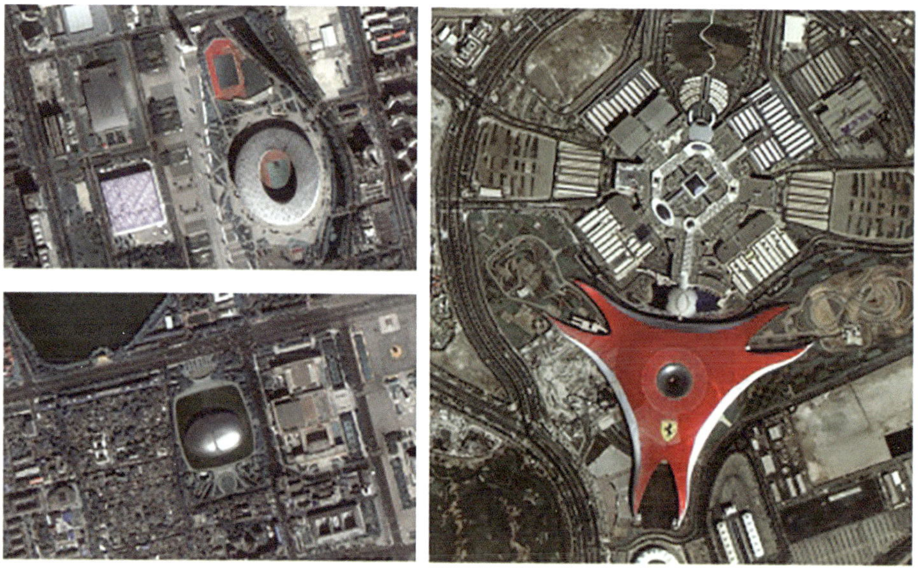

■ 图 23 吉林一号卫星拍摄的地标建筑图像

（左上：鸟巢水立方；左下：国家大剧院；右：阿联酋的法拉利主题公园）

（二）商业遥感计划频出，天基互联网初露端倪

为抢占商业化发展先机，以提供遥感数据服务为目标、以小卫星星座组网为手段的商业遥感计划不断提出。吉林长光公司计划在

2020 年之前发射 60 颗小卫星；北京四维商遥航天科技有限公司提出了“16+4+4+X”的 0.5m 高分辨率商业遥感卫星系统计划[8]；中国航天科工集团发起了 30 余颗卫星组成的商业遥感卫星星座计划等。

与此同时，众多机构积极加入天基互联网建设。信威集团联合中国空间技术研究院，计划在灵巧试验卫星的基础上建设低轨移动通信卫星星座；航天科工集团公司联合其他企业发起了由 156 颗卫星组成的“福星计划”；而武汉大学则提出了由 60—80 颗同时具有遥感、导航与通信功能的低轨卫星组成的“互联网 + 天基信息服务系统”的综合卫星星座计划。

（三）商业小运载领域风云初起，模式创新降低发射成本

面对急剧膨胀的微小卫星发射市场，众多企业开始角逐低成本商业运载火箭市场。航天科工火箭技术有限公司研发了“快舟”系列固体运载火箭，已经完成两次发射；北京蓝箭空间科技有限公司、北京零壹空间科技有限公司[9]等新兴民营企业以美国 SpaceX 公司为蓝本，正在积极研发小型运载火箭，这些民营企业发挥灵活的机制优势吸引人才，试图大幅降低商业发射成本，有望成为国家商业发射市场的新生力量（见图 24）。

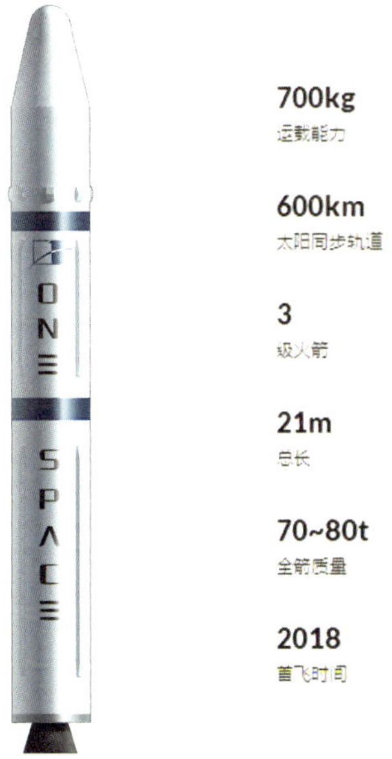

图 24　零壹空间火箭构型

六、卫星应用产业急剧扩张

中国卫星应用产业快速增长，卫星导航产业作为卫星应用产业的主力军，占卫星应用总产值的 90%以上[10]。

当前，中国卫星导航产业正进入北斗产业时代，已形成包括基础产品、应用终端、运行服务等较为完整的北斗产业体系，2015 年北斗相关贡献率占卫星导航产值超过 30%，北斗兼容应用已经成为国内行业

市场和特殊市场的主流方案，正在从行业应用拓展到大众应用，呈现快速发展局面[10](见图 25)。

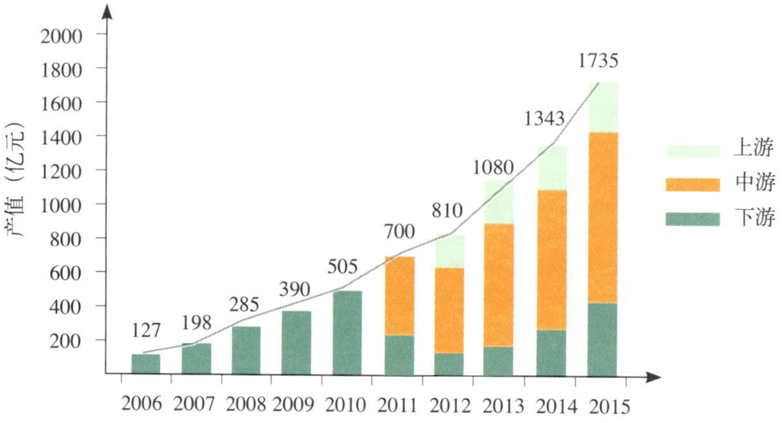

■ 图 25 2006—2015 年中国卫星导航产值

——2015 年产业总产值达到 1735 亿元，"十二五"期间年均增长率达到 30%。

中国卫星导航产业告别"有机无芯"的时代，以和芯星通、上海伽利略导航、西安华讯、中科院微电子所、东方联芯、东莞泰斗为代表的本土企业已推出了一系列芯片产品，新一代北斗 /GNSS 基带射频一体化集成芯片研发取得重大进展，部分厂家已完成 MPW 流片（40nm、55nm 工艺，与国际同步），性能指标已达到国际水平 [11] 。2013—2015 年，北斗兼容机芯片的销量分别达到 135 万套、527 万套和 1326 万套，实现了数量级的增长；具有北斗定位功能的终端销量跨越了百万台、千万台和亿台三大台阶[12](见图 26)。

卫星导航产业新增投资和新增企业数量持续增加。企事业单位数量约 14000 家，从业人员数量约 45 万，"十二五"期间很多北斗企业登陆新三板，上市公司（含新三板）总数已达到 37 家，上市公司涉及卫星导航与位置服务的相关产值约占全国总产值的 9.3%。在行业兼并重组和新三板上市热潮的带动下，市场集中度有所回升，但产业群体中绝大多数仍是小微型企业[10]（见图 27）。

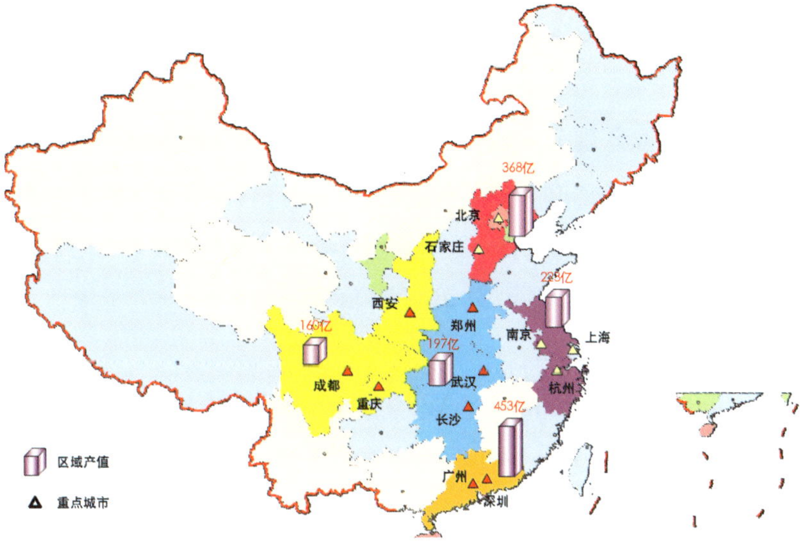

■ 图 26　中国卫星导航产业重点区域分布

——产业集聚效应显著，2015 年珠三角、京津冀、长三角、鄂豫湘、川陕渝五大产业聚集区的产业总体产值达到 1406 亿，占全国总产值的 81%

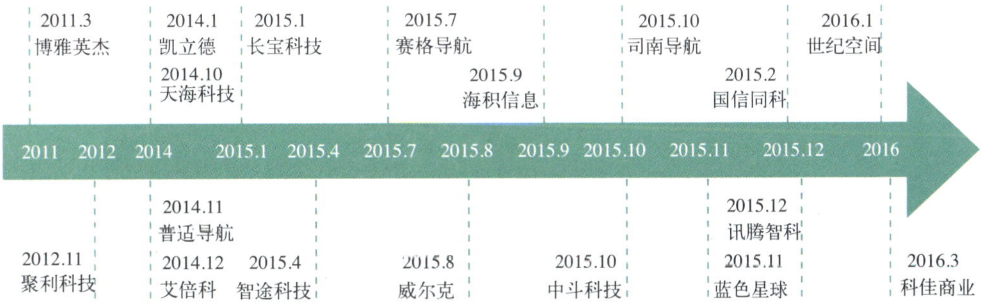

■ 图 27　“十二五”以来新三版上市的业内企业

七、“航天 +”惠及千家万户

（一）卫星直播入户、上船、登机，普遍信息服务能力不断拓展

“户户通”工程极大提升了边远地区广播电视公共服务能力。2011

年起正式开展直播卫星“户户通”工程，2015年年底用户已达7000万户，大大解决了有线网络未通达的农村地区、边远地区群众听广播、看电视难的问题[13]。

“渔船通”广播电视工程造福南海渔民，支撑海洋权益维护。2013年，中宣部支持海南省实施南海“渔船通”工程，截至2015年底第一期工程2617套设备全部安装完毕，南海渔民不仅可以收听收看到45套广播节目和58套电视节目，还可以第一时间接收到渔业、气象、海况等实用信息和应急广播服务。

商业航班卫星电视节目直播成功实现，机舱上网开辟卫星通信新领域。2014年中国大陆首个卫星宽带空地互联商业测试航班完成上海往返北京飞行任务，2015年“机载卫星直播广播电视接收与服务系统”投入使用，旅客在万米高空实时观看了两会和抗战胜利七十周年阅兵活动卫星电视直播[14]（见图28）。

■ 图28 国航已完成21架飞机的网络改装。3月10日，国航CA1303航班上的乘客通过IPAD收看视频直播 新华社发

（二）北斗示范工程全面显效，高精度室内外定位服务渐现

“十二五”期间，北斗卫星导航应用成效显著，以交通运输为代表领域率先全面推广北斗应用，在公路交通运输、海上运输、气象、渔业、公共安全、民政减灾救灾、林业、市政管理与服务等12个行业，以及

长三角、珠三角、京、陕、湘、贵、鄂、苏等 18 个区域等应用示范全力推进，行业推广举措带动了北斗专业化应用、大众化应用和行业化应用的集约融合发展 [15]（见图 29、图 30）。

图 29 北斗海洋渔业船载终端

——北斗项目已在海洋渔业综合管理、防台风救灾、应急救援等方面发挥了重要作用。具有导航、定位、短信息互通、一键报警和船舶防碰撞报警等功能的北斗星通设备备受广大渔民欢迎

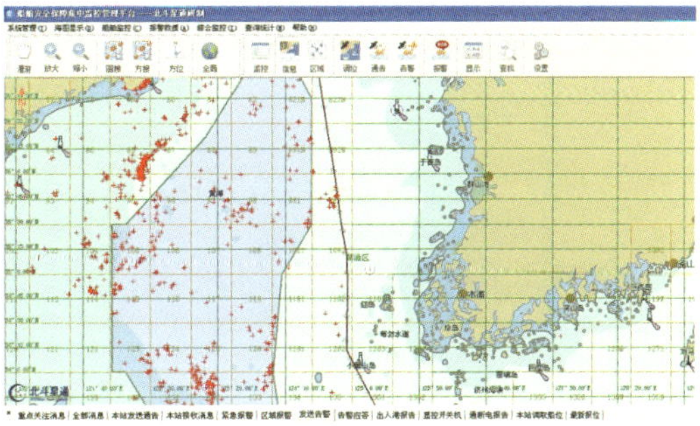

图 30 船舶监控管理平台

——仅国内东海地区，北斗海洋渔业就拥有上万的用户，图上密集的红点为监控平台上的渔船

（三）卫星遥感进入高分时代，自主应用产业链日渐完善

中国自主研发的高分辨率卫星进入行业与大众应用，极大提升了自主信息保障率。“资源三号”卫星开启了中国自主航天测绘的新时代，全球范围内有效覆盖面积超过 7241 万平方千米，影像数据已提供给美、日、韩、英、法、德、澳、巴西等 30 多个国家和地区。高分专项卫星陆续进入应用，截至 2015 年 11 月底，高分专项系列卫星累计分发数据约 403 万景，数据量超过全国以往遥感卫星历史数据总和，开展了 18 个行业应用示范和两个区域示范应用，成立了高分专项应用技术中心和 26 个省级区域数据与应用中心，2016 年 3 月高分应用综合信息服务共享平台正式运行，可为国内及国际等各类用户提供在线服务。得益于高分专项的数据应用，近年来国内市场上国外卫星数据价格大幅降低，分辨率低于 2 米的国外卫星数据已基本退出国内市场。

基于自主卫星的技术研发与应用服务不断拓展。主要利用自主卫星在国际上率先开展了地理国情普查、监测和地理世情监测，全球地质矿产与资源环境卫星遥感“一张图”工程首次集中、广泛、大量使用了国产卫星数据源，实现了全球范围内地质矿产与资源环境遥感调查[16]；2011 年 1 月，中国自主互联网地图服务网站"天地图"上线运行；2014 年 9 月，中科遥感集团与中国资源卫星应用中心联合发布的遥感集市上线，提供了首个一站式遥感云服务平台；自主卫星应用技术创新并催生了一大批创新企业投身到数据处理与服务产业链中（见图 31）。

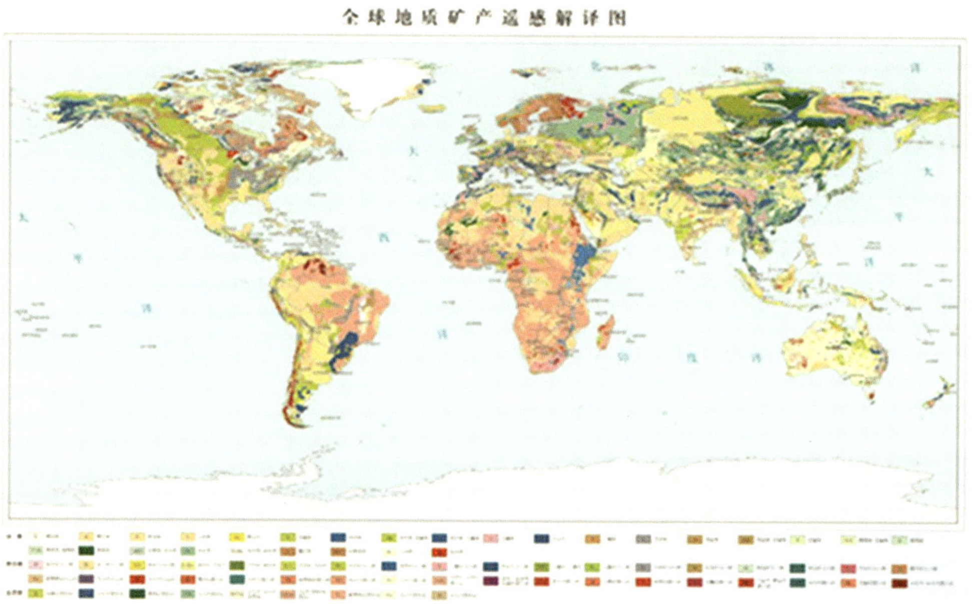

■ 图 31　全球地质矿产遥感 1:500 万解译图

（四）综合应用渐成趋势，卫星应用"无缝"融入百姓生活

"十二五"期间，卫星通信、导航与遥感以及与地面通信网、物联网、互联网的综合应用渐成趋势。

北斗卫星导航系统广泛应用于气象观测、灾害监测和气象信息的收集与发布，促使空间天气监测从定性走向定量、从陆地走向海洋、从二维探测走向三维立体探测，提高了暴雨暴雪的预报能力和增强近海大风大雾的预报和服务能力。

通信、导航、遥感等卫星综合应用在应急救援中发挥了重大作用，如救援雅安和云南鲁甸地震、助力雪龙号救援与脱困、监测"威尔逊"等台风轨迹、参加马航失联客机搜救、救助藏羚羊等濒危动物等。

卫星地图与导航定位系统、移动通信网络的融合和深层次应用，如天地图、高德、四维图新、百度等公司利用卫星提供的即时影像服务与基于位置的服务结合，在服务领域应用的同时，提供包括通信、交通、生态、旅游等方面的服务，直接惠及百姓生活。

八、“天基丝路”大放光彩

中国航天积极参与“一带一路”战略，建设空间信息走廊，打造“天基丝绸之路”，积极开展航天外交，加强国际合作，提高中国的影响力与话语权，航天产业“走出去”的步伐明显加快。

（一）宇航产品与服务出口种类不断丰富，国际业务大幅增长

截至 2016 年 6 月，中国已累计为巴西、委内瑞拉等 25 个国家或国际组织实施了 42 次商业发射，发射了 48 颗卫星，提供了 10 次搭载服务，交付了 8 颗整星。其中，2011 年至今共完成 6 颗卫星的在轨交付和 10 次发射服务，特别是委内瑞拉遥感卫星一号实现了遥感卫星出口零的突破，亚太九号是中国航天首次向国际成熟卫星运营商提供通信卫星在轨交付服务（见图 32、图 33）。

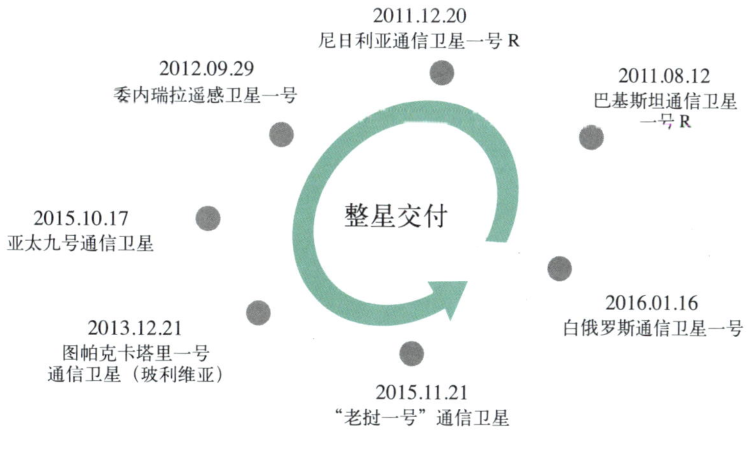

图 32 “老挝一号”通信卫星

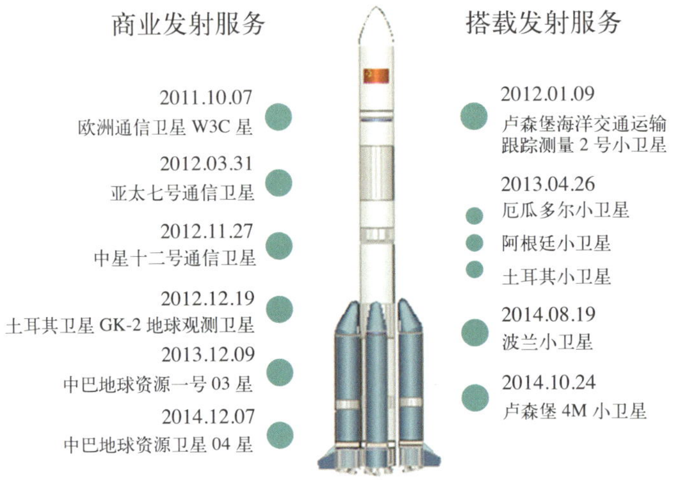

■ 图 33 "十二五"以来整星出口和国际发射服务

（二）卫星应用服务"一带一路"国家，海外布局初具规模

中国已在南非[17]、泰国[18]、新加坡等地建立遥感卫星地面接收站，并将中国成熟的地面应用系统、地面设备等推广到东盟、非洲、中西亚甚至南亚等国家（图 34、图 35）。

■ 图 34 HJ-1A 卫星泰国地面站剪彩仪式

■ 图 35 南非 HartebeenshoekCBERS-04 卫星地面接收站

卫星及应用产业发展专项支持的“多源全球遥感数据采集处理和综合信息服务平台”项目已完成主体研制工作，将打造成为面向全球用户提供卫星应用综合服务的商业化平台；“中国—东盟遥感卫星数据共享与服务平台”在柬埔寨、老挝、新加坡、泰国、文莱等地实现应用。

通过“北斗亚太行”“北斗东盟行”等系列活动，扩大了北斗在周边国家和地区的影响力，一些贴近民生大众和具有普遍应用需求的示范应用项目先后在巴基斯坦、泰国、柬埔寨等国落地。

商业通信卫星服务不断提升，卫星运营服务业务拓展到 20 多个国家，并已开始向非洲、中东等地区提供服务。[13]

（三）国际合作谱新篇，航天成为国家外交新名片

以北斗系统为主，中国与其他全球导航系统、相关国际组织，特别是东盟等“一带一路”沿线国家和地区广泛开展双边和多边合作，推进国际标准，主动承担国际义务，北斗外交正在形成。

参考文献：

[1] 中国网 .“十二五”国家战略性新兴产业发展规划 [EB/OL]. http://www.china.com.cn/policy/txt/2012—07/20/content_25968625.htm.

[2] 3sNews. 国务院发 60 号文件：鼓励民间资本进入空间领域 [EB/OL]. http://www.glac.org.cn/index.php?m=content&c=index&a=show&catid=2&id=896.

[3] 科技日报 . 长征系列火箭可靠性、成功率世界领先 [EB/OL]. http://tech.ce.cn/news/201412/08/t20141208_4071207.shtml.

[4] 施洋 . 观察者网一周军情：为什么中国要有开拓、飞天、快舟 3 种快速响应火箭 [EB/OL]. http://www.guancha.cn/ShiYang/2015_09_27_335747_2.shtml.

[5] 新华社 . 基于北斗卫星的全球最大地基增强系统正式投入运行 [EB/OL]. http://www.hn.xinhuanet.com/2016—05/20/c_1118902693.htm.

[6] 光明网 . 中国首个商业遥感卫星星座“北京二号”发射成功（组图）[EB/OL]. http://politics.people.com.cn/n/2015/0711/c70731-27289166.html.

[7] 新文化报 .“吉林一号”卫星发射成功 [EB/OL]. http://news.sina.com.cn/c/2015—10-08/doc-ifxirmqz9479319.shtml.

[8] 中国航天报 . 商业遥感，已到瓜熟蒂落时？ [EB/OL]. http://www.spacechina.com/n25../n144/n206/n216/c1281090/content.html.

[9] 零壹空间火箭产品设计 [EB/OL]. http://www.onespacechina.com/

product/.

[10] 中国卫星导航与位置服务产业发展白皮书（2015 年度）[EB/OL]. http://www.aiweibang.com/yuedu/125105788.html.

[11] 卫星应用 . 2015 北斗产业链基本形成，"北斗 +"时代到来 [EB/OL]. http://www.beidou.gov.cn/2016/02/05/20160205aadf03f0d3194ed8996a93ee05140612.html.

[12] 田轶 . 2015 年中国北斗产业回顾与展望 [EB/OL]. http://www.ccidgroup.com/sdgc/7152.htm.

[13] 卫星应用编辑部 . 中国卫星应用"十二五"回顾与"十三五"展望 [J]. 卫星应用 , 2016, (2): 15—18.

[14] 长沙晚报 . 中国成功实现商业航班客舱卫星电视直播 [EB/OL]. http://news.163.com/15/0311/02/AKD4FCHC00014AED.html.

[15] 中国卫星导航定位协会 . 北斗海洋渔业安全生产信息服务系统应用介绍 [EB/OL]. http://www.glac.org.cn/index.php?m=content&c=index&a=show&catid=13&id=516.

[16] 中国地调局航遥中心 . 全球基础地质矿产与资源环境卫星遥感"一张图"图集面世 [EB/OL]. http://www.cgs.gov.cn/gzdt/gzdongtai/29025.htm.

[17] 中国资源卫星应用中心 . 南非 CBERS 系列卫星地面接收站 [EB/OL]. http://www.cresda.com/CN/gjhz/jwsjld/4606.shtml.

[18] 人民网 - 人民日报 . 中国首次整套出口卫星遥感地面接收站 [EB/OL]. http://scitech.people.com.cn/GB/41163/14352193.html.

中国航天系统科学与工程研究院

谢平　周晓纪　王亚琼　孙胜凯　宋超

案例 16

“十二五”期间轨道交通（铁路）发展回顾

铁路是国民经济大动脉、国家重要基础设施和大众化交通工具，在综合交通运输体系中具有骨干作用。“十二五”以来，k 国铁路按照国家“自主创新、重点跨越、支撑发展、引领未来”的科技方针，紧密围绕铁路建设和运输需要，深入开展关键技术攻关，在高速铁路、重载铁路、提速铁路、高原铁路等领域取得了系统性创新成果，建立了覆盖高速、重载、提速及高原四大领域完备的铁路技术体系，建成了世界上类型最全的铁路网。截至 2015 年末，k 国铁路网总里程达到 12.1 万公里，位居世界第二；其中高速铁路运营里程达到 1.9 万公里，占世界高铁运营总里程的 60%以上。k 国铁路总体技术水平已步入世界先进行列，部分技术成果达到世界领先水平。

一、产业规模迅速扩大

（一）铁路固定资产投资创历史最高水平

2011—2015 年，铁路完成固定资产投资从 5906.09 亿元增长到 8238 亿元，增幅 39.48%；投产新线里程从 2167 公里增长到 9531 公里，增幅 339.82%。五年间，共完成固定资产投资 3.58 亿元、新线投产 3.05 万公里，较“十一五”期间分别增长 47.3%、109%，是历史上完成投资和投产新线最多的五年（见图 1）。

（二）铁路网规模快速扩大

截至 2015 年末，中国铁路网规模跃居世界第二，总里程达到 12.1 万公里，比“十一五”末增加 3 万公里，增幅 33%。其中，复线里程 6.4 万公里，比“十一五”末增加 2.7 万公里，增幅 72.9%；电气化里程 7.4

万公里，比"十一五"末增加 3.2 万公里，增幅 76.2%；复线率和电气化率分别达到 52.9%和 60.8%，比"十一五"末分别提高 11.8 和 14.2 个百分点；高速铁路运营里程超过 1.9 万公里，比"十一五"末增加 1.4 万公里，增幅 272.55%（见图 2）。

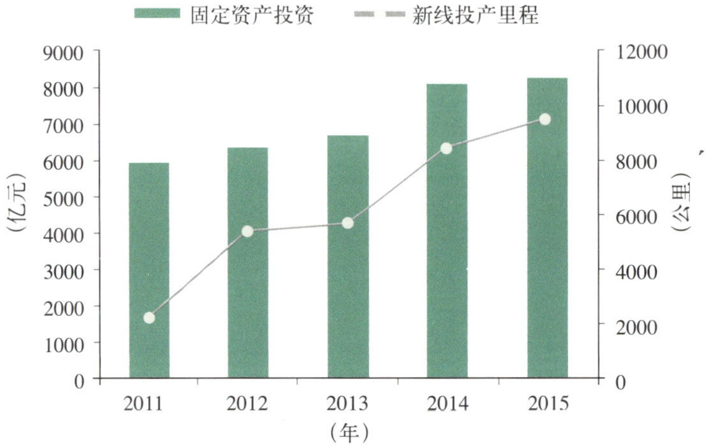

■ 图 1　铁路固定资产投资和新线投产里程

数据来源：《铁道统计公报》（历年）、《全国铁路统计资料汇编》（历年）。

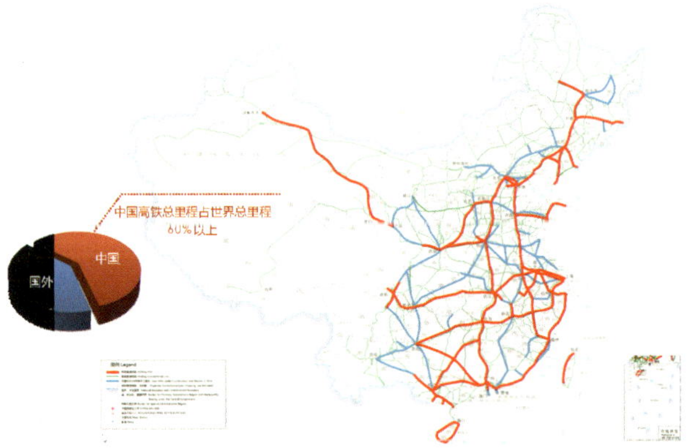

■ 图 2　中国高速铁路网

（三）铁路技术装备保有量大幅增长

随着铁路、尤其是高速铁路快速发展，全国铁路现代化技术装备保有量持续扩大。动车组保有量从 2011 年的 6792 辆增长至 2015 年的 17648 辆，年均增幅达到 27%，比"十一五"末增加了 285.8%（见图 3）。

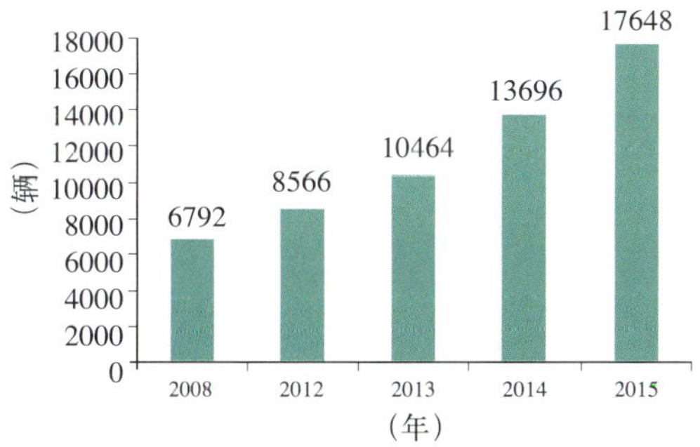

图 3　动车组保有量

数据来源：《铁道统计公报》(历年)、《全国铁路统计资料汇编》(历年)。

(四)铁路运输能力快速提升

"十二五"期间，国家铁路完成旅客发送量 106 亿人次，较"十一五"增长 49.1%；完成货物发送量 155 亿吨，较"十一五"增长 13.6%。高速铁路具有安全可靠、舒适快捷、运力强大、全天候运输等比较优势，逐渐成为人们商务、旅游、探亲等出行的首选。2008—2015 年，动车组旅客发送量从 1.3 亿人次增加到 11.6 亿人次，增幅 792.3%；动车组列车占旅客发送量的比重由 8.9%增长到 46%；期间动车组列车单日最高发送 628 万人次。目前，动车组累计旅客发送量已突破 50 亿人，安全运行里程超过 37.4 亿公里。2015 年动车组旅客发送量和周转量占世界高铁的比例分别达到 60%和 65%（见图 4—图 6）。

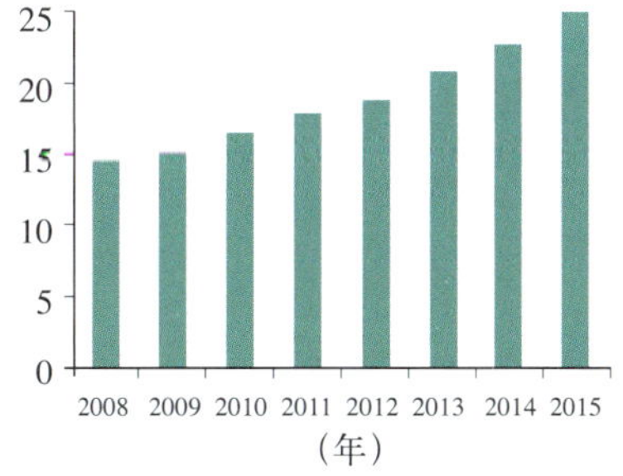

图 4　国家铁路旅客发送量

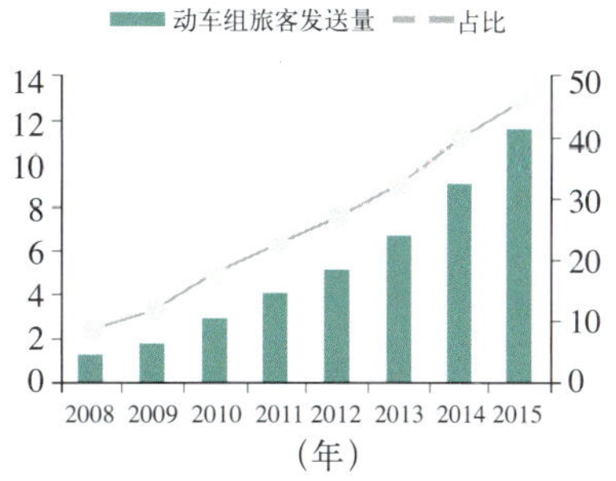

图 5　动车组旅客发送量及占比

数据来源：《铁道统计公报》(历年)。

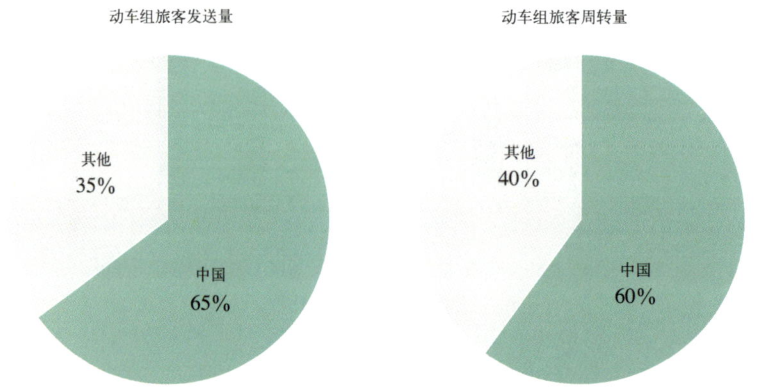

■ 图 6　2015 年动车组旅客发送量和周转量占世界高铁比例

目前，全国高速铁路日均动车组开行数量、旅客发送量均居世界第一（见图 7、图 8）。

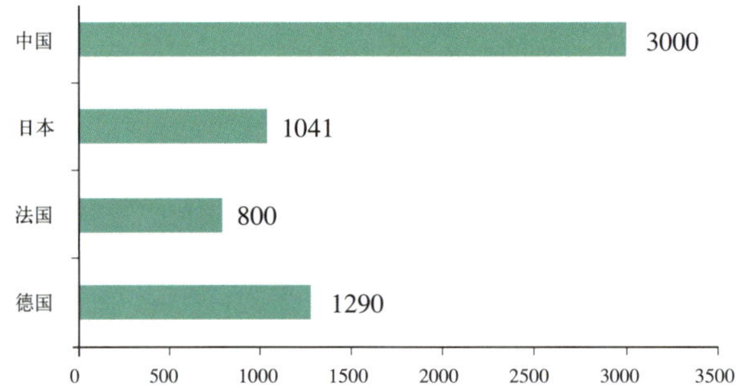

■ 图 7　2014 年主要国家日均开行动车组数量（列）①

数据来源：UIC 统计资料。

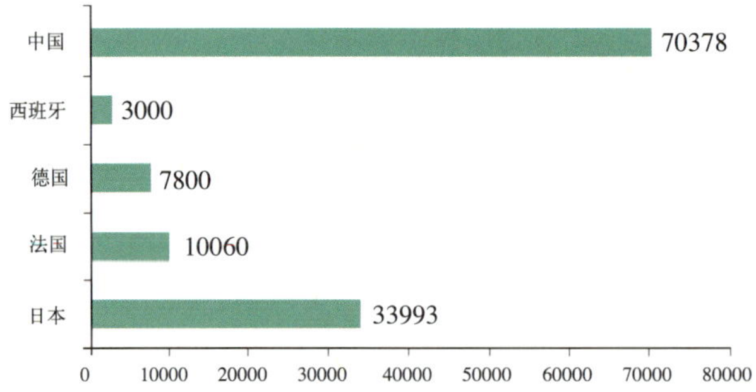

■ 图 8　2014 年主要国家高速铁路客运量（万人次）

数据来源：UIC 统计资料。

① 注：日本不包括 JR 九州铁路公司。

以京沪高速铁路为例，自开通运营以来，客运量逐年攀升，日均旅客发送量从 2011 年的 13.2 万人次，增长到 2015 年的 34.7 万人次，截至 2015 年底全线累计旅客发送量突破 3.2 亿人次，2015 年运送旅客近 1.3 亿人次（见图 9）。

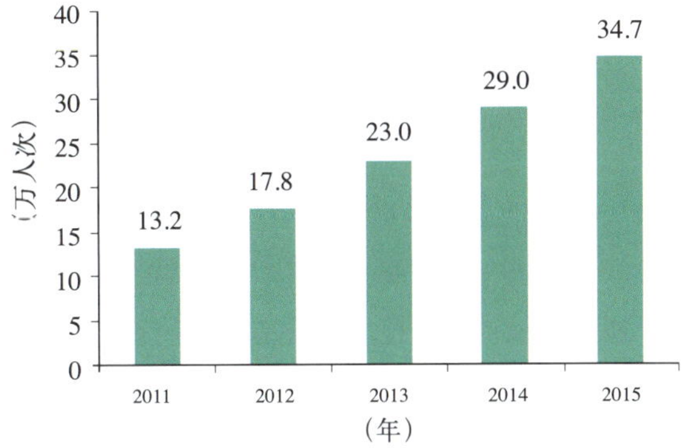

■ 图 9　京沪高铁日均旅客发送量

全国重载铁路运输也取得了长足发展。大秦铁路大量开行 1 万吨和 2 万吨重载组合列车，单列最大载重达 2 万吨以上，年运量突破 4.5 亿吨，成为世界上年运量最大的重载铁路；京哈、京沪、京广、京九、陇海、沪昆等繁忙干线开行了 5500—5800 吨货物列车。

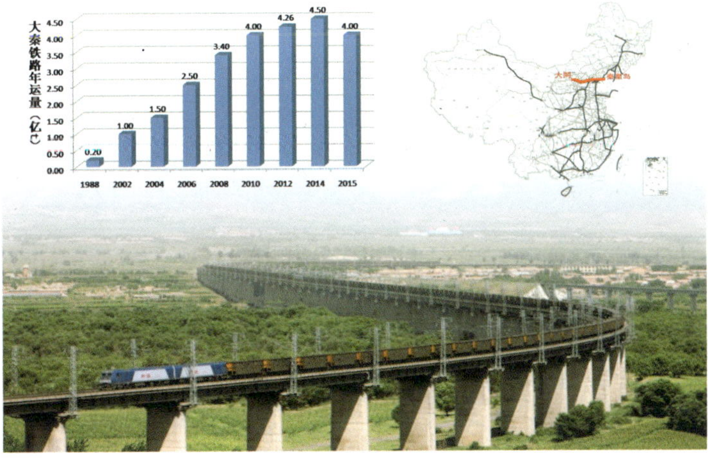

■ 图 10　大秦铁路及年运量

二、技术创新实现新突破

（一）高速铁路技术跻身世界先进行列

通过大力开展自主创新，中国建立了涵盖线路工程、高速列车、列车控制、牵引供电、运营管理、风险防控六个方面、完备的高铁技术体系，高铁总体技术水平步入世界先进行列，部分领域技术达到世界领先水平。

线路工程方面，通过优化线路平面和纵断面，绕避不良地质体，合理确定各种建筑物的类型，为工程施工提供了重要保障；成功研发了具有自主知识产权的CRTS Ⅲ型板式无砟轨道系统，大幅度提高了线路平顺性，保证了列车运行的高速度，减少了线路维修的频次，达到世界领先水平；研发了三网合一精测网，实现轨道铺设、维修的高精度；研发了高强度钢轨及高标准扣件、道岔等轨道设备，满足了线路高平稳、高稳定要求。

建成了一批具有世界领先水平的典型线路及超大跨度桥梁和复杂艰险隧道，如京沪高铁南京大胜关长江大桥、京沪高铁韩府山隧道群等（见图11—图14）。

■ 图11　穿越经济发达地区的京沪高速铁路

■ 图12　世界上干线最长的京广高速铁路

■ 图13　穿越高寒冻土地区的哈大高速铁路 图

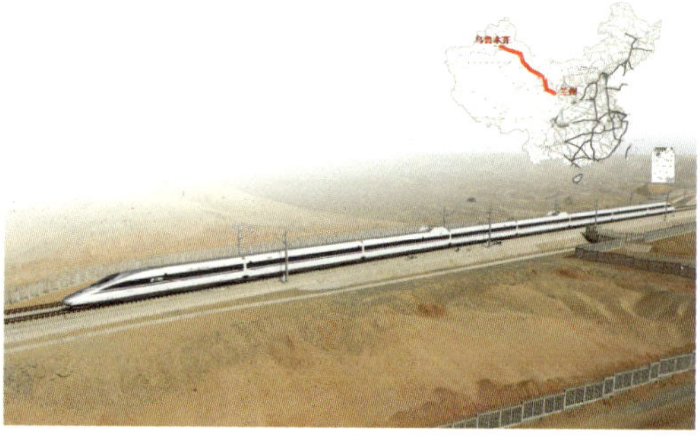

■ 图14　穿越沙漠戈壁地区的兰新高速铁路

高速列车方面，系统掌握了时速200—250公里动车组核心技术，成功搭建了时速350公里动车组技术平台，研制生产了380型高速列车。

成功研制全面拥有自主知识产权的中国标准动车组，实现了动车组牵引、制动、网络控制系统的全面自主化，表明中国具备设计制造满足世界各国不同需求动车组的能力。中国标准动车组全面采用了高强度、轻量化铝合金车体；自主设计制造的大功率绝缘栅双极型晶体管（IGBT）元器件，成功用于交流传动牵引系统；自主设计制造的高速转向架，满足300—350公里/小时及以上持续高速运行；自主研制的车轮车轴，实现装车试用考核；自主设计的列车网络系统，实现对列车的安全、高效控制，满足国际标准；自主设计具有冗余控制功能的列车制动系统，确保列车制动的安全性。中国标准动车组在各项试验考核中表现出优异的运行品质，安全性、列车信息管理、可靠性、节能环保等技术实现了新的提升，动车组整体性能及关键系统技术达到国际先进水平，进入了世界第一方队。中国标准动车组的研制成功，是中国高铁发展进程中的一个重要里程碑，标志着中国在高铁建设运营大国的基础上发展成为高铁装备制造强国。2015年9月开始，中国标准动车组在大同至西安高铁原平至太原高速综合试验段开展型式试验和运用考核，试验速度达到385公里/小时。2016年7月，中国标准动车组在郑州至徐州高速铁路进行了综合试验，成功实现时速420公里两车交会及重联运行，这是世界上拟运营高铁动车组列车首次实现时速420公里交会和重联运行。

列控系统方面，研发了满足时速200—250公里运行要求的CTCS-2级列控系统和满足时速300—350公里运行要求的CTCS-3级列控系统，以车载信号取代地面信号机，实现了设计最小追踪间隔3—5分钟。通过自主创新，突破车载（ATP）和无线闭塞中心（RBC）关键技术，研制了自主化CTCS-3级列控系统。

牵引供电方面，研发了25—40千牛系列大张力接触网系统、特种接线AT牵引变压器和具有设备远程控制、保护、监视、测量功能的牵引供电综合自动化系统（SCADA），有效保证了高速运行条件下牵引供电系统的安全性和可靠性。武广高铁通过采用大张力全补偿链型悬挂等接触网新技术，实现了时速300—350公里高速列车重联双弓稳定受流，填补了世界高铁牵引供电技术的一项空白（见图15）。

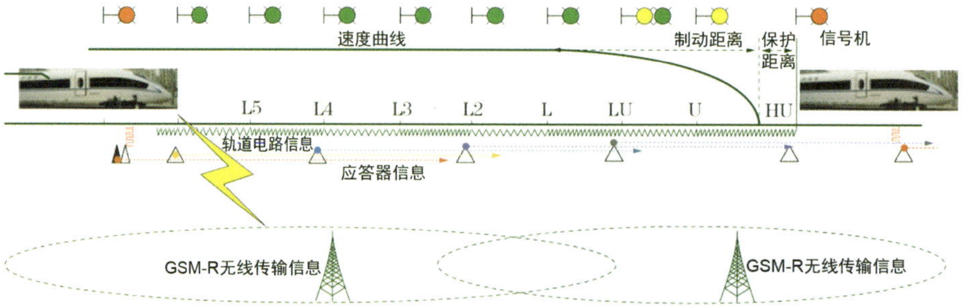

■ 图15　轨道电路、应答器及无线传输信息示意图

运营管理方面，掌握了复杂路网条件下高铁列车运行计划编制和动车组运用综合调度技术，解决了不同动车组编组、不同速度、不同距离、跨线运行等调度难题。构建了以中国铁路总公司为全路指挥中心、以铁路局为地区调度中心、以车站为执行中心的调度指挥体系，高峰期每天开行动车组4000列以上，实现有序正点运行。

风险防控方面，研制了满足时速200—250公里、时速300—350公里检测需要的高速综合检测列车，每10—15天定期对高铁线路基础设施进行全面"体检"。实施固定设施和移动装备动态检测监测，建立了由高速综合检测车、沿线检测传感装置等设备组成的线路设备检测体系，对线路状况进行定期和实时检测，在动车组上设置监测与诊断系统，实时监测列车运行状况。研发应用机械化养护维修装备，确保了运营维护效率。开展基于大数据的高铁安全数据分析，提高了安全管理决策智能化水平。研发了高速铁路风、雨、雪、异物侵限等自然灾害和突发灾害的监测预警系统，构建了网络化、数字化综合视频监控系统。铁路总公司与中国地震局等单位合作，自主研发了高铁地震预警系统，在成灌线、大西线完成单台站、多台站不控车试验，正在开展全系统控车试验，各项功能均达到了国外同类产品水平。

（二）重载铁路技术达到世界先进水平

掌握了既有线开行27吨轴重重载货物列车技术。在大秦铁路大量开行1万吨和2万吨重载组合列车；2014年，大秦铁路成功试验开行3

万吨组合列车，创造了中国铁路重载列车牵引重量最高纪录。成功在瓦日铁路开展30吨轴重重载铁路技术攻关和试验，掌握了30吨轴重重载铁路成套技术。研制了30吨轴重重载铁路桥梁、路基、钢轨、扣件、道岔、有砟轨道及隧道内无砟轨道等装备；研制了30吨轴重机车、货车、电控空气制动（ECP）系统，研发了4400马力交流传动调车内燃机车及大功率机车牵引变流器、网络控制系统、机车车轮和机车制动机；研制了大容量卷铁心节能牵引变压器；开发了网络化无线同步操纵系统。

（三）提速铁路技术跻身世界先进行列

在大规模提速试验和科研攻关基础上，全国铁路实现了既有线提速技术的突破，研制了快速大功率客运机车、快速客车和双层客车，于1997—2007年先后实行六次既有线大面积提速。目前，时速120公里及以上线路延展里程4.4万公里，时速160公里线路延展里程1.7万公里。中国已全面掌握通过既有线改造提速至时速200公里等级线路成套技术，提速铁路技术达到世界先进水平。

（四）高原铁路技术达到世界先进水平

攻克多年冻土、高寒缺氧、生态脆弱三大世界性工程难题，成功建设全长1956公里、世界上海拔最高、线路最长的高原冻土铁路——青藏铁路，全线最高点海拔5072米，海拔4000米以上线路占49%。针对多年冻土，在低温、高含冰量冻土地段普遍采取“以桥代路”工程措施，采用片石气冷路基、通风管路基、热棒措施等路基工程措施，对冻土区路基建立了长期观测系统；针对高寒缺氧，在机车司机室和车厢内设置制氧和供氧设备，通过弥散式和分布式供氧方式向车内供氧，满足司乘人员和旅客在高原补充氧气的需要；针对生态脆弱，采取人工植草、设置野生动物通道、护坡防护等一整套环保措施，最大限度地减少了对野生动物、植被、湿地、湖泊的影响。同时，采用集闭塞、车站联锁和列车运行超速防护控制于一体的ITCS信号系统，实现双向连续的车地无线通信，以车载信号作为列车运行的主体信号控制列车运行，确保运营安全。青藏铁路开通十年来保持安全平稳运行，为沿线区域经济社会发展提供了有力支撑。在此基础上，又建成拉日铁路，正在建设拉林铁路。

三、产业技术创新能力显著提升

"十二五"期间，中国铁路在技术创新组织模式、实验平台建设、技术标准体系建设及知识产权布局、第三方认证、科技人才队伍建设等方面取得明显成效，自主创新能力显著提升。

（一）具有中国特色的技术创新组织模式日益成熟

在高铁技术创新发展过程中，全国铁路始终从高铁建设运营的实际需求出发，统筹协调行业内外各方优势力量开展协同创新、开放创新，打通不同专业、不同部门和相关创新环节之间的阻隔，形成了专业融合、上下连贯、协调一致的高铁技术创新组织模式，走出了一条具有中国特色的高铁技术创新之路。

一是坚持固定设施和移动装备一体化创新。尤其是近几年围绕动车组和列控系统部分关键技术方面存在的薄弱环节，依靠自主研发补齐短板，全面推进各专业领域技术发展，实现了高铁各系统的协调匹配和整体最优，形成了完备的中国高铁技术体系和标准体系，为中国大规模高铁建设和运营提供了可靠的技术支撑。

二是坚持铁路系统各单位一体化创新。形成了运输企业为主导，工程建设企业、装备制造企业、高校、科研院所及运输企业共同参与的技术创新体系。

三是坚持原始创新、集成创新、引进消化吸收再创新的一体化推进。在工程建造领域以原始创新为主；在高速列车、大功率机车和列车控制系统领域以引进消化吸收再创新为主，同时推进原始创新；在安全保障系统、运营管理系统等领域以集成创新为主，同时推进原始创新和引进消化吸收再创新。三种创新的一体化推进，实现了在较短的时间内掌握了世界最先进的高铁成套技术，走出了一条具有中国特色的自主创新之路。

四是坚持科研和试验一体化创新。全国铁路以系统性大课题为抓手，以重大综合试验为手段，围绕高铁建设、运营实际需求确定科研立项，系统开展基础理论研究和关键技术攻关，在充分掌握相关技术原理的基础上，组织开展正向研究、正向设计和正向创造；针对研发成果，通过实验室仿真测试、环行线试验、真车实线验证、实际运用考核等一系列试验验证考核手段提高科研成果的可靠性，最终将新技术装备推广运用。

（二）实验平台体系建设稳步推进

铁路系统高度重视实验平台体系建设，投入大量资金和资源，支持有关企业和单位申请国家级实验室建设，形成了涵盖工务工程、机车车辆、牵引供电等各领域的较为完备的实验平台体系，铁路自主创新的科技基础支撑条件明显改善。

截至“十二五”末，铁路行业共建设国家级、省部级研究实验平台55个（不包括原铁道部产品质量监督检验中心所属的实验平台），涉及12家产学研单位。其中，国家级研究实验平台共13个，分布于铁科院、北京交大、西南交大、中南大学、中国中车、中国中铁等6家单位。

“十二五”期间，各研究实验平台围绕高速、重载、安全等重点技术领域，承担国家、铁路行业科技研究开发项目，开展了大量基础及应用研究实验，形成了一系列专利、标准和新技术，在铁路建设与运营中广泛应用，取得了良好的经济和社会效益。

（三）技术标准体系及知识产权布局逐步完善

铁路系统大力推进技术标准体系建设，构建了覆盖高速、重载、普速全部技术领域、具有中国特色的铁路技术标准体系。截至2015年底，中国铁路共有国家标准174项，行业技术标准986项，中国铁路总公司技术标准和标准性技术文件1418项，以及大量存在于各个企业的企业标准。积极推进铁路技术标准国际化，主持和参与了38项国际铁路联盟（UIC）标准项目以及18项国际标准化组织（ISO/TC269）标准项目；在多个国际组织中承担了重要领导职位，不断扩大中国铁路在国际标准制修订中的话语权。

铁路系统高度重视知识产权管理，中国铁路总公司成立后，组织铁路行业相关单位，依托重大科研课题，积极开展中国标准动车组等自主技术知识产权申请，铁路科技创新知识产权创造的数量和质量不断提升；围绕铁路“走出去”战略实施，联合相关单位共同开展自主知识产权海外布局，不断增强中国铁路技术装备走向国际市场的主动权和竞争力。

（四）第三方认证全面推广

"十二五"是铁路产品认证快速发展时期，逐步、系统建立了铁路产品认证准入管理制度，产品认证已发展成为铁路专用产品准入管理的主要方式。

建立完善了企业采信产品认证制度，重点对涉及安全的铁路重要技术装备实行认证管理，依据现行的中国铁路总公司《铁路专用产品认证采信目录》，纳入采信目录的产品共有 188 种，覆盖高速道岔、列控系统设备、动车组车轮车轴等关键部件，另有 190 种产品纳入机构自愿认证目录。

积极引入第三方认证，通过吸纳具备相应资质的社会第三方机构参与铁路产品认证工作，提高产品认证的公平性和可靠性。目前，国家铁路第三方认证机构业务范围覆盖铁路及城轨机车车辆、牵引供电、通信信号、工务工程、运输包装、金属化学等产品的检测和认证。截至 2015 年底，共发布有效认证证书 2900 余张，涉及生产企业 800 余家；建成检验机构 24 个[1]（见图 16）。

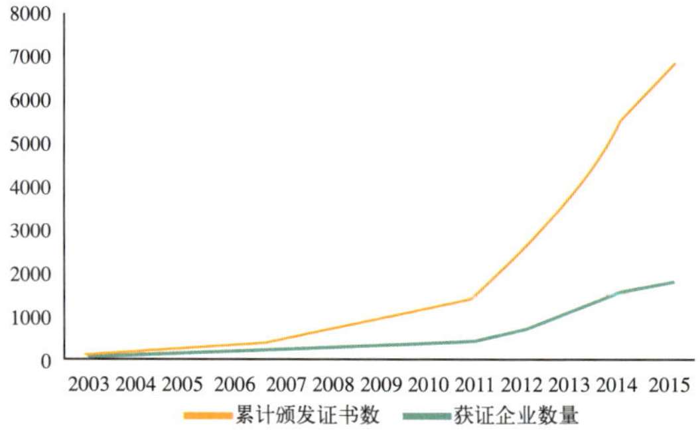

■ 图 16　铁路第三方认证机构累计颁发证书数量及获证企业数量

（五）科技人才队伍持续壮大

"十二五"时期，铁路行业培养、凝聚了大批高素质科技人才，为铁路科技创新提供了良好的人才基础条件。

中国铁路总公司建立了系统的人才教育培训体系和培训基地，培养了一批涵盖勘察设计、工程建设、装备制造、运营维护、经营管理等领域的专业人才队伍，一线人才资源达到 100 万以上。

四、促进经济社会发展

目前，中国高速铁路“四纵四横”主骨架基本形成，高速铁路与其他铁路共同构成的快速客运网已超过4万公里，基本覆盖中国省会及50万以上人口城市，长三角、珠三角、环渤海三大城市群高铁已连片成网，大大方便了旅客出行。安全正点、快捷舒适、绿色环保的高速铁路，受到越来越多人们的青睐，正在改变中国人的出行方式，助推中国经济社会发展。

（一）拉近了城市间的距离

高速铁路的开通运营，有效缩短了时空距离，以北京、上海、广州为中心，向周边区域5小时的旅行圈已经形成。京沪高铁开通后，北京至上海只需不到5小时；京广高铁武广段通车后，武汉至广州1069公里的距离缩短在4小时内；西南山区等原本交通不发达地区的变化尤为明显，贵广高铁开通后，贵阳至广州的旅行时间由开通前的近21个小时压缩至4小时。相邻城市间“同城效应”凸显，京津城际铁路通车后，北京、天津两大城市的时空距离缩短在30分钟内，沪宁、广珠、长吉、昌九、沪杭、宁杭、杭甬、郑焦等高铁沿线也相继形成了“同城效应”（见图17）。

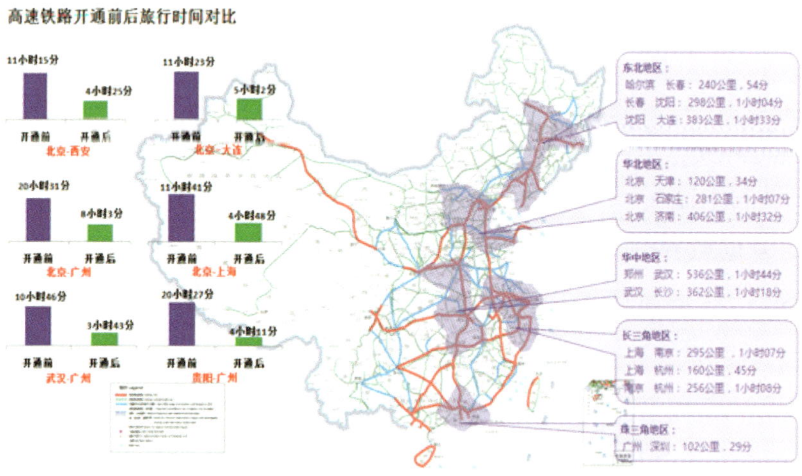

图17 高铁开通拉近城市距离

高速铁路的开通运营，节约了社会时间成本，带来了巨大的社会时间效益，依据现阶段运量和单位时间劳动力成本测算，京广高铁武广段每年节约的社会时间成本价值数十亿元；扩大和拓宽了人们的生活半径和活动范围，明显改变了人们的生活方式、生活节奏以及工作、居住、旅游、养老等传统观念。

（二）提供便利的运输服务

客运方面，中国铁路以"安全出行、方便出行、温馨出行"常态化为目标，动态优化客车开行方案，改进售票组织工作，落实基本服务标准，客运服务水平持续提升。目前，高铁列车运营时间为早上 6 点至 24 点，并且保持了很高的正点率，2015 年全国铁路动车组始发正点率达 98.8%，终到正点率达 95.4%，使旅客出行更加便利；在北京、上海、广州等大城市间开行的夜间高铁动卧列车，夜行 2000 多公里，实现了夕发朝至，节省了旅客白天时间，有效提升了长距离高铁旅行的舒适度；按照"零距离换乘"理念，打造的现代化客运枢纽和旅客中转换乘中心，使高铁车站与城市公交系统甚至机场融为一体，满足了旅客换乘便捷、候车舒适的需求；12306 互联网售票系统的研发应用，使旅客无须到车站排队，足不出户即可完成购票、退票和改签业务，使用身份证互联网购票的旅客在部分线路还可以不换票直接凭身份证过自动检票机，极大便利了旅客购票和乘车，如今互联网已成为广大旅客购票的首选方式，全路互联网售票已占总售票量的 60% 左右。

货运方面，中国铁路实施了以实货制为核心的货运改革，实行敞开收货，取消中间环节，改革运输组织，提供全程服务，极大方便了货主运货，在发展铁路现代物流上迈出重要步伐。同时，加强 95306 网站建设，网上货运业务受理超过 99%，大大改善了旅客货主体验，社会满意度明显提高。

此外，高铁开通释放了既有线的运能，有效缓解了货运能力长期紧张的局面，全社会人流、物流周转明显加快，成本有效降低。据专家分析，提高铁路运输在全社会货运量中的比重，将大大节约社会物流成本（见图 18）。

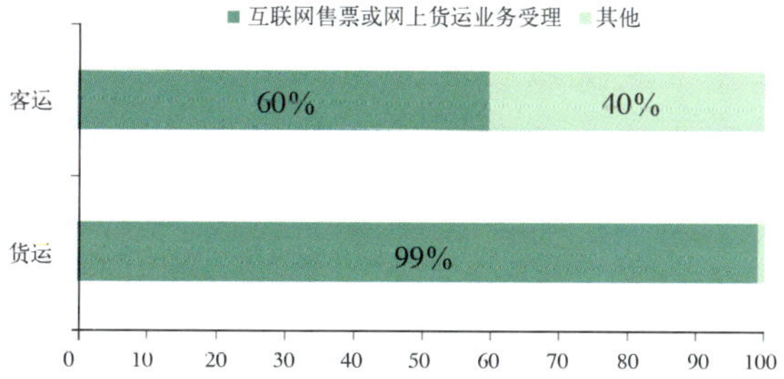

图 18　互联网售票或网上货运业务受理所占比重（%）

（三）推动交通运输绿色发展

高速铁路节能环保优势显著，大力发展高速铁路对推进生态文明建设、实现经济社会可持续发展，具有重要的战略意义。近年来，随着高速铁路快速发展，中国铁路在每年完成客货运输换算周转量占全社会完成量约 25%的情况下，能源消耗仅占交通运输业总耗能的 6%，对构建绿色综合交通运输体系起到了重要作用。

（四）带动相关产业发展

高铁的建设和运营，带动了冶金、机械、建筑、橡胶、电力、信息、计算机、精密仪器等产业的快速发展。据不完全统计，中国 380 型高速动车组零部件生产设计核心层企业 140 余家、紧密层企业 500 余家，覆盖 20 多个省市，形成了一个庞大的高新技术研发制造产业链。

高速铁路的开通运营，直接拉动了沿线城市旅游、餐饮、商贸等第三产业的迅猛发展。京津城际铁路开通后，两个直辖市及周边地区的经济交流日益增多，房地产、物流、旅游、餐饮等产业得到飞速发展。京沪高铁开通运营四年，沿线城市很快成为承接长三角和环渤海两大经济区产业转移的新平台（见图 19、图 20）。

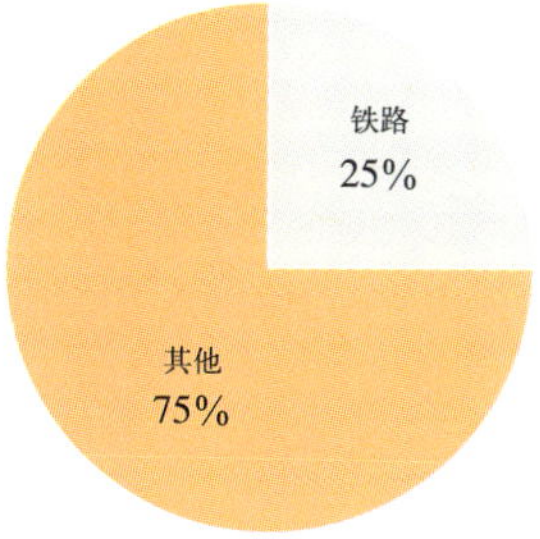

图 19　近年来铁路年客货运输换算周转量占全社会完成量的比

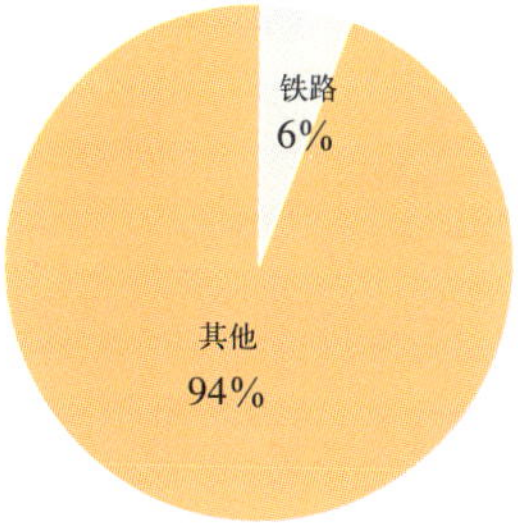

图 20　近年来铁路年能源消耗占交通运输业总耗能的比重

2009 年武广高铁开通后，到武汉、株洲等沿线城市旅游的人数大幅增加。2010—2015 年，武汉每年接待游客数量从 0.47 亿人次增长到 2.12 亿人次，年均增幅 24.2%；株洲每年接待游客数量从 0.08 亿人次增长到 0.37 亿人次，年均增幅 24.3%（见图 21）。

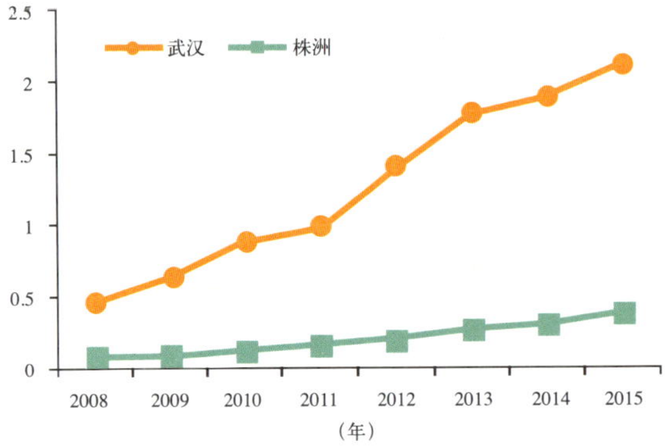

■ 图 21　武广高铁开通前后沿线典型城市接待游客数量（亿人次）

数据来源：武汉市、株洲市旅游局统计数据（历年）。

（五）促进就业

高速铁路发展带来了大量就业机会，拓宽了就业途径。通过带动相关工程建设、装备制造、服务产业发展，直接增加了大量的就业岗位。同时，高速铁路通过发挥中长距离运能运量优势，为人才、技术、资金加速流动创造了便利的交通条件，间接促进了商业和就业机会的增加。

以高铁建设为例，据有关部门统计，高铁每亿元的投资，平均需要 0.333 万吨钢材、2 万吨水泥、3.11 万吨沙土、5.16 万立方米石头以及 0.085 亿元设备，人工方面则消耗 22.86 万工时。

五、海外业务拓展开创新局面

铁路是基础设施互联互通和国际产能合作的重要领域。近年来，中国铁路技术创新和建设发展取得显著成就，行业国际竞争力和影响力不断增强，铁路特别是高铁已成为"一带一路"建设的重要领域和中国高端装备“走出去”的亮丽名片，党和国家领导人多次在重要外交场合大力推介中国高铁。“十二五”期间，中国铁路国际交流合作不断深化，多次成功举办和参加境外高端装备展，连续多年举办中国国际现代化铁路技术装备展览会等国内展，对外展示交流水平大幅提升；一批境外铁路工程项目取得重大进展，技术装备出口实现全面突破，高铁关键技术装备已跻身国际铁路装备产业链高端。

2013—2015 年，全国企业参与的境外轨道交通类工程建设项目完成营业额从 58 亿美元增长到 91.3 亿美元，年均增长率 25.7%[2]。目前，中国铁路“走出去”项目已遍及亚洲、欧洲、北美和非洲，中老铁路、中泰铁路、匈塞铁路、印尼雅万高铁、俄罗斯莫喀高铁等一批重点项目有序推进。

2001—2015 年，国家铁路机车车辆出口由不到 8000 万美元[3] 增长到 37.4 亿美元，年均增速 34.7%，出口额占全球市场份额的 10%；铁路装备产品出口遍布全球 6 大洲 100 多个国家和地区。在出口规模大幅增长的同时，也实现了出口装备从低端到高端的转变，电力及内燃机车、动车组、双层客车等附加值高的产品在铁路整车出口中所占比重达到 60%左右。2014 年，中国与南非签订了 232 台、总额约 9 亿美元的内燃机车供货合同，这是中国内燃机车出口海外最大的单笔订单；向马其顿铁路提供 6 列动车组，实现了中国动车组首次出口欧洲。2015 年，中国铁路装备首个海外制造基地在马来西亚建成投产，成为“国际产能合作”的新亮点；与美国合资成立的货车公司开始首批样车生产，北美市场本地化翻开新的一页（见图 22、图 23）。

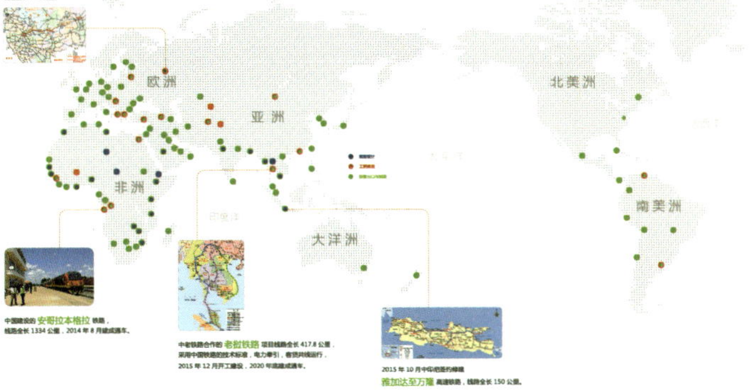

■ 图 22　中国境外铁路项目全球分布

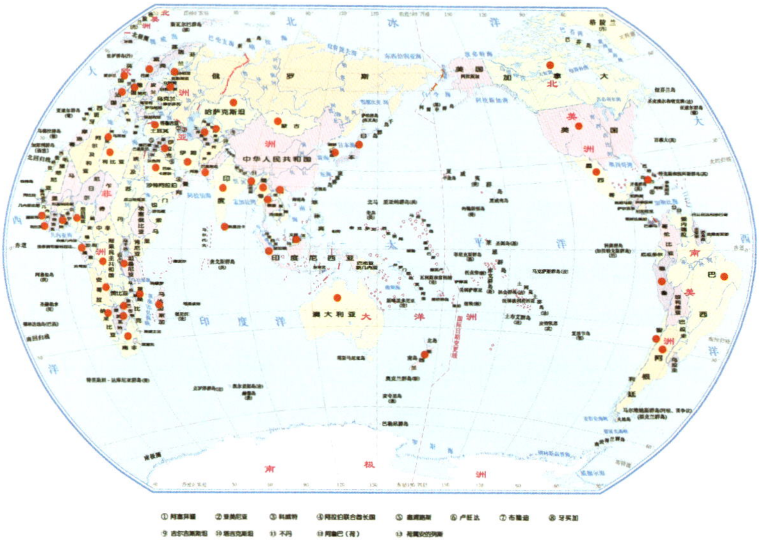

■ 图 23　中国铁路装备出口国家或地区

参考文献

[1] 中铁检验认证中心．中铁检验认证中心（CRCC）社会责任报告 [EB/OL].http://www.crcc.org.cn/crcc/crccshzrbg/index.jhtml.

[2] 新华网．中国 2014 年参与境外铁路建设项目 348 个 [EB/OL].http://news.xinhuanet.com/fortune/2015—02/05/c_1114266355.htm.

中国铁路总公司

周黎　郭树东　贯光智　王锣莹　曲云腾　肖增斌

案例 17

“十二五”期间城市轨道交通产业发展回顾

自 1965 年第一条地铁线路投建至 2015 年底的五十年中，全国城市轨道交通的发展大体可分为三个阶段：起步阶段、提速起跑阶段和快速发展阶段（见图 1），特别是“十二五”的 5 年间开通的线路里程较过去四十五年翻一番，载客量逐年攀升；建设规模持续增长，累计投资过万亿；地铁、轻轨系统的自主化水平不断提升，同时还开始了现代有轨电车、磁浮交通、跨座式单轨、市域快轨等四种新制式车辆的研发，并着手产业化，部分关键核心技术实现自主创新，自主化信号系统已投入应用，大幅降低了工程及设备造价；推动了全自动运行、互联互通及 LTE 等新兴技术的应用和发展，部分成果居世界领先地位；城市轨道交通已成为居民出行的重要交通工具，在惠及民生的同时，有力带动了地方经济和产业链发展，是名副其实的朝阳产业。

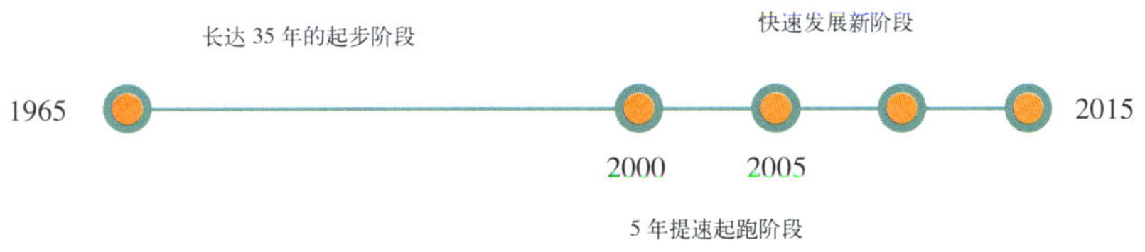

图 1　中国城市轨道交通发展概况

一、综合运营能力提升迅速

（一）开通线路里程

“十一五”末，全国城轨交通开通线路总长度为 1599 公里，“十二五”期间，投运线路达 2019 公里，平均每年增加 404 公里。截至 2015 年末，中国大陆地区有26个城市开通城轨交通运营，共计116条线路，开通线路总长度达3618公里（见表1）。其中开通线路超过100公里的城市有11个，拥有两条以上城轨交通线路的城市有20个，多个城市形成网络化运营格局（见图2）。

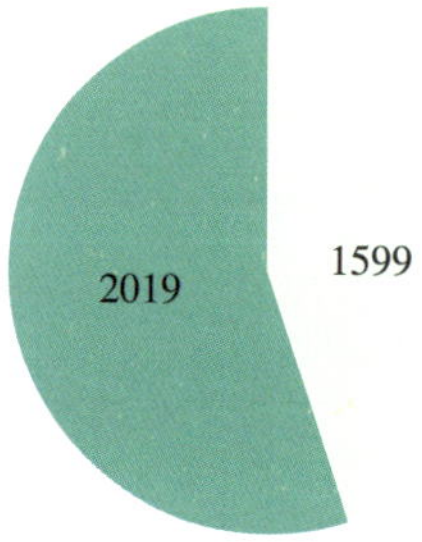

图2 "十二五"前后中国城轨运营里程对比图

（二）客运量及客流强度

据不完全统计（缺少5条市域快轨331公里和6条有轨电车69公里共400公里运营线路客运情况），2015年城轨交通完成客运量138亿人次，北京单日客运量突破千万，北上广三大城市日均客运量达600万以上，深圳、南京、重庆、武汉四市日均客运量均超百万。

"十二五"期间，全国城轨交通客运量累计完成528亿人次，期末比期初年翻一番，总体呈快速发展趋势。

全国平均客流强度1.21万人次/公里日，其中广州的日均客流强度最高，达2.6万人次/公里日（见表2）。

表1 城轨开通线路里程统计汇总表（截至2015年底）

序号	城市	运营线路长度（公里）	线路与场站						制式						
			地下（公里）	地面（公里）	高架（公里）	车站（座）	含换乘站（座）	车辆场段（座）	地铁	轻轨	单轨	市域快轨	现代有轨电车	磁浮交通	APM
1	北京	631	388	50	193	348	109	25	554	/	/	77	/	/	/

续表 1

序号	城市	运营线路长度（公里）	线路与场站						制式						
			地下（公里）	地面（公里）	高架（公里）	车站（座）	含换乘站（座）	车辆场段（座）	地铁	轻轨	单轨	市域快轨	现代有轨电车	磁浮交通	APM
2	上海	683	370	81	232	375	118	23	588	/	/	56	9	30	/
3	天津	147	70	17	60	87	4	8	87	52	/	/	8	/	/
4	重庆	202	101	1	100	119	16	9	115	/	87	/	/	/	/
5	广州	247	206	39	2	162	36	/	235	/	/	/	8	/	4
6	深圳	179	134	5	40	131	26	8	179	/	/	/	/	/	/
7	武汉	123	87	/	36	101	12	2	90	33	/	/	/	/	/
8	南京	232	136	14	82	121	15	9	143	/	/	81	8	/	/
9	沈阳	121	54	67	/	113	3	2	54	/	/	/	67	/	/
10	长春	60	4	29	27	65	2	3	/	47	/	/	13	/	/
11	大连	167	43	54	70	95	3	7	42	101	/	/	24	/	/
12	成都	180	78	9	93	91	6	5	86	/	/	94	/	/	/
13	西安	51	51	/	/	40	2	4	51	/	/	/	/	/	/
14	哈尔滨	17	17	/	/	18	/	/	17	/	/	/	/	/	/
15	苏州	70	45	17	8	70	2	2	52	/	/	/	18	/	/
16	郑州	69	26	/	43	25	/	/	26	/	/	43	/	/	/
17	昆明	59	37	2	20	35	/	3	59	/	/	/	/	/	/
18	杭州	81	74	1	6	57	8	4	81	/	/	/	/	/	/
19	佛山	27	27	/	/	17	2	1	27	/	/	/	/	/	/
20	长沙	46	27	/	19	23	/	1	27	/	/	/	/	19	/
21	宁波	49	36	/	13	41	11	4	49	/	/	/	/	/	/
22	无锡	56	42	0.1	14	45	2	4	56	/	/	/	/	/	/
23	南昌	29	29	/	/	24	5	/	29	/	/	/	/	/	/
24	兰州	61	0	/	61	0	/	/	/	/	/	61	/	/	/
25	青岛	11	11	/	/	10	2	1	11	/	/	/	/	/	/
26	淮安	20	/	20	/	23	/	/	/	/	/	/	20	/	/
合计		3618	2093	406	1119	2236	384	125	2658	233	87	412	175	49	4

注：数据自中国城市轨道交通协会《城市轨道交通 2015 年度统计和分析报告》。

表 2　2015 年城轨客运情况统计汇总表

序号	城市	客运量（万人次）	进站量（万人次）	客运周转量（万人公里）	日均客运量（万人次 / 日）	最高日客运量（万人次）	每公里日均客流强度（万人次 / 公里日）
1	北京	341610	176243	2802586	936	187	1.69
2	上海	306798	178859	2700005	841	187	1.36
3	天津	28715	21596	345906	79	38	0.57
4	重庆	63247	46066	602453	173	98	0.86
5	广州	235151	139910	1633943	644	211	2.61
6	深圳	93066	67581	855463	255	139	1.61
7	武汉	43920	/	316099	120	87	0.98
8	南京	71666	49228	587128	196	104	0.88
9	沈阳	28291	22313	218417	78	56	0.71
10	长春	7208	/	65207	20	19	0.42
11	大连	11286	11143	118693	31	24	0.23
12	成都	33933	27163	303976	93	73	1.26
13	西安	34209	27012	111296	94	76	1.84
14	哈尔滨	6564	6564	42541	18	27	1.04
15	苏州	13633	10801	95497	37	45	0.71
16	郑州	8810	8810	78158	24	36	0.92
17	昆明	8367	8367	87698	23	30	0.39
18	杭州	22346	19188	201523	61	94	0.77
19	佛山	5833	4013	60953	16	27	0.60
20	长沙	8407	8385	33690	23	40	0.87
21	宁波	3776	3436	20546	10	32	0.35
22	无锡	7225	6202	50448	20	23	0.36
23	南昌	140	139	1006	23	32	0.81
24	兰州	/	/	/	/	/	/
25	青岛	54	54	258	4	7	0.33
26	淮安	/	/	/	/	/	/
合计 / 平均		1384255	843073	11333490	3819	/	1.21

注：1. 缺少 5 条市域快轨 331 公里和 6 条有轨电车 69 公里共 400 公里运营线路客运情况。
　　2. 数据自中国城市轨道交通协会《城市轨道交通 2015 年度统计和分析报告》。

（三）运营里程

据不完全统计（缺少 5 条市域快轨 331 公里和 6 条有轨电车 69 公里共 400 公里运营线路客运情况），截至 2015 年末，全国城轨交通累计配属车辆 3538 列，当年完成运营里程 20.2 亿车公里。超过 1 亿车公里的有北京、上海、广州、重庆、深圳、南京，6 市合计占全国运营总里程的七成以上。

（四）旅行速度、发车间隔和运营服务时长

全国城轨交通平均旅行速度 35 公里 / 小时，是城市其他公交旅行速度的 2—3 倍。

高峰期最小发车间隔进一步缩短，北京进入 2 分钟以内，最短间隔为 103 秒，达世界先进水平。进入 3 分钟以内的还有广州、上海、南京、深圳、重庆、成都等 6 个城市。

全国城轨交通运营服务时间总体维持较高水平，平均时长 16.7 小时 / 日，最长 18.6 小时 / 日，最短 14.2 小时 / 日。

综上所述，“十二五”期间，全国城轨交通运营能力实现了跨越式提升，北京、上海居世界领先地位，多数城市逐步形成网络化运营格局，城轨已成为城市居民出行的重要交通工具。

二、建设规模持续增长，累计投资过万亿

（一）建设规模

截至 2015 年末，全国共 41 个城市具有在建线路，总规模达 4448 公里，19 个城市在建线路超过 100 公里，其中北京、广州、成都、上海、

青岛、杭州等6市超过200公里。

在建线路车站共计2075座，其中换乘站609座，占车站总数的29.3%，比目前运营线路换乘站增加了12.1%，将进一步形成网络化运营格局（见表3）。

（二）建设投资

据不完全统计，截至2015年末，全国在建线路可研批复投资累计26337亿元。2015年全年完成投资3683亿元（注：引用国家统计局2016年2月5日发布数据），同比增长27%，占可研批复投资的14%。"十二五"期间累计完成投资12289亿元。

（三）投资模式多样化发展

因建设规模不断增长，且原有筹资模式受到限制，扩充筹资渠道成为城轨交通持续发展的重要条件。自2014年下半年起，国家出台了一系列政策措施力推PPP模式，多地业主都在积极尝试。

除此之外，一些大型装备制造企业也在试图转换角色，逐步由供货商向投资商发展，如中车所属子公司，"十二五"期间共签约6个城轨交通工程总包项目，总里程110.8公里，总签约额约179亿元。其中BT项目5个，工程承包项目1个，目前已有3个项目投入运营。

表3　2015年在建线路规模统计汇总表

序号	城市	线路长度（公里）	制式						线路与场站					
			地铁	轻轨	单轨	市域快轨	现代有轨电车	磁浮交通	APM	地下（公里）	地面（公里）	高架（公里）	车站（座）	换乘站（座）
1	北京	316	297	/	/	/	9	10	/	297	9	10	159	65
2	上海	256	219	/	/	/	30	/	7	183	30	42	146	47
3	天津	152	152	/	/	/	/	/	/	149	2	1	35	4
4	重庆	151	141	/	10	/	/	/	/	113	3	34	92	35
5	广州	326	326	/	/	/	/	/	/	271	8	48	/	/
6	深圳	193	193	/	/	/	/	/	/	150	7	35	61	18
7	武汉	35	/	/	/	/	35	/	/	/	31	4	48	6
8	南京	198	79	/	/	119	/	/	/	104	7	87	79	13

续表 3

序号	城市	线路长度（公里）	制式							线路与场站				
			地铁	轻轨	单轨	市域快轨	现代有轨电车	磁浮交通	APM	地下（公里）	地面（公里）	高架（公里）	车站（座）	换乘站（座）
9	沈阳	101	101	/	/	/	/	/	/	101	/	/	74	30
10	长春	55	42	13	/	/	/	/	/	41	/	13	/	/
11	大连	106	63	/	/	43	/	/	/	63	18	25	/	/
12	成都	312	213	/	/	99	/	/	/	200	/	112	162	58
13	西安	106	106	/	/	/	/	/	/	106	/	/	80	17
14	哈尔滨	75	75	/	/	/	/	/	/	75	/	/	59	18
15	苏州	140	140	/	/	/	/	/	/	133	1	7	/	/
16	郑州	59	59	/	/	/	/	/	/	59	/	/	47	22
17	昆明	100	100	/	/	/	/	/	/	89	2	10	71	24
18	杭州	202	144	/	/	58	/	/	/	165	2	35	131	38
19	佛山	39	39	/	/	/	/	/	/	30	1	8	21	8
20	宁波	136	115	/	/	22	/	/	/	71	/	65	85	20
21	无锡	56	56	/	/	/	/	/	/	42	0.1	14	/	/
22	合肥	90	90	/	/	/	/	/	/	90	/	/	/	/
23	南昌	89	89	/	/	/	/	/	/	89	/	/	73	17
24	长沙	162	143	/	/	/	/	19	/	141	1	20	114	41
25	青岛	246	237	/	/	/	9	/	/	134	17	96	83	37
26	福州	60	60	/	/	/	/	/	/	60	/	/	47	11
27	南宁	106	106	/	/	/	/	/	/	106	/	/	85	24
28	石家庄	43	43	/	/	/	/	/	/	43	/	/	36	2
29	济南	26	26	/	/	/	/	/	/	9	/	17	9	1
30	太原	23	23	/	/	/	/	/	/	23	/	/	23	7
31	兰州	21	21	/	/	/	/	/	/	21	/	/	20	5
32	贵阳	62	62	/	/	/	/	/	/	57	/	5	48	10
33	乌鲁木齐	28	28	/	/	/	/	/	/	22	5	/	21	7
34	厦门	72	72	/	/	/	/	/	/	67	2	3	56	15
35	珠海	9	/	/	/	/	9	/	/	/	9	/	14	/
36	徐州	/	/	/	/	/	/	/	/	/	/	/	/	/
37	常州	34	34	/	/	/	/	/	/	32	0.4	2	/	/

续表 3

序号	城市	线路长度（公里）	制式							线路与场站				
			地铁	轻轨	单轨	市域快轨	现代有轨电车	磁浮交通	APM	地下（公里）	地面（公里）	高架（公里）	车站（座）	换乘站（座）
38	东莞	96	96	/	/	/	/	/	/	60	2	34	36	9
39	温州	121	/	/	/	121	/	/	/	18	5	97	37	/
40	淮安	20	/	/	/	/	20	/	/	/	20	/	23	/
41	南平	26	/	26	/	/	/	/	/	/	/	26	/	/
总计		4448	3790	39	10	462	112	29	29	3414	183	850	2075	609

注：数据自中国城市轨道交通协会《城市轨道交通 2015 年度统计和分析报告》。

三、装备制造体系日趋成熟

目前，国内已掌握多种制式城轨车辆的制造技术，年生产能力超过 10000 辆。同时，还形成了门类齐全的零部件配套生产企业，牵引、制动、信号、供电、通信、屏蔽门、自动售检票、综合监控、防灾报警等一批轨道装备制造企业成长迅速，相关制造技术达国际先进水平。

"十二五"期间，城轨车辆共招标约 19000 余辆车，其中 A/B 型地铁列车 17720 辆，L 型直线电机车 118 辆，市郊车 784 辆，现代有轨电车 335 组，磁浮车 75 辆，单轨车 324 辆，APM44 辆。经过多年发展，A/B 型车的制造技术已日臻成熟，为适应多样化发展需求，各主机厂开始重点研发现代有轨电车、磁浮、跨座式单轨、市域快轨等四种新制式车辆产品，部分已投入运营。

在关键零部件的研发制造方面，城轨车辆车钩、永磁直驱转向架、电空制动系统等关键核心技术实现自主创新，电阻焊及激光焊不锈钢车体、搅拌摩擦焊铝合金车体等环境友好的新技术率先在城轨车辆产品中成功应用，并已投入批量制造。

2010 年之前，中国信号系统主要依赖进口。近几年国内涌现出多家能够提供完整信号系统的厂家，如通号院、北京交控、铁科院、富欣智控等，已逐步掌握 CBTC 系统的核心技术。随着互联互通工作（下文将专门介绍）的推进，在国内市场，自主化信号厂商已走在前列，将逐渐占据优势地位。

据2013—2015年城轨车辆及机电设备的国产化审核情况显示，单条线路的综合国产化率已全部达到75%，部分线路达到80%。目前在建的北京燕房线采用的城轨专用装备甚至实现了100%全自主化，只有少量通用设备选用了国外产品，核心产品自主化水平得到了充分验证。

四、需求推动自主创新技术的研发和应用

“十二五”以来，城轨交通发展迅猛，各城市的运营压力逐步增大，高效率低成本运行成为广大业主追求的新方向。为此，业主与供应商联合，从多方面着手，大力推进新技术的研发和应用。

（一）城轨信号系统互联互通

实现不同厂家城轨信号系统的互联互通、解决新线及延伸线建设受既有系统束缚的问题是一个世界性难题，目前还没有实际经验和成熟理论可以直接套用。随着国内信号厂商的兴起，在广大业主的支持下，中国城市轨道交通协会技术装备专业委员会于2014年6月开始启动《城市轨道交通基于通信的列车运行控制系统（CBTC）接口规范—互联互通接口规范》编制工作，由厂商主编、业主和科研院所评审，所有相关方共同参与，合力推动目标达成。2015年4月，国家发改委批准将重庆的4条新建城轨线路作为信号系统互联互通的示范项目，以通过实际工程验证规范的可操作性。

该规范将于2016年底全部完成，在此基础上，国家不仅可以率先解决这一难题，且有力推动了国内信号企业的自主化发展，对国内、甚至国际信号市场格局也将产生重大影响。

（二）城轨交通全自动运行系统

全自动运行系统(Fully Automatic Operation, 简称FAO）是指基于现代计算机、通信、控制和系统集成等技术实现列车运行全过程自动化的新一代城市轨道交通系统，涉及多项关键装备的联合应用，且从设计开始，整体管理模式全部发生变化。为掌握主动权，北京市轨道交通建设管理有限公司联合多家供应商共同研发了全自主化的全自动运行系统，

其中包括适用于全自动运行的自主化信号及综合监控系统、车辆系统、LTE 车地综合承载系统、运营维护管理系统及相关测试验证平台等。该系统将首次应用于北京燕房线。

为鼓励相关技术的研发应用和推广，加速城轨交通网络化进程，燕房线被列为国家示范工程，目前相关研究工作进展顺利，最小系统实验室搭建完成并已开展相关测试工作，停车场动车调试工作已经完成各系统及专业接口调试，预计将于 2017 年底开通试运营。北京 4 条新建线路将全部采用该系统。

（三）无线通信专用频段与 LTE-M

2015 年 2 月，工信部正式发文确认 1785—1805MHz 可以作为城市轨道交通、石油、电力行业的无线通信专用频段，此举对城轨行业发展具有重大意义。

在专用频段的应用方面，行业协会力推使用 TD-LTE 制式综合承载以 CBTC 信号系统为核心的城市轨道交通生产业务。为指导应用，2015 年 4 月，《城市轨道交通车地综合通信系统（LTE-M）规范》的编制工作启动，国内顶级通信信号供应商全部参与其中。该规范共包含 19 个子规范，2016 年底将全部完成。

TD-LTE 是中国拥有核心自主知识产权的国际通信标准技术，已在国内大规模商用，有比较成熟的产业链。华为、中兴、烽火、鼎桥、普天、信威、大唐、五十四所等通信企业均可提供完整合格的系统和产品。近一年，基于 LTE-M 的产品已在多个城市开展了线路或工程试验，结果表明，LTE-M 在安全性、传输速率、延时、通信质量、对更高速度的适应性和互联互通等方面都比 WiFi 制式更具优势。

2015 年城轨通信系统招标情况显示，全国共有 22 条新建线路拟采用 TD-LTE 制式。

五、有效利用资源，转变盈利方向

城市轨道交通资源经营指由轨道交通建设衍生的涵盖物业开发与物业管理、传媒广告、商业发展、民用信息通信以及其他非票务领域的资源利用、整体开发、统筹经营和资产管理，是城轨交通企业经营的重要组成部分。

近几年，全国城市轨道交通资源经营事业的发展呈现三大特点，即：从传统的传媒广告向物业开发转变；经营结构不断优化升级；逐步向专业化、市场化、品牌化方向发展。

“十二五”期间，轨道交通企业共实现物业开发等收入近600亿，其他资源经营收入315亿元。仅2015年，城轨交通的非票务收入与票务收入的占比约为25%，有力支撑了城轨业主单位的运营和持续发展。

六、城轨产业“走出去”

近年来，中国城轨交通产业积极贯彻“走出去”战略，产品出口数量和境外项目数量均保持增加态势，部分企业成绩显著。

（一）工程建设领域

以中国中铁、中铁建等为代表的城轨建工企业经过多年发展，已具备较强的国际竞争力，基本形成国际化的经营格局。特别是2009年以来，在全球经济持续低迷的环境下，在对外贸易和可利用外资大幅下降的情况下，中国建工企业对外承包工程数量不降反升，成为外经贸领域的一大亮点。

（二）装备制造领域

在海外市场发展中，国家城轨行业一方面以高技术产品带动出口，另一方面以产品良好的口碑作为市场开拓利器，虽然近几年世界经济受美债和欧债危机影响持续低迷，但城轨装备企业依然保持了海外业务连年大幅增长的强劲发展势头。

中国中车是国内城轨领域规模最大、涉及系统最广的装备制造企业，其产品已经出口到美国、伊朗、印度、土耳其、新加坡、泰国、沙特、巴基斯坦、阿根廷、巴西、香港等十多个国家和地区，订单数量及经营收入远远超过世界其他轨道交通装备制造商。“十二五”期间，仅城轨车辆一项，共出口4588辆，实现销售收入61.4亿美元。目前中车在海外十多个国家开设了子公司、办事机构和售后服务点，这标志着中国城轨产业海外发展开始由"游击战"转向"阵地战"。

（三）运营管理领域

2014年12月，深圳地铁集团和中国中铁组成联合体，与埃塞俄比亚铁路公司正式签署了埃塞俄比亚首都亚的斯亚贝巴轻轨运营维护管理服务合同，在地铁运营"走出去"方面开了先河。

参考文献：

[1] 中国城市轨道交通协会《城市轨道交通2015年度统计和分析报告》.
[2] 中国中车股份有限公司《中车城轨业务"十二五"发展总结》.
[3] 中国城市轨道交通协会《城轨交通"走出去"相关问题研究》.

中国城市轨道交通协会
王飏

案例18

“十二五”期间海洋工程装备产业发展回顾

海洋工程装备是人类在开发、利用和保护海洋所进行的生产和服务活动中使用的各类装备的总称，是开发和利用海洋的前提和基础，处于海洋产业价值链的核心。随着人类对海洋的探索和开发的不断深入，海洋工程装备日益成为世界各国开展竞争的焦点领域。

中国海洋工程装备产业起步相对较早。1966年就建成第一座钢结构导管架，1972年建成第一座自升式钻井平台，1974年建成第一艘双浮体钻井船，1984年建成第一座半潜式钻井平台，1989年建成第一艘浮式生产储卸油装置（FPSO）。九十年代，由于全球海洋工程装备市场进入低迷期，加之全国海洋工程装备产业缺乏全方位对外开放和国际交流，主要面向国内浅水油气开发，产业发展较为缓慢。进入新世纪，特别是2010年国务院发布《关于加快培育和发展战略性新兴产业的决定》以来，国内海洋工程装备产业紧抓市场兴旺带来的机遇，步入快速发展轨道。

“十二五”时期，在国家政策的大力支持下，全国海洋工程装备产业发展取得了显著成绩，市场规模由小做大，产品结构逐步升级，产业布局基本形成，研发水平得到提高，国际地位明显提升，中国已经成为世界海洋工程装备生产制造的重要国家。

但总体分析，与世界先进海洋工程装备产业强国相比，中国海洋工程装备产业还存在建造效率相对较低、管理水平不足、高端装备市场份额小、研发设计创新能力薄弱、核心技术依赖国外、配套设备系统发展缓慢、相关服务业发展滞后、商业模式不适应国际市场等问题。面对世界海洋工程装备技术创新不断加快，装备要求越来越高以及国际竞争日益激烈的挑战，中国海洋工程装备要做强做优依然任重道远。

一、产业环境明显改善

在国务院《关于加快培育和发展战略性新兴产业的决定》的指引下，"十二五"时期，国家部委等相关部门出台了一系列支持海洋工程装备发展的政策和重大专项，产业支持力度前所未有。文件明确了海洋工程装备的发展地位、战略目标、重要方向、重大行动和重大举措。良好的产业发展环境极大地鼓舞了有关地方、集团、企业的积极性和使命感，为中国海洋工程装备产业技术创新能力和国际竞争力的提升提供了重要支撑和保障，有力促进了中国海洋工程装备产业的持续、健康和协调发展（见表1）。

表1 "十二五"期间国家出台的海洋工程装备产业相关支持政策和重大专项

文 号	文件/专项名称	内 容
国发〔2012〕28号	《国务院"十二五"国家战略性新兴产业发展规划》	明确海洋工程装备发展线路图（时间节点、发展目标、重大行动、重大政策）
国发〔2013〕29号	《关于船舶工业加快结构调整促进转型升级实施方案（2013—2015）》	全文5000多字，近30处提到海洋工程装备
国发〔2015〕28号	《中国制造2025》	海洋工程装备及高技术船舶列入十大重点领域，大力推动、突破发展、组织实施创新和产业化专项重点工程
工信部联规〔2011〕597号	《海洋工程装备制造业中长期发展规划》	明确产业规模2015年销售收入达2000亿元以上，2020年4000亿元以上，海洋油气开发装备国际市场份额分别达到20%和35%
发改高技〔2011〕1675号	《海洋工程装备产业创新发展战略（2011—2020）》	明确2015年基本形成海工装备产业涉及制造体系，2020年形成完整的科技开发、总装制造、设备供应、技术服务产业体系，创新能力跻身世界前列
发改高技〔2014〕784号	《海洋工程装备工程实施方案》	贯彻《决定》，针对问题，落实《规划》，加快发展中国海洋工程装备的重大举措
发改高技〔2015〕1303号	新兴产业重大工程包	将海洋工程装备列为工程建设重点，提出重点突破多型海洋工程装备及其相关配套系统和设备的设计制造技术，并通过海上试验和实际应用，发挥示范带动作用，促进创新成果向工程化和产业化的转化能力

续表 1

文号	文件/专项名称	内容
发改产业［2015］1602 号	增强制造业核心竞争力重大工程包	将高端船舶和海洋工程装备列为发展重点
—	《海洋工程装备工程（平台类）行业规范条件》	落实国务院《实施方案》措施，加强海洋工程装备行业管理，引导持续健康发展
—	军民融合深度发展 2015 专项行动	深度推进《海洋工程装备工程实施方案》，研究制定配套产业自主化发展推进计划
—	海洋工程装备研发及产业化专项	贯彻《海洋工程装备产业创新发展战略（2011—2020）》，旨在通过总装备制造带动配套设备，着力突破设计和建造核心技术，全面提升自主研发和设计、专业化制造及配套设备生产能力
—	海洋工程装备科研项目	加快贯彻落实国务院发布的《“十二五”国家战略性新兴产业发展规划》等
—	国家科技兴海产业示范基地	加快海洋科技成果转化和产业化，推动海洋领域的大众创业、万众创新，促进海洋战略性新兴产业集聚发展和海洋经济转型升级

二、市场份额跃居首位

“十二五”期间，中国海洋工程装备产业规模和市场份额不断提升。2011—2015 年海洋工程装备接单总额达到 716 亿美元，占到全球总成交额的 28%，其中 2013 年实现接单 260 亿美元，全球市场份额达到 39%，首度超越韩国位居全球首位，并于 2014 年和 2015 年持续保持全球第一。在充裕订单的支撑下，全国海洋工程装备建造企业销售收入持续增长。根据国家统计局数据，中国海洋工程专用设备制造业营业收入从 2012 年的 238 亿元增长到 2015 年的 698 亿元，年均增速达到 36%（见图 1、图 2）。

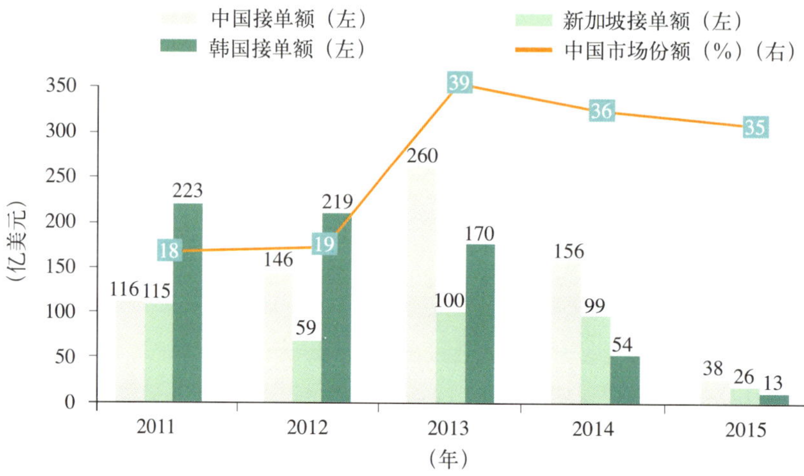

图 1　2011—2015 年中国、新加坡和韩国海洋工程装备接单情况

数据来源：中国船舶工业经济与市场研究中心。

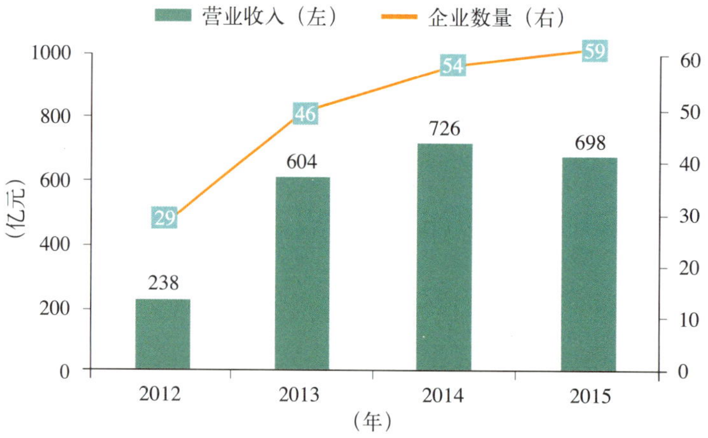

图 2　2012—2015 年中国海洋工程制造业营业收入和企业数量

数据来源：国家统计局。

三、产业龙头脱颖而出

中国目前已基本形成了以环渤海湾地区、长江三角洲地区和珠江三角洲地区为中心的海工装备研发、总装和配套设备产业集聚区。环渤海湾地区主要有中国船舶重工集团下属的大连船舶重工、青岛北海船厂、青岛武船、山海关船厂，中集来福士、大连中远船务、中海油青岛海西

湾基地、中石油青岛基地、蓬莱巨涛、天津博迈科等建造企业，以及中海油研究总院、大连理工大学、天津大学、天津赛德等研究机构和院所；长江三角洲地区主要有中国船舶工业集团下属的上海外高桥船厂和上海船厂，南通中远船务、舟山中远船务、招商局重工（江苏）、上海振华重工、惠生（南通）海工等建造企业，以及中国船舶及海洋工程设计研究院、上海船舶研究设计院、上海交通大学、江苏科技大学、上海利策等研究机构和高校；珠江三角洲地区主要有中国船舶工业集团下属的黄埔文冲船厂和澄西广州船厂，中海油下属的中海福陆、惠州建造基地、湛江建造基地、深圳建造基地，招商局重工（深圳）等建造企业，以及广州船舶及海洋工程设计研究院、华南理工大学、深圳惠尔等研究机构和高校。三大产业集群之外，中国其他地区也分布有一定数量的建造企业和研究院所，如福建船舶工业集团下属的福建东南船厂、马尾船厂和厦门船厂，哈尔滨工程大学、武汉理工大学、中船重工第七〇二研究所等（见图3）。

图3　中国海洋工程装备产业集聚情况

在国家海洋工程装备产业快速发展的过程中，一批具备国际竞争力的海工企业脱颖而出。中国船舶工业集团、中国船舶重工集团、中集来福士、中远船务、上海振华重工、招商局重工等海工企业在关键技术和设备方面取得突破，管理模式不断优化，设计建造能力持续提升，形成一定的品牌效应，跻身全球领先的海洋工程装备建造企业，获得国际船东的普遍认可。此外，国内从事海工产品研发的高校和院所超过 20 所，产业发展体系正在逐步形成和完善。

四、产业化能力明显增强

"十二五"期间，中国海洋工程装备产品实现了全方位的发展，产品结构不断丰富、优化和升级。由传统的自升式钻井平台、半潜式钻井平台、浮式生产储卸装置（FPSO）和海工辅助船进一步扩展至经济型钻井船、浮式液化天然气储存及浮式储存再气化装置（FSRU）、小型浮式液化天然气生产储卸装置（LNG-FPSO）、特种海工作业船等相对高端领域。全面形成 500 米以内浅海洋油气资源开发装备设计建造能力，也具备初步的深水和超深水开发装备建造能力。

随着基础设施的不断完善、技术管理水平的不断提升，以及在诸多领域的优化创新，全国海工企业建造能力和建造效率迅速提升，产业化能力明显增强。自升式钻井平台、半潜式钻井平台、自升式作业 / 支持平台、三用工作船、平台供应船等领域均实现了批量化建造。自升式钻井平台和海工支持船市场份额稳居全球首位，占据全球 50% 的市场份额，深水半潜式钻井平台市场份额也持续扩大，2015 年包揽了全球 5 座半潜式钻井平台订单。与此同时，Tiger 系列钻井船、"萨卡里玛""玛丽卡"和"伊利亚贝拉"FPSO 等装备的成功建造也标志着中国海工企业在大型深水 FPSO、钻井船等高端海洋工程装备领域已具备了产业化能力（见图 4）。

■ 图 4　大船重工建造的 Prospector 1 号自升式钻井平台（左）
和中远船务建造的 Sunrise 3 号 PSV（右）

五、交付一批全球领先装备

“十二五”期间，在国家相关科研项目支撑以及建造企业加大研发投入力度的共同推动下，中国海洋工程装备产业在多个关键技术领域取得突破。如深海高稳性圆筒型钻探储油平台的关键设计与制造技术、浮式钻井储油平台总段下水及旋转合拢对接方法、超大型海上风电安装船研制与工程应用，大型自升式钻井平台总体性能和主尺度论证、桩腿结构型式及强度设计技术、钻井设备配置及系统设计技术、自升式平台桩腿设计及组装精度控制技术、升降系统与锁紧装置控制技术、超高强度材料焊接技术，半潜驳接载下水技术等关键技术领域均取得实质性突破。

同时，国内海工企业还建成交付一批全球领先的海洋工程装备。上海外高桥建成交付中国第一座自主设计第六代半潜式钻井平台“海洋石油 981”；中远船务建成交付全球首座圆筒型超深水钻探储油平台“希望钻探号”和全球第一座半潜式圆筒型海洋生活平台“希望 7 号”；中集来福士交付第六代深水半潜式钻井平台“中海油服兴旺号”；澄西广州交付“萨卡里玛”“玛丽卡”和“伊利亚贝拉”深水大型 FPSO 等。在深海探测方面，中国首台自主设计、自主集成研制的深海载人潜水器“蛟龙号”于 2012 年完成 7062 米深潜，创下世界纪录；深海移动工作站“龙宫”目前已经完成总装和调试工作，代表了中国海洋领域的前沿核心技术（见表 2、图 5—图 8）。

表 2 "十二五"期间中国建成交付的主要海洋工程装备

序号	装备名称	船 东	产品水平	船 厂	交付时间
1	海洋石油 981 深水半潜式钻井平台	中海油	世界先进水平，第六代，作业水深 3000 米，钻深 12000 米，填补国内空白	上海外高桥	2011
2	CJ46/50、DSI300、JU2000E、Super M2 等自升式钻井平台		国内或世界首座，300/350/400 英尺	大船重工、中集来福士、南通中远、上海外高桥、招商局重工等	2004—2015
3	"希望钻探号"圆筒型超深水钻探储油平台	挪威 SEVEN MARINE	世界首座，作业水深 3000 米，钻井深度 12000 米，储油能力 15 万桶	南通中远船务	2012—2013
4	GM4000 半潜式钻井平台	挪威 MARACC、中海油	世界先进，第六代	南通中远船务、中集来福士	2011—2015
5	八角形半潜式钻井平台	美国 APT OIL&GAS	世界首座	南通中远船务	2011
6	探险号自升式风车安装船	荷兰 VROON	世界先进	南通中远船务	2011
7	F&G Millennium 型深水半潜式钻井平台	巴西 Schahin	世界水平	中集来福士	2011
8	Frigstad D90 型超深水半潜式钻井平台	意大利 Saipem	第六代，作业水深 3600 米，钻井深度 15240 米	中集来福士	2011
9	海洋石油 201 深水铺管船	中海油	亚洲首艘 3000 米深水作业船	江苏熔盛重工	2011
10	15 万吨、23 万吨、30 万吨 FPSO 等	美国等	世界水平	上海外高桥、大船重工、澄西广州等	2004—2015
11	半潜式起重生活平台		世界水平	中集来福士	2012—2013
12	10.5 万吨、5.9 万吨穿梭油轮	挪威、丹麦	世界先进	南通中远船务	2011
13	港珠澳大桥抛石整平船	中交一航局	国际领先，国内首创	上海振华重工	2012
14	物探船	中海油等	世界水平	招商局重工、上海船厂等	2011—2015

■ 图5　海洋石油981（左）和深水蛟龙号（右）

■ 图6　希望7号圆筒形生活平台（左）和中海油服兴旺号（右）

■ 图7　海洋石油720（左）和海洋石油708（右）

■ 图8　海洋石油118

六、国际地位明显提升

随着建造水平的不断提升，中国海工装备建造能力和产品质量获得国际普遍认可。"十二五"期间，中国承接的海工装备订单80%来自于国外船东，其中不乏全球大型钻井承包商挪威Seadrill、全球第一大海工船船东Tidewater、法国大型海工船船东波邦集团、全球领先的FPSO运营商SBM Offshore和MODEC、意大利工程施工企业Saipem、巴西国油等一大批国际领先的船东和客户。装备实际应用作业方面，上海外高桥建造的海洋石油981部署在南海进行深水钻探作业，打破了国外在超深水钻井领域的垄断局面；南通中远船务、中集来福士等企业交付的深水、超深水钻井平台在墨西哥湾、北海油田钻井作业平台综合评分中，获得高分并受到国际上广泛好评，为世界海工领域瞩目。此外，舟山中远船务还获得法国道达尔（Total）国际供应商资质，正式入围道达尔合格供应商名录，其海工模块、海工生活平台、FPSO、FSO、FPU等海工产品的建造和改装能力获得国际主流客户的认可（见图9）。

■ 图9　COSL Innovator号获得挪威国油"月度最佳平台"称号

七、核心设备研发取得突破

"十二五"期间，全国海工装备本土化进程加快，核心设备与系统取得突破，部分装备实现产业化。如南阳二机石油装备对钻深为5000

米的自升式钻井平台钻机的关键技术进行了创新，实现了重大突破；宏华集团自主研发出海洋钻井包，并在 TIGER 系列钻井船上得到应用；哈尔滨工程大学等各大高校及研究机构突破“DP3 动力定位系统研制”技术，打破了国外垄断，实现了中国自主设计开发集成的动力定位系统的首次实船海试；南通中远研发成功 SD-01 海龙系列深潜泵，在“邦嘉”自升式驳船上获得应用；南京中船绿洲开展 180 吨定位绞车及系统、250 吨锚系处理绞车、鲨鱼钳、挡缆桩及尾滚筒等新产品研发，完成深水定位系泊导向装置即链擎装置的样机试制和实验验收；华南船机完成 600 吨重型海洋起重机、80 吨钻井船海洋起重机研制；宝石石油机械完成 E 级和 H 级深水钻井隔水管样机；振华重工成功研制全球最大的 12000 吨全回转浮吊、8000 吨固定双臂架浮吊，3800kW 大功率可升降全回转吊舱推进器系统部件的国产化率达到了 80%，铺管系统、自升式平台升降系统及电控系统成功研发，并进入国际市场。

“十二五”期间，国内海洋工程装备配套产业也在水下系统方面取得突破。如中国海洋石油研究总院完成水下生产脐带缆研制；华北荣盛机械制造有限公司完成 3000 米深水防喷器组及其控制系统关键单位设备工程样机，并获得美国石油学会和中国船级社认证；江钻股份公司成功研制国内首台深水水下采油树样机等。

八、设计建造能力明显提升

“十二五”期间，中国海洋工程装备企业贯彻“走出去”和“引进来”战略，加强与国外企业的合作与交流，共同开展工程设计或产品研制。烟台中集来福士海洋工程有限公司为波斯湾、里海、墨西哥湾和俄罗斯等国家和地区打造了多个高端海洋工程装备总包项目，展示了“中国制造 + 中国资本 + 中国运营”的范例。海油工程与法国 Technip 合作开展南海 TLP 项目的前端工程设计，黄埔文冲与美国 Zentech 联合开发 R-550D 自升式钻井平台等。

“十二五”期间，中国海工企业收购了一批国外设计企业，设计能力快速提升。如中交集团收购美国钻井平台设计公司 F&G，中航国际收购芬兰著名船舶及海工设计商 DeltaMarin，中集集团收购瑞典海工平台设计企业 Bassoe Technology，中国南车时代电气有限公司收购全球第二大深海机器人供应商英国 SMD 公司、山东海洋工程装备有限公司收购挪威钻井承包商 Northern Offshore。通过对外合作，中国海洋工程装备企业研发水平和创新能力大大增强，直接支撑了建造能力的提升，加快了国家海洋装备高端化、产业化和国际化进程（见图 10）。

■ 图 10 "十二五"期间国内企业收购的海工设计企业

九、一批自主品牌涌现

通过加大研发力量投入和吸收国外设计经验，中国海洋工程装备自主设计能力大幅提升。目前已完全具备了浅水油气开发装备的自主设计能力，同时也开展了深水钻井船、LNG-FPSO 等高端装备自主设计制造研究，并自主完成一批深水、超深水油气开发装备的设计建造。以"海洋石油 981"和"海洋石油 201"为代表的深水装备成功建造并陆续投入作业，标志着深海装备制造取得重大突破，中国首制自主品牌 Tiger 钻井船下水，标志着中国拥有完全自主知识产权的钻井船成功实现工程化。

研发实力不断夯实的背景下，中国也在海洋工程船舶、自升式及半潜式平台等产品领域逐渐形成一批具备自主知识产权的设计型号和自主品牌。大连船舶重工在国内率先开发出具有自主知识产权的DSJ系列自升式钻井平台和DSAJ400型自升式生活服务平台，获授权专利50项，打破国外技术垄断；中集来福士也推出自主设计的TAISUN350型自升式钻井平台和BT5000型半潜式钻井平台；太平洋造船集团开发出具备自主知识产权的SPP和SPA系列海工船；武船重工通过对国外设计理念的消化吸收，从联合设计走向了独立设计，自主研发了4000HP-32000HP多用途平台工作船等系列船型，形成新一代高效节能的专利船型。

“十二五”期间，中国海洋工程装备产业发展迅猛，取得了骄人的成绩。但是随着低油价成为新常态，全球海洋工程装备市场进入深度调整期，中国海洋工程装备产业也面临着前所未有的挑战，但同时也为国家海洋工程装备产业实现“弯道超车”带来机遇。未来，中国海洋工程装备产业将进一步优化产业结构，加大自主配套体系建设，培养专业化人才，提升建造水平和建造效率，在克服市场低迷环境的同时，实现中国海工装备产业做强做优的目标，迎来更加辉煌的明天。

中国船舶制造协会

王锦连　张琦　刘二森　屠佳樱

案例 19

"十二五"期间机器人产业发展回顾

机器人既是先进制造业的关键支撑装备，也是智能社会中改变人类生活方式的重要切入点，其研发、制造、应用成为衡量一个国家科技创新、制造业和智能社会发展水平的重要标志，引起了世界制造强国的高度重视。近年来，在新一轮科技革命和产业变革浪潮的推动下，美、日、德等工业发达国家在其新一轮产业发展布局中，都将机器人列为重点，加紧争夺机器人的领先地位，实现"制造业的回归"，保持其在高端制造领域的领先优势。

中国机器人技术的研发起步并不算晚，但由于当时中国处于工业化初期阶段，市场需求还不成熟，产业化与应用进展缓慢，技术准备期和产业孕育期相对较长。进入 21 世纪后，在政策推动及市场带动下，国内机器人产业发展进程不断加快，进入产业形成期。特别是"十二五"以来的 5 年间，中国开始大力推进战略性新兴产业的发展，随着各类战略性新兴产业发展规划以及工业转型升级规划相继出台，智能制造装备列为高端装备的重要方向，全国机器人产业自此迎来发展高峰。这一时期，随着工业转型升级的推进，并受劳动力成本上涨等因素影响，中国机器人市场需求快速增长，机器人产业化进程加快，产品日趋多样化。

一、产业发展上升至国家战略层面

近年来，机器人产业在中国受到高度重视。"十二五"期间，国家陆续出台多项政策支持机器人产业发展，随着制造强国战略的全面推进实施，机器人产业发展随之上升至国家战略层面。2012 年《高端装备制造业"十二五"发展规划》明确提出了实现工业机器人及核心部件产业化的目标。2013年《关于推进工业机器人产业发展的指导意见》指出，工业机器人“代表着未来智能装备的发展方向”，并提出到2020年的发展目标。2015年5月，国务院发布了中国实施制造强国战略第一个十年的行动纲领——《中国制造2025》，明确提出将“高档数控机床和机器人”作为大力推动的重点领域之一，并提出将大力促进机器人标准化、模块化发展，扩大市场应用。在2015年11月举办的世界机器人大会上，中国国家主席习近平指出，以机器人科技为代表的智能产业蓬勃兴起，成为现代科技创新的一个重要标志，中国将机器人和智能制造纳入了国家科技创新的优先重点领域。国务院总理李克强表示，中国正在实施创新驱动发展战略，大力推动大众创业万众创新、“互联网+”和“中国制造2025”，这将有力促进机器人新兴市场的成长，创造世界上最大的机器人市场。2016年4月，国家工信部、国家发改委、财政部联合发布《机器人产业发展规划（2016—2020年）》，针对机器人全产业链上的瓶颈和问题，提出了中国机器人产业“十三五”期间的总体发展目标（见表1）。

表1　近几年中国出台的机器人相关政策

年份	部门	政策	机器人相关内容
2012	国务院	《“十二五”国家战略性新兴产业发展规划》	突破新型传感器与智能仪器仪表、自动控制系统、工业机器人等感知、控制装置及其伺服、执行、传动零部件等核心关键技术，提高成套系统集成能力。
2012	工信部	《高端装备制造业“十二五”发展规划》	智能制造装备中提出重点开发智能控制系统、伺服控制机构、工业机器人和专业机器人等八大类典型智能测控装置和部件并实现产业化。
2012	科技部	《智能制造科技发展“十二五”专项规划》	攻克工业机器人本体和核心部件的共性技术，自主研发工业机器人工程化产品，实现工业机器人及其核心部件的技术突破和产业化。
2012	科技部	《服务机器人科技发展“十二五”专项规划》	攻克关键技术主要集中在仿生材料与设计制造、环境感知与智能认知、人机交互与安全控制、面向产业化发展的标准化、模块化、互换性、接口协议等方面；产业方面，推进在国家公共安全领域、民生科技领域、新兴技术领域等的应用。

续表 1

年份	部门	政策	机器人相关内容
2013	国家发改委、财政部、工信部	《关于组织实施 2013 年智能制造装备发展专项的通知》	重点支持数字化车间、智能测控系统与装置的研发应用、智能制造系统在典型领域的示范应用项目。
2013	工信部	《关于推进工业机器人产业发展的指导意见》	意见表示工业机器人代表着未来智能装备的发展方向，并指出到 2020 年，形成较为完善的工业机器人产业体系，培育 3—5 家具有国际竞争力的龙头企业和 8—10 个配套产业集群；高端产品市场占有率提高到 45% 以上，机器人密度（每万名员工使用机器人台数）达到 100 以上，基本满足国防建设、国民经济和社会发展需要。
2015	国务院	《中国制造 2025》	将高档数控机床和机器人作为大力推动的重点领域之一。明确了中国未来 10 年机器人产业的发展重点，主要为两个层面：一是积极开发机器人新产品，促进机器人标准化、模块化发展，扩大市场应用；二是突破机器人本体、减速器、伺服电机、控制器、传感器与驱动器等关键零部件及系统集成设计制造等技术瓶颈。
2016	工信部、国家发改委、财政部	《机器人产业发展规划（2016—2020 年）》	聚焦"两突破""三提升"，即实现机器人关键零部件和高端产品的重大突破，实现机器人质量可靠性、市场占有率和龙头企业竞争力的大幅提升，以企业为主体，产学研用协同创新，打造机器人全产业链竞争能力，形成具有中国特色的机器人产业体系，为制造强国建设打下坚实基础。

资料来源：中国机器人产业联盟。

二、中国成为全球第一大工业机器人市场

"十二五"时期，中国机器人市场快速增长。2010—2015 年中国工业机器人市场销量年均增速达到 34.8%。自 2013 年起，中国超越日本成为世界第一大工业机器人市场，2015 年中国工业机器人市场销量达到 6.7 万台，占全球工业机器人市场销量比重超过 1/4，连续三年稳坐全球工业机器人市场头把交椅。工业机器人保有量也从 2010 年的 5.2 万台增至 2015 年的 25.6 万台，年均增速达到 37.4%。

全国服务机器人市场目前仍属蓝海，随着医疗机器人、送餐机器人、教育娱乐机器人、清洁机器人、消费类无人机等典型产品逐步进入市场，国内服务机器人市场开始初具规模，潜在市场空间巨大（见图 1—图 3）。

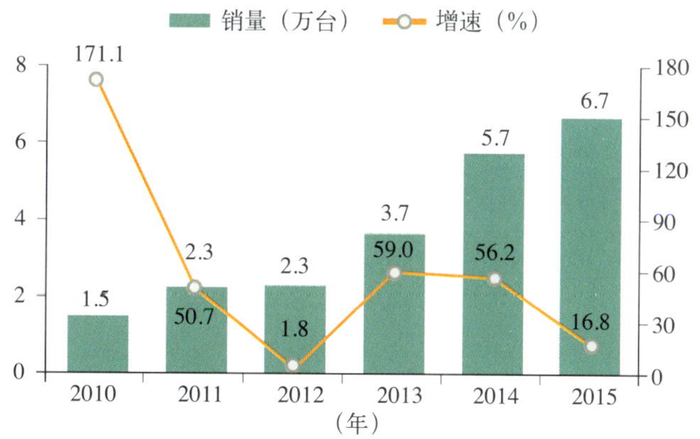

图 1　2010—2015 年中国工业机器人市场销量情况

资料来源：中国机器人产业联盟，IFR。

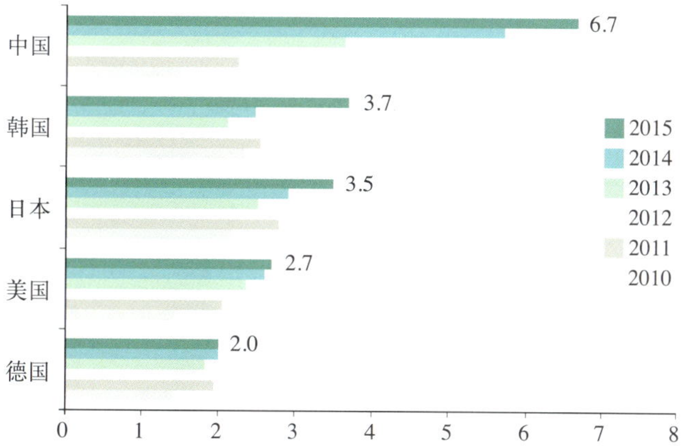

图 2　2010—2015 年世界主要工业机器人市场销量

资料来源：IFR，中国机器人产业联盟。

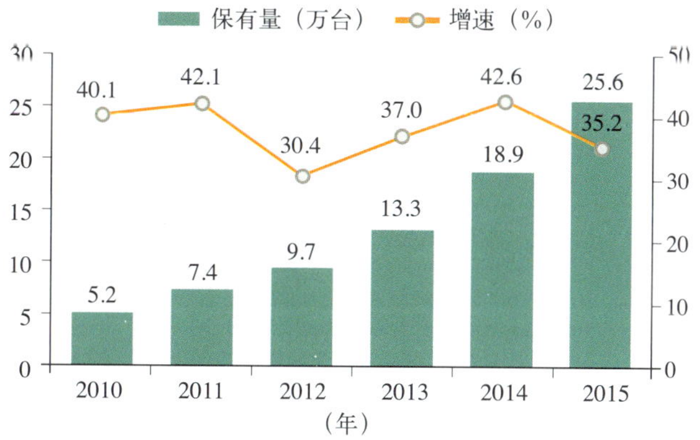

图 3　2010—2015 年中国工业机器人市场保有量

资料来源：中国机器人产业联盟，IFR。

三、机器人应用密度持续稳步提升

随着机器人市场规模不断扩张，"十二五"期间，全国工业机器人密度（每万名工人使用工业机器人数量）稳步提升，从 2010 年的 15 台 / 万人提高至 2014 年的 36 台 / 万人，与全球工业机器人平均密度的差距不断缩小。

虽然中国已经是全球最大的工业机器人市场，但同自动化程度较高的韩国、日本、德国等国家和地区（2014 年韩国工业机器人密度为 437 台 / 万人、日本为 323 台 / 万人、德国为 282 台 / 万人）相比，中国工业机器人密度还有很大的提升空间（见图 4、图 5）。

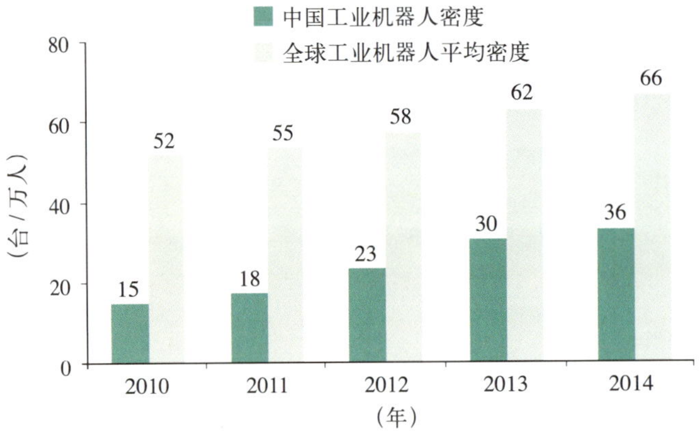

图 4　2010—2014 年中国工业机器人密度和全球工业机器人平均密度

资料来源：中国机器人产业联盟，IFR。

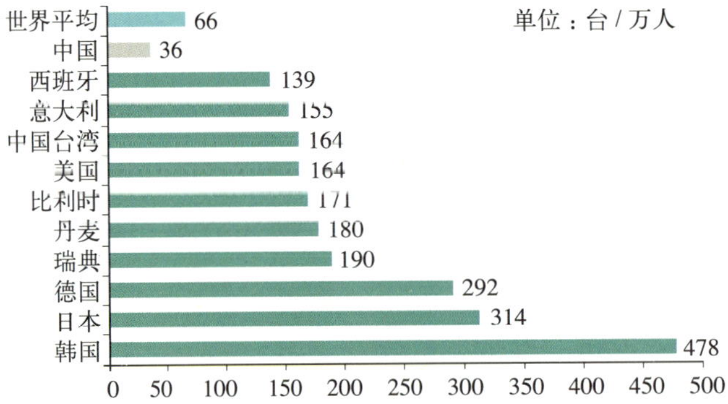

图 5　2014 年全球主要国家工业机器人密度

资料来源：IFR。

四、工业机器人在各行业快速推广应用

近年来，随着技术的进步，工业机器人性能不断完善，在全国各行业迅速推广应用。一直以来，汽车制造业都是工业机器人最大的应用行业，随着国内工厂自动化的不断推进，工业机器人在其他各行业也得到快速推广。虽然到目前为止汽车制造业仍是工业机器人最大的应用行业，但销量占比已从 2012 年的 42%降至 2015 年的 36%；电子产品制造业、金属制造业的销量占比不断提升，分别从 2012 年的 14%和 10%提升至 2015 年的 23%和 16%。2012—2015 年期间，汽车制造业工业机器人销量年均增速为 35.8%，而电子产品制造业、金属制造业和塑料及化工用品制造业年均增速分别达到 67.8%、67.9%和 63.6%，由此可见，工业机器人在中国量大面广制造业的应用进程不断加快（见图 6）。

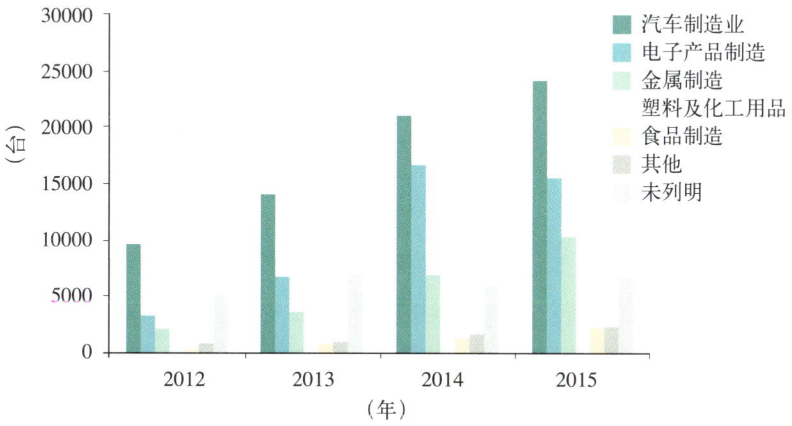

图 6　2012—2015 年中国工业机器人按应用行业分销售情况

资料来源：中国机器人产业联盟，IFR。

在制造业以外的其他领域，国内工业机器人的应用也在不断开展，2013—2015 年期间，农、林、渔业，采矿业，电力、热力生产和供应领域的工业机器人销量成倍数增长，如 2015 年电力、热力生产和供应领域机器人销量较 2013 年增长了近 2 倍，餐饮、货币金融和资本市场金融服务领域工业机器人销量更是实现了从无到有的突破。

国内工业机器人的应用面也进一步扩展。截至2015年，全国工业机器人已服务于国民经济35个行业中类，88个行业小类，与上年相比拓展了6个行业中类、21个行业小类，应用行业拓展对市场需求增长的带动效应更为显著。

五、服务机器人开始渗入居民生活

在全国居民收入普遍提高、人力成本不断上升、老龄化日渐加剧等因素的影响下，"十二五"期间，全国服务机器人产业快速发展，应用领域不断扩大，助老助残、救灾救援、公共安全等多种型号的服务机器人已经进入示范应用阶段，医疗机器人、送餐机器人、教育娱乐机器人、清洁机器人、消费级无人机等典型产品已经进入消费市场，开始渗透至居民生活的方方面面。

近几年，用于航拍的消费级无人机表现突出，市场销量国内外普涨。全球领先的国内无人机生产企业大疆创新近两年在国内销量呈翻倍增长。国际数据公司（IDC）发布的中国航拍无人机季度跟踪报告显示，国内2016年第一季度销量超过8万台，比2015年第四季度增长34%。[1]随着助老助残类机器人技术的不断突破，智能轮椅、多功能助行机器人、助餐机器人、洗浴机器人、护理机器人、按摩机器人、陪伴机器人等新产品开始涌现，并很快出现在一些大型的养老院及康复中心，国家863计划"助老机器人"重点项目研制的系列机器人已在北京四季青敬老院和上海市第一社会福利院集中示范应用。随着医用机器人技术的不断突破和发展，"十二五"期间全国医疗机器人产业发展迅速，胶囊机器人、骨科机器人、神经外科手术机器人、微创腹腔镜手术机器人等已陆续开展临床应用。"十二五"以来，扫地机器人开始出现在普通家庭之中，销量迅速增长，其中以国内扫地机器人企业科沃斯表现最为亮眼，在电商平台的销售活动中屡创佳绩。教育娱乐机器人也开始进入居民生活，央视猴年春晚，优必选公司Alpah1的540个机器人集体亮相，受到众多关注。此外，近年来迎宾机器人、安防机器人、送餐机器人等也开始进入人们的视线，并在部分公共服务领域实现了小批量生产应用。

六、中国机器人自主研发能力显著增强

近年来，在市场驱动及政策支持下，国内机器人企业不断成长，产业链各环节自主研发能力显著增强。目前，国内已基本掌握了机器人的设计与制造技术，不少机器人企业拥有自主知识产权，自主研发新产品不断涌现。

在工业机器人领域，沈阳新松自主研发的复合型机器人与国际同步发布，研发两月后即批量投入市场；国内首创的柔性多关节机器人具有快速配置、牵引示教、视觉引导、碰撞检测等功能，特别适用于布局紧凑、精准度要求高、工作空间有限的柔性化生产线。哈尔滨博实公司自主研发的炉前作业机器人系统填补了国内冶炼行业机器人自动化出炉的空白，技术达到世界领先水平。广州数控完全自主知识产权的 RJ05 上下料机器人，适用于车、铣等多种机床加工自动化，性价比高，运动节拍更快，产品结构紧凑；GSK 八轴联动焊接机器人，能将焊接工件的各类焊缝转动到最佳位置，进一步提高焊接质量及消费效率。南京埃斯顿自主研发的振动抑制技术、碰撞检测技术在机器人产品上也得到了应用。遨博智能研制的实用化轻型人机协作机器人 i5，具有负载自重比大、精度高、安全性好、示教简单、良好的协作功能等特点，技术指标超过国际同类竞争对手。

在服务机器人领域，哈工大机器人集团自主研发了小型排爆机器人、轮式爬壁机器人、履带式爬壁机器人、轮式车底盘检查机器人、管道检查机器人等一系列产品，其自主研发的“祖冲之微创手术机器人”手术器械精度可达 0.2mm，可满足腹腔所有微创手术要求。沈阳新松自主研发的骨科前臂复位机已通过第三方检测机构的安全和 EMC 认证，开始在医疗行业进行产业化应用。北京天智航成功研制开发了具有自主知识产权的骨科机器人导航定位系统，拥有多项医疗机器人核心专利。科沃斯相继推出地宝、窗宝、亲宝、沁宝等划时代的机器人创新产品。深圳优必选公司在智能人形机器人科研领域不断赶超日韩欧美等国家。天津深之蓝自主研发并陆续推出了以“豚”命名的缆控系列以及滑翔机和自主水下航行器等水下机器人。

近几年，由于加大了研发投入力度，中国在机器人关键零部件技术攻关方面也取得了一定的进展。减速器方面，秦川机床与南通振康等企业已攻克 RV 减速器关键技术，实现小批量生产和销售；苏州绿的研制的谐波减速器已向部分国产机器人甚至外资机器人厂家供货。伺服电机方面，广州数控、华中数控、南京埃斯顿、新时达、汇川技术等企业已具备一定的生产能力，获得了市场认可。控制系统方面，国内知名机器人制造企业均已实现了控制器的自主研制，广州数控自主研发的 GSK25iT/iM 系列数控系统、GSK988T/TA/TB/MD 系列数控系统、218TC/MC/MD 系列数控系统等均获得国家科技重大奖项；新松 SIASUN-GRC 机器人控制系统整体性能已达到国际先进水平；深圳固高自主研发的基于 PC 的开放式运动控制器、嵌入式运动控制器、网络式运动控制器、计算机可编程自动化控制器产品与系统，综合性能已达到国际一流水平。

从专利申请情况来看，据世界知识产权组织 WIPO 2015 年世界知识产权报告《突破式创新与经济增长》[2] 显示，自 2005 年以来，中国申请人占据了 3D 打印和机器人工程学领域全球超过四分之一的专利数量，这是所有国家中最高的比例。报告还指出，世界前 10 位拥有最多机器人技术专利的高校或科研机构全部位于亚洲，6 个在中国，而且前 3 名都来自中国。另有数据显示，2015 年中国机器人相关专利申请量占到了全球的 35%，是日本的两倍，机器人专利申请数量全球领先。

七、国产工业机器人市场竞争力不断提升

虽然目前国内机器人市场仍以外资品牌为主，但是随着中国机器人技术水平的不断提高，国产工业机器人市场竞争力也在逐年提升。自 2009 年起，国内机器人产业迎来发展高峰，一批企业自主研发能力不断增强，产品性能不断提高，品牌认知度不断提升。经历了 2—3 年的技术积累及样机研制阶段，2012 年以后中国国产机器人的生产能力逐渐形成。2012—2015 年，国产工业机器人保持较快速度增长，2012 年国产工业机器人销量仅为 3148 台，而 2015 年攀升至 2.1 万台，年均增

速高达86.8%。从内外资品牌工业机器人销量占比变化情况来看，2012年国产工业机器人销量占比仅为14%，2015年这一比例提升至31%（见图7、图8）。

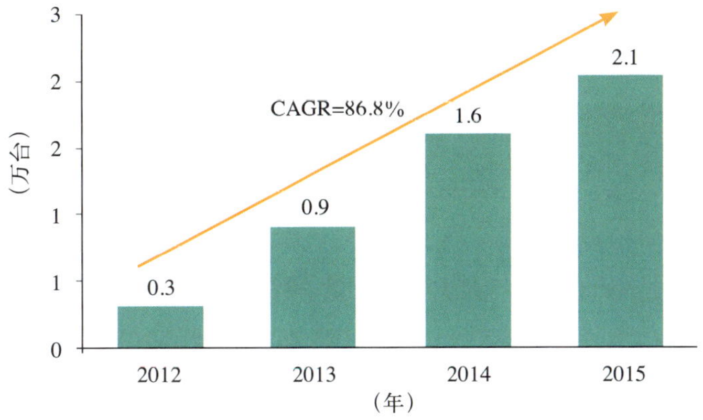

■ 图7 2012—2015年国产工业机器人销售情况

资料来源：中国机器人产业联盟，IFR。

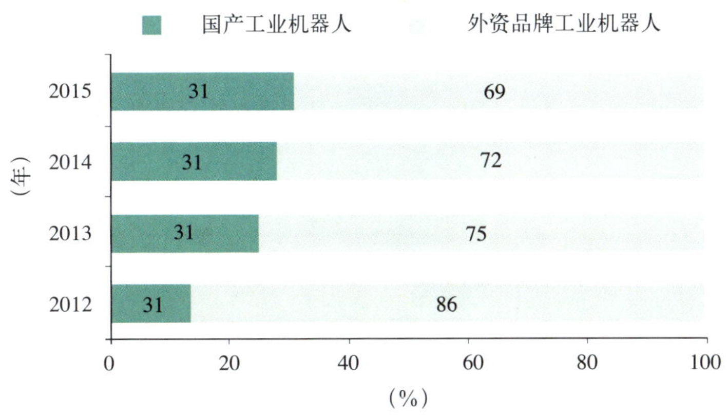

■ 图8 2012—2015年国产及外资工业机器人销量占比

资料来源：中国机器人产业联盟，IFR。

从应用行业来看，虽然外资品牌工业机器人在汽车制造业仍占据绝对优势，但在金属制造、塑料及化工用品制造、食品制造等一般工业领域，国产工业机器人的销量占比显著提升，在部分行业销量甚至超过了外资品牌。在金属制造领域，国产工业机器人销量占比由2013年的24%提高至2015年的66%；在塑料及化工领域，国产工业机器人销量占比由

2013 年的 42%提高至 2015 年的 71%；在食品制造领域，国产工业机器人销量占比由 2013 年的 35%提高至 2015 年的 57%（见图 9）。

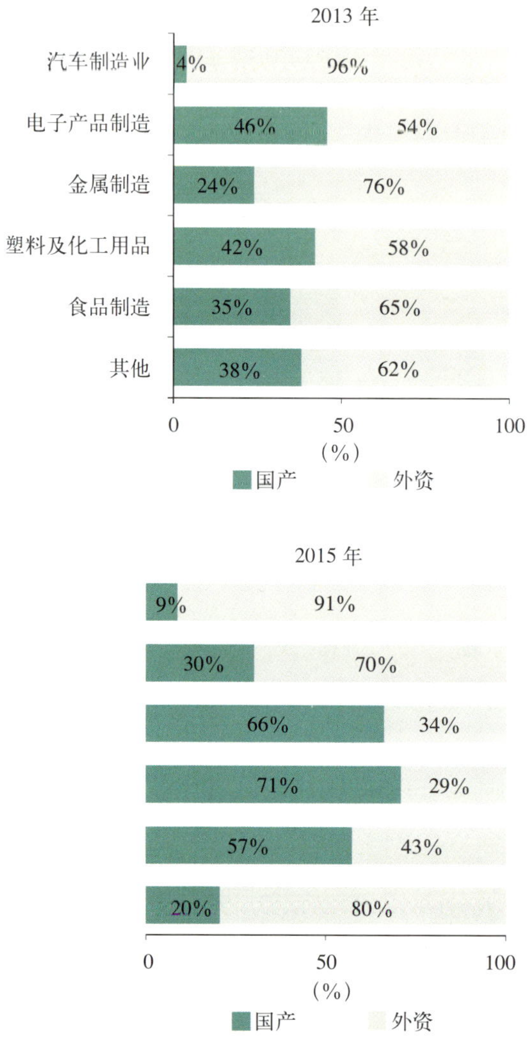

图 9　2013 和 2015 年按应用行业分国产及外资品牌工业机器人销量占比

资料来源：中国机器人产业联盟，IFR。

从应用领域来看，虽然外资品牌工业机器人在焊接与钎焊领域仍占据绝对优势，但近年来国产品牌占比不断提高，从 2013 年的 6%增至 2015 年的 18%；在搬运、上下料领域和加工领域，国产工业机器人发展较好，目前基本可以同外资品牌抗衡，近三年销量占比均有所提高（见图 10）。

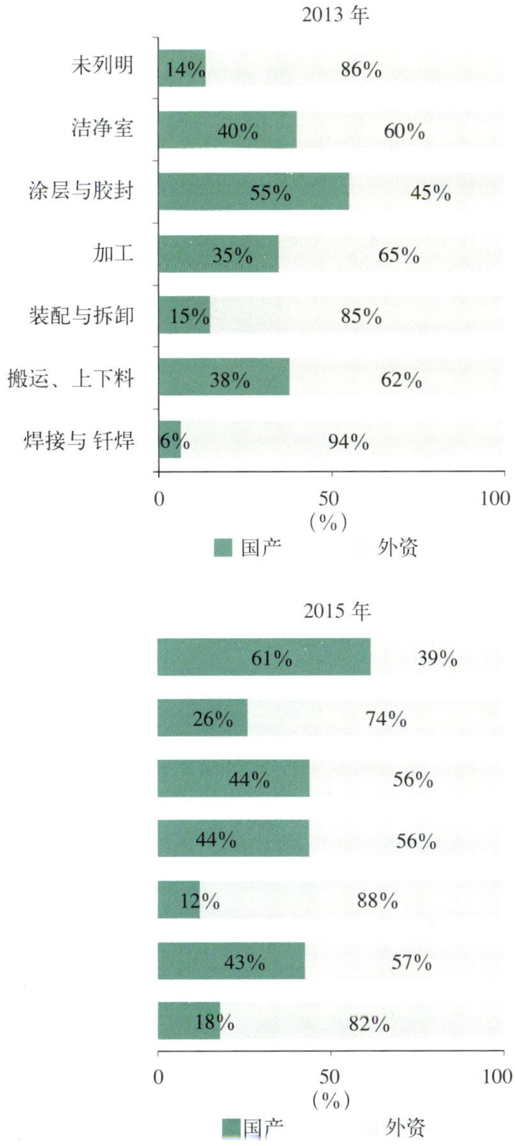

图 10　2013 和 2015 年按应用领域分国产及外资品牌工业机器人销量占比

资料来源：中国机器人产业联盟，IFR。

从机械结构来看，近年来全国国产工业机器人产品结构不断优化。2013—2015 年间，国产多关节机器人销量增长较快，年均增速达到 69.6%，2015 年销量超过 6000 台，占国产工业机器人总销量的 30%，比 2013 年提高 8 个百分点。坐标机器人仍是国产工业机器人主力机型，基本能够满足国内需求，2013—2015 年间年均增速达到 64.3%，2015

年销量过万台，占国产工业机器人总销量的52%，比2013年提高11个百分点。数据显示，平面多关节机器人销量占比由2013年的25%下降至2015年的11%，降幅明显。可见，随着技术水平的不断提升，国产工业机器人产品结构正在逐步优化，主要表现为技术附加值较高的产品比重不断提高（见图11、见图12）。

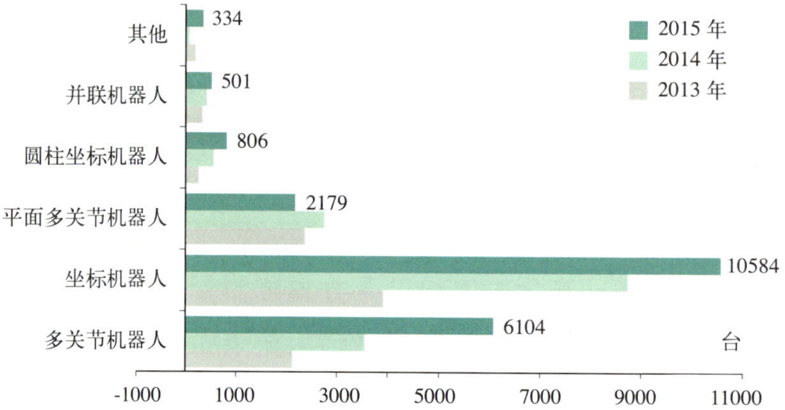

■ 图11　2013—2015年国产工业机器人按机械结构分销量情况

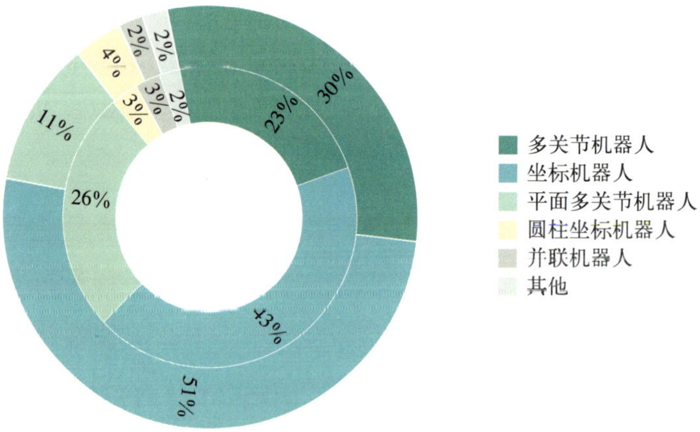

■ 图12　2013和2015年国产工业机器人机械结构占比变化

参考文献

[1] IDC. 中国航拍无人机市场季度跟踪报告，2016 年第一季度 [EB/OL]. http://www.idc.com.cn/about/press.jsp?id=OTY4

[2] C. Andrew Keisner，Julio Raffo，Sacha Wunsch-Vincent. Breakthrough technologies – Robotics,innovation and intellectual property.Economic Research Working Paper No. 30. 2015，11

中国机械工业联合会机器人产业联盟

宋晓刚　赵军平　陈丹　王昕

案例 20

"十二五"期间 3D 打印产业发展回顾

"十二五"期间，中国 3D 打印产业的市场规模呈几何级增长态势，2015 年 3D 打印产品和服务市场增长约 38.2%，是全国 3D 打印行业最近 10 年来增长速度最高的一年。而过去 26 年来，全球 3D 打印产业市场平均年增长率为 27%，最近 3 年的年复合增长率为 32.3%。预计 2016 年全球 3D 打印产业的市场规模达到 100 亿美元，2018 年将比 2013 年翻 4 倍到 125 亿美元，而 2020 年将突破 210 亿美元。

全国 3D 打印产业的市场潜力巨大，从 2010 年开始，3D 打印行业整体收入进入加速期。2012 年全球 3D 打印整体收入约为 22.04 亿美元，主要包括设备、材料和服务三个部分，较 2011 年的 17.14 亿元增长了 28.6% ;2011 年和 2010 年，这一增长率分别为 29.4%和 24.1%，预计行业整体增速持续保持在 20%左右。3D 打印设备和材料方面，2012 年的收入约为 10.03 亿元，较 2011 年的 8.34 亿元增长了 20.3%，2011 年和 2010 年，这一增长率分别为 28%和 22.9%。3D 打印服务收入方面，2010 年、2011 年和 2012 年的增长率分别为 25.3%、30.7%和 36.6%，收入增长呈现加速趋势。

3D 打印产业链自上而下主要包含打印材料、打印设备和打印服务三大类，这三类市场份额占比分别为 37%、39%和 24%。

一、3D 打印产业发展格局良好

"十二五"期间，国内 3D 打印产业发展格局良好。3D 打印技术研发任务主要由清华大学、西安交通大学、华中科技大学等多所知名高校和部分专业研发机构承担，并且形成了产学研一体化的发展格局。

国产 3D 打印企业处在发展上升期。3D 打印设备的研制生产主要有两种形式，一种是以北京殷华、陕西恒通智能机器、湖北滨湖机电为代表的部分企业，依托高校研究成果，对 3D 打印设备进行产业化运作，实现了整机生产与销售；另一种是以南京紫金立德为代表的部分企业，采取引进技术与自我开发相结合的办法，实现了 3D 打印机的整机生产和销售。

部分公司生产的便携式桌面 3D 打印机的价格已具备国际竞争力，成功进入欧美市场，产品技术逐步接近国外厂商同类产品，打印精度、打印速度、打印尺寸和软件支持等方面基本满足商用需求。部分东部发达地区企业采取购入 3D 打印设备，专门为相关企业的研发、生产提供服务。其服务范围涉及设计模具、样品制作、辅助设计、文物复原等领域，取得了良好的经济效益。同时，在政府推动和市场驱动下，部分产业链上游企业也纷纷考虑投资开展 3D 打印设备生产和服务，3D 打印企业的数量和规模将进一步扩大。

目前，国内 3D 打印产业发展呈现加速增长态势，技术侧重点根据地域经济特点而各有特色。北京、陕西、上海三地是国内 3D 打印专利申请量最多的省市，3D 打印的研究上均侧重于生物体制造、塑料成型、图像数据处理、电数字数据处理。陕西、辽宁、湖北等省份重工业基础雄厚，3D 打印研究侧重于金属粉末成型、激光烧结成型方法、金属材料镀覆等方面，广东、江苏轻工业和生物医药产业基础较好，3D 打印产业及技术研究侧重于生物体制造和塑料成型。目前国内 3D 打印较为突出的省市多有其域内的高校支撑，如北京的清华大学，陕西的西安交通大学、西北工业大学，湖北的华中科技大学，上海的上海大学、东华大学等高校。这些高校汇集了 3D 打印技术领域的领军人才，并带出来一批研究团队，也带动了其对于 3D 打印技术的研究。

二、3D 打印设备发展迅速

“十二五”期间，全国 3D 打印设备发展迅速，3D 打印设备保有量位居世界前列。中国快速成型制造设备制造商主要有：陕西恒通、北京殷华、北京隆源、武汉滨湖、南京紫金立德、湖南华曙等。快速制造服务中心有：西安交大国家快速制造工程研究中心、宁波合创公司、苏中秉创公司、中山汉信、杭州先临三维、上海美唐机电等。目前已有100多家。

相关研究机构有清华大学、西安交大、华中科技、北航、西北工大、中航工业北京航空制造工程研究所等，西安交大至今已开发出5个品种、11个系列产品（见图1）。

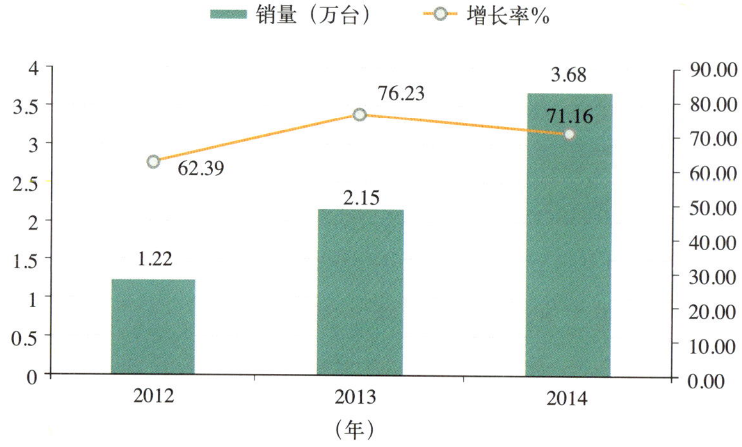

■ 图1　2012—2014年中国民用3D打印机销量状况

数据来源：本研究中心整理。

中国目前的3D打印机产品分为工业级、专业级和个人型、桌面型两种类型，正在逐步实现工业化量产，国内3D打印领军企业控制核心的专利与技术。3D打印上市公司有着40%以上的毛利率。小量生产形态居多、大多数产品操作复杂、成型条件正在逐步满足高精度3D模型需求，3D打印机正在进入消费性市场。

据保守统计，"十二五"期间，中国有超过100家厂商制造个人级的3D打印机产品，并且，机台销售数字在近年高速增长。目前，国内3D打印机市场由萌芽阶段快速增长，预计每年的个人3D打印机销售数量将以成倍的速度上升（见图2）。

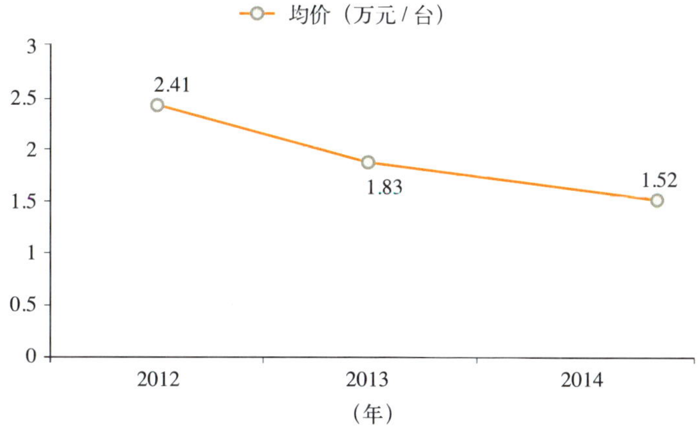

图 2　2012—2014 年中国民用 3D 打印机价格分析

数据来源：本研究中心整理。

三、3D 打印专利申请数量大幅增加

“十二五”期间，中国 3D 打印技术专利申请数量逐年增长，以 25%的份额占据世界第 3 的位置。3D 打印设备制造技术、3D 打印材料技术、3D 设计与成型软件开发、3D 打印工业应用研究等方面研究成果丰硕，激光直接加工金属技术、生物细胞 3D 打印技术等已经处于世界先进水平。

《2015 年世界知识产权报告：突破式创新与经济增长》显示，2010 年以来，全球 3D 打印领域的专利申请中，有超过 1/4 来自中国，这一占比为世界各国之最；报告说，在 3D 打印这项有潜力促进未来经济增长的前沿技术创新方面，中国是唯一向先进工业化国家靠近的新兴中等收入国家。相对于更早建立的创新型国家，中国的专利格局中，大学和公共研究机构的身影更为显著。

近 10 年国内 3D 打印专利申请量增长迅猛。2010 年前，国内几乎没有 3D 打印的专利申请，以 2011 年为起点，国内 3D 打印的专利申请量逐步提升，并在 2012 年迎来转折点 (56 件)，迎来 2013 年的专利申请大爆发 (624 件)。在 2014 年，申请量几乎实现了双倍增长，达到

1345件。截止到2015年6月1日，国内3D打印专利申请综述为2415件，其中外观设计专利141件，实用新型专利875件，发明1399件（见图3、图4）。

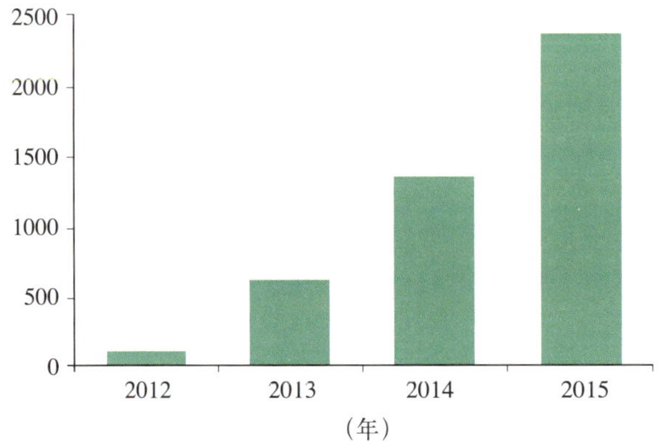

■ 图3　中国3D打印专利申请量

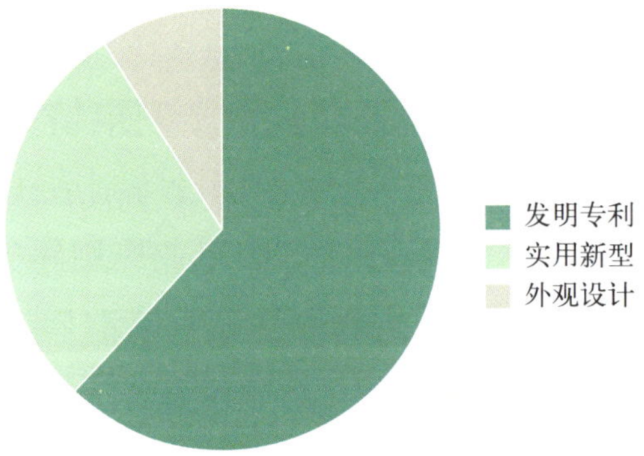

■ 图4　中国3D打印专利申请类型比例

数据来源：知识产权报告。

四、3D打印产业应用领域广泛

全国3D打印应用领域广泛，与各行业的结合日趋完善。目前3D打印主要应用于工业制造、军事、建筑、产品设计、快速模具制造、铸造、医学、考古、文化艺术、首饰加工等领域。从下游应用占比来看，2015年消费电子、汽车、医疗、航天分别占20%、20%、15%和12%（见图5）。

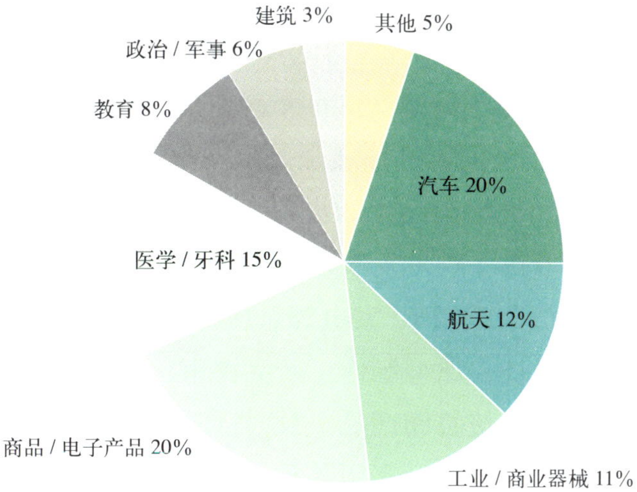

图 5　3D 打印应用格局

数据来源：行业咨询收集。

3D 打印在汽车行业的应用主要有五大方面：1. 用于设计；2. 结构复杂零件的直接制作；3. 汽车上的轻量化结构零件的制作；4. 定制专用的工件和检测器具；5. 整车模型的制作。

国内 3D 打印在航空航天领域已经突破了钛合金、超高强度钢等难加工大型复杂整体关键构件激光成形工艺、成套装备和应用关键技术。

3D 打印在医疗领域主要应用于医学模型快速建造、组织器官代替品制作、脸部修饰与美容。

五、金属 3D 打印取得较大进步

"十二五"期间，国内在金属 3D 打印领域取得了长足的进步。金属零件 3D 打印技术作为 3D 打印体系中最为前沿和最有潜力的技术，是先进制造技术的重要发展方向。为了满足国家科技发展及推广应用的需求，利用 3D 打印直接制造金属功能零件成了快速成型主要的发展方向。目前可用于直接制造金属功能零件的快速成型方法主要有：选择性激光烧结（Selective Lasver Sintering SLS）、选区激光熔化（Selective Laser Melting，SLM）、电子束选区熔化（Electron Beam Selective Melting，EBSM）、激光近净成形（Laser Engineered Net Shaping，LENS）等。

2010—2015年，全国通过开展金属零件3D打印技术理论与工艺的研究，已有多家公司推出商品化的设备。金属零件的3D打印技术发展迅速，在各领域都取得了长足发展，已成为现代金属零部件制造的有效手段，在航空航天、汽车摩托车、家电等领域得到了一定应用。工业制造：可应用于产品概念设计、原型制作、产品评审、功能验证。制作模具原型或直接打印模具，直接打印产品：3D打印技术制造的小型无人飞机、小型汽车等概念产品已问世，家用器具模型也被用于企业的宣传、营销活动中。文化创意和数码娱乐：可作为形状和结构复杂、材料特殊的艺术表达载体。科幻类电影运用3D打印技术塑造了部分角色和道具，3D打印技术制造的小提琴接近了手工艺的水平。航空航天、国防军工：可对形状复杂、尺寸微细、性能特殊的零部件、机构进行直接制造。生物医疗：可应用于人造骨骼、牙齿、助听器、假肢等的制作。消费品：可应用于珠宝、服饰、鞋类、玩具、创意DIY作品的设计和制造。建筑工程：可应用于建筑模型风动实验和效果展示，建筑工程和施工（AEC）模拟。教育：可应用于模型验证科学假设，用于不同学科实验、教学。在国内许多中学、普通高校和军事院校，3D打印机已经被用于教学和科研。个性化定制：可提供基于网络的数据下载、电子商务的个性化打印定制服务。

六、3D打印材料研发受到重视，发展前景广阔

"十二五"期间国内3D打印技术取得了快速的发展，随着3D打印装备趋于成熟和商业化，3D打印材料已经成为影响3D打印未来发展方向的关键因素。目前，3D打印用材料根据化学组分大体上可以分为有机高分子材料、金属材料、无机非金属材料和复合材料。根据行业知名报告wohlers report的数据，2013年全球3D打印产业产值达到了15.52

亿美元，与 2012 年相比增幅 44.5%，3D 打印用材料 2013 年的产值达到了 5.288 亿美元，与 2013 年相比增幅 26.8%，其中光敏类高分子材料约为 22.89 亿美元，激光烧结用高分子材料约为 1.35 亿美元。根据推测，未来 3D 打印产业将会形成材料、设备、服务并驾齐驱的局面（见图 6）。

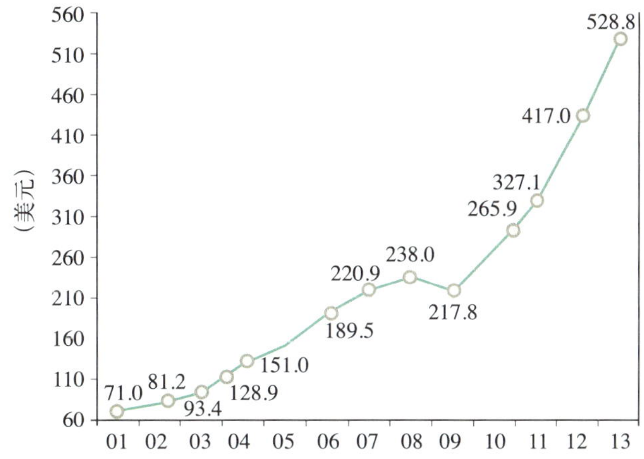

图 6　2001—2013 年全球 3D 打印材料产业情况

数据来源：Wohlers 报告。

从总体上看，“十二五”期间是中国 3D 打印成形材料方面的起步阶段，发展迅速，并且正在逐步掌握材料研发的核心技术并形成一定的产业规模，这也与中国制造业长期以来的发展思路和经济结构的调整和发展相关。材料发展的进步在高性能终端零部件上体现得尤为明显，由于材料研发技术及产业化的发展，国内 3D 打印技术从原先主要应用于模型制作，现已逐步应用于太空、高端装备功能部件等国家重大战略的需求领域。

七、3D 打印产业受到资本市场高度关注

2010—2015 年，3D 打印行业在国内以飞快速度进入人们的视线，其广泛的应用令人对其未来的市场空间产生无限联想，被誉为是引领“第

三次工业革命"的新兴产业。越来越多的企业积极布局进入3D打印行业，渴望分得一杯羹。

A股与3D打印相关的主要个股合计24家，在上、中、下游的分布分别是6、10和8家，分布最多的还是在中游打印设备及零部件投资项目。在上游材料中，绝大多数为金属材料，可见工业化生产也是驱动材料发展方向的核心动力。而在中游领域，大约80%的公司将视野直接定位于设备生产，而其中绝大多数专注于激光熔覆方向；零部件投资项目包括三维扫描和激光投影关键元件。下游打印成型领域中桌面级打印和工业级打印比例分布大约为1∶1。

国内A股3D打印投资潮集中在2011—2013年，发展模式包括：依靠高校平台进行产学合作，产业并购，自行研发，引进专业团队。在高校领域中，西安交通大学、华中科技大学、北航无疑成为公司合作的首选科研平台。

八、3D打印产业带动就业增长

新的技术必将推动新一轮的就业热，中国政府牵头开展3D打印关键共性技术攻关，大力推进3D打印进校园项目，普及3D打印基础知识及技能培训，完善3D打印技术研发技术人才培养体系，加快为从"中国制造"到"中国智造"转型提供人才支持。

资料显示，"十二五"期间全国3D打印从业人数逐年攀升，每年的增长幅度在25%至40%之间，2012年3D打印行业从业人数1.3万人，2013年为1.92万人，2014年则增加至2.41万人，显示出良好的增长势头。另外，3D打印为大众创业、万众创新提供了有利条件，随着3D打印技术不断成熟，中国3D打印市场规模增长迅速，涌现了一批本土3D打印重点企业。3D打印展现了全民创新的通途，"互联网＋"和3D打印相结合能够为大众创业、万众创新的最佳技术途径，同时带来创材、创新等科技的重大突破。

目前，随着3D打印的逐步兴起，其带来的商机被越来越多的人察觉，涉足3D打印技术的店面也不断出现，盈利模式也各不相同，有的销售打印机，有的销售打印材料，有的销售打印成品……3D打印被誉为"'第三次工业革命'最具标志性的生产工具"，2013年6月份，深圳首家3D打印机体验站落户龙岗平湖华南城，一个月过后销售了25台小型3D打印机，纯利润超过10万元。紧接着7月28日，深圳首家3D打印照相馆在深圳科学馆开业，开业两天，询问的市民络绎不绝。2010年至2015年，有越来越多的创业者通过3D打印创造出财富，3D打印产业成为中国就业增长新的助推器。

表1　2012—2014年中国3D打印行业人员规模

时　　间	从业人数（万人）
2012年	1.30
2013年	1.92
2014年	2.41

数据来源：国家统计局。

3D打印在中国以及国际上已经被列入教育的范畴，而不仅仅是职业培训。以中国台湾为例，政府给每家中小学8万元的扶持资金，将3D打印纳入中小学必修的劳工课中。

中国制造行业目前数字化3D设计技术应用人才的缺口约为800万人，未来的需求还在不断攀升。经济的发展和技术的进步促生出一种比传统模式更加自由、灵活和有效的3D人才培养模式。这种培养模式的变革正是中国教育改革的重要方向。

中国3D打印产业已经开启数字化设计教育模式，培养学生掌握有关科技创新，艺术创新，服务创新，市场模式创新的知识、方法和工具，具备协同创新的素质。

线上的3D打印云平台和线下的3D职业教育构建的O2O学习模式，使学习方式由被动式向主动式、互动式转变，从知识传授转向能力培养，让泛在学习、移动学习、个性化学习成为现实。这种培养方式适应了未来基于网络的智能制造对人才的需求，让人的智力和知识在虚拟空间内得到最大化的开发，这种产学对接、实战训练、线上线下互动配合的多元的立体化的全新三维人才培养模式，不仅对探索"第三次工业革命"背景下的教育变革有着积极意义，而且对提升中国创新能力建设，积极应对产业升级带来的挑战，起到了先锋示范作用。

西安交通大学

卢秉恒　王永信　赵旷怡

案例 21

“十二五”期间核电产业发展回顾

2010 年 12 月，中共中央在《关于制定国民经济和社会发展“十二五”规划的建议》中提出了“在确保安全的基础上高效发展核电”的方针。2011 年 3 月，突如其来的日本福岛核事故使中国核电发展面临严峻的挑战。面对复杂的形势，在党中央、国务院的正确领导下，国内核电行业沉着应对，攻坚克难，扎实工作，取得了举世瞩目的成绩，开创了核电安全高效发展的新局面。

5 年来，全国共有 15 台核电机组投入商业运行，有 13 台核电机组开工建设。据中国核能行业协会统计，截至 2015 年底，全国在役、在建的核电机组达到 54 台，分布在浙江、广东、江苏、辽宁、山东、福建、广西、海南等沿海 8 个省区、13 个核电基地，总装机容量 5556 万千瓦。其中在役机组 28 台，装机容量 2643 万千瓦，年发电量 1689 亿千瓦时，位居世界第四；在建 26 台，装机容量 2913 万千瓦，占世界在建核电机组的 1/3。福岛事故后，中国对在役和在建核电机组的技术改进已全面完成，安全保障能力进一步增强。

“十二五”期间，中国核能领域技术研发水平快速提升，在三代核电技术研发和应用方面走在世界前列。由中核集团和中广核集团联合研发的自主三代核电华龙一号于 2015 年 5 月开工建设。CAP1400 示范工程已通过开工建设前的安全审评，正在履行核准程序。高温气冷堆示范工程土建已完成，正在进行全面安装。

在“一带一路”战略的指引下，核电“走出去”初见成效。巴基斯坦卡拉奇项目于 2015 年开工，实现了“华龙一号”核电技术出口。

核电的规模化发展，带动了核电产业链的发展。5 年来，核电关键设备和材料自主化、国产化水平稳步提高，铀资源、核燃料保障能力大幅提升，为中国核电发展提供了可靠保证。

一、在役核电规模快速增长

"十二五"期间，全国共有 15 台核电机组投入商业运行（其中 2011 年 2 台，2013 年 2 台，2014 年 5 台，2015 年 6 台），核电装机容量净增 1526 万千瓦，年均增长 19.2%。据中电联的统计，2015 年底，中国大陆在运核电机组数达到 28 台，装机容量 2608 万千瓦，年发电量 1695 亿千瓦时（占总发电量的 3.0%），位居世界第四。2010—2015 年中国核电装机容量和发电量增长情况见表 1 和图 1。

表 1　2010—2015 年中国核电装机容量和发电量增长情况

年度	2010	2011	2012	2013	2014	2015
装机容量（万千瓦）	1082	1191	1257	1461	1988	2608
装机容量增速百分比（%）	—	10.07	5.54	16.23	36.07	31.19
发电量（亿千瓦时）	768	874	983	1121	1332	1695
发电量增速百分比（%）	—	13.80	12.47	14.04	18.82	27.25

数据来源：中电联 2010—2015 电力工业统计快报。

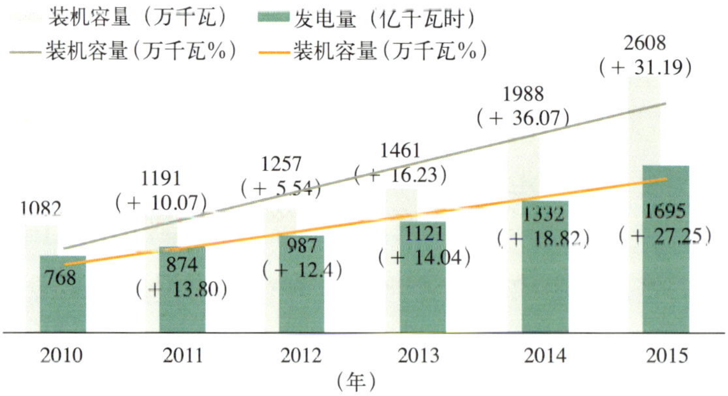

■ 图 1　2010—2015 年中国核电装机容量和发电量增长情况

数据来源：中电联 2010—2015 电力工业统计快报。

截至 2016 年 5 月，中国大陆投入商业运行核电机组数达到 30 台，装机容量 2860 万千瓦，基本情况见表 2。

表 2　中国投入商业运行核电机组基本情况（截至 2016 年 5 月 31 日）

核电厂	堆型	容量（MWe）	开工日期	投入商运时间
浙江秦山一期	压水堆 CP-300	310	1985-02-21	1994-04-01
广东大亚湾	压水堆 M310	984 × 2	1987-08-07 1988-04-07	1994-02-01 1994-05-06
浙江秦山二期	压水堆 CP-600	650 × 2	1996-06-02 1997-04-01	2002-04-15 2004-05-03
浙江秦山二期（扩）	压水堆 CP-600	660 × 2	2006-04-28 2007-01-28	2010-10-20 2011-12-30
广东岭澳	压水堆 M310	990 × 2	1997-05-15 1997-11-28	2002-05-28 2003-01-08
广东岭澳二期	压水堆 CPR-1000	1086 × 2	2005-12-15 2006-06-15	2010-09-20 2011-08-07
浙江秦山三期	重水堆 CANDU-6	728 × 2	1998-06-08 1998-09-25	2002-12-31 2003-07-24
江苏田湾	压水堆 VVER-1000	1060 × 2	1999-10-20 2000-09-20	2007-05-17 2007-08-16
辽宁红沿河 1-3 号机组	压水堆 CPR-1000	1118.79 × 3	2007-08-18 2008-03-28 2009-03-07	2013-06-07 2013-11-23 2015-08-16
福建宁德 1-3 号机组	压水堆 CPR-1000	1089 × 3	2008-02-18 2008-11-03 2010-01-08	2013-04-18 2014-05-04 2015-06-10
广东阳江 1-3 号机组	压水堆 CPR-1000 +	1086 × 3	2008-12-16 2009-06-04 2010-11-15	2014-03-25 2015-06-08 2016-01-01
福建福清 1-2 号机组	压水堆 CP-1000	1089 × 2	2008-11-21 2009-06-17	2014-11-22 2015-10-16
方家山核电 1-2 号机	压水堆 CP-1000	1089 × 2	2008-12-26 2009-07-17	2014-12-15 2015-02-12
海南昌江 1 号机组	压水堆 - CP 650	650 × 1	2010-04-25	2015-12-26
广西防城港 1 号机组	压水堆 CPR-1000	1086 × 1	2010-07-30	2016-01-01
合计	30 台	28599.37		

数据来源：中国核能行业协会。

截至 2016 年 4 月 30 日，全球在役核电机组 444 台，发电功率为 386.3 GWe，位居前 10 位的国家信息见表 3。

表 3　全球在役机组居前 10 位国家信息（截至 2016 年 4 月 30 日）

国　家	台　数	发电功率 /MWe
美　国	99	99185
法　国	58	63130
日　本	43	40290
中　国	33	28792
俄罗斯	35	25443
韩　国	25	23133
加拿大	19	13524
乌克兰	15	13107
德　国	8	10799
瑞　典	10	9651

注：2016 年 3 月 29 日和 4 月 1 日，中国宁德 4 号、红沿河 4 号核电机组分别首次并网发电。按中国的统计口径仍属于在建机组，按 IAEA 的统计口径则属于在运机组。另外，按 IAEA 的统计口径，中国实验快堆也被列为在运机组。故 IAEA 在运机组数统计值较中国统计口径多 3 台。

数据来源 :IAEA 。

中国各运行核电厂坚持安全第一、质量第一的方针，加强运行安全监督，构筑核安全文化屏障，推行标准化管理和考核，优化核电厂大修管理机制，着力提升设备可靠性，强化核电厂运行经验反馈，确保了各机组安全稳定运行。5 年来，没有发生国际核事件分级表界定的 2 级和 2 级以上运行事件，职业人员个人剂量和集体剂量均在较低水平，核电厂放射性流出物排放指标远低于国家标准限值，环境空气吸收剂量率控制在当地本底辐射水平涨落范围之内。按世界核电运营者协会（WANO）规定的性能指标对照，在全球 400 余台运行机组中，中国在役核电机组总体性能处于中等偏上水平，部分机组和安全指标处于世界先进水平。

二、在建核电规模世界领先

2011 年日本福岛核事故后，中国对核电中长期发展规划（2011—2020 年）进行了修订，明确提出到 2020 年核电装机容量达到 5800 万千瓦、在建 3000 万千瓦的目标。

“十二五”期间，共有 13 台核电机组开工建设（其中：2012 年 4 台，2013 年 3 台，2015 年 6 台），在建核电机组完成工程建设投资共计 3256 亿元（其中：2011 年 740 亿元，2012 年 778 亿元，2013 年 609 亿元，2014 年 569 亿元，2015 年 560 亿元）。2015 年底，全国在建核电机组 26 台，装机容量 2913 万千瓦（含并网、未商运的机组）。2005—2015 年 11 年间中国核电建设情况见表 4 和图 2。

表 4　2005—2015 年中国核电机组建设情况（单位：台）

年 份	2005	2006	2007	2008	2009	2010	2011	2012	2013	2014	2015
当年开工	1	2	2	6	9	10	0	4	3	0	6
年末在建	3	5	5	11	20	28	27	30	30	26	26

数据来源：中国核能行业协会。

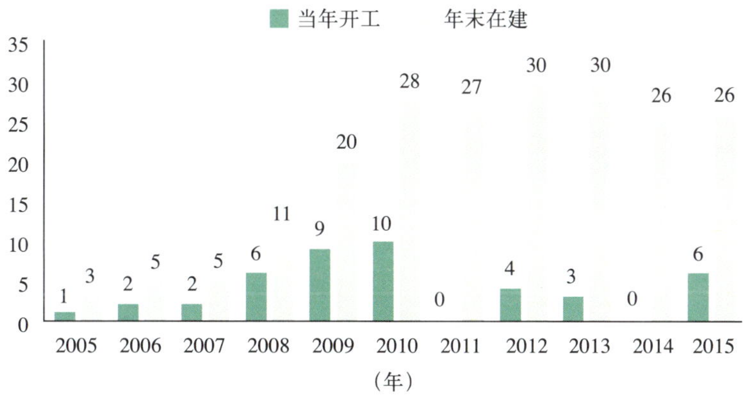

■ 图 2　2005—2015 年中国核电机组建设情况（单位：台）

从美国引进的世界首批 4 台 AP1000 机组及与法国合作建设的 2 台 EPR 机组于 2009、2010 年先后开工后，全国自主开发的 3 台三代核电机组华龙一号于 2015 年开工建设，全国在建的三代核电机组达到 9 台，装机容量 1195 万千瓦。

截至 2016 年 5 月 31 日，国内在建核电机组 24 台，装机容量 2693 万千瓦（含并网、未商运的机组），占世界在建核电规模的 1/3 以上。

中国在建核电机组基本情况见表5。截至2016年4月30日全球在建核电机组信息见表6。全球在建核电机组分布见图3。

表5 中国在建核电机组基本情况（截至2016年5月31日）

核电机组	堆型	装机容量（MWe）	开工日期	预计投运时间
辽宁红沿河4-6号机组	压水堆CPR1000 压水堆CPR1000 压水堆ACPR1000	1080×3	2009-08-15 2015-03-29 2015-07-27	2015 2020 2020
福建宁德4号机组	压水堆CPR1000	1080×1	2010-09-29	2015
福建福清3-6号机组	压水堆CP1000 压水堆CP1000 压水堆华龙1号 压水堆华龙1号	1080×2 1150×2	2010-12-31 2012-11-17 2015-05-07 2015-12-22	2015 2017 2020 2021
广东阳江4-6号机组	压水堆CPR1000+ 压水堆ACPR1000 压水堆ACPR1000	1080×3	2012-11-17 2013-09-18 2013-12-23	2017 2018 2019
广西防城港2-3号机组	压水堆CPR1000 压水堆华龙一号	1080×1 1150×1	2010-12-23 2015-12-24	2016
海南昌江2号机组	压水堆CP-600	650×1	2010-11-21	2016
江苏田湾3-5号机组	压水堆VVER-1000 压水堆VVER-1000 压水堆CP1000	1120×2 1080×1	2012-12-27 2013-09-27 2015-12-27	2018 2018 2020
三门核电1-2号机组	压水堆AP-1000	1250×2	2009-04-19 2009-12-15	2017
海阳核电1-2号机组	压水堆AP-1000	1250×2	2009-09-24 2010-06-20	2017
台山核电1-2号机组	压水堆EPR	1750×2	2009-11-18 2010-04-15	2017
山东石岛湾核电站	高温气冷堆核电示范工程（HTR）	211×1	2012-12-09	2018
合　计	24台	26931		

数据来源：中国核能行业协会。

表6 全球在建核电机组信息（截至2016年4月30日）

国家或地区	在建台数	额定功率（装机容量）MWe
中国大陆	22（注1）	22110
俄罗斯	8	6582
印　度	6	3907

续表 6

国家或地区	在建台数	额定功率（装机容量）MWe
美　国	5	5633
阿联酋	4	5380
韩　国	3	4020
白俄罗斯	2	2218
日　本	2	2650
巴基斯坦	2	630
斯洛伐克	2	880
乌克兰	2	1900
阿根廷	1	25
巴　西	1	1245
芬　兰	1	1600
法　国	1	1630
总　计	64	63010

注 1：2016 年 3 月 29 日、4 月 1 日，中国宁德 4 号、红沿河 4 号核电机组首次并网发电，按中国的统计口径仍属于在建机组，按 IAEA 的统计口径则属于在运机组，故在建台数较中国统计口径少 2 台。包括中国台湾地区在建的 2 台核电机组。

数据来源：IAEA。

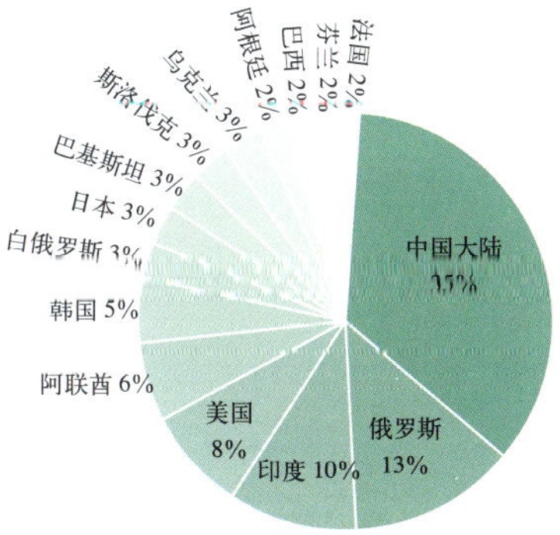

全球在建核电机组分布—按在建台数

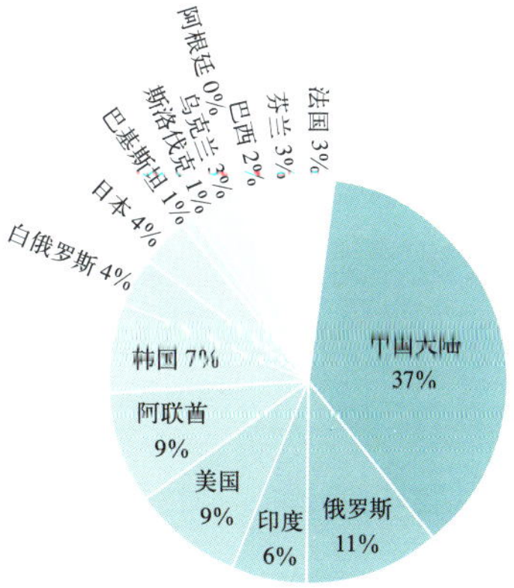

全球在建核电机组分布—按定额功率（装机容量）

图 3　全球在建核电机组分布（截至 2016 年 4 月 30 日）

数据来源：IAEA。

三、安全保障能力进一步增强

2011年3月11日，日本福岛核电站因特大地震和海啸引发严重核泄漏事故，震惊世界。3月16日，国务院常务会议及时听取应对日本福岛核电站核泄漏有关情况的汇报。强调"要充分认识核安全的重要性和紧迫性，核电发展要把安全放在第一位。"并做出立即组织对国家核设施进行全面安全检查、切实加强正在运行核设施的安全管理、全面审查在建核电站、严格审批新上核电项目的四项决定。要求抓紧编制核安全规划，调整完善核电发展中长期规划，核安全规划批准前，暂停审批核电项目。

经过9个月的核安全大检查，2012年5月，国务院常务会议听取了安全大检查情况的汇报，中国核设施选址对地震、洪水等外部事件进行了充分论证，核电厂设计、制造、建设、运行各环节均进行了有效管理，总体质量受控。运行和在建核电厂能够满足中国核安全法规和IAEA最新标准的要求，具备一定的严重事故预防与缓解能力，风险受控，安全有保障。检查中也发现个别核电厂防洪能力不足，严重事故预防与缓解规程不完善、对海啸风险评估能力不足等问题。

2012年6月，国家核安全局发布了《福岛核事故后核电厂改进行动通用技术要求》，分别对运行核电厂和在建核电厂提出了改进要求。截至2015年底，这些改进要求均已实施完成。对在役和在建核电机组进行技术改进，提高了纵深防御能力，改善了环境监测和应急控制能力，安全保障能力得到进一步增强。

四、核电建造自主化能力持续提升

在《中国制造2025》的推动下和核电规模化发展的带动下，5年来，以东方电气、上海电气、哈电集团、一重集团、二重集团等为代表的核电装备制造企业，积极适应市场变化，加大技术改进和研发力度，核安全文化和质量保障体系不断完善，产品质量稳定性不断提高，研发水平和制造能力进一步提升，核电关键设备和材料国产化取得重大突破。压力容器、蒸汽发生器、主管道、控制棒驱动机构、数字化仪控等关键设备，以及大型锻件、核级锆材、690U型管、核级焊材等核心材料，基本实现自主设计自主制造。百万千瓦级核电机组关键设备和材料自主化、国产化水平稳步提高，国产化率已达85%，形成了每年8套左右核电主设备制造硬件能力。通过实施大型先进压水堆核电站重大专项，突破了AP1000/CAP1400设备设计、制造和验证等关键技术，实现了核电超大型锻件、锻造主管道、壳内电缆等关键材料的自主化制造。

5年来，中国核电工程设计、管理和建设自主化能力持续提升，管理模式不断创新。按照“集团化管理、专业化经营”的理念，以设计为基础，集设备采购、建设与调试管理为一体的核电工程总承包专业化运作模式得到推行。通过建立大工程管理模式和大团队组织模式，持续推进信息化、数字化建设，进一步发挥集约化和规模化建设的优势，多项目、多基地同步建设成功实现。国家核电建设安装队伍，通过30年不间断的工程实践，全面掌握了多种堆型、多种容量的核电建造技术，可以满足同时开工30台以上核电机组的需求。中国在建核电项目安全，质量得到有效保障。

五、铀资源、核燃料保障能力进一步加强

“十二五”期间，中国北方伊犁、吐哈、鄂尔多斯、二连、巴音戈壁、松辽北方六大盆地可地浸砂岩找矿取得重大突破，新发现探明一批大型和特大型铀矿床，铀资源量大幅提升。第三代采铀技术实现工业化应用，千吨级铀矿基地建设稳步推进，绿色经济的可地浸砂岩产能所占比例达到60%以上。

积极推进国内铀资源开发的同时，中国进一步加大海外铀资源开发力度，与哈萨克斯坦、乌兹别克斯坦、蒙古、尼日尔、纳米比亚等国家的铀资源开发合作取得积极进展。其中，资源总量位居世界第三的纳米比亚湖山铀矿在“十二五”期间已基本建成投产，计划2017年达产。

在核燃料加工领域，铀纯化转化一体化技术实现工业化应用，万吨级铀转化基地正在建设中。中国已自主掌握离心法铀浓缩技术，并实

现工业化应用。铀纯化转化、铀浓缩产能达到"十一五"末的3倍。核燃料元件研发实现按代逐步推进，并取得丰硕成果，为中国自主三代核电华龙一号"走出去"创造了条件。压水堆核燃料组件生产能力达到"十一五"末的4倍。AP1000核燃料组件生产线按计划建设，已具备试生产条件。高温气冷堆燃料组件首条生产线全面建成，已正式签署供货合同。目前，中国核燃料产能已跻身世界第一阵营。

在核燃料循环后段，乏燃料后处理中间试验工程热调试取得圆满成功，标志着中国已掌握动力堆乏燃料后处理设计、建造和运行技术，对实现核燃料闭式循环具有重要意义。

铀资源、核燃料保障能力的大幅提升，为中国核电快速发展提供了保障。

六、积极推进核科技创新

"十二五"期间，中国核能领域技术研发水平快速提升，在三代核电技术研发和应用方面走在世界前列。

由中核集团和中广核集团联合研发的自主三代核电华龙一号是以中国30年核电研发建设运营的经验为基础，汲取世界先进设计理念的三代核电创新成果，2015年5月7日在福建福清开工建设，使中国成为继美国、法国、俄罗斯之后，又一个拥有独立自主的三代核电技术的国家，跻身先进核电技术第一阵营，是中国由核大国向核强国迈进的重要标志。

核能领域国家重大科技专项《大型先进压水堆和高温气冷堆核电站》研发和示范工程全面推进。由国家核电技术公司研发的CAP1400压水堆核电机组是在消化、吸收、全面掌握中国引进的第三代先进核电AP1000非能动技术的基础上，通过再创新开发出的具有中国自主知识产权、功率更大的非能动大型先进压水堆核电机组，目前CAP1400示范工程已通过开工建设前的安全审评，正在履行核准程序。由清华大学核研院研发的具有四代核电特征的20万千瓦高温气冷堆示范工程落户山东石岛湾，目前已完成土建工程，正在进行全面安装。

国家863计划重大项目、中国第一座钠冷快中子反应堆——中国实验快堆实现满功率稳定运行72小时，标志着中国全面掌握了快堆的设计、建造、调试、运行的核心技术，为后续快堆技术的发展、快堆的产业化应用打下坚实的基础。

模块式小型堆是国际上核能发展的重要方向之一。国内模块式小型堆研发在“十二五”期间取得重要进展，目前已完成所有科研攻关工作，具备工程应用条件。

核专业人才培养受到高度重视。目前，中国已有40余所高校设立了核专业，在校生规模达到1万人，教学质量不断提高。企业培训工作进一步加强，校企合作，已成为核专业人才培养的重要途径。核电厂操纵员培训机制日益完善，已认证的核电厂操纵员超过2000人，可满足近70台机组运行的需要。核专业人才培养工作的推进，有效缓解了核电发展与人才供给的矛盾。

七、核能国际合作取得丰硕成果

“十二五”期间，核电“走出去”上升为国家战略。习近平总书记、李克强总理在外交活动中多次为中国自主品牌核电走出国门做推介工作。在中央的积极推动下，在“一带一路”战略的指引下，核电“走出去”已初见成效。“造船出海”、“借船出海”和“拼船出海”等多种核电“走出去”模式正在形成。

2013年2月，中核集团与巴基斯坦原委会签订卡拉奇2、3号核电项目华龙一号出口合同。2015年8月，中巴合作建设的卡拉奇2号核电机组正式开工，标志着中国自主三代核电技术“华龙一号”首次成功出口海外。目前，中核集团公司共为巴基斯坦承建了6台核电机组，装机340万千瓦。其中恰希玛1、2号核电机组已投入运行，被誉为南南合作的典范。

与此同时，各核电企业积极推进与英国、阿根廷、罗马尼亚、土耳其、南非等国家的核电合作。

2015年10月，中广核集团公司与法国电力公司在伦敦正式签署了英国新建核电项目的投资协议。包括共同投资兴建英国欣克利角C核电项目，并共同推进塞兹韦尔C和布拉德韦尔B两大后续核电项目。其中布拉德韦尔B项目拟采用中国自主三代核电技术"华龙一号"。

2014年7月，中国和阿根廷签署了《关于合作在阿根廷建设重水堆核电站的协议》。同年9月，中核集团与阿根廷核电公司签署了《阿根廷第四座重水堆核电站项目框架合同》。2015年2月，中国和阿根廷签署了《关于在阿根廷合作建设压水堆核电站的协议》。同年11月，中核集团和阿根廷核电公司正式签署了阿根廷重水堆核电站商务合同及压水堆核电站框架合同。

2013年11月，中广核与罗马尼亚国家核电公司签署了关于建设罗马尼亚切尔纳沃德核电站3、4号机组的合作意向书。2015年11月，签订了切尔纳沃德项目的框架协议。

2014年11月，国家核电技术公司、美国西屋公司和土耳其国有发电公司EUAS签署合作备忘录，启动在土耳其开发建设4台核电机组（采用先进非能动压水堆CAP1400技术和AP1000技术）的排他性协商。

2014年11月，中国与南非两国能源部门签署《中南两国核能合作政府间框架协议》，此后先后签订了《南非核能项目培训协议》《CAP1400项目管理合作协议》。

5年来，中国与国际原子能机构（IAEA）等国际组织的合作不断加强，与30多个国家签订了核能领域合作协议，与美国、法国、俄罗斯、英国等国在核电、核燃料、核安全等领域的合作进一步深化。

八、核安全纳入国家安全体系

2015年7月1日，十二届全国人大常委会第十五次会议通过了国家安全法。值得关注的是，在国家安全法中，首次在法律层面完整阐述了中国的核政策。"国家坚持和平利用核能和核技术，加强国际合作，防止核扩散，完善防扩散机制，加强对核设施、核材料、核活动和核废料处置的安全管理、监管和保护，加强核事故应急体系和应急能力建设，防止、控制和消除核事故对公民生命健康和生态环境的危害，不断增强有效应对和防范核威胁、核攻击的能力。"这是核安全首次纳入国家安全体系。确保核安全，已成为维护国家安全的一项重要任务。

“十二五”期间，中国国家领导人三次出席国际核安全峰会，并发表重要讲话，阐明中国的主张。2014 年 3 月 24 日，习近平主席在海牙核安全峰会上首次提出以“发展和安全并重、权利和义务并重、自主和协作并重、治标和治本并重”为主要内容的中国核安全观。强调“我们要秉持为发展求安全、以安全促发展理念。任何以牺牲安全为代价的核能发展，都难以持续，都不是真正的发展。”

5 年来，为适应核能行业安全高效发展的需要，国务院核能行业主管部门和核安全监管部门大力加强管理和监督，在完善法律法规、谋划行业发展、促进科技创新、规范行业行为、加强安全监管、改进工作作风等方面做了大量工作。特别是日本福岛核事故后，认真贯彻国务院的四项决定，开展安全检查，实施安全技术改进；制定实施《核安全与放射性污染防治“十二五”规划及 2020 年远景目标》《核电安全规划(2011—2020 年)》和调整后的《核电中长期发展规划（2011—2020 年)》；积极推进《原子能法》《核安全法》和《核电管理条例》《核安保条例》等立法工作，修订《国家核应急预案》，发布《核安全文化政策声明》《中国的核应急》白皮书；在国家核安全局、国家国防科工局增设相应的管理和监督机构，增加人员编制，有效地促进了核能行业的健康、有序发展。

中国核能行业协会

徐玉明　郑玉辉　陈荣

案例 22

"十二五"期间风电产业发展回顾

近年来，风电产业规模持续快速增长，在全球范围内实现了大规模开发应用，截至 2015 年底，全球装机容量超过 1GW 的国家数量为 26 个。2015 年，全球风电新增装机容量 6300 万千瓦，累计装机容量达到 4.32 亿千瓦，比 2010 年翻了一番，年均增长率达 17%，风电进入平稳发展阶段。亚洲装机容量一如既往领先于全球其他市场，欧洲排名第二，北美市场正缩短与欧洲市场的差距，暂列第三。从增长分布来看，中国、印度、巴西等风电市场新增装机容量逐渐占据主导地位。其中，中国风电装机容量不断突破，成为全球最大规模的风电市场。

"十二五"期间，全国风电装机容量在保持快速增长的前提下，开发布局逐步优化，新增建设规模逐渐向华东、华中和华南等并网消纳情况良好的地区转移；产业技术水平显著提升，风电全产业链基本实现国产化，风电机组设计制造水平和质量可靠性不断提升，高海拔、低温、冰冻等环境适应性和并网友好性显著增强，低风速区域风电开发技术经济性显著增强，风电设备、并网、检测认证等技术逐步与国际接轨，国际标准制定话语权有所提升，具有国际竞争力的完整风电产业服务体系基本形成；政策体系逐步完善，建立了较为完善的促进风电发展的政策和行业管理体系，基本形成了规范、公平、完善的风电行业市场环境；风电开发进入到精细化发展阶段。

一、风电成为中国引领全球的战略性新兴产业之一

2010 年以来，随着全国对风电产业持续不断地扶持及投入，风电装机容量不断增加，领跑全球。根据世界风能协会（GWEC）和中国可

再生能源学会风能专业委员会（CWEA）调研的数据可知2—7,2015年，全国新增装机容量达到3075万千瓦，占全球装机容量的48.5%，市场份额远超排名第二的美国34.8个百分点。由于2015年新增市场的卓越表现，中国也在累计装机容量上超越了欧盟，达到1.45亿千瓦，占全球装机容量的33.6%，位居全球首位。中国风电成为全球风电市场进一步发展的重要引擎。

同时，国内风电市场的快速扩张也带动并培育了一大批优秀的风电制造企业，中国风电整机制造企业的总体实力及在国际市场的竞争力正不断提升。FTI咨询公司公布的2015年排名前15的风电设备制造厂商中，中国企业就有8家。其中，金风科技凭借2015年的新增装机一跃成为全球最大风电整机制造商，市场占有率达到12.5%。截至2015年底，中国风电机组制造商已出口的风电机组共计1085台，累计容量达到2035.75MW，出口国家增加至28个，其中，向美国出口的风电机组容量最多，占总出口容量的19.4%（见图1、图2）。

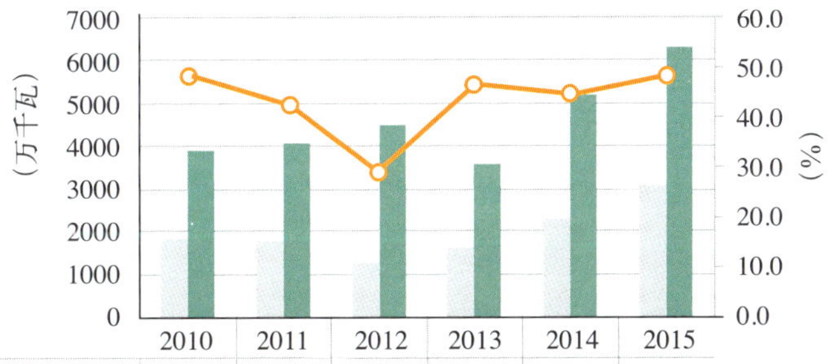

	2010	2011	2012	2013	2014	2015
中国新增装机	1892.9	1763	1296	1680.9	2319.6	3075.3
全球新增装机	3905.8	4062.8	4503.4	3579.6	5174.6	6301.3
中国新增装机占比（%）	48.5	43.4	28.8	47.0	44.8	48.8

图1 中国/全球风电新增装机情况

数据来源：GWEC，CWEA。

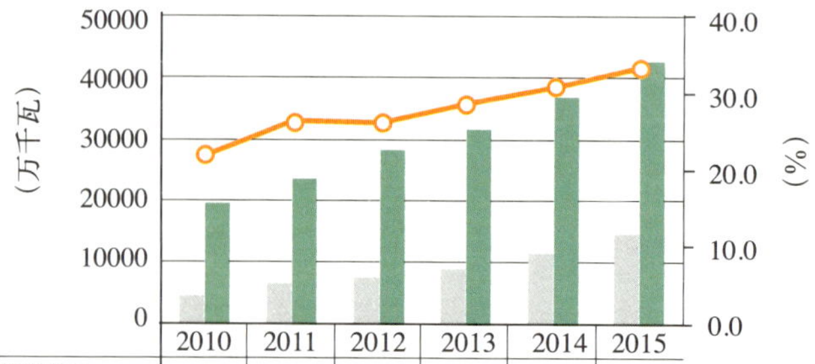

	2010	2011	2012	2013	2014	2015
中国累计装机	4473.4	6236.4	7532.4	9141.3	11460.9	14536.2
全球累计装机	19794.6	23808.9	28284.2	31845.8	36969.5	43241.9
中国累计装机占比（%）	22.6	26.2	26.6	28.7	31.0	33.6

■ 图 2　中国 / 全球风电累计装机情况

数据来源：GWEC，CWEA。

二、风电成为中国电力结构的重要组成部分

"十二五"期间，中国风电产业持续保持强劲增长势头。根据国家能源局（NEA）公布的风电并网数据可知，截至 2015 年底，中国新增风电并网装机容量达到 3297 万千瓦，累计并网装机容量达到 1.29 亿千瓦，风电装机在电力装机总量中的比重逐年提高，2015 年已经达到 8.6%。风电在电力生产中的比例不断提升，风电发电量逐年增长，2015 年达到 1863 亿千瓦时，占各类电源总发电量的 3.3%，比 2010 年提高 2.1 个百分点。风电已成为继火电、水电之后的第三大电源。风电在内蒙古、甘肃、河北、新疆、宁夏等省（区、市）的电力装机占比达到 15%以上，内蒙古等地区超过 20%，风电已成为这些地区电力供应的重要来源（见图 3、图 4）。

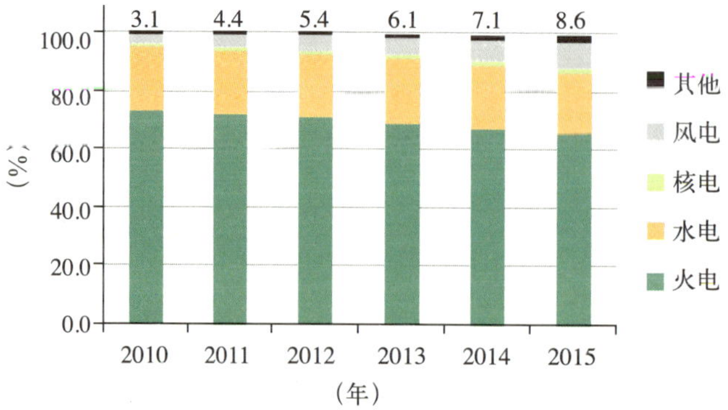

■ 图 3　中国发电装机容量变化情况

数据来源：NEA。

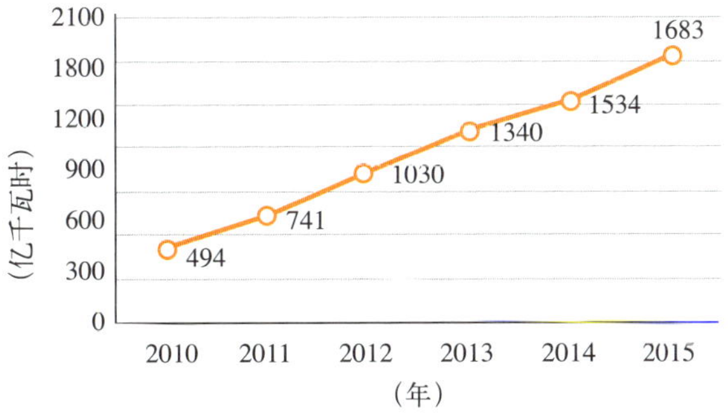

图 4　2010—2015 年中国风电发电量增长情况

数据来源：NEA。

三、风电开发布局逐步得到优化

为促进风电产业健康有序发展，“十二五”期间，国家能源局分批次下发了风电项目年度核准计划，通过规模管理和布局优化指导风电开发建设。截至 2015 年底，总共下发了五批次核准计划，培养了全球最大规模的风电市场。从各批次核准计划项目区域分布来看，受弃风限电问题影响，“三北”地区在核准计划中的安排规模不断减少，风电项目规划逐步由“三北”地区向华东、华中和华南等并网消纳情况良好的地区转移，华东、华中、华南等地区的风电项目占比逐步提高，到第五批核准计划时规划布局有了进一步变化，产业发展重心继续朝中东部和南方地区（主要省份包括上海、江苏、浙江、安徽、福建、江西、河南、湖北、湖南、重庆、四川、西藏、广东、广西、海南、贵州、云南）倾斜。在第五批年度核准计划中，中东部和南方地区项目占比达到 63.9%，较第一批提高了 26.5 个百分点，“三北”地区项目占比仅 27%，较第一批的 53.1%有了大幅度缩减。

根据 CWEA 调研数据可知，截至 2015 年底，全国各省（区、市）均有风电建设项目分布，其中，中东部和南方地区累计风电装机占全国总装机的 22%，较 2010 年底提高了 11 个百分点。产业布局的调整和重心转移，有力带动了低风速机组技术的快速进步，与之相关的复杂地形微观选址等技术也得到重视和发展（见图 5、图 6）。

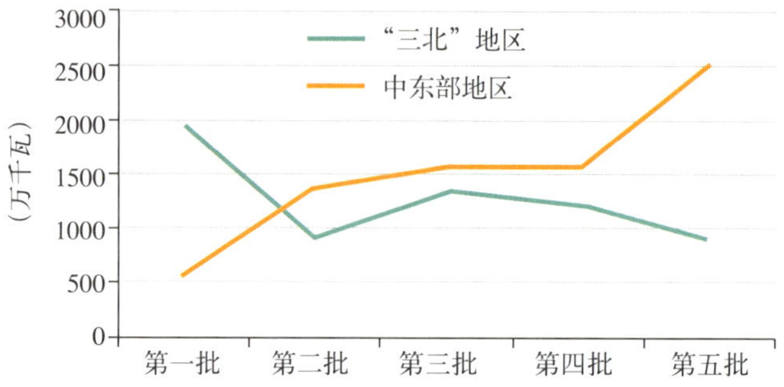

■ 图 5 "十二五"五批风电项目核准计划地区分布走势

数据来源：NEA。

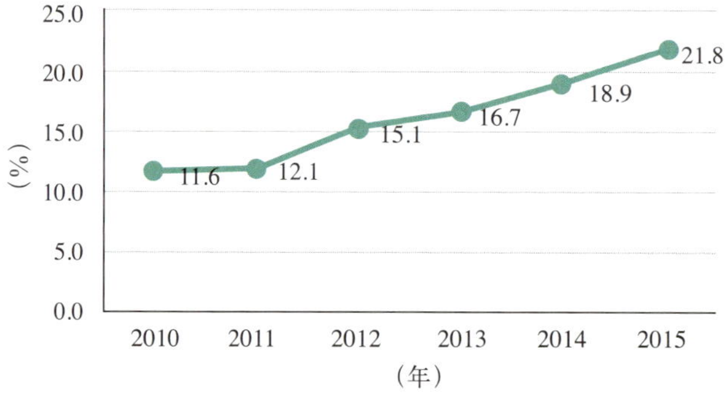

■ 图 6 中东部和南方地区累计风电装机占比情况

数据来源：CWEA。

四、风电机组自主研发能力不断提升

"十二五"期间，国内风电机组技术研发能力得到显著提升，从早期的引进技术、消化吸收、再创新，到通过自主研发，形成具有自主知识产权的多兆瓦级大型风电机组的研发能力。系列化、平台化机组的设计，有效提升了研发设计适应市场需求的反应能力。中国陆地风电场的主流机型由 1.5MW 向（2M—2.5M）W 风电机组发展，（3M—4M）W 级风电机组已批量生产，5MW 和 6 MW 的风电机组也已经并网运行。在大型化风电机组研发、生产和应用方面，中国正迎头赶上国际先进水平。2010 年以来，在新增风电装机市场中，2MW 的风电机组装机市场份额不断上升，2015 年首次超过 1.5MW 机组，占全国新增装机容量的

50.2%；3MW 及以上大型化风电机组的装机台数也不断增加，占比达到 2.5%；目前单机容量最大的是 6MW 机组，截至 2015 年共安装 4 台。[2-7]

随着开发布局优化调整，适应中国本土高海拔、低风速等复杂地形的风电机组设计技术快速发展，促进了内陆和山地风电场的开发，高海拔、低风速区域的风电装机容量也实现了突破性增长，累计装机容量呈现逐渐增长的变化趋势。国内高海拔地区主要分布在云南、贵州、四川、青海、西藏五省，低风速区域主要分布在河南、安徽、江西、湖南、湖北等省。根据 CWEA 调研统计数据，2015 年，高海拔地区新增装机容量为 4481 兆瓦，同比增长 82%，是 2010 年新增装机容量的 12.3 倍；低风速区域新增装机容量 3452 兆瓦，同比增长 46.7%，是 2010 年新增装机容量的 7.7 倍（见图 7）。

随着低风速机组技术的不断发展，风轮直径呈现逐渐加大的趋势，2.0MW 风电机组的风轮直径加大的趋势较为明显，110 米及以上风轮直径近两年明显增多，2015 年装机比例超过 50%，而 110 米以下的风轮直径装机呈现下降趋势。风轮直径 120 米以上、轮毂高度 100 米以上的低风速风电技术研发应用，使得高海拔、低风速地区的风能资源得到更加有效的利用，先前在平均风速 6.5 米 / 秒的地区才能够达到的 2000 小时年利用小时数，目前 5.3 米 / 秒左右风速就可以实现；风电可开发区域风功率密度也从 300 瓦 / 平方米下降到 200 瓦 / 平方米，进一步提高了低风速等复杂地形区域风电开发的技术经济性（见图 8）。

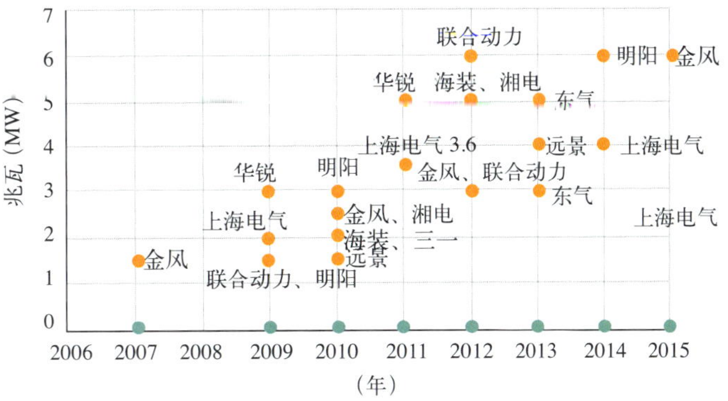

图 7　中国风电大容量机组发展分布图

数据来源：CWEA。

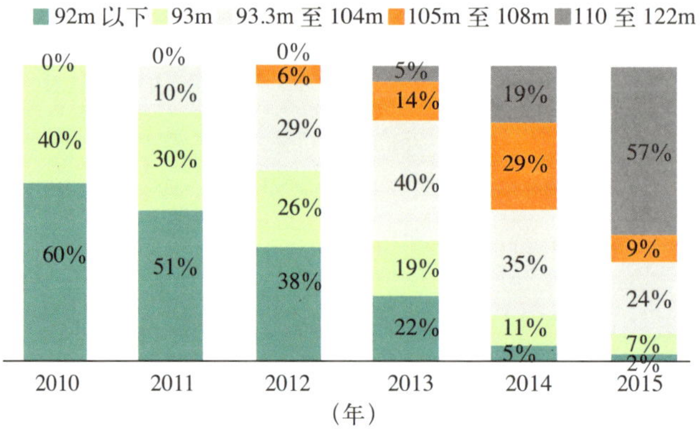

图 8　2010—2015 年 2MW 风电机组不同风轮直径装机变化情况

数据来源：CWEA。

五、风电的经济性和竞争力快速增强

随着风电机组制造技术的不断提升和机组性能的不断改进，成熟的主流风电机组单位千瓦价格明显下降，风电场的造价也随之下降。风电机组是风电场的主要设备，其投资约占总投资的 65%左右，因而风电机组的价格将直接影响到风电场的总投资，目前风电机组成本已从 2009 年的 5000 元 / 千瓦下降到 4000 元 / 千瓦左右。根据水电水利规划设计总院（CREEI）发布的年度《中国风电建设统计评价报告》内容可知，"十二五"期间，中国投产的风电工程项目单位千瓦造价呈现逐年下降的趋势，2015 年为 8356 元 / 千瓦，相比 2011 年的 9732 元 / 千瓦，单位千瓦造价下降 1376 元 / 千瓦，降幅达到 14%。全国大部分省份的单位千瓦决算造价都已经降到了 9000 元 / 千瓦以下，部分省份的造价低于 8000 元 / 千瓦。其中，造价较高的风电场项目主要分布在广东和云南地区，造价较低的风电场项目主要分布在甘肃和新疆地区。

技术进步带来的风电场单位千瓦造价不断降低，使得风电度电成本也呈现下降的趋势，目前风电度电成本已比较接近火电成本。2015 年，蒙西地区风电标杆电价执行 0.49 元 / 千瓦时，低于同期广东省火电 0.502 元 / 千瓦时。由于燃煤火电发电的全过程尤其是其排放的各类污染物对环境承载力产生了一定的影响，如考虑火电的环境成本，风电的竞争力将会进一步提高（见图 9）。

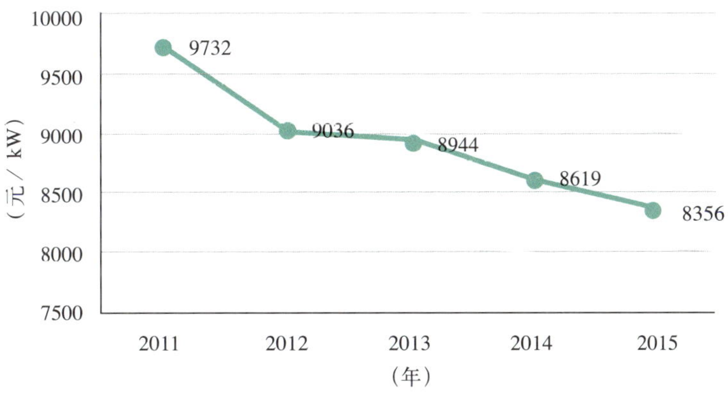

图 9 不同投产年份风电场平均单位千瓦造价

数据来源：CREEI。

六、风电发展促进节能减排效果明显

能源紧张与环境问题突出，使得风电的节能减排效益备受关注。风能资源属于可再生清洁能源，是无污染、可再生、能量大、前景广的新能源。风能对环境保护的益处良多，包括消除当地空气污染、降低水资源消耗等，但是最显著的莫过于对二氧化碳减排的贡献，目前也是人类可为全球气候变化问题做出最大贡献的高效途径之一。

随着中国风电产业的不断壮大发展，风电发电量不断增加，节能减排效益也愈加突出。“十二五”期间，全国风电上网电量累计达到 6508 亿千瓦时，根据国家可再生能源中心（CNREC）发布的《可再生能源数据手册 2015》中历年发电煤耗替代转换系数进行测算，“十二五”风电累计发电量可替代标准煤共计 1.96 亿吨，减少向大气排放二氧化碳约 5 亿吨、二氧化硫约 157 万吨，氮氧化物 137 万吨，节能减排效果显著。按照城市居民用户年用电量 3000 千瓦时计算，2015 年国内风电上网电量可满足 5900 万户城市居民一年的用电量需求。随着风电装机容量的不断增大，其在节能减排上的贡献也越发显著，发展以风电为代表的可再生能源，将是中国优化能源结构、促进节能减排的必由之路，也是中国实现 2020 年非化石能源占一次能源消费比重达到 15%的承诺的重要实践（见图 10、图 11）。

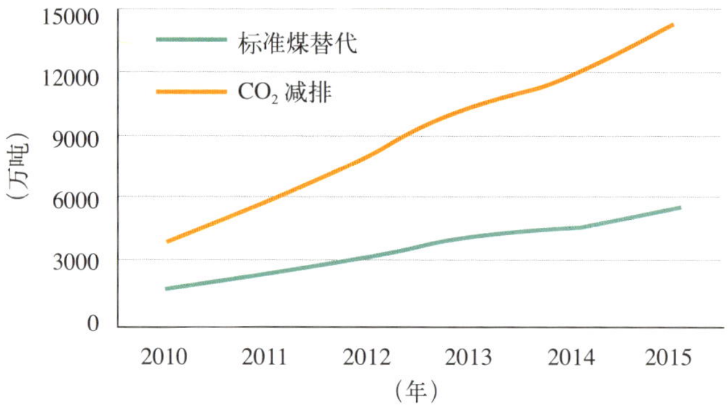

图 10　风电降低 CO_2 排放量贡献

数据来源：CNREC。

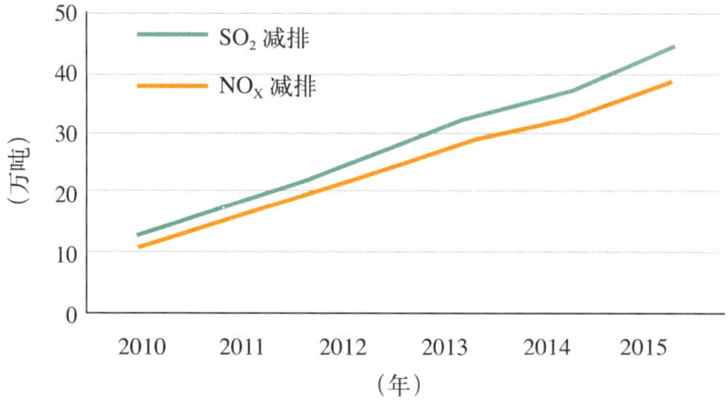

图 11　风电降低 SO_2 和 NO_X 排放量贡献

数据来源：CNREC。

七、风电产业发展解决大量就业

在中国经济增速乏力，经济结构急需调整的当下，风电发展带动就业的优势越来越显著，加速发展以风电为代表的可再生能源将成为助力经济发展、缓解就业问题的强大"引擎"。风电领域就业的增长一部分归功于风电技术的发展与成本的下降，由此在制造、安装、运行和维护部门创造了更多的工作岗位。

由于获得强劲的国内市场支撑，全国风电行业就业形势大好，引领全球的风电就业领域。国际可再生能源组织（IRENA）近几年发布的《可再生能源与就业》报告显示，中国风电行业创造的就业机会全球最多，其中超过70%的岗位是在制造领域。随着风电开发步伐的加快，风电领域就业人数逐年增加，2012年国内风电就业人数26.7万人，2015年已经高达约50.7万人，较2012年翻了一番，占据全球风电领域就业总人数110万人的一半以上。在国内经济发展呈现中低速增长的新常态下，风电行业的快速发展大大提高了绿色就业的潜力，为解决就业问题发挥了积极作用（见图12）。

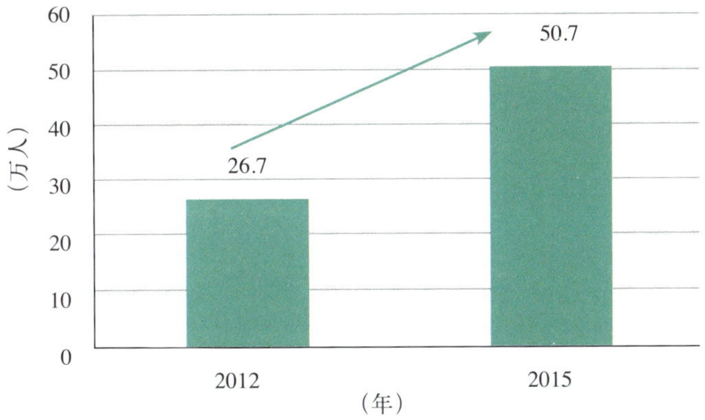

■ 图12　中国风电领域就业人数

数据来源：IRENA。

八、风电产业管理和政策体系不断完善

风电产业作为新能源技术产业，近年来的快速发展离不开政府的激励政策和支持措施。“十二五”期间，国家陆续出台了覆盖风电项目开发、建设、并网、运行管理及信息监管等各个关键环节的管理规定和技术要求，进一步完善了风电产业标准体系，简化了风电开发流程，实施了风电设备整机及关键零部件型式认证制度，建立健全全国风电产业信息监测评价体系，风电行业市场政策环境得到进一步规范和完善。加强政策引导，统筹利益诉求，在一定程度上缓解了弃风限电问题的进一步加剧。另外，还出台了海上风电上网电价政策，并根据风电产业发展情况适时调整了陆上风电标杆上网电价，推动风电企业更加精益化管理，有效促进了风电产业的健康持续发展。随着政府行政审批权限的下放，风电开

发方案管理工作流程得到进一步简化，项目全周期监管能力逐步提升，有效提高了中国风电项目建设和运行管理水平，为"十三五"风电产业精细化发展奠定了良好基础。

参考文献

[1] GWEC, Global Wind Report Annual Market Update 2015, www.gwec.net.

[2] CWEA. 中国风电产业地图 2010[R]. 北京：中国可再生能源学会风能专业委员会 ,2011.

[3] CWEA. 中国风电产业地图 2011[R]. 北京：中国可再生能源学会风能专业委员会 ,2012.

[4] CWEA. 中国风电产业地图 2012[R]. 北京：中国可再生能源学会风能专业委员会 ,2013.

[5] CWEA. 中国风电产业地图 2013[R]. 北京：中国可再生能源学会风能专业委员会 ,2014.

[6] CWEA. 中国风电产业地图 2014[R]. 北京：中国可再生能源学会风能专业委员会 ,2015.

[7] CWEA. 中国风电产业地图 2015[R]. 北京：中国可再生能源学会风能专业委员会 ,2016.

[8] CREEI. 2010 年度中国风电建设统计评价报告 [R]. 北京：水电水利规划设计总院，2011.

[9] CREEI. 2011 年度中国风电建设统计评价报告 [R]. 北京：水电水利规划设计总院，2012.

[10] CREEI. 2012 年度中国风电建设统计评价报告 [R]. 北京：水电水利规划设计总院，2013.

[12] CREEI. 2013 年度中国风电建设统计评价报告 [R]. 北京：水电水利规划设计总院，2014.

[12] CREEI. 2014 年度中国风电建设统计评价报告 [R]. 北京：水电水利规划设计总院，2015.

[13] CREEI. 2015 年度中国风电建设统计评价报告 [R]. 北京：水电水利规划设计总院，2016.

[14] 国家能源局 . 国家能源局关于印发"十二五"第一批风电项目核准计划的通知 [EB/OL].http://zfxxgk.nea.gov.cn, 2011-10-1.

[15] 国家能源局 . 国家能源局关于印发"十二五"第二批风电项目核准计划的通知 [EB/OL].http://zfxxgk.nea.gov.cn, 2013-03-11

[16] 国家能源局 . 国家能源局关于印发"十二五"第三批风电项目核准计划的通知 [EB/OL].http://zfxxgk.nea.gov.cn, 2012-03-19.

[17] 国家能源局．国家能源局关于印发“十二五”第四批风电项目核准计划的通知 [EB/OL].http://zfxxgk.nea.gov.cn,2014-02-13.

[18] 国家能源局．国家能源局关于印发“十二五”第五批风电项目核准计划的通知 [EB/OL].http://zfxxgk.nea.gov.cn,2013-04-24.

[19] CNREC. 可再生能源数据手册 2015[Z]. 北京：国家可再生能源中心 ,2015.

[20] IRENA. 可再生能源与就业 2015[R]. 国际可再生能源署，2016.

中国风能协会

秦海岩　李莹　刘明亮　杜广平

案例 23

"十二五"期间太阳能光伏产业回顾

光伏产业发展的深远意义深入人心，各级领导高度重视。《可再生能源法》刚刚实施时，光伏在普通百姓眼中还只是一个生涩的概念性词汇，社会认知度极低，主流媒体不屑一顾，而光伏技术的应用普及度则基本谈不上。随着新的能源革命的来临，人类社会正在向一个全新的可再生能源时代过渡，各国都在积极行动，加速推进能源转型，可再生能源已成为全球能源产业竞争的焦点，用非化石能源取代化石能源已成为一个国际潮流。随着这股大潮，人民群众有了对碧水蓝天的渴望，人民群众对空气污染深恶痛绝，人民群众也越来越多地了解了可再生能源、了解了光伏。从城市到农村，光伏的技术知识及其应用知识正在逐步深入人心，光伏的普及度迅速扩大、蔓延，光伏应用正在逐步走向家庭，从而形成光伏产业发展的广泛的群众基础。"十二五"期间，各级领导对光伏产业高度关注。习近平总书记在中美元首气候变化联合声明、联合国巴黎气候变化大会等国际场合的郑重承诺、中国政府向联合国递交的国家自主减排贡献文件中，都承诺了 2020 年、2030 年非化石能源占一次能源消费比重分别要达到 15%、20%的能源转型目标。光伏产业则由于将在实现上述承诺的过程中发挥重要作用而受到了各级政府和领导的高度重视，国务院总理、副总理等党和国家领导人多次调研光伏产业发展情况并做出重要批示，从中央政府各主管部门领导到各地方政府领导都高度重视光伏产业的发展，这在一个具体产业的发展中是不多见的。

国际市场格局变化加剧，多元化发展态势明显。5 年里，中国光伏产品出口面对的传统国际光伏市场格局发生了重大变化，中国的光伏国际市场已从发达国家延伸到发展中国家，中国光伏组件出口市场的多元化发展态势明显增强，市场范围已经遍及亚洲、欧洲、美洲和非洲，其中中国、日本、印度、韩国、泰国、菲律宾、巴基斯坦、土耳其、东南亚、拉丁美洲、中东和北美均出现了较快增长；全球光伏应用市场的重心已从十年前的欧洲市场转移至中、美、日等市场，中、美、日、英合计已占据了全球市场的70%左右；新兴市场如印度、拉丁美洲诸国及中东地区则亮点纷呈。欧洲市场已从10年前占中国出口市场的70%以上下降到2015年的20%以下，亚洲市场快速成长并已在2015年实现了占比超过50%。

产业规模迅速提高，市场占有率稳居世界前列。“十二五”期间，中国多晶硅产业规模不断扩大，连续五年产量位居世界第一。2015年中国多晶硅开工企业数量达到16家，产能19万吨，产量达到16.5万吨，相比2010年增长2.6倍，约占全球总产量的47.8%。自2010年以来，光伏组件产量以年均30%以上的增长率快速发展。2015年光伏组件产量约为45.8GW，约占全球总产量的69%。多晶硅、硅片、电池、组件四个制造端主要生产环节产量均连续位居全球第一位，其中太阳能电池组件已连续九年位居全球第一位。各环节产量前10名的企业中有半数以上位于中国大陆。其中太阳能电池组件至少有16家企业产能超过500MW、12家超过1 GW；2005—2015年，中国大陆累计生产太阳能电池169GW（见表1、图1和图2）。

表1　2010—2015年中国多晶硅及光伏组件产量及占全球份额

年　份	多晶硅产量（万吨）	占全球份额（%）	光伏组件产量（GW）	占全球份额（%）
2010年	4.5	28.1	10.8	45
2011年	8.4	35	21	59.7
2012年	7.1	30.2	23	61.5
2013年	8.46	34.4	27.4	68
2014年	13.6	45	35.6	68.5
2015年	16.5	47.8	45.8	69

数据来源：CPIA，2016.05。

■ 图 1　2005—2015 年多晶硅产量

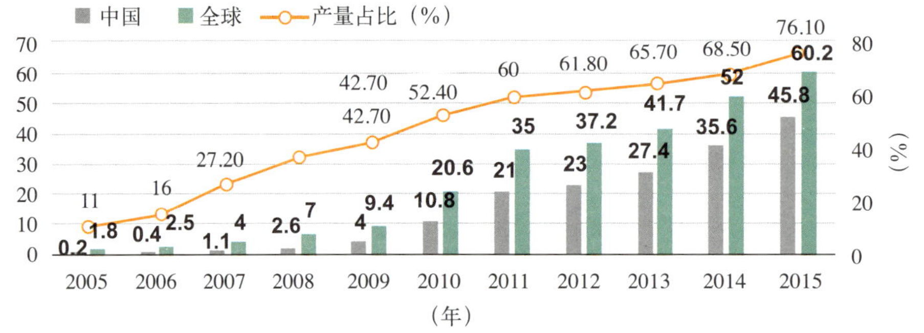

■ 图 2　2005—2015 年太阳能电池组件产量（GW）

配套产业链环节取得重大进展，产业体系竞争力国际领先。在生产线专用设备方面：2015 年中国光伏设备行业总营收约为 80 亿元，光伏设备相关企业数量达到 80 家以上，从业人员超过 8000 人。目前，中国光伏设备企业从硅材料生产、硅片加工、光伏电池片、组件的生产，相应的纯水制备、环保处理、净化工程的建设，到与光伏产业链相关的检测设备、模拟器等，已经具备成套供应能力，部分产品如扩散炉、管式 PECVD、单晶炉、多晶铸锭炉、层压机、检测设备已经有不同程度的出口。目前，一条 100MW 生产线的工艺设备的投资，仅需要 6000 万元人民币左右，而在 10 年前，大约需要 1.6 亿—2 亿元人民币。在专用材料方面：目前，铝浆供应已经完全实现国产化，国内从事光伏铝浆产品研发与生产的企业有 20 多家；国内背面银浆市场外资企业占主导地位的局面已经被打破，仅儒兴和光达两家企业的市场占有率即达到50%以上；传统的国外背板企业市场份额正在下降，国产背板供应商正在整体崛起，苏州赛伍于2014年跃居全球背板出货量第一位；中国光伏EVA胶膜已实现国产化，自给率已达到95%以上，2015年中国EVA胶膜产量占世界总量的80%以上，仅杭州福斯特一家产量即达到2.9亿平方米，约占全球市场的40%；中国已成为世界上最大的超白压花玻璃生产国，全世界93%的晶体硅光伏组件采用中国生产的光伏玻璃；中国已经占据全球边框市场的80%左右，爱康金属连续9年占据全球市场份额的15%以上，居全球边框行业之首；中国已成为全球最大的太阳能支架生产基地，中国生产的支架数量占据全球份额的50%以上。

进出口量不断增长，“两头在外”情况得到改善。自2010年以来，随着中国光伏产品产量的不断增长，多晶硅进口量与太阳能电池出口量也不断扩大，2015年分别达到11.6万吨与24GW，分别较2010年增长144.2%与140%。但由于产品价格大幅下滑，多晶硅进口金额与太阳能电池出口金额出现下滑。与此同时，随着中国多晶硅生产能力的不断提高以及中国光伏市场的不断扩大，中国多晶硅依赖进口与太阳能电池依赖出口的情况不断得到改善。多晶硅对外依存度与太阳能电池产品出口占比已分别从2010年的51%与90%下降至2015年的41.3%与52.4%（见表2）。

表2　2010—2015年中国多晶硅进口及太阳能电池出口情况

年份	多晶硅进口量（万吨）	多晶硅进口额（亿美元）	多晶硅产量（万吨）	太阳能电池出口量（GW）	太阳能电池出口额（亿美元）	太阳能电池产量（GW）
2010	4.75	26.7	4.5	10	202	10.8
2011	6.46	38	8.4	16	225	21
2012	8.28	21	7.1	18	127	23
2013	8.06	15.12	8.4	16.7	101.5	27.5
2014	10.2	21.95	13.6	20	124.2	35.6
2015	11.6	20.95	16.5	24	130.5	45.8

数据来源：CPIA，海关总署，2015.05。

生产技术与产品性能不断提升，生产成本不断下降。中国已掌握万吨级改良西门子法多晶硅生产工艺，流化床法多晶硅生产技术也开始产业化生产。多晶硅生产平均综合电耗已降至90kW·h/kg，部分企业甚至已低于70kW·h/kg。晶硅电池生产的每瓦耗硅量由2010年的约7克降低至目前的5克左右。产品性能也得到不断提升。单晶及多晶电池的产业化效率分别达到19.5%和18.3%，处于全球领先水平，部分企业生产的N型电池平均转换效率达到22.9%。主流组件产品功率达到260—265W，较2010年提高近13%。在生产工艺水平的驱动下，产品生产成本不断降低。先进光伏企业的晶硅组件生产成本已下降至2.5—2.6元/瓦，多晶硅综合成本已降至9万元/吨以下，系统装机成本降至8元/瓦以下，度电成本降至0.6—0.9元/千瓦时。物美价廉的太阳能光伏产品为全球光伏产业发展做出了巨大贡献（见表3）。

表3　中国光伏生产技术与产品性能进步情况

项　目	2010年	2015年
多晶硅生产综合能耗（kW·h/kg）	160	90
晶硅电池生产每瓦耗硅量（g/W）	7	5
多晶硅电池平均转换效率	16.8%	18.3%
单晶硅电池平均转换效率	17.9%	19.5%
主流组件产品功率（W）	230	260—265
多晶硅生产成本（美元/kg）	40	9
晶硅组件生产成本（美元/W）	1.7	0.38
系统装机成本（元/W）	25	8

国内光伏市场快速扩大，市场应用逐步多元化。"十二五"期间，国务院发布的《关于促进光伏产业健康发展的若干意见》（国发〔2013〕24号）及配套政策的出台，进一步完善政策环境，使光伏发电规模加速扩大。2015年中国新增光伏装机量达到15.13GW，自2010年以来年复合增长率达到96%，至2015年底累计光伏装机量达到43.18GW。光伏应用模式逐步多元化。目前，大型地面电站仍然占据中国光伏装机总

量的 80%以上，电站开发呈现出与水力发电、农业、养殖业、生态治理相融合的发展趋势。受政策拉动，分布式光伏发电规模也不断扩大，主要分布在电力负荷比较集中的中东部地区。光伏水泵、光伏路灯、光伏树及光伏消费品等光伏应用产品形态逐步多样化（见图 3、图 4）。

图 3 2005—2015 年光伏新增装机量（GW）

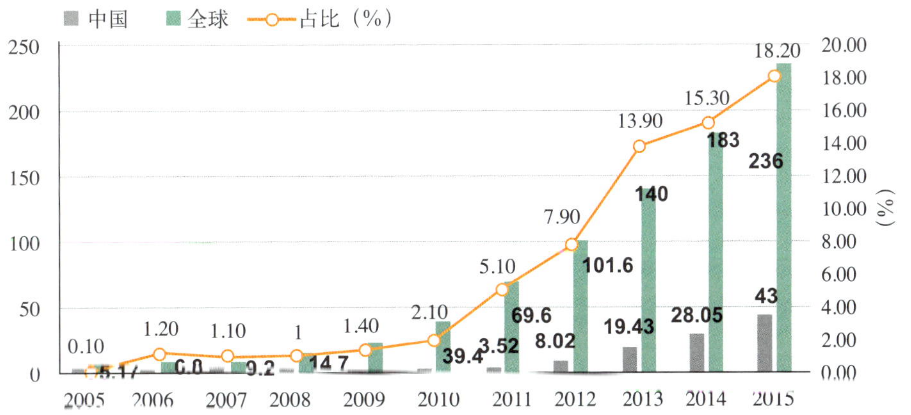

图 4 2005—2015 年光伏累计装机量（GW）

政策环境逐步优化。在金太阳工程与光伏发电标杆上网电价政策的拉动下，中国光伏发电市场快速增长。特别是 2013 年，为扩大国内市场、规范行业发展、促进技术进步，国务院出台了《关于促进光伏产业健康发展的若干意见》（国发〔24〕号），在市场启动、产业规范、贸易纠纷和配套环境等方面做了相应表述。后续国家发改委、工信部、财政部、国家能源局等各部委相继出台了一系列政策措施，有力地推动了行业规范发展、明确了电量补贴管理办法、规范光伏电站建设和运行管理、加强光伏发电并网工作等。此外，金融机构如银监会、国开行等也在积极与行业主管部门合作，根据"国发〔24〕号文件"精神出台金融扶持政策。加上各地政府也纷纷出台刺激政策，产业发展政策环境逐步完善。

发展过程跌宕起伏。"十二五"时期，中国光伏产业发展经历了产业大起大落的阶段。"十二五"初期，受光伏产业暴利以及地方政策引导，光伏制造业产能迅速增长，并且产能分散。2011—2013 年初，全国光伏产业盲目性扩张的后果开始集中显现，产品价格大幅下滑，光伏行业几乎全线亏损。2013 年下半年以来，在中美日等新兴市场拉动下，国内光伏产业逐步回暖，主要企业产能利用率逐步攀升，但中小企业却很难获得订单，产业发展呈现出"大者恒大、弱者愈弱"的马太效应，产业集中度逐步提升。多晶硅方面，2014 年国内前 10 家多晶硅企业产量共计 12.5 万吨，占国内总产量的 92%，较 2010 年提升 15 个百分点。前 10 家组件企业产量合计 19.7GW，约占全国总产量的 55%，较 2010 年提高 5 个百分点。

企业走出去步伐逐步加快。为开拓国外光伏市场，同时受海外频繁发动对中国光伏产品贸易保护调查的影响，中国光伏企业通过海外设厂、投资建设光伏电站等方式，实现国际化布局，走出去步伐逐步加快。阿特斯、保利协鑫等龙头企业在加拿大、美国和日本光伏项目储备达到 700MW 以上。部分企业选择在终端市场建厂以贴近市场，如中电电气在土耳其新建电池及组件工厂；部分企业到成本洼地建厂以降低生产成本，如英利在泰国新建组件厂，卡姆丹克在马来西亚新建硅片厂。另外，也有企业通过签订代工协议，以规避"双反"税率，绕道布局全球市场，如昱辉阳光已在 7 个国家建立了长期代工关系。

兼并重组进程不断加快。工业和信息化部发布了《关于进一步优化光伏企业兼并重组市场环境的意见》，一定程度上消除了兼并重组过程中的政策性障碍，金融机构也在通过相关政策性基金支持企业加强兼并重组。据不完全统计，2014 年国内光伏行业发生兼并重组事件共 15 件，而在 2010 年行业内鲜有兼并重组事件发生。同时，随着市场的良性发展，光伏行业“马太效应”进一步发酵，那些竞争力不强、经营情况不好的光伏企业将逐步被市场淘汰。以浙江省为例，截至2014年底，全省光伏企业数量为260家，同比减少了110家。

中国光行业协会
王勃华　江华　王世江　金艳梅

案例 24

"十二五"期间生物质能产业发展回顾

生物质能是重要的可再生能源，具有来源广泛、利用方式多样化、能源产品多元化、综合效益显著的特点。开发利用生物质能，是提高非化石能源比重的重要内容，是促进农村发展和农民增收的重要措施，是培育和发展战略性新兴产业的重要任务。中国大陆生物质资源丰富，开发利用潜力大，产业技术发展迅速，具有规模化发展基础。"十二五"期间，中央提出了推动城乡发展一体化、建设生态文明战略要求，明确了全国推动能源生产和消费革命的任务，并向国际社会承诺了中国 2020、2030 年非化石能源发展目标，中国生物质能产业发展遇到了良好的战略机遇。抓住战略机遇，充分开发利用各地生物质能资源，提高可再生能源利用比例，是"十二五"时期推进能源转型、培育发展战略性新兴产业的重要措施。

根据"十二五"规划纲要和《国务院关于加快培育和发展战略性新兴产业的决定》(国发〔2010〕32 号)的战略部署，结合战略调整能源结构、加快转变发展方式总体要求，《"十二五"国家战略性新兴产业发展规划》明确提出了有序发展生物质直燃发电，积极推进生物质气化及发电、生物质成型燃料、沼气等分布式生物质能应用，加强下一代生物燃料技术开发，推进纤维素制乙醇、微藻生物柴油产业化等生物质能产业"十二五"期间发展的重点任务。

"十二五"以来，全国生物质能利用技术多元化发展，生物质发电、液体燃料、燃气、成型燃料等技术不断进步，开发利用规模不断扩大，产业发展成效显著。2015 年，中国生物质年发电量达到 527 亿千瓦时，生物液体燃料产量 324 万吨，生物质成型燃料年产量约 600 万吨，沼气年供气量近 155 亿立方米，各类生物质能利用量约折合 3400 万吨标准煤，比 2010 年增长 56%，减少二氧化碳排放约 6000 万吨。生物质能的快速发展，对提升非化石能源比重、培育和发展战略性新兴产业、建设生态文明发挥了重要作用（见表 1）。

表 1　中国各类生物质能利用规模

利用方式	利用规模		年产能量		折标煤
	数　量	单　位	数　量	单　位	万吨/年
生物质发电	1032	万千瓦	527	亿千瓦时	1673
沼气用户	4383	万　户	155	亿立方米	1107
大型沼气工程	103036	处			
生物质成型燃料	600	万　吨			
生物燃料乙醇	230	万　吨			649
生物柴油	94	万　吨			
		总　计			3429

一、生物质发电成为中国清洁电力的重要来源

“十二五”时期，中国生物质发电技术快速进步，生物质发电装机规模高速增长，生物质发电已规模化发展，成为改善中国电力结构的重要力量。到 2015 年底，中国生物质发电装机容量 1032 万千瓦，其中农林生物质发电 530.4 万千瓦，垃圾发电 468.3 万千瓦，沼气等其他生物质发电 33.1 万千瓦，生物质年总发电量达到 527 亿千瓦时，约占全国非水可再生能源总电力生产量的 19%，相应年消耗农林剩余物约 2800 万吨，总计增加农民年收入约 100 亿元。生物质发电技术和设备制造技术发展较快，已掌握了高温高压生物质发电技术。

“十二五”期间，农林生物质直燃发电、城市生活垃圾发电量快速增长，是中国生物质发电发展产业的主力军，与“十一五”期末相比，农林生物质直燃发电和城市生活垃圾发电的装机容量分别增长了 1.35 倍、1.1 倍。其中，农作物秸秆丰富的华北、东北、华中和华东地区是全国农林生物质直燃发电发展集中区，装机容量约占全国生物质直燃发电装机总量的 94%。华东、华北等经济发达、城市人口密集的地区是全国垃圾发电增长集中区，华东地区约占在全国垃圾发电装机容量的 50%（见图 1—图 5）。

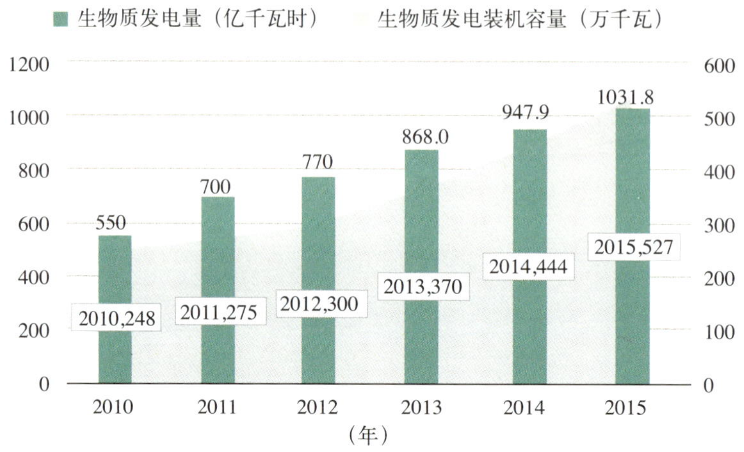

■ 图 1　2010—2015 年中国生物质发电增长情况

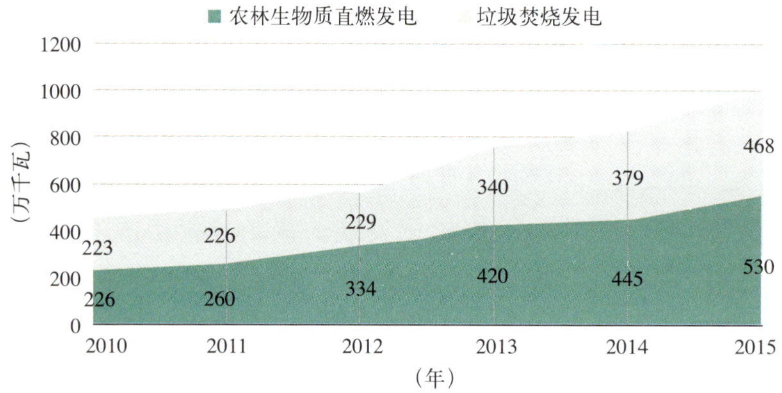

■ 图 2　2010—2015 年中国农林生物质和垃圾焚烧发电装机增长情况

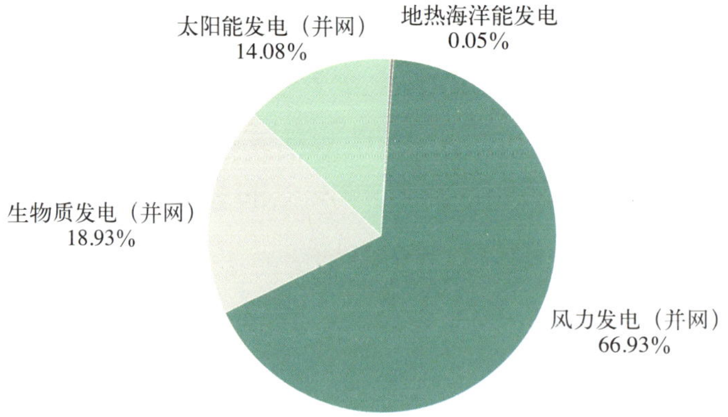

■ 图 3　2015 年中国新能源（不含核电）发电量组成

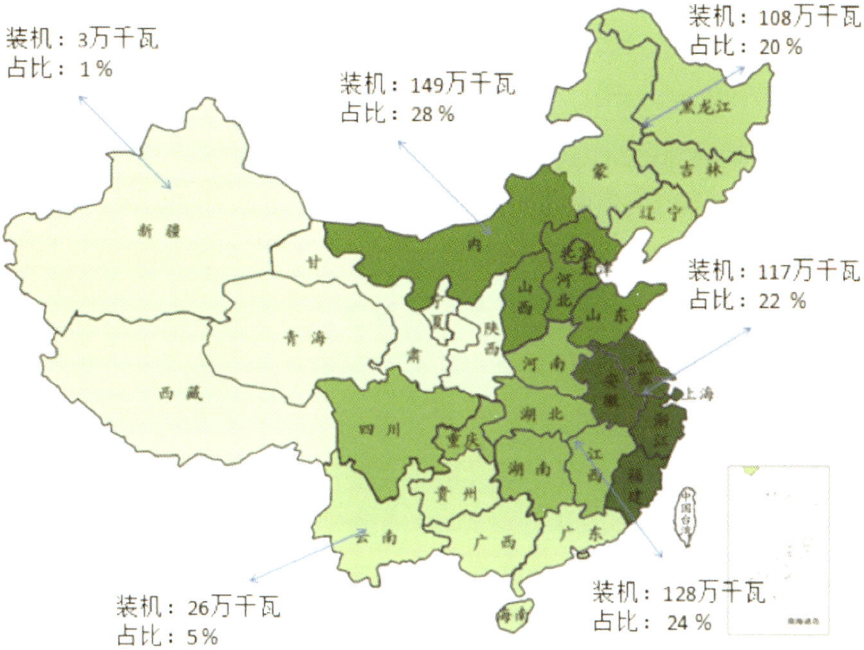

■ 图 4　2015 年中国农林剩余物直燃发电装机分布图

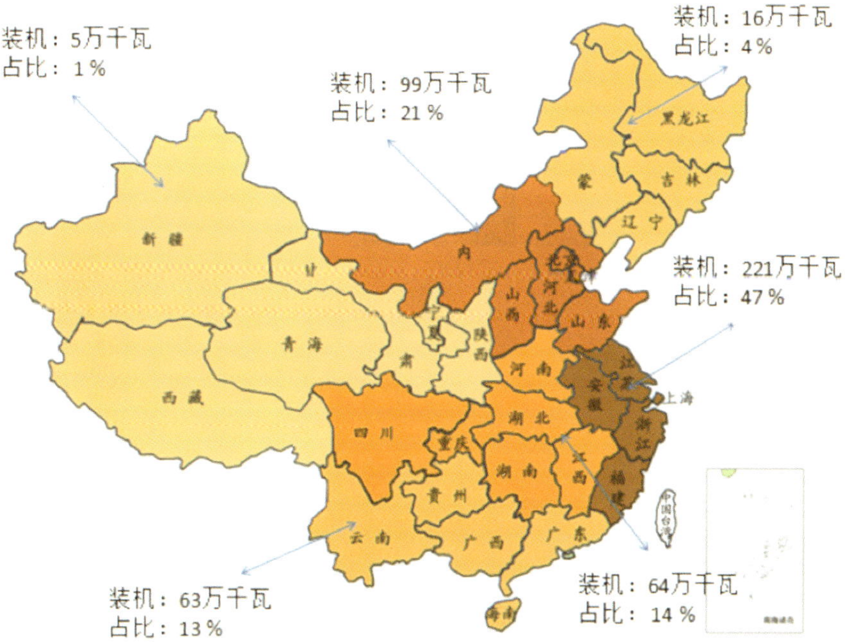

■ 图 5　2015 年中国垃圾并网发电装机分布图

二、生物液体燃料广泛替代化石油品

"十二五"期间，中国生物液体燃料技术不断取得突破，产业总体平稳发展，2015年底，以陈化粮和木薯为原料的燃料乙醇年产量超过230万吨，以废弃动植物油脂为原料的生物柴油年产量约94万吨，一批抗逆性强、高产的能源作物新品种被成功培育，木薯乙醇生产技术成熟应用，甜高粱乙醇技术产业化发展，纤维素乙醇技术进入万吨级规模生产，生物质热化学裂解合成气、油等多产品联产技术取得初步突破。国内燃料乙醇的定点生产企业增至6家，新增两家非粮燃料乙醇项目。燃料乙醇在黑龙江、吉林、辽宁等11省区推广应用，试点地区乙醇汽油市场平均覆盖率达90%以上，乙醇汽油的消费量占全国汽油消费量的20%左右。乙醇汽油已经形成了从生产、混配、储运到销售的完整产业体系（见图6、表2）。

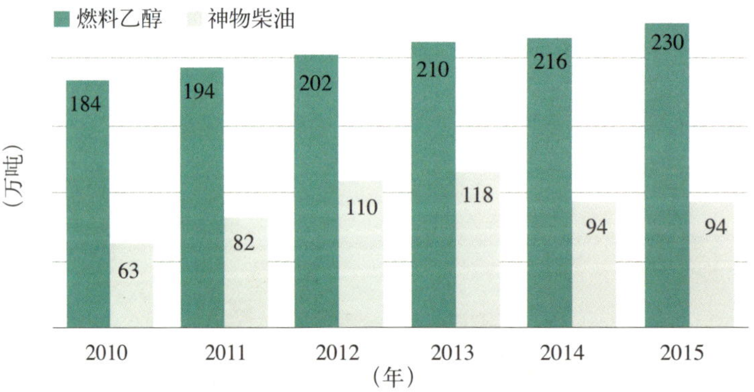

■ 图6　2010—2015年中国生物液体燃料产量增长情况

表2　中国燃料乙醇的生产及应用区域分布

生产企业	生产地点	主要原料	供应地区
中粮生化能源（肇东）有限公司	黑龙江（肇东）	玉米	黑龙江
吉林燃料乙醇有限责任公司	吉林（吉林）	玉米	吉林 辽宁

续表 2

生产企业	生产地点	主要原料	供应地区
河南天冠企业集团有限公司	河南（南阳）	小麦	河南 湖北（9 个城市） 河北（4 个城市）
中粮生物化学（安徽）股份有限公司	安徽（蚌埠）	玉米	安徽 山东 (7 个城市） 江苏（5 个城市） 河北（2 个城市）
广西中粮生物质能源有限公司	广西（北海）	木薯	广西
山东龙力生物科技股份有限公司	山东（德州）	玉米芯、玉米秸秆	山东
中兴能源有限公司	内蒙古（巴彦淖尔）	甜高粱	内蒙古

三、生物质燃气为农村能源清洁发展提供重要支撑

“十二五”期间，中国生物质燃气应用平稳发展，农村户用沼气模式逐步转变，沼气集中供气工程快速发展。到 2015 年底，沼气用户达到 4383 万户，建成沼气工程 10 万多处，年产沼气约 155 亿立方米，生物质燃气成为农村清洁能源重要来源，为改善农村能源落后状况、推动城乡经济社会发展发挥了重要作用。农村沼气应用方式加快转变，产业体系逐步健全，专业化生物质供气服务机制开展探索。生物质气化集中供气技术和工艺不断改进，规模化大型沼气工程试点快速推进（见图 7)。

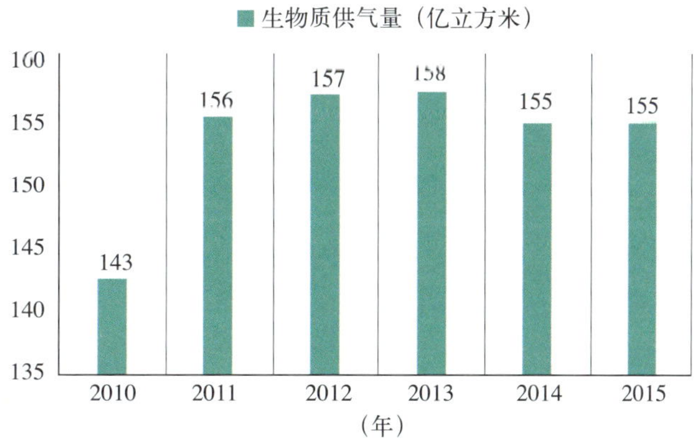

图 7　2010—2015 年中国生物质燃气增长情况

四、生物质成型燃料成为替代燃煤消费的重要力量

"十二五"时期，由于全国雾霾天气频发，空气环境质量恶化，多地出台替代燃煤消费政策，开发利用生物质成型燃料成为替代燃煤重要手段，生物质成型燃料得以规模化应用和发展。期间，中国生物质成型燃料经历了高速增长又略有回落的发展历程，逐渐成为亚洲最重要的成型燃料市场。2015 年，国内生物质成型燃料产量约 600 万吨，主要用作农村和城镇供热锅炉燃料及生物质木炭原料。成型燃料设备能耗显著降低，易损件寿命和可维护性明显提高，成型燃料已初步具备较大规模产业化发展条件（见图 8）。

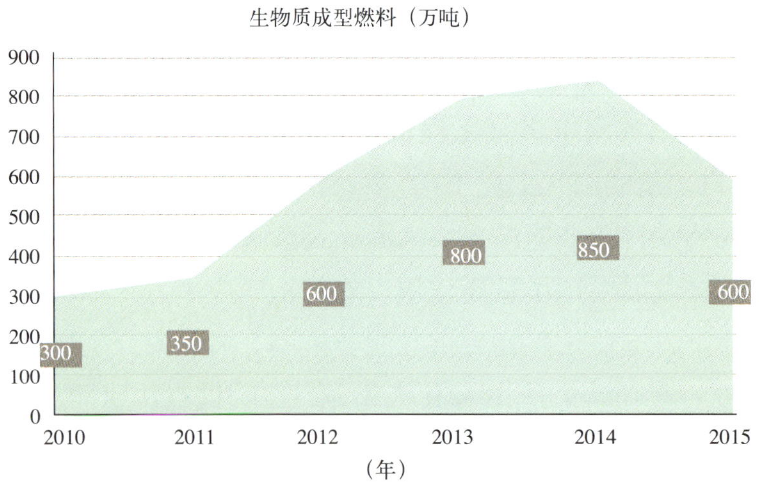

■ 图 8　2010—2015 年中国生物质成型燃料市场发展情况

国家发改委能源研究所

任东明　张庆分

案例 25

“十二五”期间新材料产业发展回顾

材料产业是国民经济的基础产业，新材料是材料产业发展的先导，是重要的战略性新兴产业。根据《新材料产业“十二五”发展规划》的定义，新材料是指新出现的具有优异性能和特殊功能的材料，或是传统材料改进后性能明显提高和产生新功能的材料。加快培育和发展新材料产业，对于引领材料工业升级换代，加快战略性新兴产业发展，保障国家重点工程建设，促进传统产业转型升级，提高国家的国际竞争力具有重要的战略意义。

新材料领域为载人航天、探月飞行、深空探测、大型飞机、核电工程、奥运工程、高速轨道交通等国民经济和国防建设重大工程提供了关键材料、工艺、装备及集成化技术，新材料领域发展布局初步形成。在半导体照明、新型显示、高性能纤维及复合材料、多晶硅、超级钢（细晶钢）、电解铝、低环境负荷型水泥、全氟离子膜、聚烯烃催化剂、高功率低成本二次电池等工程化和产业化方面取得了一系列进展，为中国经济社会发展与国防安全提供强有力的材料支撑。对钢铁、有色、建材、石化等传统产业优化，提高国内自主创新能力，切实推进材料领域低碳化、高值化发展，提高产业的核心竞争力，做出了重要贡献。

一、新材料产业规划陆续出台

“十二五”以来，中国政府高度重视新材料产业的发展，随着《“十二五”国家战略性新兴产业发展规划》和《新材料产业“十二五”发展规划》等国家层面战略规划的出台，工信部、国家发改委等国家有关部委相继发布了新材料产业以及其支撑的其他战略性新兴产业的相关"十二五"发展规划，包括节能环保产业、国家环境保护、工业节能、环保装备、电子信息制造业、集成电路、软件和信息服务业、物联网、互联网行业、医药工业、高端装备制造业、可再生能源、风电发展、太阳能发电、生物质能发展等"十二五"规划，海洋工程装备制造业中长期发展规划、节能与新能源汽车产业发展规划，如表 1 所示。

表 1　中国新材料产业相关典型发展规划

年　份	发展计划	新材料相关领域
2010	《国务院关于加快培育和发展战略性新兴产业的决定》	高性能复合材料、先进结构材料、新型功能材料
2011	《当前优先发展的高技术产业化重点领域指南（2011 年度）》	纳米材料、核工程用特种材料、特种纤维材料、膜材料及组件、特种功能材料、稀土材料等
2011	《国家"十二五"科学和技术发展规划》	新型功能与智能材料、先进结构与复合材料、纳米材料、新型电子功能材料、高温合金材料、高性能纤维及复合材料、先进稀土材料等
2012	《新材料产业"十二五"发展规划》	特种金属功能材料、高端金属结构材料、先进高分子材料、新型无机非金属材料、高性能复合材料、前沿新材料
	《半导体照明科技发展"十二五"专项规划》《高品质特殊钢科技发展"十二五"专项规划》《高性能膜材料科技发展"十二五"专项规划》《医疗器械科技产业"十二五"专项规划》《节能与新能源汽车产业发展规划（2012—2020 年）》《有色金属工业"十二五"发展规划》等	半导体照明材料、高品质特殊钢材料、新型轻质合金、膜材料、生物医用材料、锂离子动力电池材料
2013	国务院《国家集成电路产业发展推进刚要》、《能源发展"十二五"规划》《关于加快发展节能环保产业的意见》《大气污染防治行动计划》《国务院关于促进光伏产业健康发展的若干意见》	大尺寸硅、光刻胶等集成电路关键材料、太阳能电池材料、锂离子动力电池材料
2014	《关于加快新能源汽车推广应用的指导意见》	锂离子动力电池材料
2015	《中国制造 2025》	特种金属功能材料、高性能结构材料、功能性高分子材料、特种无机非金属材料和先进复合材料

二、新材料产业规模不断扩大

自 2010 年以来，中国新材料产业规模一直保持稳步增长，由 2010 年的 6500 亿元增长至 2015 年的 20000 亿元上下，年均增速保持在 25% 左右。在细分领域方面，特种金属功能材料占比约为 32%，高端金属结构材料占比约为 19%，先进高分子材料占比约为 24%，新型无机非金属材料占比约为 13%，高性能纤维及复合材料占比约为 9%，前沿新材料占比约为 3%，如图 1、图 2 所示。

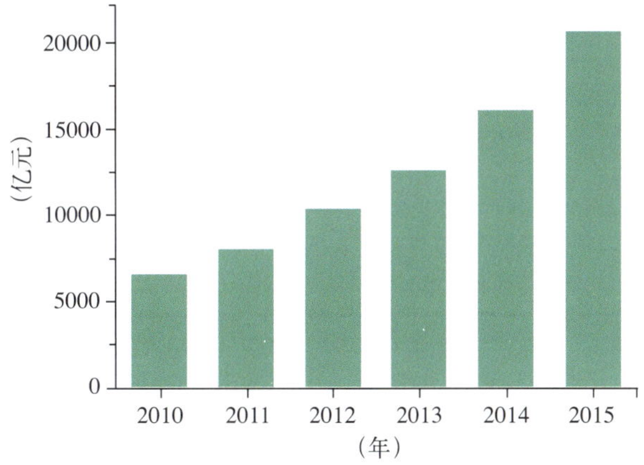

图 1　2010—2015 中国新材料产业规模

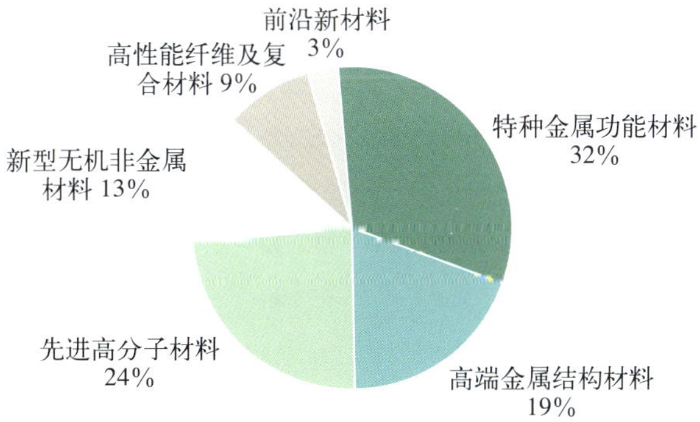

图 2　中国新材料产业结构

新材料产业的规模增长中，稀土功能材料、先进储能材料、光伏材料、超硬材料、特种不锈钢、玻璃纤维及其复合材料等产业产能居世界前列。例如，稀土磁性材料、稀土发光材料、稀土储氢材料等稀土功能材料的产量约占世界总产量的80%，位居全球之首，基本形成了以稀土功能材料和应用为龙头的稀土产业格局；2011年半导体硅材料达到46亿元，约占全球份额的7%，相比2010年增长21%；半导体照明产业初步形成了上游外延材料生长与芯片制造、中游器件封装及下游集成应用的比较完整的研发与产业体系，其中，封装技术取得显著进展，中国已成为全球重要的LED器件封装基地，2013年产值超过400亿元。2010年到2015年，相比于传统材料产业，依托于高新技术的新材料产业生产规模逐年攀升，统计数据如表2所示。

表2　近年来中国部分材料的产量

产品名称	2010年	2011年	2012年	2013年	2014年	2015年
钢材（万吨）	80276.58	88131	95577	108200	112513	112350
粗钢（万吨）	63722.99	68327	72388	81313	82230	80382
生铁（万吨）	59733.34	62969	66354	71149	71374	71159
十种有色金属（万吨）	3136	3438	3696	4029	4417	5090
精炼铜（万吨）	454	520	575	664	764	796
原铝（万吨）	1624	1806	2020	2543	2885	3141
铅（万吨）	432	473	465	448	422	386
锌（万吨）	526	534	485	530	583	615
氧化铝（万吨）	2906	3408	3769	4438	4777	5898
稀土永磁材料（万吨）	8.2	8.9	9.6	9.4	9.9	-
塑料制品（万吨）	5830	5474	5782	6189	7388	7561
化学纤维（万吨）	3090	3362	3811	4160	4390	-
合成橡胶（万吨）	308.4	348.8	397.39	480.64	549.55	-
合成洗涤剂（万吨）	730.07	851.13	933.80	1094.37	1209.73	-
橡胶轮胎外胎（万条）	76655.3	83209.1	89370.49	110440.12	111913.11	-
纱（万吨）	2716.91	2894.47	2984.00	3200.00	3379.20	-
布（亿米）	655.47	619.82	848.94	897.59	893.68	-
机制纸及纸板（万吨）	10035.93	11034.36	10956.54	11323.06	11785.8	-
水泥（万吨）	187598	208500	218400	241923	249207	-
陶瓷砖（亿平方米）	75.76	87.01	89.9	95.24	106.13	101.8
玻璃纤维（万吨）	364.11	373.23	430.96	494.9	521.26	-
平板玻璃（万重量箱）	66082	78500	71050	79285	83128	-

三、新材料领域研究水平达到国际领先

“十二五”期间，新材料产业的发展离不开材料研究的支持，中国新材料领域无论是科技论文数还是发明专利申请数均处于世界前列，这得益于国家对新材料领域研究的大力支持。目前，材料领域拥有中科院院士和工程院院士 210 人，研发科技人员 115 万，每年材料类大学本科毕业生 4 万余人、硕士和博士毕业生 1 万余人；初步形成了比较完整的研发与产业化体系，拥有国家重点实验室、国家工程中心、产业化基地近 400 家。根据最新报道，2014 年在各个国家和地区中，中国材料科学领域以 902,122 的论文总被引次数排名第 2、以 160,363 篇的论文数排名第 1、被引用次数排名第 38，如表 3 所示。

表 3　2004—2014 年材料科学领域论文按总被引次数排名

排名	国家 / 地区	论文数量	引用次数	单篇论文引用次数
1	美国	94174	1578956	16.77
2	中国大陆	160363	1253581	7.82
3	日本	53370	512057	9.59
4	德国	40297	500948	12.43
5	韩国	42105	369121	8.77
6	英格兰	24671	363959	14.75
7	法国	28944	326927	11.30
8	印度	35318	258936	7.33
9	加拿大	15663	179161	11.44
10	中国台湾	18201	166422	9.14
11	西班牙	16378	166209	10.15
12	意大利	15997	164396	10.28
13	澳大利亚	13490	163096	12.09
14	新加坡	8009	146873	18.34
15	荷兰	6751	124003	18.37
16	瑞士	7021	119419	17.01
17	瑞典	7765	82721	10.65

续表 3

排名	国家 / 地区	论文数量	引用次数	单篇论文引用次数
18	伊朗	12694	75926	5.98
19	土耳其	11647	71431	6.13
20	比利时	5531	69048	12.48

中国科学技术信息研究所发布的《2015 年中国科技论文统计结果》中指出，国内共有 17879 篇材料科学文章被 SCI 收录，材料科学是国内第五大学科领域，如图 3 所示。

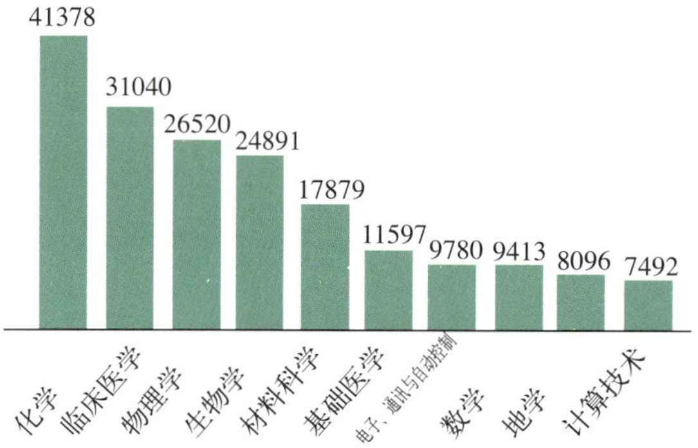

■ 图 3　各个领域 2015 年论文发表情况

2005—2015 年被 SCI 收录的材料科学论文情况如图 4 所示。材料科学世界排名第二，数量非常可观。论文数量占全球 27%，被引用次数占全球 23%，如图 5 所示。

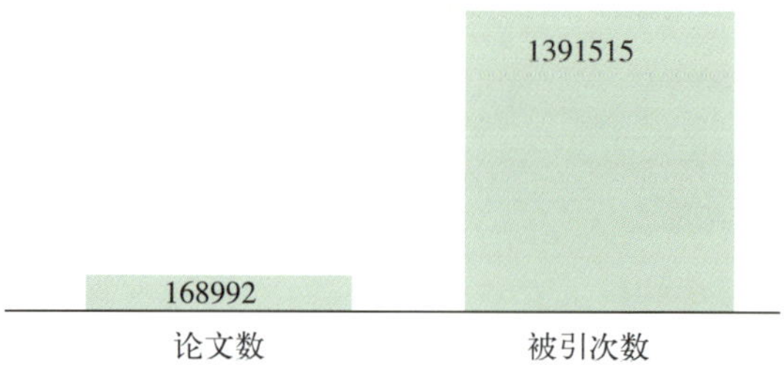

■ 图 4　2005—2015 年材料科学 SCI 文章情况

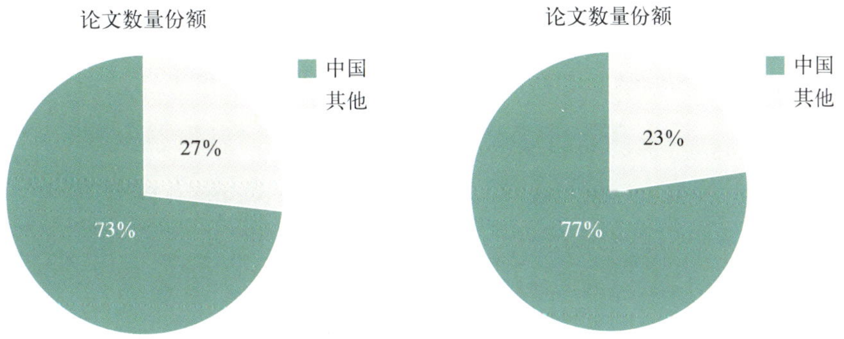

图 5　论文数量和被引用次数占全球比例情况（2005—2015）

以论文被引用次数世界均值为标准按统计年度画一条线，高于均线的论文为“表现不俗”的论文，即论文发表后的影响超过其所在学科的一般水平。2014 年材料科学 SCI 论文的表现如图 6 所示。材料科学表现不俗的文章共有 8890 篇，位列全国学科领域中第四。也就是说，中国发布的材料科学 SCI 论文中有一半是表现不俗的文章。

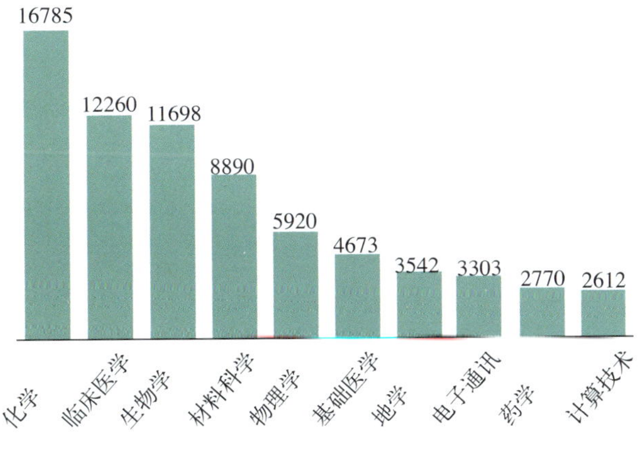

图 6　材料领域“表现不俗”成果情况

以上数据表明，中国目前在新材料领域的研究水平已经处于世界前列，这为国内新材料产业的发展提供了很好的研究基础和技术支撑。

四、新材料产业技术水平快速提高

在国家大力支持以及材料科技工作者的不懈努力下，中国新材料产业技术水平不断提高，许多重要新材料的技术指标大幅提升。掌握了具有自主知识产权的300毫米硅抛光片和外延片的工程化技术，并成功拉制出直径450毫米的硅单晶。人工晶体材料经过多年发展，BBO和LBO等紫外非线性光学晶体研究居国际领先水平并实现了商业化，KBBF是国际上唯一可实用的深紫外非线性光学晶体，中国已首先成功制备先进的科学仪器，Nd:YAG、Nd:GGG和Nd:YVO4等激光晶体主要技术指标达到国际先进水平，利用晶体实现了千瓦级全固态激光输出。在国际上首次设计和制备出采用外直径为100纳米环状磁性隧道结为存储单元，采用自旋极化电流直接驱动的新型4×4 bit nanoring MRAM原理型演示器件。太阳能电池关键技术指标达到了国际先进水平，光伏发电成本从4元/kW·h降低到1元/kW·h以下。T700级碳纤维关键技术得到突破，性能达到要求，具备批量供货的能力，已开始应用于航空航天装备。完成了GQ4522型高强碳纤维工程化技术攻关，研制出GZ5530型高强中模和QM4045型高强高模碳纤维。实现对位芳纶系列产品的工业化生产，打破了美国、日本等少数发达国家的技术封锁。研制出强度大于800MPa的快速凝固喷射沉积铝合金和新一代高强高韧高淬透性铝合金材料，综合性能达到国际先进水平；开发出具有自主知识产权的铜带、铜管拉铸技术以及铜铝复合技术。亚微米级超细晶硬质合金整体刀具的性能达到世界先进水平。屈服强度355MPa以下平台用钢基本实现国产化，占平台用钢量的90%；海底管线钢X65、X70、X80及厚壁海洋油气焊管、化学品船用中厚板均已实现国产化，自主研制的2205型双相不锈钢，已成功应用在化学品船上；液化天然气LNG船用9% Ni钢和液化乙烯储罐用12Ni19钢已经能够批量生产。

2015年中国受理发明专利申请首次超过100万件，连续5年位居世界首位。中国发明专利申请受理量呈现加快增长态势，说明国内专利申请结构明显优化，知识产权大国地位持续巩固。2015年国家知识产权局共受理发明专利申请110.2万件，同比增长18.7%，连续5年位居世界首位；共授权发明专利35.9万件，其中国内发明专利授权26.3万件，比去年增长了10万件，同比增长61.9%；发明专利申请在全部专利申请中的比例达到39.4%。发明专利申请占比的不断提高，表明中国创新能力不断提升，专利创造重心继续向技术水平较高的发明专利倾斜，发明专利引领创新发展作用更加明显。这其中，新材料领域专利申请数量的情况和趋势如图7所示。

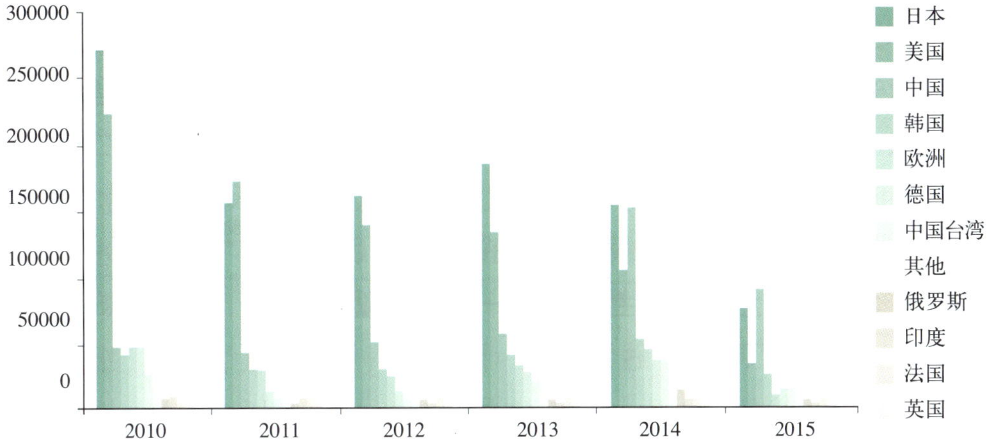

图7 材料领域专利科技成果情况

五、新材料产业区域集聚态势明显

“十二五”以来，各地依托优势特色资源，高起点规划、高水平建设、高定位发展，积极推动新材料产业基地建设，使新材料产业呈现出区域产业集聚的发展态势，初步形成了若干集群和产业集聚区，加速产业链向上下游逐步延伸，带动相关配套产业的发展。骨干企业和新材料产业基地主要分布在高端人才集中、科研基础雄厚、经济发达的东部地区，如北京、上海、天津、河北、山东、江苏等省市，以及资源优势明显的中西部地区，如内蒙古、四川、陕西、湖北等，且分布具有明显的地域特征，已初步形成“东部沿海集聚，中西部特色发展”的空间格局。环渤海、长三角和珠三角地区承担着新材料的研发、高端制造等功能，新材料种类多，成为全国三大综合性新材料产业聚集区；中部地区依托雄厚的原材料工业基础，新材料产业快速发展；西部地区依托丰富的资源基础，新材料产业呈特色化发展，形成多个特色新材料产业基地；东北地区作为老工业基地，具有较强的工业优势，新材料产业发展潜力日益凸显。

环渤海地区拥有多家大型企业总部和重点科研院校，是国内科技创新资源最为集中的地区。在纳米材料、生物医用材料、新能源材料、电子信息材料等领域具有较强的竞争优势。图 8 所示为环渤海地区新材料产业发展概况。

长三角地区经济基础雄厚，产业配套齐全，交通物流便利，是中国最主要的新材料产业基地，在高性能金属材料和先进高分子材料等领域具有比较优势，如图 9 所示。

珠三角地区产业集中度高，以外向出口型为主，下游产业拉动明显，已形成了较为完整的产业链，在电子信息材料、改性工程塑料、陶瓷材料等领域具有较强的优势，如图 10 所示。

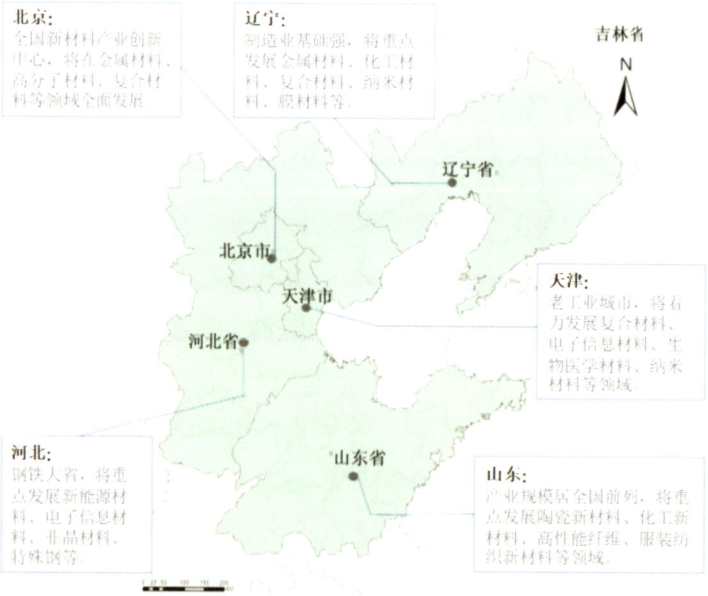

图 8　环渤海地区新材料产业发展概况

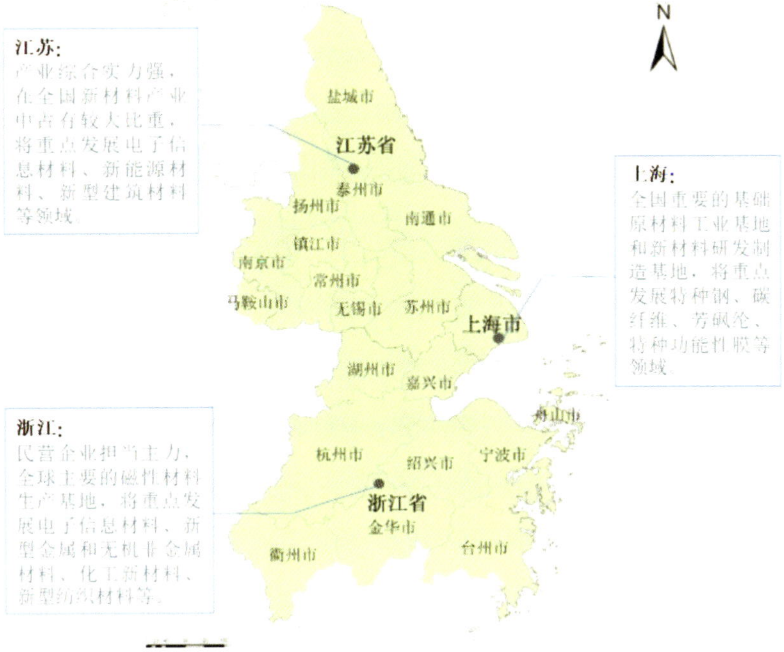

■ 图 9　长三角地区新材料产业发展概况

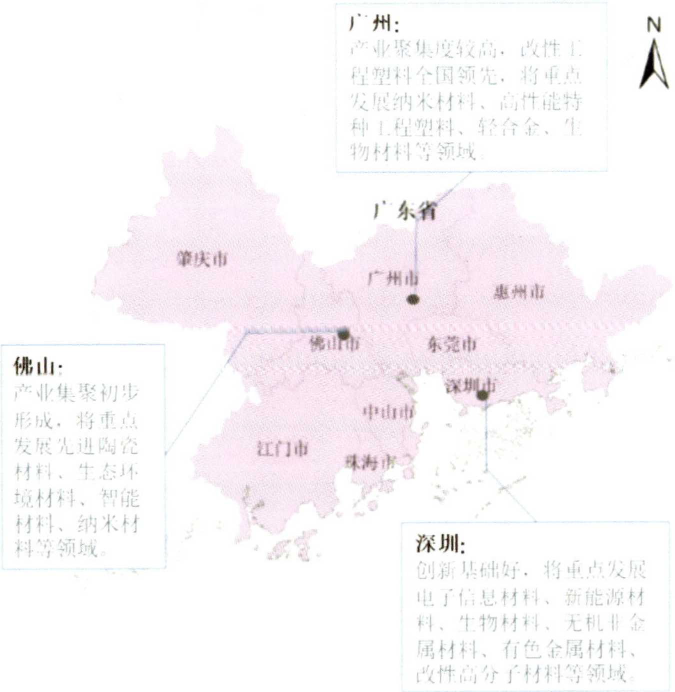

■ 图 10　珠江三角洲地区新材料产业发展概况

中部地区是中国重要的能源和原材料生产基地，依托其黑色金属冶炼及压延加工业、非金属矿物制造业和化学原料制造业等领域的强大优势推动了新材料高科技成果的产业化，如图 11 所示。

西部地区依托丰富的矿产与能源，通过对"三线"建设企业的改造，以及军转民、技术创新等途径，在稀土功能材料、稀有金属材料等领域形成了一批特色鲜明的新型功能材料产业基地。但技术装备和生产水平相对落后，整体竞争力不强，如图 12 所示。

东北地区钢铁、石化等基础工业优势突出，新材料产业发展潜力较大，在高端金属结构材料、先进高分子材料和高性能复合材料等领域初步形成了产业集群，如图 13 所示。

此外，为加快培育和发展新材料产业，发改委、工信部和科技部已在新材料产业相关领域批准成立了 7 个高技术产业基地、32 个新型工业化示范基地和 90 个高新技术产业化基地，广泛分布在全国 30 多个省、市、自治区。基地的发展特色鲜明：或以自然资源为依托，或以市场需求为导向，或以科研技术为支撑。具有代表性的有：内蒙古的稀土新材料、

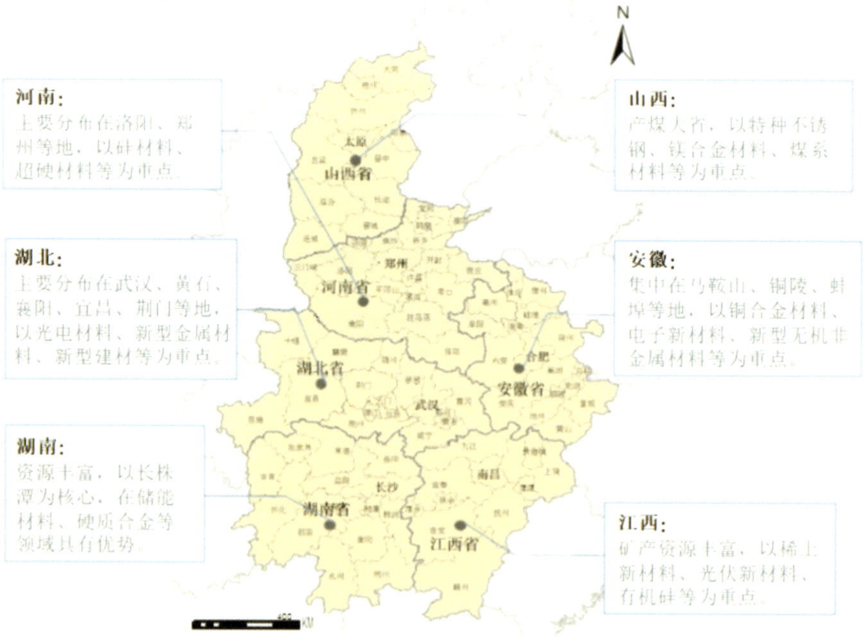

■ 图 11　中部地区新材料产业发展概况

■ 图 12　西部地区新材料产业发展概况

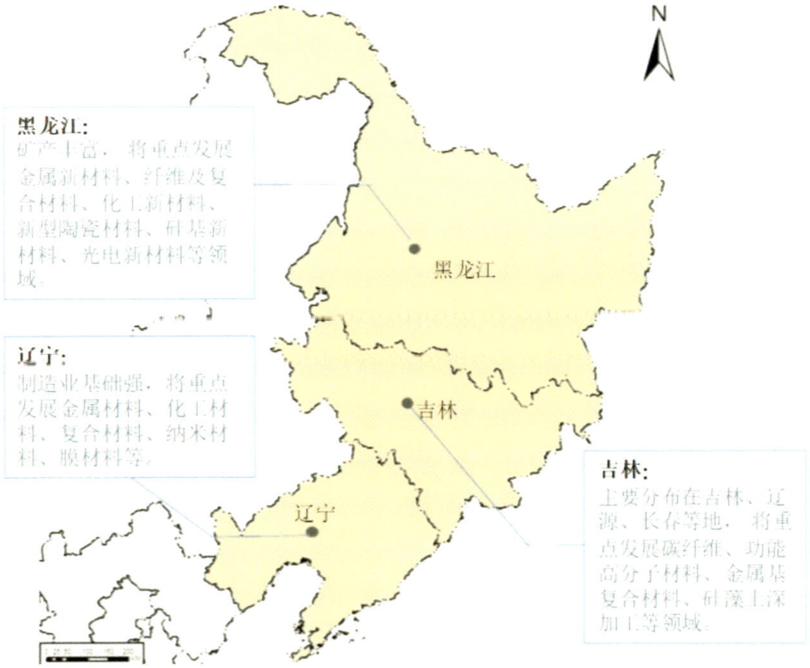

■ 图 13　东北地区新材料产业发展概况

云南和贵州的稀贵金属新材料、广西的有色金属新材料、宁波的钕铁硼永磁材料、广州、天津、青岛等地的化工新材料产业基地，重庆、西安、甘肃金昌、湖南长株潭、陕西宝鸡、山东威海以及山西太原等地的航空航天材料、能源材料及重大装备材料的主要基地，江苏徐州、河南洛阳、江苏连云港、四川乐山等的硅材料产业等。

六、新材料支撑重大应用示范工程的作用日益显现

新材料产业的持续进步，为中国能源、资源环境、信息领域的经济社会发展提供了重要的技术支撑和物资保障。组织实施了节能产品惠民、十城万盏、十城千辆、金太阳、国家物联网等重大应用示范工程，推广节能空调 3000 多万台、节能汽车 360 多万辆、高效节能电机 400 多万 kW、节能灯 1.6 亿只、LED 灯 160 万盏以上，试点运行各类电动汽车 1.4 万辆，建设光伏发电项目 343 个。

膜材料在中国海水淡化方面已经获得应用，初步具备了反渗透海水淡化的生产能力，使海水淡化成为全国沿海地区供水安全保障体系的重要组成部分。微电子材料的技术进步有力支撑了国内集成电路和信息产业的高速发展，对中国逐渐发展成为世界微电子产业中心起到了推动作用，目前中国集成电路市场占世界市场的份额呈现加速增长的趋势。激光晶体和非线性激光晶体等光电子材料的技术进步，推动了全国固态激光材料、器件和应用研究的发展，并在激光显示领域呈现发展潜力。以有色金属结构材料、难熔金属、高温合金和碳纤维及其复合材料为代表的高性能结构材料是国民经济发展的重要基石，也是当今高技术发展不可缺少的关键材料，在保障国家经济建设、国防安全及社会发展方面发挥着重要的支撑作用，尤其对高速铁路、大飞机、载人航天和探月工程等重点工程的顺利实施做出了贡献。

七、新材料产业的环境友好及节能减排特性不断改善

为积极应对资源枯竭和环境恶化带来的压力，新材料产业逐步改变

高投入、高消耗、高污染、低效益的材料开发传统模式，提高新材料产业的资源能源利用效率、降低制造过程中的环境污染；大力开发节能环保新材料，调整传统产品结构，绿色生态材料的开发与应用力度不断加大。

金属结构材料作为量大面广、关键支撑作用不可替代的新材料在节能减排方面发挥着积极作用。加强高强度、高韧性、长寿命的钢铁材料的研究与开发，使其进一步减轻汽车等交通工具的自身重量，降低能耗及有害气体排放。开发高性能不锈钢等绿色环保型材料，推动环保事业的发展。开发高品质电工钢，大幅度降低铁损及能耗，成为真正的节能减排、环境友好型的材料。铝、钛、镁等轻质结构材料的使用和推广对能源、资源、环境的作用日益突出，自主研制的新型阴极结构高效节能铝电解槽，大幅度降低了电解铝的能耗，为节约能源做出了突出贡献。研制具有自主知识产权的短流程、高效、清洁的金属材料先进制备、成型与加工技术，大大降低了过程能源消耗，提高了资源利用率。实现了碳纤维复合材料在航空领域的应用，有效减轻了装备重量，降低了油耗和排放，节约了运营成本。LED 产品的节能效果显著，以 100 流明 / 瓦的光效（目前国内的产业化较好水平）计算，比白炽灯节电 85%；以 150 流明 / 瓦的光效（2015 年中国达到的工程化水平）计算，比白炽灯节电 90%。掌握了离线镀膜技术制备节能玻璃的产业化生产技术，2012 年总产量为 1.4 亿平方米，为中国 2020 年实现建筑节能 65%的目标奠定了坚实的基础。形成了完整的太阳能电池产业链，应用规模不断扩大，小功率镍氢电池和锂离子电池已经实现了产业化，质子膜燃料电池已经实现了示范应用，金属氢化物和化学氢化物等储氢材料的研发取得了一系列突破，对中国优化能源结构和环境改善具有重大意义。

八、人民生活与健康对新材料的需求逐步增强

当前，中国人口已约达到世界总人口的 18%，2012 年 60 岁以上的老龄人口已达到 2 亿，且正以年增 800 万人的速度攀升，自然灾害、运动和交通事故等因素导致的中青年创伤的增加，以及重大疾病患者的激

增；加之经济持续增长，人民保健意识增强，民生对生物医用材料的需求日益增强。

十余年来，国内生物医用材料市场以高达30%左右的复合增长率持续增长，远高于国际市场的15%，2010年销售额约100亿美元，到2015年总销售额已接近200亿美元，占同期国际市场的7%左右，但高端产品的70%以上仍然依靠进口，预计未来几年复合增长率可保持在25%左右。全国生物医用材料生产企业有2000多家，主要集聚在长三角、珠三角、环渤海湾以及新形成的成渝地区，产品已覆盖国际市场的大部分品类，虽然生产企业中90%以上为中小企业，但大型龙头企业已开始萌生，行业的技术层次亦有大幅度提高，冠脉支架和骨创伤修复器械已基本实现国产化。生产及售后监管工作亦逐步完善，并与国际接轨。国家食品药品监督管理总局（China Food and Drug Administration，CFDA）已相继建立13个与生物材料（biomaterials）相关的技术标准化委员会，制定和修订了一批国家和行业标准。

经过多年的努力，中国新材料产业发展取得了举世瞩目的成就，产业技术水平日益提高，产业规模不断扩大，具有自主创新能力的新材料产业体系正在形成，为中国以信息、生物、新能源、轨道交通、航空航天等为代表的高技术产业突破技术瓶颈、实现历史性的跨越发展提供了强有力的支撑。但总体上来看，中国还不是材料强国，新材料产业的核心竞争力仍需加强，以企业为主体的自主创新体系亟待完善，部分核心关键材料受制于人、高端材料对外依赖程度仍然较高等不利现状依然存在。因此，抓紧机遇，合理规划，实现全国新材料产业的变革和提升势在必行，这对加快中国经济发展方式转变、提升国防军工实力、实现节能环保目标具有重要的战略意义。

参考文献

[1] 2015年钢铁行业运行情况和2016年展望，中华人民共和国工业和信息化部，http://www.miit.gov.cn/n1146285/n1146352/n3054
355/n3057569/n3057572/c4636541/content.html，2016-2-6.

[2] 2015年有色金属工业运行情况及2016年展望，中华人民共和国工业和信息化部，http://www.miit.gov.cn/n1146312/n1146904/

n1648356/n1648358/c4637138/content.html，2016-2-6.

[3] 国家数据，中华人民共和国国家统计局，http://data.stats.gov.cn/index.htm，2016.

[4] 国家发改委高技术产业司，工业和信息化部原材料工业司，中国材料研究学会，《中国新材料产业发展报告（2014）》，北京·化学工业出版社，2015.

[5] 国务院关于印发“十二五”国家战略性新兴产业发展规划的通知，中华人民共和国中央人民政府，http://www.gov.cn/zwgk/

2012-07/20/content_2187770.htm，2012.

[6]《2016-2020年中国新材料产业深度分析及发展规划咨询建议报告》，中投顾问，2016-6.

[7] 材料科学领域论文发表前20名国家与地区排名:2004-2014年,科学网，http://blog.sciencenet.cn/blog-57081-873341.html，2015-3-10.

[8]《2015年中国科技论文统计结果》，中国科学技术信息研究所，2015.

[9]《中国新材料产业地图白皮书》，赛迪顾问，2012.

[10] 屠海令等，《新材料产业培育与发展研究报告》，北京·科学出版社，2015.

中国材料研究学会

翁端　曹译丹　刘爽

案例 26

"十二五"期间新能源汽车产业发展回顾

"十二五"期间，中国新能源汽车市场推广初见成效，新能源汽车进入产业化初期阶段。新能源汽车技术取得重大进步，动力电池性能大幅提升，电动汽车成本下降明显。新能源汽车产业链不断完善，关键零部件配套能力不断提高。初步建立较为完备的新能源汽车政策支持体系，涵盖技术研发、生产制造、市场推广以及充电环境等产业链环节。新能源汽车的商业模式持续创新，新型商业模式不断涌现。

一、新能源汽车进入产业化初期阶段

（一）新能源汽车销量逐年快速增长，全球销量第一

自 2011 年以来，中国新能源汽车销量增长迅猛。尤其是 2013 年启动了第二轮新能源汽车推广应用，取得显著成效，2014 年和 2015 年同比增速均超过 300%（见图 1）。2014 年，全国新能源汽车销售占汽车销售比例突破 1%，标志着新能源汽车进入产业化初期阶段。2015 年，新能源汽车销量突破 33 万辆，占全球新能源汽车销量近 60%的份额，标志着中国已经成为全球最大的新能源汽车市场。

（二）产品结构不断优化完善

"十二五"之初，国内以纯电动汽车为发展的主要着力点，插电式混合动力汽车占比约为 10%左右。随着技术研发的突破，插电式混合动力汽车快速发展，新能源汽车产品结构优化完善，2014 年插电式混合动力汽车同比增速达到 882%，占比超过 1/3（见图 2）。

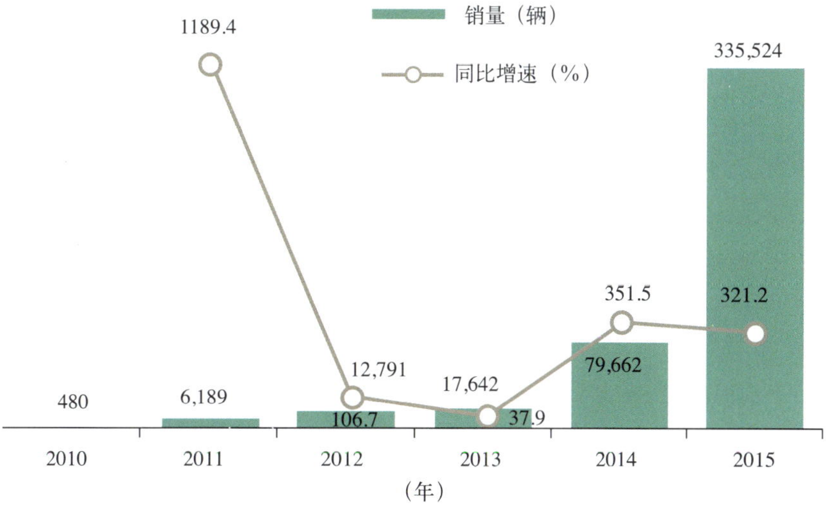

图 1　中国新能源汽车销量及同比增速

数据来源：中国汽车工业协会，海关。

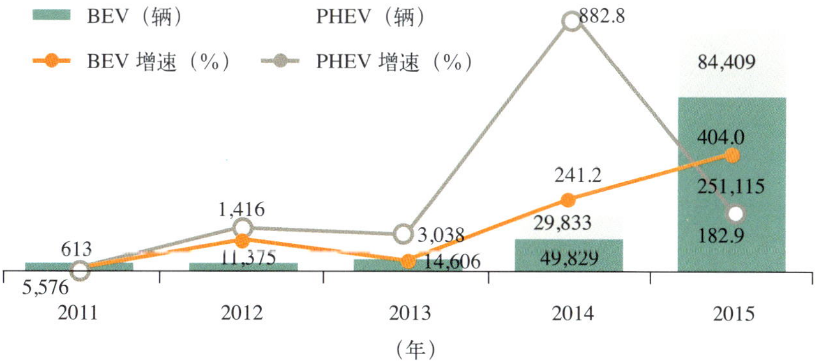

图 2　中国纯电动和插电式混合动力汽车销量及同比增速

数据来源：中国汽车工业协会，海关。

（三）多领域推广，商用车、乘用车同步推进

“十二五”期间，中国新能源商用车和乘用车均呈现快速增长态势，尤其是 2014 年和 2015 年二者同比增速均超过 200%。其中新能源商用车从 2014 年起增长迅猛，到 2015 年占比已超过 1/3（见图 3）。

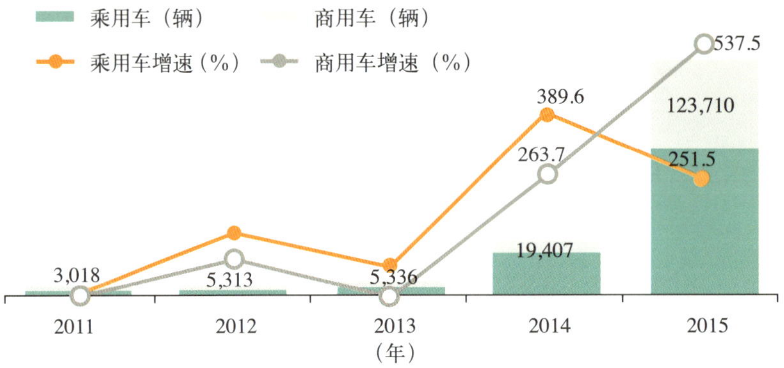

■ 图 3　中国新能源乘用车和商用车销量及同比增速

数据来源：中国汽车工业协会，海关。

（四）新能源汽车区域覆盖面明显扩大

"十二五"期间，新能源汽车的区域覆盖面明显扩大，消费者对新能源汽车的接受度大幅提升，销量超过 100 辆的城市从 2011 年的 7 个增加到了 2015 年的 80 个（见表 1）。

表 1　2011—2015 年新能源汽车销量超过 100 辆的城市数量

年　份	城市数量	示　例
2011	7	深圳、合肥、金华、杭州、北京、天津、青岛
2012	9	合肥、北京、深圳、杭州、金华、海口、青岛、成都、临沂
2013	12	杭州、合肥、北京、深圳、上海、成都、襄阳、金华、芜湖、青岛、郑州、长沙
2014	34	上海、杭州、北京、深圳、南京、长沙、合肥、天津、武汉、成都、广州、常州等
2015	80	上海、深圳、北京、杭州、广州、天津、长沙、青岛、武汉、临沂、苏州、重庆、南京等

数据来源：中国汽车工业协会。

（五）产品更加丰富化，优势品牌正在形成

"十二五"期间，新能源汽车产品日益丰富，新产品推出速度加快。2011 年到 2015 年销售车型数量逐年增长，2011 年销售的新能源汽车仅有 39 个车型，到 2015 年已经达到 356 个车型（见图 4）。2013 年市场上的新能源乘用车仅有 20 款产品，到 2015 年已增长至 58 款。

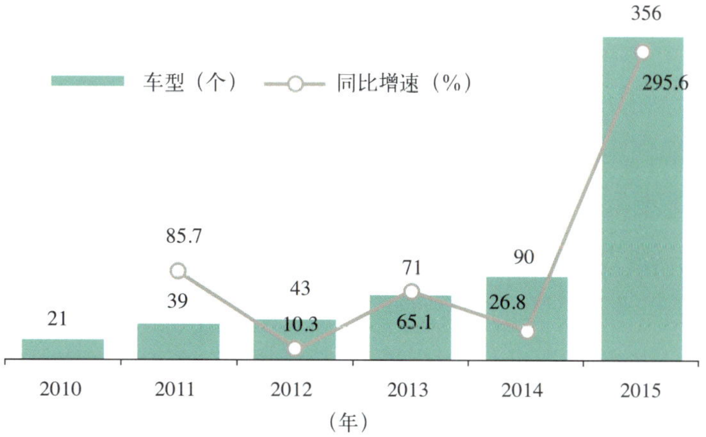

图 4　2010—2015 年新能源汽车销售车型数量及增速

数据来源：中国汽车工业协会，海关。

与此同时，中国自主品牌新能源汽车产品已经具备一定的国际竞争力，在全球销量排名中表现强劲。2015 年全球在排名前十的纯电动车中有 6 款自主品牌产品，插电式混合动力汽车中有 3 款自主品牌产品（见图 5、图 6）。其中，纯电动汽车以小型车为代表，如康迪、知豆等；插电式混合动力汽车以比亚迪为代表，“秦”和“唐”的销量占据全球前两位。

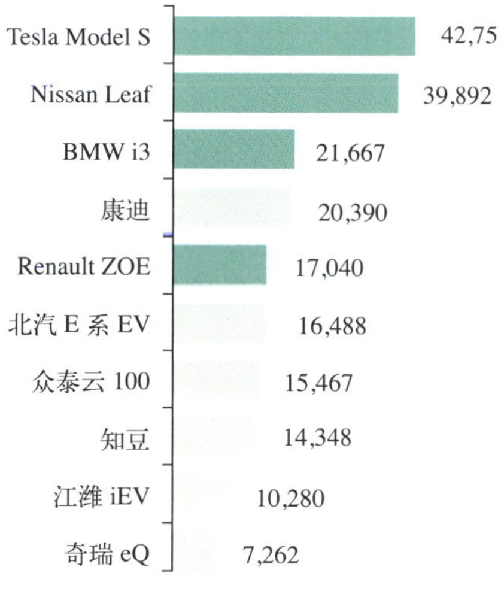

图 5　2015 年全球 BEV 乘用车销量前十

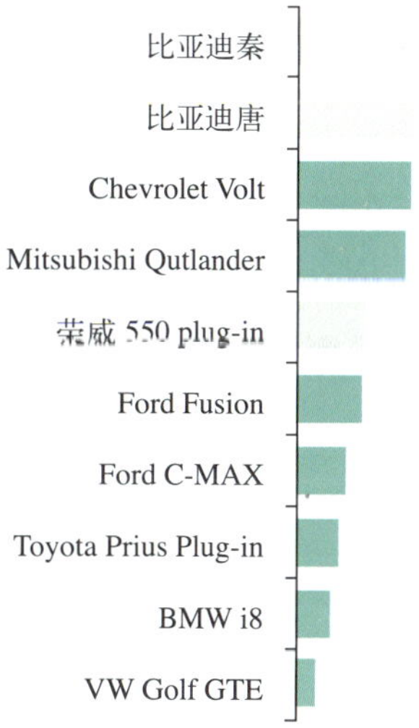

图 6　2015 年全球 PHEV 乘用车销量前十

数据来源：国家信息中心。

二、新能源汽车关键技术取得重大进步

经过十多年研发和示范运行，尤其是"十二五"期间大力推进，中国新能源汽车在电池、电机、电子控制和系统集成等关键技术方面取得重大进步。主要整车企业通过合作研发或自主开发的方式，已经基本掌握整车控制、动力系统匹配与集成设计等关键技术，开发出多个新能源整车产品平台。整车产品技术水平不断升级，续驶里程、最高车速等性能持续提升，整车可靠性、安全性也不断提高。动力电池技术水平显著提升。"十二五"期间在加大磷酸铁锂电池研发与产业化的同时，全国加强了三元材料等高性能动力电池的研发与产业化，到"十二五"末，动力电池单体能量密度达到180Wh/kg，成本下降至1.5元/Wh，三元材料动力电池已经成为纯电动乘用车的主要电池类型，配套占比接近50%。到"十二五"末，中国动力锂电池技术有了大幅提升，正负极材料技术及产业水平已进入世界前列，部分企业已经作为国际主流供应商给国内及国际上主要电池企业进行供货；大规模生产技术趋向全自动化、绿色化；性能集成技术趋向智能化、模块化。但在动力电池一致性等方面与国际先进水平还存在一定差距。驱动电机基础技术达到国际水平。到2015年底，国内新能源汽车在车用驱动电机的共性基础技术上取得了一系列突破，如导磁硅钢、稀土永磁材料、绝缘材料、位置传感器等材料和器件，并在车用驱动电机产品中得到了良好应用。中国电机产品性能与国际水平差距进一步缩小，水平基本相当，典型A0级纯电动轿车电机峰值功率达到（80k—90k）W，峰值转矩达到（260—280）Nm。但中国电力电子集成控制器水平与国际先进电驱动系统技术水平仍存在较大差距。

三、初步建立完整的新能源汽车产业链

"十二五"期间，中国新能源汽车的快速增长也带动了相关上下游产业的发展，包括车用动力电池、正负极材料、电机、充电设施等在内的产业链体系已经初步建立。随着新能源汽车销量的迅速增长，宁德时

代、力神、国轩等国内主要动力电池企业均快速布局车用动力电池产业，大力扩充车用动力电池产能，“十二五”末中国主要动力电池企业产能已达到330亿瓦时。2015年，为中国新能源汽车提供配套的动力电池供应商超过140家，总配套量达到156亿瓦时。全国电池材料产业具有良好基础，“十二五”期间，锂电池正极材料行业不断发展壮大，2014年市场规模已达95亿元（见图7）。2015年正极材料出货量达9.6万吨，占全球正极材料出货量55%，国产化取得显著进展。

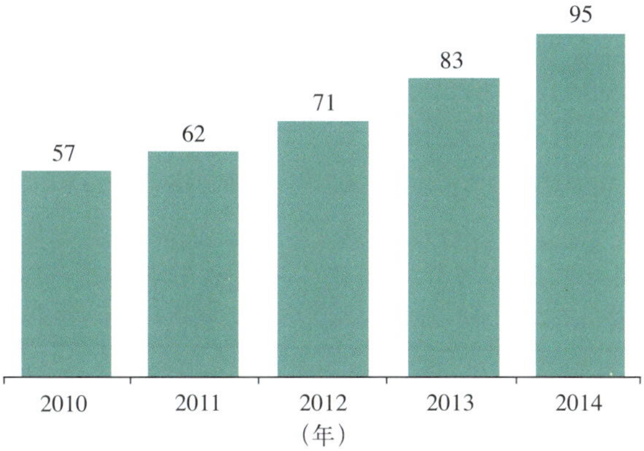

图7 2010—2014年中国锂电池正极材料市场规模（亿元）

数据来源：国家信息中心。

2015年为全国新能源汽车提供配套的驱动电机供应商超过154家，总配套量近40万台套。中国新能源汽车采用的驱动电机和控制器国产化程度较高，技术水平接近国际水平，在共性基础技术上已经取得一系列突破。随着新能源汽车规模不断扩大，充电服务市场也快速兴起，一批企业和资本开始布局充电设备生产商及上游配套领域，以充电桩为龙头的充电产业链正在形成。

四、新能源汽车全方位政策体系初见成效

为推进新能源汽车的产业化，国家从各个层面，针对不同的产业环节出台相关政策，政策涵盖技术研发、生产准入、市场推广、基础设施以及标准等领域。经过多年发展，全国全方位的新能源汽车政策体系初步形成。

《节能与新能源汽车产业发展规划（2012—2020 年）》初步确立了中国以纯电驱动作为新能源汽车发展的主要发展方向。2014 年 5 月，习近平总书记指出"发展新能源汽车是迈向汽车强国的必由之路"，为全社会对发展新能源汽车统一了思想认识。为了贯彻落实习总书记讲话精神，加快新能源汽车的推广应用，2014 年 7 月国务院办公厅颁布《关于加快新能源汽车推广应用的指导意见》，《意见》针对新能源汽车示范推广过程中面临的主要问题，较为系统地指出新能源汽车发展总体思路、基本原则以及主要措施，成为中国新能源汽车发展的具有操作性的纲领性文件。

新能源汽车技术创新政策是新能源汽车发展的基础性政策。中国从"十一五"开始启动电动汽车重大专项，突破新能源汽车关键技术。"十二五"期间，围绕"纯电驱动"技术转型战略，全国继续加大对新能源汽车科技创新政策支持力度，进一步完善了"三纵三横"的技术创新体系，加强新能源汽车、动力电池以及充电设施等技术标准与规范的研究制定工作。国家进一步放宽了新能源汽车投资准入，国家发改委和工信部联合发布《新建纯电动乘用车企业管理规定》，鼓励优质社会资本进入新能源汽车生产制造领域，并先后批准北汽新能源、长城花冠两家新能源汽车企业进入纯电动乘用车生产领域，一批互联网公司也积极准备进入新能源汽车领域。推广应用政策不断优化，"十二五"期间国家对新能源汽车示范推广从 25 个城市扩展到 88 个城市，根据不同车型给出更为科学的财政补贴，并明确了新能源汽车补贴逐年退坡的机制，为推动新能源汽车迈向市场驱动做好基础准备。除了财政补贴外，"十二五"期间，国家连续出台新能源汽车车船税减免、购置税减免等政策，2012 年 3 月，国家发布《关于节约能源使用新能源车船可减免车船税政策通知》，规定自 2012 年 1 月 1 日起，对节能汽车减半征收车船税，对新能源汽车免征车船税。2014 年 8 月，国家出台《关于免征新能源汽车车辆购置税的公告》，规定在 2017 年 12 月 31 日前对符合续驶里程、综合燃料消耗量等要求并列入《免征车辆购置税的新能源汽车车型目录》的纯电动汽车、插电式（含增程式）混合动力汽车、燃料电池汽车免征车辆购置税（含进口）。2015 年 5 月，国家发布《关于节约能源使用新能源车船车船税优惠政策的通知》，对符合要求的新能源汽车免征车船税。

针对部分城市小汽车限购政策，2015 年 9 月，国务院常务会议要求各地不得对新能源汽车实行限购，已实行的应当取消。汽车限购城市对国家政策均做出响应，消费者购买新能源小客车基本不受限制；汽车限行城市也纷纷响应，出台政策对新能源汽车不限行。北京、上海、杭州、深圳、天津、广州等城市都已经实施了新能源汽车不限购政策。新能源汽车不限购成为私人购买新能源汽车的最主要推动力，以 2015 年为例，上海、深圳、北京、杭州、广州、天津等六个限购城市的新能源汽车销量占据全国前六位，占全国总销量的 46.1%（见图 8）。其中，私人购买的新能源乘用车 70%集中在限购城市。

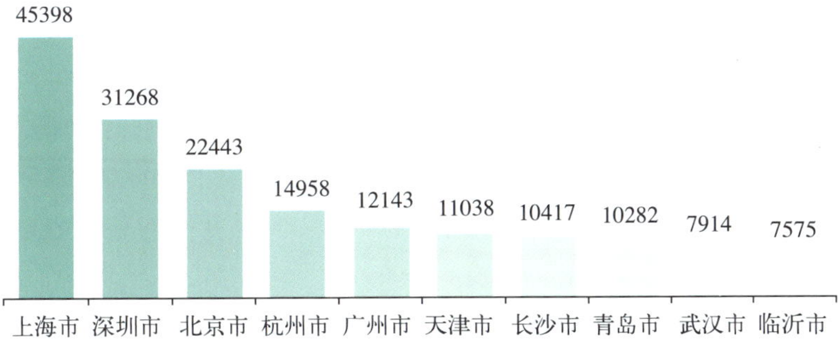

图 8　2015 年新能源汽车销量前十名城市分布

数据来源：中国汽车工业协会。

充电基础设施是新能源汽车推广主要障碍之一，为此，“十二五”期间国家加大了对充电设施建设的支持力度。2014 年 7 月，国务院办公厅发布《关于加快新能源汽车推广应用的指导意见》，从制定充电设施发展规划和技术标准、完善城市规划和相应标准、完善充电设施用地政策、完善用电价格政策、推进充电设施关键技术攻关、鼓励公共单位加快内部停车场充电基础设施建设和落实充电设施建设责任等多方面提出了加快充电设施建设的具体指导意见。随后，相关落实政策不断出台，财政部等四部委发布《关于新能源汽车充电设施建设奖励的通知》，明确了新能源汽车推广数量与推广城市或城市群给予充电设施建设奖励挂钩（见表 2）。国家发改委出台的《关于电动汽车用电价格政策有关问题的通知》，明确对经营性集中式充换电设施用电实行价格优惠，对居民家庭住宅、住宅小区等充电设施用电执行居民电价；允许社会充电服务企业收取充电服务费，为中国充电服务市场有效运转提供有力的政策支撑。全国充电设施政策支持体系正在逐步建立。

表 2　2013—2015 年新能源汽车充电设施奖励标准

（单位：辆，万元）

地区	2013 年		2014 年		2015 年	
	推广数量	奖励标准	推广数量	奖励标准	推广数量	奖励标准
京津冀、长三角珠三角地区城市或城市群	2500 ≤ Q<5000	2000	5000 ≤ Q<7000	2700	10000 ≤ Q<15000	5000
	5000 ≤ Q<7000	3000	7000 ≤ Q<10000	3800	15000 ≤ Q<20000	7000
	7000 ≤ Q<10000	4500	10000 ≤ Q<15000	5500	20000 ≤ Q<25000	9000
	Q ≥ 10000	7500	Q ≥ 15000	9000	Q ≥ 25000	12000
其他地区城市或城市群	1500 ≤ Q<2500	1000	3000 ≤ Q<5000	1800	5000 ≤ Q<7000	2400
	2500 ≤ Q<5000	2000	5000 ≤ Q<7000	2700	7000 ≤ Q<10000	3400
	5000 ≤ Q<7000	3000	7000 ≤ Q<10000	3800	10000 ≤ Q<15000	5000
	Q ≥ 7000	5000	Q ≥ 10000	6700	Q ≥ 15000	800

数据来源：《关于新能源汽车充电设施建设奖励的通知》。

五、新型商业模式不断涌现

新能源汽车出于其不同于传统汽车的特性，必须结合其特点创新商业模式。在"十二五"期间，新能源汽车的商业模式持续创新，新型商业模式不断涌现。

（一）整车销售体系发生变化

传统汽车的常见销售体系以 4S 店为主，"十二五"期间随着新能源汽车的快速发展，新能源汽车销售体系在传统方式的基础上结合自身特点形成了三种不同的模式。第一种是设立新品牌及新 4S 店，如北汽新能源的销售体系；第二种是由经销商和创业资本投资建立电动汽车超市，在电动汽车超市内可以比对电动车性能并"一站式"解决验车、上牌、保险等问题；第三种是直营店模式，主要是特斯拉所采用的网上销售、线下体验的全新购车模式。

（二）新车销售模式探索创新

由于新能源汽车售价高昂，且维修保养和残值估算尚未形成统一范式，“十二五”期间新能源汽车销售中出现了“以租代售”的新型模式，颠覆了以往的销售方式。

“以租代售”主要有两种方式，一种是以华晨宝马之诺 IE 为代表的经营租赁，即整车企业将新能源汽车出售给出租车公司或者直接对个人出租，由整车企业或出租车公司拥有汽车所有权，消费者只需要支付租金；另一种是以特斯拉 Model S 为代表的融资租赁，即整车企业将汽车所有权转让给金融机构，金融机构以相当于贷款的模式将车辆出租给个人并按照分期收取本金和利息。

（三）电动汽车分时租赁模式兴起

分时租赁是指同一辆车在不同时段分配给不同的用户使用，是一种共享出行方式。分时租赁具有“按需付费、全程自助、随借随还”的特点，是介于城市公共交通和私人交通之间，基于“互联网 +”思维模式出现的新型汽车租赁服务。由于分时租赁价格相对较低，而且使用方便灵活，对新能源汽车品牌推广和提高消费者接受度起到了较大的积极作用。自 2013 年以来，杭州、北京、上海、成都、青岛等城市先后开展新能源汽车分时租赁业务。一方面，主要整车企业通过分时租赁的方式推广新能源汽车，如北汽新能源、力帆建立电动汽车分时租赁共享平台等。另一方面，国内也涌现出车纷享、微公交、EVCard、绿狗租车等一批新能源汽车分时租赁企业，结合当地需求推出不同的分时租赁模式。

“十二五”期间中国新能源汽车市场实现了从无到有，产业发展迅速，仍有较大潜力。在市场方面，还需扩大市场容量，积极推广新能源汽车；在技术方面需要突破核心技术，增强国际竞争力；在基础设施方面，亟须加强充电设施建设。

国家信息中心

徐长明　李伟利　殷丹　陈梦婕

3

新引擎启动：

“十二五”战略性新兴产业发展回顾

区域篇

案例 1

“十二五”期间北京市战略性新兴产业发展回顾

“十二五”时期，北京市深入贯彻落实国家关于加快培育和发展战略性新兴产业的重要部署，将培育和发展战略性新兴产业作为首都经济结构深度调整和产业结构优化升级的突破口和主攻方向，以聚集整合创新资源为重点提升持续创新能力，以龙头企业为核心打造产业集群，以重大项目为着力点推进创新成果产业化，以首都经济社会发展的重大需求为导向推进示范应用，充分发挥企业主体作用，统筹调动各类市场主体的积极性，加大政策扶持力度，深化体制机制改革，着力营造良好环境。经过 5 年的努力，北京市战略性新兴产业规模质量不断提升，重点领域发展领跑全国，龙头企业带动作用不断增强，自主创新成果加速涌现，创新创业活动持续活跃，空间布局加快特色集聚，跨区域辐射带动作用显现，政策环境不断优化完善，战略性新兴产业在全市经济社会发展中的支柱地位进一步增强，“北京创造”和“北京服务”品牌影响力不断提升，首都经济的竞争力、影响力和辐射力显著增强，成为北京建设全国科技创新中心和构建“高精尖”经济结构的关键支撑和重要引擎。

一、产业规模质量不断提升

“十二五”时期，北京高技术产业的创新引领作用更加凸显，对首都经济发展的支撑作用不断增强。2015 年，北京高技术产业实现增加值 5180.8 亿元，占地区生产总值的比重为 22.6%，较 2010 年提升 3.5 个百分点，“十二五”期间年均增长率达 12.9%。其中，高技术服务业增加值达到 4193.3 亿元，占高技术产业增加值比重达到 80.9%；高技术制造业增加值达到987.5亿元，增速连续多年高于全市工业增速2个百分点以上。2015年，北京规模以上工业增加值中战略性新兴产业占比达23.3%，较2013年提升3.3个百分点；规模以上服务业中战略性新兴产业法人单位实现营业收入6428.3亿元，较2013年增长10.1%；占规模以上服务业法人单位营业收入比重达7.3%，较2013年增长1.7个百分点（见图1、表1）。

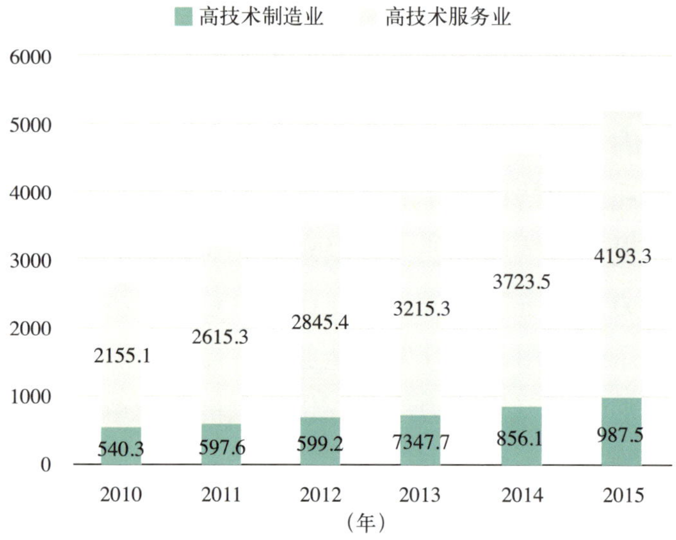

■ 图1　北京高技术产业增加值情况（2010—2015年）

表1　北京战略性新兴产业发展情况（2013—2015年）

项　　目	2015年	2014年	2013年
规模以上工业增加值中战略性新兴产业占比（%）	23.2	23.4	19.9
规模以上服务业法人单位战略性新兴产业营业收入（亿元）	6428.3	6591.5	5836.5
占规模以上服务业法人单位营业收入比重（%）	7.3	6.0	5.6

二、优势产业引领作用凸显

"十二五"时期，北京不断夯实战略性新兴产业的发展基础，着力提升优势产业的发展水平和国际竞争力。新一代信息技术产业的国际影响力持续提升，中芯国际 12 英寸集成电路生产线、京东方 8.5 代线模组等重大项目建成投产，信息技术外包、软件销售等领域竞争力持续提升，大数据等关键技术应用领域与国际保持同步发展。生物产业产值连续多年排名全国首位，疫苗、诊断试剂销售额占国内市场份额 1/7 和 1/3 以上。新能源汽车推广应用领跑全国，新能源汽车产销占全国 1/3 左右，在电动公交车、电动环卫车及关键零部件技术上实现多项突破，全市已累计建成 5 座大型换电站及 3.2 万个充电桩，电动汽车与充电设施数量之比约为 1.6:1，充电设施建设规模及整体水平居全国前列。航空航天产业的载人航天、卫星应用、空间科学与技术等关键环节影响力持续提升（见图 2—图 4）。

■ 图 2　12 英寸集成电路生产线

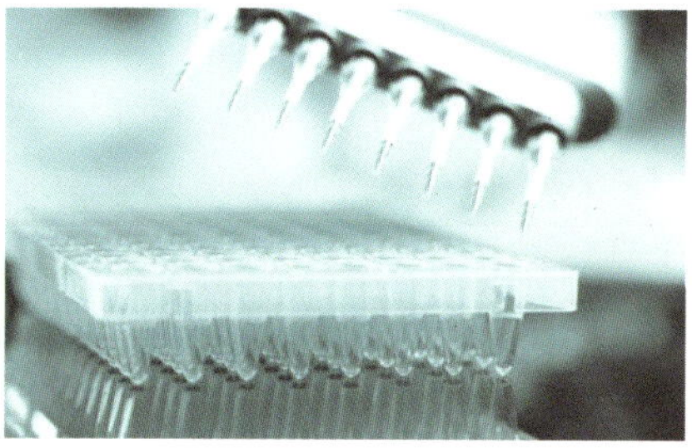

■ 图 3　诊断试剂

■ 图 4　充电设施

三、自主创新成果加速涌现

“十二五”时期，北京取得了全球最大重组蛋白库、28 纳米芯片生产技术等一批重大创新成果，涌现了大角度离子注入机、轨道交通信号控制系统等一批具有自主知识产权的高端技术产品，在第四代移动通信和移动互联网、高端液晶显示、集成电路制造先进装备和工艺、北斗导航应用等重大战略新技术领域取得重大突破，成功研制中国第一个用于实体瘤治疗的人源化单克隆抗体药物，生物膜污水处理实现了资源循环利用。涌现出一批具有自主知识产权的高端产品，重型数控机床、轨道交通装备等重点领域的集成服务能力不断提升，可穿戴设备、工业机器人和智能家居等新业态发展迅速（见图 5—图 8）。

■ 图 5　全国首颗 28 纳米芯片

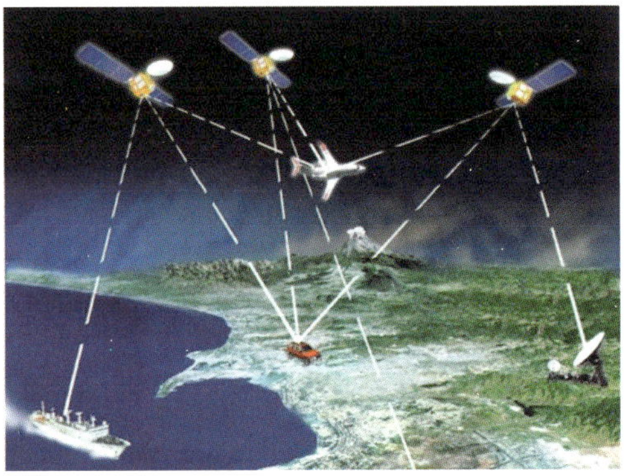

■ 图 6　北斗导航系统

■ 图 7　轨道交通

图8　工业机器人

四、龙头企业不断做大做强

“十二五”时期，围绕发挥企业的主体作用，北京重点开展“十百千”工程、G20工程、金种子工程、瞪羚计划等企业培育工程，已培育出一批战略性新兴产业领域的龙头企业。大唐电信牵头制定了全球两大4G通信标准之一的TD-LTE标准，联想、小米公司在智能移动终端领域实现了高速增长，出货量位居全球前十。京东方集团国际领先的8.5代TFT-LCD生产线在京实现量产，全国生产线达7条。北方微电子、七星华创、中科信等企业攻克了65纳米集成电路制造装备和先进工艺，中芯国际投建了12英寸28—32纳米的芯片生产线，有望改变中国集成电路制造长期受制进口的局面。北斗星通、合众思壮、华力创通等北斗导航领域的上市公司，掌握北斗导航芯片、终端、应用等一系列核心技术，全面支撑中国北斗产业应用在全球的创新发展。

五、高端创新资源不断汇聚

“十二五”时期，立足战略性新兴产业发展需要，北京积极承接国家重大创新资源部署，推进高端创新资源加速集聚。北京地区承接11

个民口领域国家科技重大专项项目。蛋白质科学研究设施、重大工程材料服役安全研究评价设施等国家重大科技基础设施即将建成竣工，高能同步辐射光源验证装置、综合极端条件实验装置、地球系统数值模拟装置等正积极推进立项建设。在京世界500强企业总部达到52家，总量位居全国第一。全市累计入选"千人计划"1103人，"海聚工程"612人，累计留学回国人员超过10万人，占全国1/4。拥有各类科研院所412家，国家重点实验室111家，国家工程实验室50家，市级工程研究中心、工程实验室分别认定43家和180家以上，有10家市级工程实验室、1家市级工程研究中心被认定为国家地方联合工程实验室（工程研究中心）。拥有国家级高新技术企业超过1万家，占全国的20%；科技型企业近24万家，占全市企业总数的30%；成立各类较为活跃的产业技术创新联盟150余家（见图9、图10）。

图9　高能同步辐射光源概念图

图10　地球系统数值模拟装置原型系统

六、空间布局加快特色聚集

"十二五"时期，中关村国家自主创新示范区增长势头强劲，2015年中关村示范区高技术企业实现总收入突破4万亿元，是2010年的2.5倍，5年年均复合增长率约20.2%，重点发展的电子信息、环境保护、生物工程和新医药、新能源与高效节能技术、先进制造、新材料及应用技术六大领域总收入占中关村总收入的比重超过76%。聚集了以联想、百度为代表的高新技术企业近2万家。"一区十六园"各具特色的发展格局逐步完善，以全市7%的平原面积和20%的能耗，集聚了全市九成以上的高技术产业，“六高四新”占全市经济总量达到一半以上。深入推进以石景山区为核心的国家及市级服务业综合改革试点、中关村现代服务业试点，先后打造了中关村软件园、星网工业园、移动硅谷、中关村生命科学园、中关村国家工程技术创新基地等 10 多个产业特色明显、集聚效应突出、创新活跃的国家级专业园区和产业基地（见图 11）。

图 11　中关村示范区“一区十六园”

七、跨区域辐射带动作用显现

首都科技条件平台每年为超过 1 万家企业提供测试检测、联合研发等各类科技服务，北京科技资源和科技服务开放共享能力持续提升。深入落实京津冀有关合作协议，一批专门服务于跨区域协同创新的产业联盟相继成立，中关村—中国台湾绿色科技文化产业联盟、京津冀及周边地区节能低碳环保产业联盟和中关村—滨海新区大数据产业联盟等带动作用不断增强。2015 年，本市技术合同突破 7 万项，达 72272 项，增长 7.4%；成交额 3452.6 亿元，增长 10.1%，继续保持 2 位数的增长速度，占全国的35.1%。通过产能外扩、成果转化、技术输出等创新合作模式，天津滨海—中关村科技园、北京亦庄·永清高新技术产业开发区、保定·中关村创新中心、石家庄（正定）中关村集成电路产业基地、宝坻京津中关村科技城等园区启动建设，推动电子信息、生物、高端装备等战略性新兴产业、高端产业的制造环节和一般制造业的有序转移退出，跨区域合作效益加快显现（见图12）。

■ 图12　京津冀产业合作园区

八、政策环境不断优化完善

"十二五"时期，北京市印发了《北京市关于加快培育和发展战略性新兴产业的实施意见》（京政发〔2011〕38号），编制并发布实施了新一代信息技术、生物、节能环保、新材料、新能源、新能源汽车、航空航天、高端装备制造等战略性新兴产业八大重点领域专项规划，明确了各领域发展重点及路线图。发挥中关村创新平台作用，深入贯彻落实"1+6"、"新四条"先行先试政策，先后出台了科技金融创新中心、中关村人才特区等创新政策。研究出台"京科九条""京校十条"，发布实施《关于进一步创新体制机制加快全国科技创新中心建设的意见》《关于大力推进大众创业万众创新的实施意见》《〈中国制造2025〉北京行动纲要》《关于积极推进"互联网＋"行动的实施意见》等创新创业政策。

京科九条

2014 年 6 月 9 日，北京市政府办公厅印发《加快推进科研机构科技成果转化和产业化的若干意见（试行）》（京政办发〔2014〕35 号），全文共九条，简称“京科九条”。主要内容包括：深化科技成果管理改革、推进科研资产管理改革、深化财政经费管理改革、强化科研人员激励机制、加强对科研机构新技术新产品的应用和推广、优化科技金融服务环境、支持科研机构深入开展协同创新、完善科研机构成果转化平台、广泛开展国际交流与合作。

京校十条

2014 年 1 月 13 日，北京市政府办公厅印发《加快推进高等学校科技成果转化和科技协同创新若干意见（试行）》（京政办发〔2014〕3 号），全文共十条，简称“京校十条”。主要内容包括：开展高等学校科技成果处置权管理改革、科技成果收益分配方式改革、建立高校科技创新和成果转化项目储备制度、加大对高校产学研用合作的经费支持力度、支持高校开放实验室资源、支持高校建设协同创新中心、支持高校搭建国际化科技成果转化合作平台、鼓励高校科技人员参与科技创新和成果转化；鼓励在高校设立科技成果转化岗位；制定高校在校学生创业支持办法。

关于进一步创新体制机制加快全国科技创新中心建设的意见

2014 年 9 月 24 日，中共北京市委、北京市人民政府印发《关于进一步创新体制机制加快全国科技创新中心建设的意见》（京发〔2014〕17 号），明确提出在深化科技成果使用权、处置权和收益权改革、健全技术创新市场导向机制、完善激励机制等方面的改革举措。

关于大力推进大众创业万众创新的实施意见

今年 6 月 11 日和 9 月 23 日，国务院分别印发了《关于大力推进大众创业万众创新若干政策措施的意见》（国发〔2015〕32 号）、《关于加快构建大众创业万众创新支撑平台的指导意见》（国发〔2015〕53 号）。为落实国家文件要求及市领导批示精神，2015 年 10 月 19 日，市政府印发了《关于大力推进大众创业万众创新的实施意见》（京政发〔2015〕49 号），明确了积极构建创新创业服务体系、着力培育创新创业发展形态、全面优化创新创业空间布局、不断完善创新创业保障机制等四大类主要任务。

九、重大项目带动作用突出

“十二五”时期，北京建立了全市重大科技成果转化和产业项目统筹制度，统筹全市重大项目建设和财政资金支持。2010—2015年，全市共安排统筹资金约550亿元，支持了近720多个重大项目，包括在京落地的国家科技重大专项、国家重大科技基础设施、重大科技成果转化项目、重大产业化项目、产业公共平台、园区基础设施建设项目、重大示范应用类项目等，更聚焦支持新一代信息技术、生物、新能源汽车、新材料等战略性新兴产业优势产业链的布局。统筹资金提高了财政资金管理使用的综合效率，调动央地创新资源，充分发挥政府各部门、企业、科研院校、中介服务机构的优势和积极性，促进了相关产业结构的调整和经济发展方式的转变，为北京市经济发展培育了新的增长点。

十、政府资金支持方式实现转变

"十二五"时期，北京发起设立了国内首支集成电路产业股权投资基金，基金总规模300亿元。为进一步发挥政府资金的引导和杠杆作用，北京设立了总规模30亿元的战略性新兴产业创业投资引导基金，积极参与国家新兴产业创投计划，参股设立新兴产业创投基金。截至目前，已在电子信息、生物医药、云计算、物联网、高技术服务业等战略性新兴产业领域获批参股设立26支创业投资基金，基金总规模69.2亿元，是国家实施新兴产业创投计划以来联合设立基金数量最多、投资项目最多、投资进度最快、组织效果最好的省市。

十一、示范应用带动作用凸显

"十二五"时期，北京坚持示范应用带动产业发展，重点推进新技术、新产品推广应用。在中关村开展政府采购新技术、新产品试点，定向采购战略性新兴产业的技术和产品。"十二五"时期已超额完成"5年300亿元"的规划目标。积极对接国家战略部署，先后获批国家电子商务、三网融合、云计算服务创新发展、下一代互联网、信息惠民、软件及应用系统等试点示范城市。在城市管理和民生服务领域开展物联网示范应用，如在城市应急管理领域，开展"13+2"城市应急管理物联网应用示范工程建设。

北京市发改委

案例 2

“十二五”期间黑龙江省战略性新兴产业发展回顾

黑龙江省高度重视战略性新兴产业发展，把培育和壮大战略性新兴产业作为经济社会发展的重大战略任务。《黑龙江省战略性新兴产业发展“十二五”规划》将新能源、新材料、高端装备制造、生物、新一代信息技术、节能环保等确定为重点发展六大领域。“十二五”期间，黑龙江省按照国家产业政策引导，依托资源优势和产业基础，通过产业链纵向补缺和横向扩展，谋划生成了一批战略性新兴产业项目。全省共实施战略性新兴产业重点项目 407 项，项目总投资达到 2533.2 亿元，累计完成投资 1252.9 亿元，250 个项目建成投产，已初步形成了生物医药、云计算、石墨新材料、机器人和清洁能源装备等新兴产业集群，战略性新兴产业成为黑龙江经济奋力走出全面振兴新路子的重要支撑。同时，黑龙江省委省政府高度重视、努力推动大众创业万众创新、“互联网 +”行动计划，为黑龙江经济发展提供新动能。

一、高端装备制造业依靠创新不断提升实力

装备制造业是黑龙江省工业的四大支柱产业之一。“十二五”期间，黑龙江省依托哈电集团、一重集团、哈飞集团、齐轨交通公司等骨干企业，从技术创新入手，明确产品市场定位，承接国际制造业高端产品、技术转移，不断提升产业竞争力。2015 年装备制造业实现工业增加值 293.7 亿元，占全省工业增加值的 9.1%。

工业基础能力不断强化，高端装备制造业快速发展。重点发展水电、核电、风电等高端电力装备制造业，水电、核电等非化石能源发电设

备在发电设备总产量中的比重逐年提高（已达30%以上）。白鹤滩1000兆瓦水电机组完成技术攻关并取得订单，沁北1000兆瓦紧凑型汽轮发电机投产发电，三门核电AP1000国产化首台机组制造成功。牛栏江引水工程打破国外垄断，脉冲发电机填补国内空白，大型抽水蓄能机组实现国产化。哈电集团重型燃气轮机联合循环机组在国内同行业中处于领先地位。东安集团实现固定和移动式燃机机组的系列化，初步形成了微型燃机、中小型燃机、重型燃机等谱系完整的产业体系。

现代制造服务业加快发展，装备制造产业转型升级。装备制造企业大力发展工程设计、施工设计、技术研发、售后维修等业务，以增值服务项目培育新的竞争优势。2015年全省装备制造业企业对外承包工程新签合同41.46亿美元，同比增长超三倍，在全国排名第15位。哈电集团和一重集团积极发展电站设备EPC（工程总承包），已具备成套项目商务、技术和执行能力，成功承担了秘鲁、巴拿马等6个国际水电成套项目以及响水涧、溧阳等6个国内抽水蓄能电站成套项目。

产品技术创新持续推进，对外合作交流不断加强。哈电集团引入9FA重型燃机及蒸汽—燃气联合循环机组制造技术，与国外企业合作生产了世界单机容量最大的70万千瓦三峡左岸机组，设计制造了国内首台沁北60万千瓦超临界汽轮发电机组、玉环100万千瓦超临界锅炉。2015年10月，哈电集团与沙特国际电力组成的联合体中标迪拜哈斯延清洁煤电站一期项目，标志着中国企业正式进入海湾地区电力高端市场。

二、石墨新材料产业向精深加工发展

黑龙江省石墨储量约占全国2/3，占世界的1/3左右。"十二五"期间，黑龙江省立足石墨资源优势，抓住国家加快培育和发展战略性新兴产业的机遇，把石墨新材料产业作为有竞争优势和较大发展空间的潜力产业进行重点支持，石墨新材料产业不断向精深加工领域发展。2015年，全省石墨新材料产业实现产值25亿元，比2010年增长150%。

强化专业园区建设，推动形成全省石墨产业集群。黑龙江省以规划为引导、加强政策倾斜，积极打造鸡西－鹤岗石墨产业集群，成功吸引深圳宝安集团、北汽集团、香港浩市集团等领军企业落户集聚。鸡西贝特瑞石墨产业园有限公司石墨深加工项目、鸡西浩市新能源材料有限公司石墨深加工项目、奥宇石墨集团石墨深加工项目等一批重大项目建成投产，培育形成一批创新能力强、掌握关键技术、生产装备先进、产业链整合能力强的石墨骨干企业和领军企业，塑造了黑龙江石墨产业品牌。

技术研发实力不断增强，石墨产业创新体系形成。依托省内高校和科研机构，黑龙江省组建了石墨产业技术创新战略联盟，建立了石墨新材料火炬计划特色产业基地，成立了2个国家石墨产品质量检测中心。国家石墨产品质量监督检验中心（黑龙江）项目顺利通过了国家质检总局评审验收。黑龙江省奥宇石墨集团成立了高导热石墨材料院士工作站。黑龙江省七台河市宝泰隆公司通过与清华大学等科研机构合作，已成功掌握石墨烯单层快速剥离、自动分离分级、快速高效提纯和连续式规模化还原等多项关键技术。

生产工艺不断改进，石墨产业由粗加工向深加工转变。已形成较为先进的石墨采选和深加工技术工艺，球形石墨、石墨负极材料、高纯石墨、人造金刚石、可膨胀石墨、柔性石墨制品等深加工产品。石墨精矿粉纯度可达到90%以上，部分企业已能达到98%。鸡西浩市新能源公司采用高温热工提纯法已经生产出纯度在99.995%以上高纯石墨。宝安集团深圳贝特瑞公司在鸡西市建成全省首条石墨负极材料生产线。黑龙江奥星能源科技公司研发生产了超薄石墨纸并已实现规模化生产。

三、生物医药产业快速发展

黑龙江省生物医药产业科研资源丰富，基础研究处于国内领先地位，哈尔滨市是国家生物医药产业基地。“十二五”期间，黑龙江省不断加大对哈尔滨生物医药产业扶持力度，形成了以哈药集团为龙头、哈尔滨市利民开发区医药园为核心的产业格局。2015年，哈尔滨市生物医药集群实现销售收入300亿元。

重点企业持续发展，生物医药产业园区实力不断增强。发挥利民生物医药产业园区的基础和区位优势，进一步强化和提升了医药产业核心区域的地位。园区集聚企业87家，通过GMP认证的企业30余家，国家级高新技术企业16家，初步形成了集医药研发、生产制造、包装印刷、物流营销和检验检测于一体的完整产业体系。哈药集团、葵花药业、珍宝岛药业和誉衡药业四家重点企业一直保持稳定增长态势。2015年，黑龙江省医药企业龙头哈药集团实现销售收入159亿元。

企业持续开展科技攻关，部分成果居于国际领先地位。通过政策引导和资金支持，企业不断加大研发投入，对新产品、新技术进行重大技术攻关，突破掌握一批创新成果。哈药集团生产的头孢替安原料药是国内独家品种，头孢美唑工艺技术成果获得国家重点新产品证书和医药行业科技进步一等奖。黑龙江威凯洱生物技术有限公司研制了"雷帕霉素""FK506"等世界最强效的免疫抑制剂及抗肿瘤新药，多项研发技术处于行业领先地位。

医药产业链条不断完善，特色突出的产品体系已经形成。围绕原料药、生物技术药物和现代中药产业等在哈尔滨市形成了集医药研发、生产加工、物流营销、产业配套和健康服务为一体的医药全产业链体系。依托中国医药集团、哈药集团等企业形成涵盖化学药、生物技术药物和现代中药的生产加工集群，依托哈药物流、上东医药等企业形成覆盖全国的全方位立体式物流营销集群，依托哈尔滨市食品药品检验检测中心和三力包装等企业形成为生产型企业提供高标准服务的产业配套集群，依托中外合资顺迈医院等形成具有北方特色的健康服务产业集群。

四、云计算产业初具规模

黑龙江省高度重视新一代信息技术产业发展，重点推动能够体现信息技术应用模式创新和服务模式创新的云计算产业发展，与中国联通集团、腾讯公司等合作，加强新一代信息技术基础设施建设及应用拓展。全省云计算产业快速发展，年均增长率超过30%，云计算产业链已经初步形成。

深化以数据为核心的云计算战略，数据集中存储效应显现。作为适合建设超大型数据中心的一类地区，黑龙江省以科学发展为主题加快布局和建设数据中心，全省已建云计算数据中心23家、在建5家，推动哈尔滨市成为继北京、上海、深圳、杭州、无锡后第6个国家云计算服务创新发展试点城市，哈尔滨市也成为全国唯一一个以云存储为特色的试点城市，数据中心多次入围财政部、教育部国家部委灾备基地遴选重点项目。

重大项目建设成效显著，产业规模集聚效应初显。在引入中国移动、中国联通等一批超10亿元云计算项目基础上，2010年起黑龙江省大力推进哈尔滨“中国云谷”建设，聚集国裕数据、名气通、曙光等生产企业和服务商300余家，建成百万平方米规模的云计算中心集群，“中国云谷”已成为全省规模最大、聚集度最高的信息服务产业基地。哈尔滨市松北区科技创新城稳步推进哈尔滨电子商务产业园、航天海鹰3D打印等一批重大项目建设，逐渐发展成为全省“高端创新人才聚集、高新技术研发集成、高端成果孵化运用”的优质科技资源集聚区。

信息技术应用不断加快，云计算产业链初步形成。黑龙江省通过云计算、大数据、智慧城市等信息技术应用，探索推进高技术服务业、电子商务、云计算、数字内容、物联网等产业发展的新机制和新模式，推进产业试点示范，加快黑龙江数字经济和网络经济跨越式发展。依托哈工大、哈工程、省科学院等科研院所，实行政府、大学、企业三方联手，深入大数据平台研究，通过人口信息共享系统、法人信息共享系统、空间地理信息系统、石油咨询等云服务，推进政府管理和行业应用，全省云计算产业链初步形成。

五、民用航空产业初具体系

黑龙江省拥有一批在国内航空业具有较强实力的企业、高校和科研院所，哈尔滨市是民用航空国家高技术产业基地。“十二五”期间，黑龙江省大力推动哈尔滨市民用航空产业发展，依托哈南工业新城打造产品技术研发、生产制造、航空材料、通用航空服务及相关配套产业协调发展的航空产业链，形成以哈飞集团和东安发动机集团为核心的产业集群和航空产业链条，初步建立了具有一定规模的通航整机及零部件产业制造体系。

依托重点企业，民用航空产业快速发展。哈飞集团是国家级骨干直升机制造企业，通过推进 Y12 系列飞机及先进多用途直升机的研制及大飞机材料的研发，直升机、通用飞机和支线飞机设计、制造、适航性证明的技术能力不断提高，自主研发能力和国际化合作水平不断提升。东安发动机集团是国内唯一的国产全部系列直升机传动系统、航空机械传动系统的专业化研制生产基地，通过进一步完善小型航空发动机、直升机传动系统、航空机械传动系统设计制造能力，牢固确立了在国内航空产业中的地位。

以哈南工业新城为载体，产业集群建设不断加快。哈南工业新城是黑龙江省民用航空国家高技术产业基地的建设主体，一批重点民用航空产业项目、骨干科研院所先后落户，AVIO 航空传动系统、东安集团直升机高精密管轴、中国航空空气动力研究院、哈飞空客复合材料等重点民用航空产业项目相继建成。

以通航产业项目为纽带，对外合作交流逐步扩大。哈飞集团与法国空客公司合作，建设了航空复合材料研制生产基地。2014 年哈飞空客复合材料制造中心 A350 方向舵的首件交付，标志着黑龙江省在承接高端航空产业转移方面实现零的突破。东安发动机集团与法国透博梅卡公司正在联合研制新型飞机发动机先进民用直升机发动机，实现了先进民用直升机发动机产业化。2015 年，中国飞机租赁集团控股有限公司国内首个飞机拆解基地成功落户哈尔滨，项目建成后将成为全球最大的飞机拆解基地。

六、机器人产业快速成长

机器人产业是黑龙江战略性新兴产业重点推进的领域。"十二五"期间，黑龙江省通过完善政策扶持体系、加大技术研发力度、深入开展示范应用、不断壮大龙头企业等方式，推动形成以机器人及智能装备领域为重点方向、配套产业多维度支撑的多元化平台及弹性结构布局模式。目前，黑龙江机器人产业已经在产业布局、应用示范、标准体系、创新服务模式、核心技术等方面取得一定成就。

机器人产业战略布局加快，科技资源潜力得到释放。黑龙江省抓紧制定了机器人产业实施方案，依托省内在机器人研究方面处于国内领先地位的高校、科研院所和知名企业，加快科技成果产业化。仅2015年就新注册成立哈工大机器人集团（HRG）、焊接集团、激光通信公司、雷达信息公司和哈工程哈船动力公司等科技型企业2116家。哈南工业新城机器人产业园落成为孵化成功和后续进入的机器人产业化项目提供承接载体，工业机器人、服务机器人、特种机器人三大类型50余家企业入驻园区。

机器人产业资源不断整合，黑龙江制造在向黑龙江“智造”转型。哈尔滨博实自动化股份有限公司发起的黑龙江省机器人产业技术创新战略联盟，业务覆盖机械电子、装备制造、软件开发、科技服务等领域，是整合各方资源、加强产业协作、形成合力的有益探索。黑龙江省政府、哈尔滨市政府和哈工大共同组建的哈工大机器人集团，仅成立一年就吸引各类人才1200余人，2015年营业收入突破3亿元。

加强优势互补和资源共享，建立国际化合作新模式。黑龙江省在空间机器人、工业机器人、医疗机器人、智能服务机器人、微纳操作机器人等领域研究成果处于国内领先地位，拥有300余项核心技术及发明专利。依托技术优势，黑龙江省全面对接资本市场的要求，以“创新+创业+产业”联动发展，深入推进机器人产业国际化合作，与美欧日韩合作研发系列产品，建立了良好的机器人产业合作关系，形成协同发展、产品与技术聚焦的高质量、国际化机器人产业发展模式。

七、多措并举促“双创”落到实处

黑龙江省高度重视大众创业万众创新工作，将创新作为引领发展的第一动力，根据省情实际确定了大学生、高校和科研人员、农民3类主要创新创业群体，专题召开全省大学生创新创业工作大会、农民创业工作电视电话会议和高校重点科研院所负责人座谈会，并安排专项资金、出台多项支持政策，推动全省“双创”工作开展，实现发展动力转换。

出台科技激励政策，引导科技人员创新创业。黑龙江省出台了《关于建立集聚人才体制机制激励人才创新创业若干政策的意见》，推行股权、期权激励，由职务科技成果完成人依法创办企业自行转化或以技术入股进行转化的，科技成果完成人最高可以享有该科技成果在企业中股权的70%。高校、国企和利用财政性资金设立的科研机构转化科研成果，以股权投入方式实施转化的，成果完成人可以享有不低于该成果所占股份30%的股权。2015年，全省新形成主营业务收入500万元以上的科技型企业439家。

把握新趋势和新动向，鼓励大学生创新创业。黑龙江省政府出台《关于促进大学生创新创业若干意见》，坚决取消和打破制约大学生创新创业的各种束缚和限制，每年安排专项资金1亿元作为大学生创业"种子资金"。在全国率先建立了休学创业学籍可保留8年的鼓励性政策，24所高校出台了相关规定或实施细则。2015年，全省在校大学生创业人数由2014年同期的952人增加到4019人，带动就业1780人；毕业生直接创业人数由704人增加的3659人，带动就业6153人。

以培养新型农业经营主体为重点，支持农民创新创业。针对农民创业遇到的突出矛盾和问题，强化服务，开展创业培训、项目开发、风险评估、信贷扶持和全程跟踪，编制《黑龙江省农民创业政策指导目录》，引导农民开展创业活动。大力推进转变农业发展方式，提升绿色有机食品基地建设水平，发展农业电子商务，调整农业种植结构，有效增加农民收入。2015年，全省新建农机合作社117个，总数达到1224个。

黑龙江省发改委

案例 3

“十二五”期间江苏省战略性新兴产业发展回顾

“十二五”以来，江苏省上下深入实施创新驱动发展战略，全面落实战略性新兴产业发展规划和十大推进方案，按照习近平总书记提出的突出先导性和支柱性、做实做强做大和打造集群的要求，在高端环节和核心技术上全力攻关突破，在重大工程项目和新产品培育上加强示范应用，在创新要素和区域布局上注重集聚集约，强化政策落实，深化体制改革，战略性新兴产业呈现出良好发展态势，占规模以上工业比重不断提高，产业竞争力不断增强，有力促进了江苏省产业转型升级和经济发展方式转变。

一、产业规模不断壮大，成为促进经济发展的重要增长点

“十二五”期间，新兴产业销售收入年均增长超 20%，占规模以上工业比重从 2010 年的 22.4%提高到 2015 年的 30%。健康消费、信息消费、绿色消费成为拉动消费的重要增长点。十大战略性新兴产业固定资产投资年均增速为全省城镇固定资产投资的 1.5 倍，其中互联网和相关服务投资增速超过 50%，生态保护、资源循环利用等领域投资增速超过 20%。2015 年，江苏省新兴产业实现销售收入 4.5 万亿元，同比增长 10.4%，高于规模以上工业增速 2 个百分点；2016 年上半年新兴产业实现产值 2.4 万亿元，同比增长 10.6%，高于规模以上工业增速 2.8 个百分点，逆势上扬态势明显。从全国情况来看，江苏省新材料、节能环保、医药、软件、新能源、海工装备等产业规模居于全国前列，节能环保产业占全国比重达 25%，光伏产业占全国比重近 50%，海工装备产业占全国市场份额超过 30%（见图 1、图 2）。

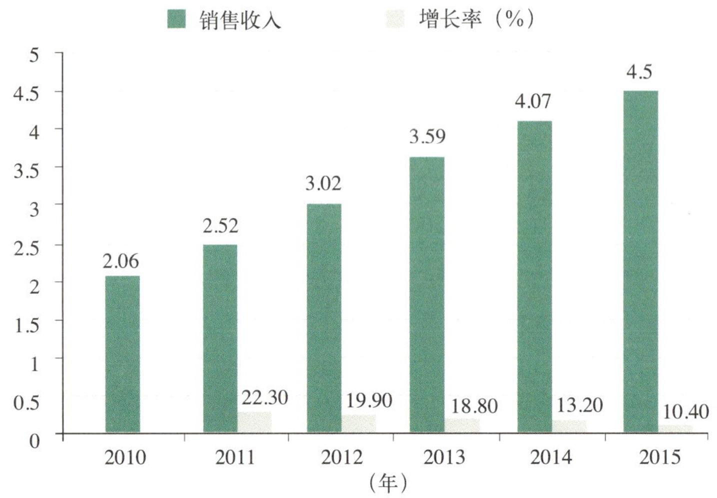

图 1 "十二五"以来战略性新兴产业

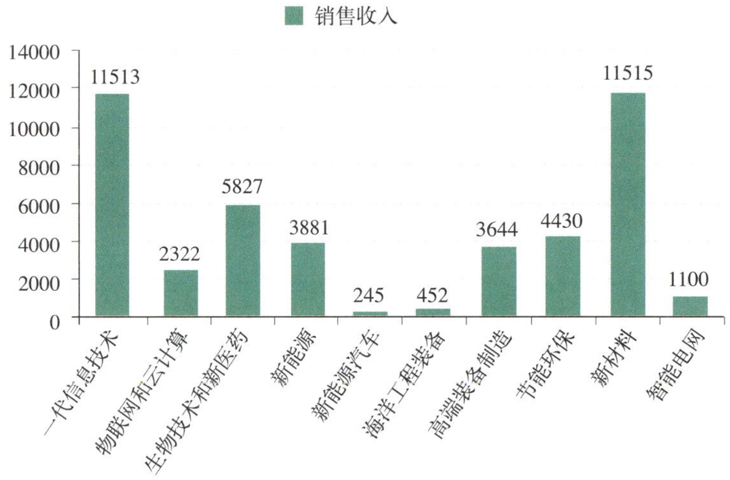

图 2 "十二五"以来战略性新兴产业销售收入情况

二、创新能力持续提升，成为建设创新型省份的重要支撑

江苏省始终将培育企业自主创新能力作为转型升级的关键环节，不断健全产学研相结合的技术创新体系，产业创新能力持续增强。一是科技创新投入持续增加。2015 年全省全社会研发投入 1800 亿元，占 GDP 比重达到 2. 55%，科技进步对经济增长的总体贡献率达到 60%，区域创新能力连续七年全国第一，为产业创新发展奠定了良好基础。二是技术创新体系不断完善。全省 14548 家规模以上工业企业建有研发机构，

大中型工业企业研发机构建有率达88%，居全国第一。在新兴产业领域新建国家地方联合工程（技术）中心和实验室6家，国家级企业技术中心11家，省级工程中心和工程实验室82家，工程技术中心和实验室291家，企业技术中心194家，累计建设国家和省级以上创新平台2300家，数量规模位居全国前列。江苏省未来网络创新研究院牵头承担未来网络试验设施国家重大科技基础设施项目，实现了全省国家重大科技基础设施建设零的突破。三是自主知识产权创造能力不断提升。“十二五”期间，十大战略性新兴产业累计发明专利申请（公开）达到16.5万件，获得授权3.9万件，占全省同期发明专利申请和授权的比例分别为25.8%和38.6%。新能源、新材料、生物技术和新医药、节能环保、智能电网、高端装备制造等产业发明专利申请量位居全国前列（见图3）。

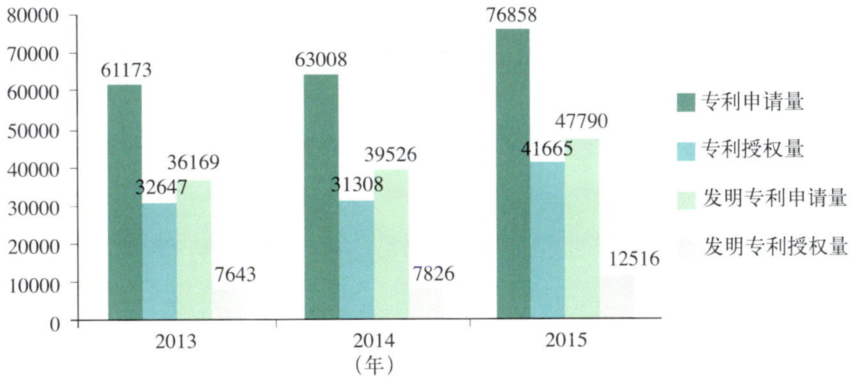

图3　近3年战略性新兴产业专利申请和授权量、发明专利申请和授权量

三、企业竞争力显著提升，成为产业转型升级的重要力量

积极推进战略性新兴产业企业做强做大，对一批基础好、带动力强、具有竞争力的企业加以重点扶持，促进各类要素向优势企业集中、向行业龙头企业集聚，企业竞争力不断提高，在新兴产业领域涌现出徐工集团、国电南瑞、天合光能等一批龙头骨干企业和细分行业领军企业。2015年新认定高新技术企业3100多家，总数突破1万家，新兴产业企业总数占比超过70%，全省120家超百亿元工业企业（集团）中新兴产业企业超过一半，成为推进战略性新兴产业发展的主要力量。

利用国际创新资源转化最新科技成果，引进国际领军企业落地江苏，带动战略性新兴产业发展，国际化经营水平和国际竞争力不断提升。总投资300亿元的中电熊猫G108液晶面板项目和总投资35亿美元的苏州三星液晶显示8.5代线项目已实现满产，SK海力士累计在无锡投资达150亿美元。2016年投资达30亿美元的台积电12英寸晶圆成功落地南京，生产工艺达到16纳米，水平国际领先。

中小企业创新创业日趋活跃。2015年，全省科技服务业总收入达到5013.9亿元，同比增长11%，科技服务业机构总数达55092家，从业人员数量达118.8万人。全省规模以上科技服务机构共4908家，规模以上企业收入达3464.9亿元，占总收入的69.1%，从业人员总数达68万人。全省共有创新创业服务机构567家，孵化面积达3001万平方米，在孵企业数达32000家，孵化器数量、面积及在孵企业数均居全国第一。全省已建有207家省级众创空间，国家级众创空间8家。

四、重点领域率先突破，成为抢占制高点的重要动能

围绕技术前沿、产业高端和未来发展，在纳米科技、未来网络、4G通信、超级计算机等领域加强超前部署，重点突破一批抢占制高点的产业前沿技术，带动产业整体升级的原创性核心技术、在产业高端环节形成竞争优势的关键技术，实现战略性新兴产业竞争力进一步增强。

生物技术和新医药产业：新医药产业产值占全国的1/7，化学药制剂、医疗器械产值规模全国第一。全省生物医药企业研发投入占销售收入比例平均达到6%以上，明显高于全国平均水平。新药创制能力领跑全国，形成泰州、连云港两个研发制造集中区，新药申请数与获批临床数连续多年保持全国第一。"十二五"期间，新药申请数3249个，获临床试验批件684个，占全国1/5；上市新药111个，占全国1/7以上；化药1.1类新药5个，累计获批一类新药43个，占全国1/3。

新材料产业：新材料产业高新技术企业达2576家，占全省高企数的23.82%，全省拥有国家级新材料特色产业基地达24家、省级新材料科技产业园达22家。苏州纳米材料、南京膜材料、常州石墨烯已形成

战略布局，江阴、丹阳高性能金属及结构件等新材料产业发展已形成品牌效应，镇江、常州、连云港等地建立起从原丝、纤维到织物和制品的完整碳纤维产业链条，淮安、连云港凹土、硅资源等深加工形成高端产品群，苏州光电材料及器件、无锡高性能复合材料及制品等形成完整产业链。

新一代信息技术和软件产业：信息网络、集成电路、新型显示、北斗应用等重点领域发展水平国内领先。物联网产业率先发展，形成了以无锡为核心，苏州和南京为支撑的“一体两翼”的产业布局。南京成为国家北斗办重点布局的四个北斗产业基地之一。软件和云计算产业规模不断扩大，软件业务收入连续四年位居全国第一，10 家企业进入全国软件业务收入百强，形成中国制造网、苏宁易购等较大影响力的 B2B、B2C 互联网平台。集成电路产业总规模位居全国前列，封装企业长电科技规模国内第一、全球第三。维信诺成功研制国内首款 12 英寸有源驱动有机发光显示器 (AMOLED) 全彩显示屏。

节能环保产业：江苏节能环保产业起步早、规模大、发展快，已初步形成较为完整的产业链，全省 44 家龙头企业先后在境内外上市，节能环保产业规模全国第一，水处理设备占全国市场份额超 40%；在水污染治理、大气污染治理、固废处理、噪声控制等领域拥有 2000 多个系列化产品，是全国环保产业品种最多、成套率最高的省份。全国污水处理设备 10 强制造企业江苏省占 7 席，以江阴节能装备、宜兴污水处理装备、盐城烟气处理、苏州环保检测、南京水处理为代表的无锡、盐城、苏州、南京四市节能环保产业主营业务收入占全省 65%以上。

高端装备产业：江苏是中国装备制造第一大省，全省已研发认定各类具有自主知识产权、填补国内空白、达到国际先进或国内领先水平的首台套重大装备和关键部件近 400 个。在智能制造装备、航空装备、高端专用装备、轨道交通装备等领域，形成了一批国内领先、世界一流的技术、产品和产业基地。徐州工程机械高档全地面起重机、高空作业车等国内市场占有率排位第一；南京浦镇车辆厂城轨和动车牵引制动系统等轨道交通装备的产量均居全国首位，形成南京、常州为主体的两大轨道交通装备产业集群；数控金属成形机床全国占比达 41%，金属切削工具全国占比达75%，形成扬州高档数控、丹阳高温合金、江阴高性能金属线材等一批具有全国品牌影响力的地方特色产业基地。

海工装备产业：海工装备行业发展迅速，目前全省主营业务为海洋工程装备产业的骨干企业达20家以上，海工装备产量占全国比重超过30%，成功进入海洋钻井平台、浮式生产系统、海洋工程辅助船和作业船等领域。深海高隐性圆筒型钻探储油平台的关键设计和制造技术获得国家科技进步一等奖、"蛟龙号"7000米载人潜水器成功海试。南通、扬州、泰州3大基地产量占全省份额超过70%。

新能源产业：光伏和风电已经成为江苏省最具比较优势的世界级战略性新兴产业。光伏产业已形成从高纯多晶硅、硅片、电池、组件、集成系统设备到光伏应用产品的完整产业链。多晶硅提纯、硅片加工及电池与组件制造规模占全国比重超50%，占世界比重达22%。风电装备产业形成了风电成套机组与高速齿轮箱、叶片、发电机等关键零部件配套发展、错位发展和互补发展的良性格局，高速齿轮箱规模占全国的60%，风机叶片、轮毂和支撑部件等全国占比均达50%。天合光能有限公司市场份额、盈利能力及资金链等综合实力连续四年名列全球第一，中能硅业科技发展有限公司采用流化床硅烷法生产多晶硅，成本达到15美元/公斤以下，国内市场占有率超50%，阿特斯阳光电力、晶澳（扬州）、协鑫、万丰、亚玛顿、中来、斯威克、山亿等一批骨干企业快速发展，发展水平全球领先。

智能电网产业：江苏智能电网产业布局早、起点高、成效大，产业发展水平和集聚程度全国领先，围绕电网智能控制、输变电装备制造、配电自动化等关键技术开展公关，积极抢占产业"制高点"，形成了具有电压等级高、自动化程度高、集控水平高等特点的高端智能电网产业。龙头企业竞争优势明显，产值超过300亿元的有南瑞集团、亨通集团，产值超过100亿元的有宝胜集团、上上电缆集团、远东电缆集团、大全集团和中天科技集团。

新能源汽车产业：江苏省新能源汽车产业加速创新，呈现良好态势，推广应用有效推动产业持续快速发展，成为十大战略性新兴产业中增长最快的行业。全省从事新能源汽车整车及关键部件研发生产的企业100

余家，主要集中在苏州、南京和盐城地区，有 17 家企业的 576 款新能源汽车产品进入国家免征购置税新能源汽车产品目录，产品数居全国前列。新能源客车产、销量全国第一，其中，纯电动客车数量同样位居全国首位。

五、特色产业逐步形成，成为推动产业集约发展的重要亮点

江苏各市结合自身特点，发挥比较优势，形成了一批创新活力强、产业集聚度高、辐射带动大的新兴产业集群。南京市聚焦软件、智能电网等优势产业，推动新一代信息技术快速发展，新兴产业规模超传统产业。无锡市积极利用国际、国内两种资源，推动高端载体、产业、人才、品牌等创新要素加速集聚，微电子产业、物联网和云计算产业发展势头良好。徐州市着力发展高端装备产业和新能源产业，推动产业结构调整不断优化。常州市全力打造“三车四新三智能”十大产业链，智能制造优势明显。苏州市在新一代信息技术和纳米材料等领域率先发力，新兴产业规模和占比继续领跑全省。南通市大力推进新兴产业基地化、规模化发展，海工装备、新能源迎来新一轮发展机遇。连云港市大力发展新医药、新材料等优势特色产业，带动海洋经济、临港产业等快速发展。淮安市重抓信息化与工业化融合发展，争创电子信息、新材料发展新优势。盐城市依托现有基础，做大做强风电装备、节能环保、新能源汽车等战略性新兴产业。扬州市在全力推进“四新”产业的基础上，下大力气发展 LED、智能制造。镇江市重点打造高端装备制造、新材料等特色优势产业，全力推进军民融合加快发展。泰州市积极开展生物医药产业集聚发展试点，全力打造生物医药产业发展新高地。宿迁市积极探索集聚区产业发展扶持基金和地票补贴资金等政策创新，战略性新兴产业快速发展。

六、人力资源结构配套完善，成为人才集聚的重要领域

"十二五"以来，全省围绕战略性新兴产业发展需求，加快人才引进与培养，努力优化人才发展环境，以人才和智力支撑战略性新兴产业发展，人才综合竞争力跃居全国第二。积极引进高层次人才，截至2015年底，全省累计引进入选国家"千人计划"专家598人，其中战略性新兴产业超359人，连续多个批次位居全国第一；全省推进93个专项引才计划，累计引进海外高层次人才1.5万多人。资助新兴产业人才项目524个。大力开展人才培养，全省组织实施的"六大人才高峰"高层次人才培养计划将十大战略性新兴产业全面纳入实施范围。

江苏省发改委

案例 4

“十二五”期间湖北省战略性新兴产业发展回顾

“十二五”以来，湖北省认真贯彻党中央、国务院关于加快培育和发展战略性新兴产业的决策部署，把培育战略性新兴产业摆在经济社会发展更加突出的位置，围绕转变发展方式、调整经济结构、培育新的增长点，不断优化发展环境，大力推进改革创新，深入实施项目带动，全省高新技术产业和战略性新兴产业总体保持快速健康发展。2015 年全省高新技术产业实现增加值 5028.94 亿元，占 GDP 的比重达到 17%，较“十一五”期末提高了 6.3 个百分点。战略性新兴产业规模持续壮大，并初步形成了新一代信息技术、高端装备制造、生物、节能环保、新材料、新能源、新能源汽车等战略性新兴产业发展框架，在重点细分领域初步形成包括研发、设计、生产和应用为一体的产业体系，成为湖北省经济发展的重要组成部分。据初步测算，到 2015 年底，全省战略性新兴产业产值超过万亿元，战略性新兴产业工业增加值占 GDP 的比重达到 8.5%。

回顾“十二五”战略性新兴产业发展历程，湖北省在培育和发展战略性新兴产业上，坚持政府引导与市场运作相结合、自主创新和培育产业相结合、投资驱动和应用带动相结合、重点突破与整体推进相结合，突出自身资源优势和产业基础，形成了具有湖北特色的发展经验和产业亮点。

一、培育战略性新兴产业的发展环境日臻完善

十二五”期间，湖北省把优化发展环境作为培育战略性新兴产业发展的基础，不断激发产业发展活力，形成了良好的发展氛围，为推动战

略性新兴产业发展发挥了重要作用。

一是不断强化政策引导。《国务院关于加快培育和发展战略性新兴产业的决定》（国发〔2010〕32号）发布后，湖北省委、省政府高度重视，及时开展全省战略性新兴产业政策和规划的研究工作，制订了《关于加快培育战略性新兴产业的若干意见》《关于促进生物产业发展的若干意见》等政策文件，是全国出台战略性新兴产业发展文件最早的省份之一。同时，将战略性新兴产业作为重点发展产业纳入全省"十二五"规划纲要中，放在构建现代产业体系的突出位置，及时出台《湖北省战略性新兴产业发展"十二五"规划》，进一步明确了全省战略性新兴产业的发展目标、重点方向与主要任务、政策措施。

二是建立协调推进机制。为推进全省战略性新兴产业发展工作，省委、省政府分别成立了省领导任组长的战略性新兴产业发展领导小组和生物产业暨武汉国家生物产业基地建设领导小组，明确领导小组成员单位职责分工，统筹制定全省战略性新兴产业和生物产业发展重大战略、规划和政策，协调解决产业发展中的重大问题，推进重大项目建设。特别是生物产业领导小组，每季度召开一次经济形势调度分析会，每年召开一次工作总结会，有力推动了全省生物产业快速发展。"十二五"期间，全省生物产业产值平均保持了20%以上的增幅。

三是鼓励科技人员创新。通过出台《关于推动高校院所科技人员服务企业研发活动的意见》《促进高校院所科技成果转化暂行办法》等政策，着力破除体制机制束缚，有力调动了科技人员成果转化和投身创新创业的积极性，有力推进了战略性新兴产业发展。

四是提高公共服务水平。下好简政放权"先手棋"，加快推进重点领域和关键环节改革。五年累计取消、下放和调整行政审批事项874项，成为全国行政审批事项最少的省份之一。在全国率先建立了省市县三级投资项目联合审批平台。投资核准目录、政府定价目录分别削减55%和71.7%。推行政府权力清单制度，精简行政职权1397项。推进"三证合一""一照一码"登记制度改革，激发创业活力，着力培育发展新动能。

二、战略性新兴产业部分领域处于世界领先水平

“十二五”以来，全省结合现有产业基础，不断优化产业布局，突出重点，整体推进，基本形成了战略性新兴产业七大领域形成竞相发展的局面。新一代信息技术、高端装备制造、新材料等优势产业实现了规模发展，核心竞争力显著提高；生物、节能环保等特色产业实现了跨越发展，成了新兴产业新的支柱；新能源、新能源汽车等潜力产业实现了超前发展，打造成了新的增长极。2015 年电子信息、先进制造、新材料、医药与医疗器械分别完成增加值 531.93 亿元、1699.15 亿元、902.06 亿元和 353.38 亿元，分别是 2010 年的 1.75 倍、2.73 倍、2.52 倍、3.51 倍，四大产业领域的增加值占全省高新技术制造业增加值的比重达到 80.4%。节能环保、新能源以及新能源汽车等加快发展，逐步成为全省战略性新兴产业发展的有力补充。

光通信产业国际领先。“武汉•中国光谷”已建成中国最大的光纤光缆研发生产基地、最大的光电器件研发生产基地，其中光纤光缆生产规模全球第一，光电子器件的开发与生产能力已进入全球前五名。武汉邮科院“光纤通信核心技术研发与产业化技术创新工程”荣获国家科技进步二等奖，烽火通信科技股份有限公司入选首批“国家技术创新型示范企业”。

电子信息部分领域国内领先。在移动互联领域，凡谷电子生产的无线移动通信天馈射频子系统及器件在全球拥有 15%—20%的市场份额，居同行业全球前四位、国内第一。在集成电路领域，武汉被国家确定为重点布局的集成电路四大产业基地之一，武汉新芯的 12 英寸 45 纳米存储芯片项目，技术处于国内一流。在新型显示领域，华星光电、武汉天马作为显示面板领域的领军企业，在裸眼 3D 显示、AMOLED 等量产技术方面，做到了全球领先。在软件方面，烽火通信、天喻信息、达梦数据都处于国内领先水平。

智能制造走在行列前沿。在数控领域，华中数控的国产数控系统打破国外封锁，应用到卫星零件批量加工等航天领域；武重集团是国内规格最大、品种最全的重型和超重型机床制造企业；三环锻压的大型折弯

机在国内居前列。湖北省是最早发展激光装备的地区之一，华工激光、金运激光、楚天激光、团结激光等企业是全国激光产业的骨干企业。在工业机器人、3D 打印等技术的应用方面湖北也处于全国先进行列。

生物医药产业创新发展。近年来，湖北省生物医药产业一直保持近 20%的增速。维生素 B1、B2、牛磺酸、硫酸新霉素、氨基酸、解热镇痛药、生物疫苗等重点产品竞争力位居全国前列。武汉人福"美索舒利 S6"为湖北省 5 年来首个获批进入临床一期 1.1 类新药。武汉兰丁的自动细胞 DNA 检测分析仪获得美国 FDA 市场准入资格。佑康科技全球首创的最智能肾镜——"建兴镜"能一次性清除患者肾内所有结石，是世界肾结石治疗技术的重大突破。华大基因是全国最大的基因测序中心。康圣环球是国内最大的医学特检机构。

三、"光谷"成为战略性新兴产业集聚发展的重要标志

"十二五"期间，全省以园区建设为主体，加快推进产业集聚发展，为全省战略性新兴产业发展提供了有力支撑。全省建有国家高新技术产业开发区 7 个，建有国家高技术产业基地 4 个，国家高新技术产业化基地 12 个，位居中部首位。这些园区和基地作为全省战略性新兴产业主要聚集地，成为产业增长的重要支撑。

武汉东湖高新区依托武汉国家光电子产业基地和武汉国家生物产业基地，着力推进战略性新兴产业发展，现已基本形成了以光电子信息产业为主导，生物、节能环保、高端装备制造、现代服务业竞相发展"131"产业格局。其中，光电子信息产业是代表国家参与全球光电子产业竞争的主力军，诞生了中国第一根光纤、中国第一个光传输系统，建成了中国最大的光纤光缆研发生物基地、光电器件研发生产基地、激光产业基地。2015 年光电子产业规模达到 4420 亿元，较"十一五"末增长了 2.86 倍。"光谷"已经成为东湖高新区的代名词，享誉世界。武汉国家生物产业基地（光谷生物城），是东湖高新区以"千亿产业"思路建设的第二个国家级高技术产业基地。"十二五"以来，光谷生物城通过建设国际化专业园区、坚持自主创新、引进培育市场主体、推进资本和产业深

度融合、优化综合发展环境等措施，年均增长率保持在30%以上。在科技部2014年中国生物医药园区调研报告中，东湖高新区生物产业综合实力位列全国108个生物产业园区第二名，其中基础竞争力和可持续发展竞争力全国第一。节能环保、高端装备制造、现代服务业也实现快速发展，分别完成总收入1071亿、1156亿和2604亿元。在战略性新兴产业的支撑下，东湖高新区2015年完成企业总收入突破万亿元大关，达10062亿元，同比增长18%，成为全省战略性新兴产业主要集聚区，为全省新兴产业快速发展做出了重要贡献。

四、一批重点工程增强了战略性新兴产业发展后劲

“十二五”期间，全省以项目为支撑，编制了《湖北省战略性新兴产业项目建设计划》，实施了一批能够支撑产业发展的重大工程，有力培植了战略性新兴产业发展后劲力量，促进战略性新兴产业规模化发展。

一是实施关键技术培育工程。围绕重点领域，研究制定新兴产业技术路线图，明确发展路径。着力推进国家重大科技基础设施在鄂的实施，华科大脉冲强磁场实验装置完成验收，精密重力测量国家重大科技基础设施项目获批立项。同时，实施了一批省科技计划项目，突破了一批关键核心技术。

二是推进产业群集聚工程。重点抓好了武汉综合性国家高技术产业基地和光电子、生物产业、信息产业三个专业性国家高技术产业基地建设。抓住国家发改委、财政部支持将湖北列入区域战略性新兴产业集聚发展首批试点省份的机遇，积极争取武汉生物诊疗制剂、光电器件和激光产业，以及宜昌非金属功能材料等国家战略性新兴产业集聚试点并取得明显成效，凝聚了一大批研发能力强、创新实力雄厚的高技术企业，催生了一批产业龙头骨干企业，优化了产业链条，促进了产业升级。

三是推进产业化工程。在七大新兴产业领域，瞄准产业发展的主流和方向，把下一代网络、应用电子、信息服务、船舶与海洋装备、化工新材料、生物医药、节能环保设备、新能源装备等培育成为新的千亿元产业。“十二五”期间，高新技术产业重大项目建设实现突破。其中，

总投资160亿元的武汉华星光电公司第6代低温多晶硅显示面板生产线项目在东湖高新区开工建设，这是国内首条采用这一世界领先显示技术的生产线。总投资120亿的武汉天马第6代低温多晶硅TFT-LCD及彩色滤光片生产线项目也落户湖北，为全省打造全国最大的小世代高端显示面板生产基地和国内新型显示创新基地奠定坚实基础。武汉新芯公司已建成国内最先进的12英寸集成电路生产线，相关技术和产品处于世界领先水平，武汉市被列入国家四大集成电路产业基地，存储器基地项目加快推进，并上升为国家战略。联想（武汉）移动互联和数字家庭产业基地项目顺利投产，摩托罗拉（武汉）二期也正式落户湖北，着力打造全球生产研发中心。"十二五"以来，全省共有130个项目被列入国家高技术产业发展项目计划，这批重大项目的顺利实施，为加快全省战略性新兴产业发展，培育新的经济增长点奠定了重要基础。

五、科技创新释放了战略性新兴产业的发展动力

"十二五"期间，全省始终坚持创新发展的理念，不断加大科技投入力度，努力提升产业创新能力，全省区域创新体系基本形成，为战略性新兴产业发展提供了有力支撑。截至2015年底，全省拥有省级企业技术中心471家，国家认定企业技术中心44家。在光通信、下一代互联网、激光加工、装备数字化、生物农药、新能源等特色优势领域，先后建设了4个国家工程研究中心、3个国家工程实验室、4个国家能源研发（试验）中心。在重点支柱产业和高新技术产业重点领域布局建设了90家省级工程研究中心（工程实验室），其中22家被认定为国家地方联合工程研究中心（工程实验室）。在光纤通信、激光、空间地理信息、病原微生物、植物功能基因等若干领域代表了中国最高水平。目前，全省已逐步形成了从基础研究、应用开发到科技成果产业化，覆盖国民经济各行业、比较完善的研究开发体系，聚集了一支高素质的创新队伍，装备了一批先进的科研设备，为战略性新兴产业发展提供强劲动力。

科技投入保持平稳较快增长。特别是企业科技投入增长较快，逐步成为全省科技投入的主体。2015年，全省科学研究与实验发展(R & D)

经费支出 565 亿元，比上年增长 10%，占全省 GDP 的 1.91%，比 2010 年提高 0.26 个百分点。科技经费的高投入带来科技成果的高产出，截至 2015 年，全省累计取得重大科技成果 8239 项，是“十一五”的两倍；全省技术合同成交额年均增幅超过 50%，保持中西部第一并跃居全国第二；万人有效发明专利拥有量达到 4.2 件。

一批企业通过加大创新力度，不断开发新技术、新产品、新工艺，抢占产品市场份额，推动了企业快速发展。如凡谷电子通过企业技术中心和工程技术（研究）中心创新平台，自主开发的 LTE（4G）移动通信前端系列产品已成为新的经济增长点。武汉天马成功实现产品快速转型，产品结构已从低端功能机为主转型为高端智能机为主，智能机稳居出货量第一。华工激光通过大客户项目的成功实施，在国际一流消费电子公司站稳脚跟，获得了通用汽车等国际高端客户的认可。华工正源 10G 高速模块形成大规模生产的能力，发展势头强劲。

六、金融创新为战略性新兴产业发展提供了资金保障

“十二五”以来，全省出台了系列政策和措施，积极推进金融创新，战略性新兴产业投融资平台逐步完善。

创投体系基本形成。湖北是全国最早设立创投引导基金的省份之一。“十二五”期间，为支撑战略性新兴产业发展，全省先后设立了省创投引导基金、省级股权投资引导基金和长江经济带产业基金。2015 年，省政府创新财政专项资金分配方式，整合设立了总规模 50 亿元的省级股权投资引导基金，重点支持战略性新兴产业发展。同时，省委、省政府发起设立规模为 2000 亿元的长江经济带产业基金，充分运用财政资金引导作用和市场机制作用，激发社会资本投资活力，做强做大战略性新兴产业。此外，省创投引导基金资金规模达到 6.76 亿元，先后出资设立了创投子基金 17 支，天使投资基金 2 支，子基金总规模达 37.64 亿元。武汉、宜昌、襄阳等市也已先后设立创投引导基金，总规模达 200 多亿元，其中，武汉市战略性新兴产业引导基金 102 亿元。全省社会投资机构活跃，截至 2015 年底，全省已登记各类股权投资类企业 912 家，注册资

本合计 1216 亿元。

科技金融紧密结合。依托省产权交易所，搭建起政府、创投、企业三方合作交流平台，推动科技型中小企业快速上市融资，为科技型中小企业提供一站式、全方位、多层次投融资服务。截至“十二五”末，全省上市公司总数达到 103 家，新三板挂牌企业总数达到 122 家，活跃的资本市场为全省创业创新提供了强劲动力。大力推广知识产权质押、应收账款质押、股权质押等新型融资担保方式，开展科技中小企业集合债券、集合票据、集合信托等金融产品创新，开发高新技术企业高收益债券、产品研发保险等金融产品，加大金融机构对科技成果转化的支持力度。引导金融机构开展股权质押、应收账款质押、知识产权质押等金融产品创新融资 260 多亿元，惠及 2000 多家科技型企业；启动“萌芽贷”，为科技型初创企业提供融资渠道。全省科技保险试点保障范围不断扩大，参保企业迅速增加，科技保险已累计承保企业 599 家，累计提供风险保障 639.44 亿元，累计支付赔款 5818.14 万元。

“资本特区”形成规模。加强科技资源与金融资源的有效对接，在东湖自主创新示范区建设“资本特区”，全力打造以“资本大厦”为载体的金融资源集聚平台。截止到“十二五”末，已吸引 9 家要素市场、90 余家国内外知名投融资机构和金融配套机构入驻运营，累计业务交易量超过 3500 亿元。目前，东湖自主创新示范区已汇聚银行、保险、股权投资等 1000 多家各类金融服务机构，数量为 2010 年的 5 倍，其中股权投资及管理机构 529 家、境内外上市及新三板挂牌企业 110 家、区域要素市场 13 家，每年创新型融资超百亿元，成为国内科技金融最活跃区域之一。

湖北省发改委

案例 5

“十二五”期间重庆市战略性新兴产业发展回顾

自 2010 年国家大力加快培育和发展战略性新兴产业以来，重庆市加快制定《“十二五”科学技术和战略性新兴产业发展规划》，实施“2+10”战略性新兴产业集群建设方案[①]。面对全球产业革命及中国制造 2025 发展新趋势，重庆市及时调整新兴产业发展战略，前瞻性布局了电子核心部件、机器人及智能装备、物联网、新材料、高端交通装备、新能源及智能汽车、MDI 及化工新材料、生物医药、环保、页岩气 10 大战略性新兴产业，分产业编制规划，引进龙头企业，实施带动性重大项目。近年来，重庆市将发展战略性新兴产业作为大力实施创新驱动战略、深入推进供给侧结构性改革、深化拓展五大功能区域发展战略、推进产业结构升级的重要举措。通过政策配套、资金扶持、平台建设等全方位引导战略新兴产业相关企业以创新增加有效供给，加快发展新技术，积极推进产业集群发展。2013 年以来重庆市十大战略性新兴产业连续翻番，2015 年实现产值 1664 亿元，对工业产值增长贡献率超过 30%，正逐渐成为全市新的经济增长极，支撑全市整体经济持续快速增长。

一、战略性新兴产业发展亮点纷呈

（一）电子信息产业高速增长

“十二五”期间，重庆大力强化电子信息产业垂直整合力度，加快引进核心零部件生产商。电子信息产品制造业（包括计算机制造业）规模从 2010 年的 979 亿元增长到 2015 年的 4076 亿元，年均增长 33%（见图 1）。

① 建设笔记本电脑和离岸数据开发处理“2”个全球重要基地，培育通信设备、集成电路、节能与新能源汽车、环保装备、轨道交通装备、生物医药、新材料、风电装备、光源设备、仪器仪表等“10”个重大产业集群。

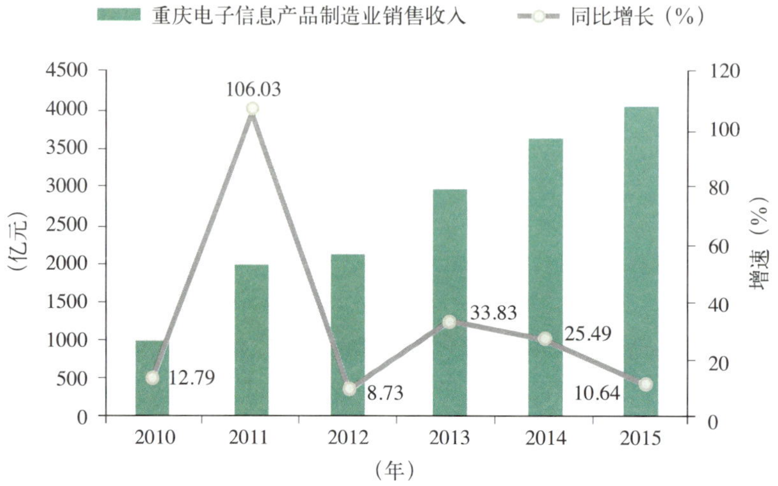

■ 图 1 "十二五"时期重庆电子信息产业销售收入增长情况

建成全球最大的笔记本电脑制造基地。2015 年，重庆市共生产笔记本电脑 5575.14 万台，笔电整机产值 1653 亿元。打印机 1447.71 万台，手机 1.7 亿台。"重庆造"笔电产量约占全球的三分之一。HP、Acer、Asus、Toshiba、Sony 五大品牌商，广达、仁宝、纬创、英业达、富士康、和硕等全球前六大 ODM 厂，华科、群光、新普、展运等 800 多家配套企业聚集重庆，构建起"5+6+800"笔电垂直产业体系，笔电本地配套率超过 80%，形成整机装配区、专业配套园区、原材料供应基地构成的笔记本电脑产业集群。实现电子核心部件本地制造。重庆市是国内第一块大规模集成电路诞生地，通过"十二五"期间的不懈努力，将集成电路、芯片等最核心电子零部件进行本地化制造。目前已初步形成 SK 海力士芯片封装测试、奥特斯 IC 载板、超硅大尺寸硅片等多规格、全流程的集成电路产业体系，以及康宁玻璃基板、京东方 8.5 代液晶面板、惠科金扬液晶显示器、富士康高清显示模组、莱宝触摸屏等项目构建的平板显示产业体系（见图 2）。

图 2 重庆两江新区的京东方 8.5 代线项目

（二）高端装备制造新增长点不断涌现

机器人产业形成集聚。重庆市按照“一个基地三个功能区”的产业布局打造“全球机器人之都”，已形成研发、整机制造、系统集成、零部件配套、应用服务的产业雏形。其中，两江新区为工业机器人和配套功能区，江津双福工业园为服务机器人功能区，璧山工业园为特种机器人功能区。建成国家机器人检测标定中心和智能制造装备产学研协同创新中心等国家级和市级研发服务平台和企业技术中心。风电装备产业加快发展。海装风电获得全球 A 类设计认证证书，2015 年在中国本土新增装机 2GW，跻身全球十大陆上整机制造商行列。通用航空产业取得突破。以重庆获批国家通航改革试点城市为契机，以两江新区航空产业园为核心载体，初步形成了通航研发、运营服务、教育培训、航空展览为一体的产业集群。“重庆造”皮拉图斯轻型飞机已开始试飞。瑞士皮拉图斯、美国恩斯特龙和重庆通航集团三大厂商产能进一步释放。轨道交通装备本地化生产能力增强。形成了以重庆长客为核心的轨道交通产业集群，国家轨道交通装备基地已显雏形。重庆在轨道交通设计、组装集成、零部件配套、安全认证与评估等方面已经实现了本地化，单轨车辆实现 90%以上本地配套。

（三）新材料科技研发和产业化同步推进

“十二五”期间，重庆石墨烯产业化进一步加快，2015 年实现综合产值 66 亿元。中科院重庆研究院率先研发出国内面积最大的单层石墨烯薄膜。中科院重庆绿色智能技术研究院、重庆墨希科技有限公司、重庆大学、西南大学等科研院所在石墨烯触摸屏、显示面板、透明电极、骨架储氢等关键技术研发和示范应用方面取得重要进展。石墨烯触控屏手机实现量产，重庆已形成从石墨烯原材料研发到批量制备元器件再到终端制造的全产业链布局（见图 3）。

■ 图 3　重庆产石墨烯柔性屏可弯曲手机首次亮相

（四）电动智能汽车发展进入"快车道"

重庆新能源汽车制造企业已初步掌握新能源汽车整车集成技术，形成长安、力帆两家乘用车，恒通、五洲龙两家客车，瑞驰专用车和近 20 家零部件企业所组成的"2+2+1+20"的产业体系，基本实现客车、轿车、微车的新能源汽车车型全覆盖。其中，长安、恒通、力帆、小康等四家企业实现纯电动汽车商品化。力帆汽车全面启动新能源智蓝计划，推进互联网与物联网将人、车、道路、电池、能源互联互通。长安与韩国 LG 合作开发全球领先的汽车用锂离子电池系统。重庆造快速充电纯电动客车在高海拔地区成功运行并创世界纪录。重庆车企借助雄厚的汽车制造基础和近年来迅速发展的电子信息产业不断推动智能汽车产业发展。2015 年长安配有自动泊车、车道偏离预警等 8 项智能技术的新型 SUV 上市，并与华为达成在智能汽车领域的战略合作（见图 4）。

图4 长安集团无人驾驶汽车安全行使2000公里

（五）页岩气开发加快推进

重庆页岩气进入商业开发阶段。2015年底，累计生产页岩气38.88亿方，约占全国总量的三分之二。目前日产能已达1300万立方米，形成50亿方年生产能力。涪陵页岩气田已成为全国页岩气勘探开发、理论创新、技术创新、管理创新的典范，并成为全球除北美以外最大的页岩气田。涪陵国家级页岩气示范区勘探开发单位建立了116项页岩气勘探开发技术标准和规范，获得国家专利39件，实现了关键技术和装备国产化（见图5）。

图5 涪陵页岩气开发项目

（六）生物医药产业平稳增长

生物医药产业快速发展，初步形成了以生物医药、现代中药、医疗器械、生物育种等为特色的生物产业集群。积极推进两江新区水土园区、巴南园区、合川园区三个医药产业基地建设。2015 年，全市医药产业完成工业总产值约 495 亿元，同比增长 23.6%。目前拥有太极集团和天圣制药 2 家 50 亿级以上企业，8 家 10 亿元级企业和 26 家 5 亿—10 亿元级企业。涪陵制药厂的急支糖浆、藿香正气液，西南药业的头孢唑污钠单品种产值突破 10 亿元。海扶、山外山等医疗器械企业不断拓展海外市场。

（七）节能环保产业加快发展

重庆在环保装备、环保产品、环保服务等领域取得较快发展。目前，环保产业年产值约 500 亿元。重庆三峰环境产业集团形成年产 48 台套垃圾焚烧设备总装基地，建立了国家环保部"环境保护垃圾焚烧处理与资源化工程技术中心"。中电投远达环保公司建立燃煤大机组多污染物协同控制一体化系统。重庆碳排放权交易在重庆联合产权交易所正式开市，全市 254 家年碳排放超过 2 万吨二氧化碳的重点工业企业纳入了配额管理范围，工业碳排放控制机制逐步建立。

（八）战略性新兴服务业异军突起

大数据云计算形成集聚。两江国际云计算中心开始运行，全力打造国内最大的离岸数据处理中心。重庆加强区域合作，携手浪潮、亿赞普等龙头企业共同打造仙桃数据谷等大数据企业、产业聚集地，引进了惠普重庆分公司渲染云、浪潮政务云、安硕金融云等布局云服务，引进腾讯"互联网 +"、阿里巴巴诚信通、欧洲 IT 巨头源讯公司、亿赞普科技等布局大数据应用，共推云计算和大数据产业发展。2015 年重庆大数据产业技术创新联盟成立。电子商务实现突破。2015 年重庆电子商务交易额 6000 亿元，网络零售额 800 亿元，跨境电商交易额 8 亿元，同比增长 12 倍。成功引进京东、阿里巴巴、腾讯、易讯网、齐家网等知名电商，本土猪八戒、大龙网等电子商务快速成长，电子商务、跨境电子商务、网络零售等新型服务贸易业态逐渐成熟。猪八戒等 5 企业获评全国示范企业称号。全市积极承接国家中土网上丝绸之路合作项目，成功将重庆作为中土网上丝绸之路合作唯一中方落地城市（见图 6）。

图 6　猪八戒打造全国领先的服务众包平台

二、产业创新能力不断提升

大力建设创新示范区。“十二五”时期，加强国家级创新平台建设，积极推进国家创新驱动示范城市建设。按照“一区多园”模式，以两江新区国家创新创业示范基地为核心区，高新区、经开区、璧山高新区为拓展区，创建国家自主创新示范区。目前，两江新区共入住世界 500 强企业 129 个，落地产业项目 1824 个，合同投资总额 5900 亿元，形成了汽车、电子信息、高端装备制造三大优势产业，正着力发展新能源及智能汽车、云计算及物联网、通用航空、生物医药等其他战略新兴产业。高新区积极打造石墨烯产业园，大力发展石墨烯等新材料产业，正着力集聚物联网、工业机器人、智能仪表、生物制药等战略性新兴产业。璧山高新区、西永微电子产业园、南岸区茶园 TD 产业园、涪陵页岩气国家级示范区等新兴产业园区产业集聚发展态势强劲。

全面搭建研发平台。成功构建以国家级创新平台为龙头、市级创新平台为支撑的多层次、联动式创新平台体系。截至 2015 年底，重庆建有国家级科技平台 68 个[①]，教育部重点实验室和工程研究中心 34 个，市

① 国家级科技平台指国家级实验室、国家级工程（技术）研究中心、国家地方共建实验室、国家地方联合工程研究中心、国家级企业技术中心。

级科技平台1139个①。进一步强化企业创新主体地位，在自主品牌汽车、集成电路、新材料等领域培育了一批国内同行业领先的企业研发创新中心、国家级企业技术中心和市级企业技术中心。

积极发展众创空间。大力营造创新创业良好环境，培育了以小Young、赛伯乐为代表的知名众创空间。截至2015年底，全市共建设各类众创空间405家（13家入选国家级众创空间），入驻创客团队2900个，盘活闲置楼宇约300万平方米，完成投融资65.49亿元。

加快提升创新能力。“十二五”期间，重庆战略新兴产业研发创新成果丰富，自主创新能力显著提升（见表1）。

表1 “十二五”时期重庆战略性新兴产业自主创新成果和建立的研发平台

行业	“十二五”时期形成的研究平台或研究成果
电子信息产业	引进京东方半导体显示技术研发中心；建立移动通信终端与网络控制国家地方联合工程研究中心
物联网	重庆市物联网工程技术研究中心研发出全球首款工业物联网核心芯片—“渝芯一号”和具有自主知识产权的IPv6传感网协议栈软件，参与制定ISA100.11a、WirelessHART、WIA-PA等多项国际标准，核心技术已形成专利保护群；建立仪表传感器与测量系统国家地方联合工程研究中心
机器人	成功研制国内首台人尺度并联3D打印机器人；建成机器人检测标定中心和智能制造装备产学研协同创新中心
新能源汽车及 智能汽车	研制国内第一辆八轮轻量化低地板全电动客车整车样车；建立新能源汽车关键零部件试验开发平台；市科学技术研究院和理工大学联合建成汽车电子控制系统试验开发平台；建立新能源汽车关键零部件试验开发平台
高端装备制造	成功编制单轨设计、施工、车辆技术等国家标准；牵头制订《海上风力发电机组防腐规范》国家标准；高可靠精密滤波传动技术及系统获国家科技进步二等奖

① 市级科技平台指重庆市科委系统的重点实验室、企业重点实验室、工程技术研究中心、产业协同创新中心，重庆市发展改革系统的工程研究中心、工程实验室，重庆市教委系统的高校重点实验室、2011协同创新中心，重庆市经济信息委系统的企业技术中心。

续表 1

行业	“十二五”时期形成的研究平台或研究成果
新材料	中科院重庆研究院成功研制 15 英寸单层石墨烯和纳米纤维空气净化膜；全球首批石墨烯手机实现量产；国际复合 HL 低介电常数玻璃纤维、川仪车载马达用电接触复合材料打破了美日等国的技术封锁；全国首个石墨烯产业专利分析与专利数据库启动建设
生物医药	建成重庆创新药物孵化基地；研发出国内首个治疗儿童多动症的中药新药“小儿黄龙颗粒”；首仿的治疗帕金森病药物“盐酸罗匹尼罗”实现产业化
环保	建成首个核环保技术试验的放射性废水处理与烧煤烟气颗粒污染物净化技术试验平台；在烟气脱硫脱硝、垃圾焚烧发电、高温水源热泵、汽车尾气治理产品制造、垃圾收运设备、环境监测仪器等领域掌握了一批自主知识产权技术优势
页岩气等新能源	页岩气附属产品处理实现新突破，页岩气田油基岩屑处理后的岩屑含油量低于国家 0.3%的标准

三、产业发展环境日益完善

政策规划体系全方位配套。《重庆市人民政府关于加快发展战略性新兴产业的意见》和《重庆市“十二五”科学技术和战略性新兴产业发展规划》以及 2015 年出台的《重庆市推进供给侧结构性改革工作方案》为全市战略性新兴产业和战略性新兴服务业进行了总体战略指引。行业层面，制定出台了《重庆市电子核心基础部件产业集群发展规划》《重庆市新能源汽车与智能汽车产业集群发展规划》《重庆市高端交通装备产业集群发展规划》《重庆市页岩气产业发展规划（2015　2020 年）》《重庆市加快物联网产业发展行动计划》《加快发展节能环保产业的实施意见》等产业发展规划和指导意见，并从财税、资金支持等方面进行配套政策支持，为进一步提升战略性新兴产业核心竞争力和集群打造提供了良好的政策环境。

产业投融资体系日益壮大。2015 年，重庆组建了规模高达 800 亿元的战略性新兴产业股权投资基金，用于投资十大战略性新兴产业。科技金融取得成效。全市创投引导基金参股 15 支基金，参股基金规模已近 100 亿元，累计投资全市信息技术、高端装备、清洁环保、医疗健康等行业类项目 76 个。

技术创新服务体系加快完善。出台了《关于加强重庆市战略性新兴产业知识产权工作的实施意见》和《重庆市知识产权战略纲要》《重庆市促进科技成果转化股权和分红激励实施办法》等政策意见。成功争取国家知识产权局同意重庆设立"国家云计算知识产权（重庆）实验区"。国内首个云计算专利数据库服务平台开通上线。以项目为载体、资本为纽带，推动科研院所和高等学校重点实验室、工程（技术）研究中心为创新成果转化服务。成立了物联网产业发展联盟、生物医药国际产学研联盟、汽车电子产业技术联盟、面向机器人核心技术研究与产业化领域的科技创新联盟、新材料产业联合会等中介组织，加强创新成果与产业应用对接，加强创新项目与市场需求对接，为企业和社会提供多层面研发创新、技术验证及产业化服务。

"十二五"期间重庆战略性新兴产业取得的发展来之不易。"十三五"期间重庆将再接再厉，持续发力战略性新兴产业。力争到 2020 年，建成 10 个千亿级产业集群，战略性新兴产业总规模突破 1 万亿元，占全市工业的比重提高至 25%，保证全市经济平稳较快发展。

重庆市改委

后　记

当前，全球竞争正从经济竞争、传统产业竞争转变为创新能力和新兴产业的竞争。放眼全球，新兴产业发展势头迅猛，增长率普遍超过传统产业。节能环保、信息、生物、先进制造、能源、材料、新能源汽车等领域的技术突破和跨领域的交叉融合不断创造出新的经济增长点，重塑世界产业格局。同时，我国经济发展进入新常态，传统发展动力减弱，必须依靠创新驱动，培育和发展战略性新兴产业，打造发展新引擎，以破解经济发展深层次矛盾和问题，持续提升经济发展的质量和效益，实现经济保持中高速增长和产业结构迈向中高端的“双目标”。在此背景下，发展战略性新兴产业成为我国“十二五”时期的重大战略。

“十二五”期间我国战略性新兴产业快速发展，新技术、新模式、新业态、新产业蓬勃涌现。2015 年，战略性新兴产业增加值占国内生产总值比重达到 8% 左右，为我国经济在新形势下蓄势前行提供了新的动力。作为创新最活跃、发展最迅速和影响最广泛的新经济领域，战略性新兴产业成为大众创业万众创新的高地，展现出无穷发展活力。战略性新兴产业上市公司也不断成长壮大，已经成为支撑 A 股市场稳定发展的重要力量。

为了向全社会展现战略性新兴产业波澜壮阔的“十二五”发展图卷，描绘产业发展整体情况和各领域、各区域发展特点和亮点，国家发展和改革委员会委托国家信息中心组织了 30 多家战略性新兴产业相关领域的权威研究机构、协（学）会、学者专家，博采众家之所长、集群英之荟萃，共同编撰出版了此书，这也是以国家发展和改革委员会名义出版的第一本战略性新兴产业相关出版物。

在结构上，本书分为三个部分，共计37篇。第一部分为综合篇，围绕战略性新兴产业总体发展这条主线，从发展成就、上市公司特点、双创进展、国际发展水平、知识产权分析等角度依次展开，展现"十二五"期间战略性新兴产业发展全貌。第二部分为产业篇，对战略性新兴产业20多个细分领域和新兴热点领域进行了剖析，总结发展成绩、梳理创新成果、提炼产业特点，展现"十二五"期间战略性新兴产业各领域亮点纷呈、多姿多彩的发展画面。第三部分为区域篇，重点对北京、黑龙江、江苏、湖北、重庆五省市战略性新兴产业的发展现状、特色模式和典型案例进行深入剖析和总结，展现各区域在探索发展战略性新兴产业过程中的智慧成果和先进经验。在表现形式上，我们面向社会大众，力求做到通俗易懂、内容精炼，采用大量图表形式，配有丰富数据资料，读者可以从中直观地了解到战略性新兴产业的发展情况，获取大量有价值的产业信息。

本书的编写得到了卢秉恒院士等专家的亲切关怀，在此表示衷心感谢。参与编纂本书各篇章的撰稿人和编委都是相关领域专家，正是他们的杰出工作为本书的顺利出版奠定了坚实基础，我们对各位的辛勤付出表示感谢。此外，感谢为区域篇供稿的各个地方发展改革部门，由于篇幅限制，部分文章未能收录其中，在此表示歉意。

感谢国家信息中心的张振翼、李垚、朱蕊等同志，他们承担了大量组织、编辑和联络工作，确保了该书出版的顺利推进。感谢中国计划出版社的大力支持，尤其感谢编辑肖惠军、赵瑜和杨奇志同志，是她们辛勤、细致、负责的工作确保了本书能如期与读者见面。为本书编辑出版做出贡献的人员还有王泽伟、刘实明、李敏、钟晨、张立艺等同志。此外，还有诸多专家和个人在相关内容的编写过程中帮助组织了实地调研、座谈会和研讨会，我们一并致以最诚挚的感谢。

编 委 会

2017年1月